电影与电视产业内的交易

从谈判到最终合同

第四版·修订与更新

DEALMAKING IN THE FILM & TELEVISION INDUSTRY

FROM NEGOTIATIONS TO FINAL CONTRACTS

[美] 马克·利特瓦克 著

董媛媛 冯俊玲 李欣然 韩 旭 译

CFP 中国电影出版社

2021 · 北京

图书在版编目（CIP）数据

电影与电视产业内的交易：从谈判到最终合同：第4版：修订与更新 /（美）马克·利特瓦克著；董媛媛等译. —北京：中国电影出版社，2020. 12
ISBN 978-7-106-05180-8

Ⅰ. ①电… Ⅱ. ①马… ②董… Ⅲ. ①电影工作—法律—研究—美国②电视工作—法律—研究—美国 Ⅳ. ①D971. 221.6

中国版本图书馆CIP数据核字（2021）第034915号

策　　划：苗　卉　马　喆
责任编辑：马　喆
封面设计：联创睿合
责任校对：林　娜
责任印制：赵匡京

出版发行　中国电影出版社（北京北三环东路22号）　邮编：100013
电话：64296664（总编室）　　64216278（发行部）
64296742（读者服务部）　E-mail：cfpbjb@126. com
经　　销　新华书店
印　　刷　三河市龙大印装有限公司
版　　次　2021年4月第1版　2021年4月北京第1次印刷
开　　本　710mm×1000mm　1/16
印　　张　35
字　　数　580千字
定　　价　96.00元

给我的儿子大卫和迈克尔

声　明

本书旨在帮助读者了解在娱乐产业内经常会遇到的法律问题。它将使你了解基本的法律原则，使你能够更好地与你的律师沟通。

本书涵盖的信息旨在提供一般知识，并不构成法律意见。本书并不意欲在你与作者或其任何受雇律师之间建立“律师–客户”关系，你不应该在不寻求律师意见的情况下，按照本书中的任何信息采取行动或完全依赖本书中的信息。

本书提供的信息不能取代基于一个特定交易的事实和情况而咨询一位有经验的律师并获得法律意见。本书涉及的许多法律原则会存在本书文本中未注明的例外和限制条件。此外，判例法（case law）和制定法（statutes）都可能会被修改，并且可能不是适用于每一个州。由于技术变革加快，当你读到这本书的时候，一些信息可能已经过时。读者应该了解，在快速变化的娱乐产业中，商业惯例、发行方式和立法在持续地演进。

书中的信息以客观角度提供，作者不做关于该信息的任何明示或暗示的陈述或保证，包括其效用、适销性和合目的性的保证。作者不保证该信息的完整性、准确性与及时性。你若使用该信息将自担风险。

你可以通过电子邮件联系作者马克·利特瓦克（Mark Litwak）。但是，如果你就某项他未与你建立委托代理关系的事务以电子或其他方式联络他，你的沟通内容可能不会被视为有特权的或保密的。只有在双方签署了书面的律师聘用协议之后，“律师–客户”关系才会建立。

致　谢

我非常感激菲尔·哈克（Phil Hacker）、提优·卢克（Tiiu Lukk）、盖瑞·绍特（Gary Salt）和朗·索贝尔（Lon Sobel）帮助阅读并对该作品的早期稿提出修改意见，感谢香浓·C.汉斯莱（Shannon C. Hensley）先生编辑了第二版。我还要感谢伊丽莎白·朱克（Elizabeth Zook）、瑞安·帕斯特瑞克（Ryan Pastorek）、克瑞斯·吴（Chrys Wu）、杰西卡·杜比克（Jessica Dubick）、辛蒂·张（Cyndie Chang）、劳伦斯·永（Lawrence Young）和丹尼尔·卡尔斯曼（Danielle Casselman）校对了引用案件和事实。另外，对于本书的数个版本，我得到了我的长期合作伙伴伊丽莎白·朱克律师的大力协助。

我要感谢导演协会的艾略特·威廉姆斯（Elliott Williams）、编剧协会的格蕾丝·赖纳（Grace Reiner）以及演员工会的维姬·夏皮罗（Vicki Shapiro），他们审阅了有关其工会会员以及工会规则的章节部分。

我还要感谢我的出版商格温·菲尔德曼（Gwen Feldman）和吉姆·福克斯（Jim Fox），他们提供了非常有帮助的建议。此外，他们还出版了我的其他几本书，包括《电影和电视行业合同》（*Contracts for the Film & Television Industry*）。

译者序

本人对娱乐行业的兴趣起源于儿时，后有幸长期投身于娱乐行业的法律服务，至今已有十余年。作为中国最早一批的娱乐法律师，我乐见于中国娱乐法律师群体的逐渐壮大，中国娱乐产业逐步走向规范化，娱乐法律师的行业地位逐步凸显。在此过程中，关注中国娱乐业法律进程的学者和从业者们也翻译或著述了诸多娱乐法相关的书籍，为中国娱乐产业走向工业化、体系化提供了有益的指引。

相较于大多数的中文娱乐法著作或译著，马克·利特瓦克先生的这本《电影与电视产业内的交易》突出了为业内人士解决问题的实用性。本书以影视行业从业者在产业各环节所面临的实际法律问题为出发点，提出解决问题的具体路径或实操建议，同时不乏对法律依据和经典案例的援引、对美国影视行业协会规则的介绍、检查清单、术语解释，并辅以成熟、规范化的交易文件模板。更为难能可贵的是，本书不仅对问题进行了法律视角的分析，同时也提供了着眼于行业交易的商业化视角。

本书全面、翔实的内容无不体现着作者作为老牌美国娱乐法律师所拥有的丰富、老道的从业经验与精湛的专业能力。尽管中美影视产业的发展背景有所差异，法律制度也不尽相同，但好莱坞的行业操作模式与规则依然能给我们提供重要的启示与指引。本书不仅对于影视行业从业者来说是一本实用的法律指南，同时也能为中国的娱乐法律师提供前瞻性的启发。

本书的英文原版自出版以来广受业内人士青睐，并成为诸多美国法学院娱乐法学生的必读书目之一。我们的团队从作者处取得了在中国翻译、出版本书的授权，在翻译过程中，我们也专程拜访了马克·利特瓦克律师事务所，马克·利特瓦克先生的专业与热情使我们十分感动。

本书的翻译耗时两年有余。由于本人和团队成员同时肩负着繁重的律师业务压力，故虽已尽力赶工，出版计划仍有推迟。在此感谢作者马克·利特瓦克先生给予我们的信任和耐心，让我们能够从容地进行翻译工作、尽量确保翻译的质量。在翻译的过程中，我们尽力追求翻译的准确性和前后一致性。但由于部分行业内的专业词汇尚未形成通行的中英文对应规则，为免出现理解上的偏差，我们保留了部分词语的英文表达。同时，基于法律语言追求严谨性的特点，我们并未过多采取意译的方式，而是在注重直译的基础上尽量贴近中文表达方式。尤其是在对合同文本的翻译上，最大限度地保留了原文的行文结构与表达逻辑，因此可能存在无法充分兼顾中文表达习惯的情况，还请读者包涵。此外，语言的平实易懂是本书原版的一大特色，在翻译中我们也尽量延续了这一风格。作为一个初次尝试图书翻译的律师团队，我们的工作一定存在不尽完善之处，希望读者们能够谅解。

我的团队成员冯俊玲、李欣然分担了本书大量的翻译、校对工作，在此感谢她们的辛苦付出。同时感谢戢二卫先生、韩小凌女士、谭君子女士、曹雪女士在业内专业术语翻译上给予我们的帮助。本书的翻译还得到了中国电影出版社宋岱先生、古力老师、苗卉老师、马喆老师的帮助与支持，在此一并感谢。希望本书的出版能够为中国影视从业者和娱乐法律师提供有益的参考，为我国影视产业的工业化进程做出贡献。

董媛媛

2020年5月

第四版序

在我1986年的专著《新好莱坞的影响力和成功之争》(*Reel Power: the Struggle for Influence and Success in the New Hollywood*)出版后，很多美国和国外的大学邀请我去讲课。无数次，他们要求我推荐一本娱乐法律问题的指南。当时，我无法提供这样的一本指南，因为我不知道有这样的指南。

虽然有很多关于娱乐法的文章，但大都不是写给大众读者的。这些书很多是娱乐法律师写给其他娱乐法律师的，而且对其他人来说，这些书即使不是难以理解的，也是晦涩难懂的。

最终，我决定写一本给非专业人士的娱乐法指南，也就是本书。我试图以尽可能简单的方式解释复杂的法律问题，避免行话，并解释专业术语。我采取了一种实用的、能够解决问题的方法，而并非探究学者感兴趣的理论问题。

当然，试图简化复杂的信息存在危险。重要的例外情况和限制条件可能会被忽略。不谨慎的读者可能会误以为他知道的比他实际知道的多。"一知半解是危险的"，还是记住这句格言为好。因此，我提醒各位读者，在做出具有法律效力的决定前要咨询有经验的律师。

虽然本书不能代替咨询律师，但它确实可以使读者熟悉娱乐法和行业惯例。它将传授新手一些娱乐圈老手的智慧，使初来乍到者在学习成为精明的交易者时保护自己免受"剥削"。

除此之外，这本指南可以为读者节省成千上万的律师费。通常，娱乐法律师以每小时300美元到500美元的标准收费。如果配备了这本指南，外行人无须让他们的律师去解释基本的法律概念和常见的交易架构。这样，律师和客户的工作会更有效率。除此之外，随着读者对其权利越来越了解，他能够在第一时间采取措施以防止法律问题的产生。

本书1994年首次出版，在1995年获得“克拉斯诺·克劳斯（Kraszna-krausz）基金会动态影像图书奖”电影产业领域最佳商业图书奖。

本书再版了多次，现在的第四版，我增加了新内容以应对电影行业内出现的变化，比如网飞（Netflix）和YouTube这些新媒体渠道的发展。

我欢迎来自读者的评论和建议。更多的信息请见我的网站www.marklitwak.com。你可以通过下列方式联系我：马克·利特瓦克律师事务所（Law Offices of Mark Litwak & Associates），电子邮箱law2@marklitwak.com，电话（310）859-9595。

我希望这本指南对你有所帮助。

马克·利特瓦克

2016年9月

目 录

合同列表

案例汇总

第1章

导言

在深入研究交易细节之前，让读者了解交易达成的背景和交易参与者的动机是至关重要的。精明的交易者知道如何建构一个交易，以满足所有交易参与者通常不会言明的需求。

以下关于社会、法律和技术力量的背景信息已经影响了并将继续影响着这个行业。读者可以通过阅读附录中推荐阅读列表中的书目来获得更多的了解。

美国电影产业

美国电影和电视产业是一项极其成功的事业。在那些允许美国电影自由放映的国家，美国电影通常支配着市场。好莱坞电影在世界上的成功是其他美国产品所无法比拟的。美国电影娱乐业的贸易顺差达到164亿美元。[1]

虽然在与国外制造的低成本商品竞争中，许多美国制造商可能面临着困难，但美国电影却主导着世界市场。[2]

---

[1] https：//www.selectusa.gov/media-entertainment-industry-united-states.这个数据来源于2014年，是可获得的最新数据。

[2] 当然，许多主要的电影制片公司（如索尼）为外国公司所有或者是国际集团企业的一部分。

不过，这个产业是非常动荡且存在风险的，并被一些问题困扰着。主流的制片公司和发行方的高管和管理团队经常变动，盈利不稳定，而且体量较小的制片和发行公司经常破产。目前，许多主流制片公司花费超过1亿美元[1]制作电影，另花费4000万美元营销。[2]许多电影项目损失惨重。并且大多数电视试播节目没能成为连续剧，或者没能收回制作成本。

在过去几年里，美国的主流和独立发行商每年发行上映了460到600部院线电影。[3]

在这些电影中，主流制片公司的发行量远少于总数的一半，但却获得超过90%的票房收入。经进一步调查发现，相对少数的电影赚取了多数的收入。2015年，只有28部电影的国内票房收入达到1亿美元或以上。美林证券（Merrill Lynch）的娱乐分析师哈罗德·沃格尔（Harold Vogel）表示，平均来讲，在主流制片公司制作的每10部院线电影中，六到七部是赔钱的[4]，一部不赔不赚。因此，尽管好莱坞以其产品占据了世界市场，但它并不是一个大众娱乐的有效生产者。

电影产业的前世今生

电影产业是由欧洲移民者创立的。他们是不精明且未受过教育的一群人。派拉蒙的创始人阿道夫·朱克（Adolph Zukor）是来自匈牙利的毛皮商。环球影业的卡拉·莱姆勒（Carl Laemmle）是来自德国的服装店经理。这些先驱者是小有成就的商人，他们决定将资金投入到一个新兴产业中。

那个时代的商业大亨对电影产业并不感兴趣。公众对这种媒介的迷恋被认为是一时流行的狂热，而这项事业则被认为是有风险的。此外，人们往往认为，电影是提供给无知大众而非那些经常欣赏戏剧和歌剧的受教育人士的娱乐活动。

---

[1] www.the-numbers.com/movie/budgets/.

[2] www.hollywoodreporter.com/news/200-million-rising-hollywood-struggles-721818.

[3] 2014年共上映电影571部，其中136部由主流制片公司［即美国电影协会（Motion Picture Association Of America，MPAA）成员：华特迪士尼公司、索尼电影公司、派拉蒙电影公司、二十世纪福克斯电影公司、环球影业、华纳兄弟］上映。

[4] 但是，许多电影从辅助市场（ancillary markets）赚取了大量收入，如家庭录像和有线电视。

洛杉矶成为这个产业的中心，因为其劳动力便宜，气候适宜，并且远离爱迪生公司和掌控电影制作专利的电影专利公司（Motion Picture Patents Company，简称为MPPC）。这些公司认为，没有经过他们许可的电影制作是非法经营。

这个产业的创始人被称为“电影大亨”。虽然他们很热爱电影，但首先他们是想要赚钱的强硬商人。他们制作了一些高品质电影，但产出的大部分却是B级电影，如《德古拉之子》（*Son of Dracula*）、《两傻大战科学怪人》（*Abbott and Costello Meet Frankenstein*）。福克斯最大的“摇钱树”是童星秀兰·邓波儿，而德国牧羊犬任丁丁（Rin Tin Tin）使华纳兄弟得以维持下去。

如同无所畏惧的暴君，电影大亨们用“铁腕”运营着他们的制片公司。他们会给明星改名，决定明星的下一部电影，并将明星像动产一样租借。有一年，大卫·塞尔兹尼克（David Selznick）靠出借英格丽·褒曼（Ingrid Bergman）获得了425000美元，英格丽·褒曼（Ingrid Bergman）获得了60000美元。任何敢于反对的人都将被无薪停工，并且没有其他制片公司会雇用他们。

那些电影大亨的许多典型恶习已不复存在。电影大亨引诱女演员上“选角沙发（casting couches）”的做法，在现行的更加企业化的环境中是不可接受的行为。编剧、导演和明星不再是长期合同下的契约奴（indentured servants）。他们有工会、经纪人和律师来保护他们的利益。

现在，这些制片公司由受过大学教育的人经营，其中许多人拥有工商管理学位或法律学位。他们一般是聪明的、勤奋的且思想自由的，他们力求理性地做出决策，他们投入最先进的技术以大幅提高画面质量。他们有许多类型的市场调查方式作为辅助，并且通过精致的广告、商品搭售、花哨的音乐视频和网站来宣传电影。

但是观察人士指出，无论在艺术上还是商业上，现在的电影都没有比那些电影大亨制作的更好。

大制片公司体系的消亡

电影产业在过去70年间经历了显著的转型。重大的变化始于1948年，美国联邦最高法院支持了司法部针对大制片公司提起的反垄断诉讼，剥离了大制片公司的电影院线业务。在20世纪50年代初，一个凶猛的新竞争对手——电视出现了，这大大降低了电影院的观影人数。继而，降低了制片公司的制作水准，最终导致了长期合同和大制片公司体系的消亡。

最终，这些制片公司开始为电视制作内容。他们向相关领域多元化发展，如游乐园和音乐录制。有线电视和家庭录像为电影开辟了新的市场，并且创造了额外的收入来源。制片公司逐渐成为集团企业，或被集团企业收购，还有许多制片公司被外国投资者所购买。

行业领军者的态度已经发生了巨变。作为企业家，电影大亨们是失败的。他们凭直觉建立了一个行业——或许是因为他们缺乏市场调查，但也是因为他们喜欢投机。

“伟大的赌徒已经死了，”史蒂文·斯皮尔伯格如是说，“我认为这是今天好莱坞的悲剧。在过去，塔尔贝格（Thalberg）、扎努克（Zanuck）和迈尔（Mayer）的团队都来自杂耍剧场，他们从波西特地带的剧院出来，带着大量的表演技巧和团队精神来到了加利福尼亚州的一个小柑橘园。他们是勇敢的。他们是赌徒，并且是非常肆意的赌徒。”

“今天存在着一种无端的恐惧。人们担心害怕。身居高位的人无法说‘好’或是‘不好’，他们不敢去冒险。他们不断地寻找有胜算的项目。但当你制作电影时，想要确保这一点是非常困难的。所有电影都是赌博。创造人们前所未见的事物，并展示它，然后指望1000万到2000万人走进电影院去成就或毁灭那部电影——任何与此相关的事情都是一场赌博。而我认为在过去的日子，在好莱坞的黄金时代，赌博被认为是理所当然的。但今天，赌博是不可行的。对此我很遗憾。”[1]

就像许多美国公司中的商人一样，很多制片公司高管的内在动力是规避风险。他们试图制作的是可以说服董事会的电影。如果他们开发一个与最近热门电影相似的故事，并附上成功的导演和几个明星，那么他们就有了一个“保险”的看上去很厉害的资源组合。如果电影最终失败了，他们可以大声说，“看，我在一个像《泰坦尼克号》的项目中，找来了布莱德·皮特，并且由制

---

[1] 迈克尔·文图拉（Michael Ventura），《斯皮尔伯格传记》（*Spielberg on Spielberg*），《洛杉矶周刊》（*L.A. Weekly*），1983年12月9日—15日，第12页。

作《黑衣人》的人执导”。然后董事会就会同情他们，并把损失归咎于变化无常的观众，这样一来，高管就不太可能被解雇。

高管对稳妥的渴望促使他们设计出复杂的架构以降低电影制作的金融风险。通过与有线电视和家庭录像公司签订预售协议，或者通过与行业外投资者交易，制片公司可以消除很多风险。

也许这就是为什么最有价值的高管经常是顶尖的交易者。不过，当这些高管不再局限于商业和金融事务，插手到创作过程中时，就会出现问题，因为他们缺乏电影制作的知识和训练。今天，大部分高管都没有亲自制作电影的经验。

重点是：尽管当代的高管有着投融资敏锐度，但是今天的制片公司却不必然比在大制片公司体系时期更为盈利。因为制片公司都在激烈地争抢一小群明星和大牌导演，艺人的佣金已经显著上涨。

独特的产品

好莱坞存在着许多同样困扰美国其他行业的问题。职业经理人掌握了控制权。虽然他们的受教育程度高于他们的前辈，但往往缺乏创业热情和冒险意愿。

创办企业的商人往往不具备管理大型机构的意愿或管理技能。相比于参加董事会会议和管理一个大型层级组织，像斯蒂夫·沃兹尼亚克（Steve Wozniak）这样的发明家可能会更满足于在车库里修修补补和发明新产品。虽然作为个体经营者或在小团体中，这些创业者可以很好地发挥作用，但当监管大型企业时，他们的缺点可能会阻碍机构的繁荣发展。所以这些创业者就此让位，或者被排挤，然后由职业经理人接管。

但电影和电视产业与其他行业不同，其所出售的商品是创意。电影不适于流水线制造，它不像制造肥皂，一旦你发明了正确的配方，就可以一次又一次地炮制出同样的产品。喜欢上某肥皂品牌的一个消费者可能会一直购买其产品。他不希望第十块肥皂与第一块有任何不同，也不期待这个产品使他愉悦或提供给他新的体验。

但是，人们不会在发现一部他们喜欢的电影后，就反复观看。电影观众总是想要不同的东西。他们想要被带到他们以前没有到过的地方，他们想要新鲜的情境、情节和人物，而不是对上周热门内容的跟风重复。

因此，那些表现最好的电影往往是纯原创的。《星球大战》是一部突破性的电影，因为它有美妙的特效、不寻常的设定和全新的人物。电影观众从未见过这样的电影。

不幸的是，今天许多大型制片公司的氛围不利于具有创造性的电影制作，因为高管们对风险特别抵触。在二十世纪福克斯的艾伦·拉德二世（Alan Ladd Jr.）决定投拍《星球大战》之前，联美公司（United Artists）和环球影业都拒绝了该片。通常，电影制作者找不到一个愿意在任何标新立异和不同寻常的事情上孤注一掷的高管。导演奥利弗·斯通（Oliver Stone）花了十年的时间来制作电影《野战排》（*Platoon*），最终他成功了，而这只是因为一家独立制片公司给他提供了资金。

许多智慧的、刺激的和创新的电影，如《卧虎藏龙》（*Crouching Tiger, Hidden Dragon*）、《哭泣游戏》（*The Crying Game*）、《大亨与我》（*Roger & Me*）、《性、谎言和录像带》（*Sex，Lies，and Videotape*）、《好莱坞洗牌》（*Hollywood Shuffle*）、《蜘蛛女之吻》（*Kiss of the Spider Woman*）和《血迷宫》（*Blood Simple*），都是使用独立资本制作的。其中一些独立制作的电影非常盈利，如《光猪六壮士》（*The Full Monty*）和《我盛大的希腊婚礼》（*My Big Fat Greek Wedding*），许多还获得了奥斯卡金像奖最佳影片的提名。像《朱诺》（*Juno*）、《撞车》（*Crash*）、《帝企鹅日记》（*March of the Penguins*）和《午夜巴黎》（*Midnight in Paris*）这些受到广泛赞誉的电影都不是在好莱坞制作的。人们普遍不知道的是，有很多好电影只是由几大制片公司发行而已。

由于好莱坞规避风险的风气，制作衍生电影是今天主要制片公司的通病：《闪电舞》（*Flashdance*）衍生出了《浑身是劲》（*Footloose*），《动物屋》（*Animal House*）被重新制作为《肉丸》（*Meatballs*）和《学警出更》（*Police Academy*）。任何有些许盈利的电影都是一个或多个续集的基础。制片公司试图从他们拥有的每一部成功影片中尽可能榨取新的收益。

风险的应对

由于他们厌恶风险，制片公司在很大程度上放弃了自己制作电影。虽然许多制片公司仍然拥有很多制片设施，但是这些都租给了需要摄影棚的人，而这些制片公司则主要发挥着专业银行的作用，他们出借资金制作有价值的项目，然后发行已制作完成的作品。

像银行一样，他们评估提交给他们的提案，但很少发起项目。从大型银行借款或获得投资后，制片公司会决定支持哪些制片人。制片人和导演制作电影，忧心于保护其投资的制片公司对此进行监督。电影制作完成后，制片公司就会对其进行营销，包括制定广告宣传方案，以及复制和分发电影拷贝。最后，制片公司利用其优势地位从放映方处收取收益。

上述操作方式存在一些例外情况。在一些独立制片公司里，如城堡石娱乐（Castle Rock Entertainment）和想象娱乐公司（Imagine Entertainment），负责运营公司的高管会更多地参与作品创作。

但大多数制片公司由商人运营，而不是电影制作者。许多高管升职到高层凭借的是他们与大牌艺人的关系和交易能力，而不是他们知道怎样写出一个好剧本或拥有出色的制作能力。

因为制片公司让渡了大量的创意主导权，所以越来越多的问题开始显现。高管越来越多地根据市场调查、流行趋势和财务风险最小化原则做出决策。电影制作更像是“律师–经纪人”游戏，而不需要表演能力，根据《血网边缘》（*Jagged Edge*）制片人马丁·兰索霍夫（Martin Ransohoff）的说法，“在旧的电影大亨模式下，反而有机会做出更好的电影，因为他们基本上是电影人，而不是集团企业或银行选择的人”。

旧体系下制片公司的员工制片人已被创意事业总监所取代。行业分析师A.D.默菲（A.D.Murphy）说：“他们发挥着制片人的作用，但却没有因电影署名带来的公开的羞耻感和责任。”“他们行使权力，但保持匿名。当有这些不公开身份的人存在，就会产生很多的逃避行为和吹捧。”

创新艺人经纪（CAA）和威廉·莫里斯奋进（WME）等大型艺人经纪公司在项目开发和资源打包方面发挥着相当大的影响力。经纪人为电影构思、挖掘新艺人，并决定将哪些编剧、导演和明星打包在一起工作。而在过去，这些创造性的工作是由制片公司来完成的。

创意企业的管理

在许多方面，电影大亨时代具有创意性的电影制作氛围更好。在电视出现前，每周有超过5000万的美国人去电影院。观影人次在1946年达到40亿的历史最高纪录。[1]彼时，由于电影制作成本较低，也没有来自电视、电子游戏这类竞争，所以连平庸的电影也很有可能获利。由于电影大亨是其所经营制片公司的所有者，所以他们在自己的职位上坐得更稳，并可以承担更大的风险——如果一部电影失败了，他们可能会赔钱，但不会因此而失去工作。

有些制片公司很晚才意识到电影制作中创意的重要性。在经历过经纪公司打包的高昂的明星资源的失败后，这些制片公司就聘用了能在电影制作上发挥更多创意的高管。

1984年，在由西尔维斯特·史泰龙（Sylvester Stallone）和多利·巴顿（Dolly Parton）主演的《纽约司机》（*Rhinestone*）票房惨败之后，二十世纪福克斯公司解雇了艾伦·希尔斯（Alan Hirsch）和乔·维赞（Joe Wizan）并聘请了巴里·迪勒（Barry Diller）。巴里·迪勒是那个坚称自己开发项目而不接受经纪公司打包组合的派拉蒙团队【迪勒、艾斯纳、卡森伯格、曼库索（Mancuso）】的负责人。迪士尼还挖来了这个派拉蒙团队的另外两名成员迈克尔·艾斯纳（Michael Eisner）和杰弗瑞·卡森伯格（Jeff Katzenberg），以取代更注重商业的雷·米勒（Ron Miller）。[2]

在每个实例中，制片公司用创意能力强的人取代了有融资和交易背景的高管。但创意可能是冒险的。1994年，史蒂文·斯皮尔伯格，杰弗瑞·卡森伯格（Jeffery Katzenberg）和大卫·格芬（David Geffen）创办了梦工厂，意图建立一个艺术家型的制片公司。然而，在两次濒临破产后，该公司于2006年被维亚康姆（Viacom）收购，失去了独立性。无独有偶，1967年成立的独立电影公司——新线电影公司（New Line Cinema）于1994年被特纳广播系统（Turner Broadcasting System）收购，而后1996年，特纳广播系统公司与时代华纳合

---

[1] 电视出现后，这个数字下降到大约每年10亿。在2001年，共售出了14.9亿张的电影票。

[2] 迪士尼通常避开高预算的明星组合（star packages），在《至尊神探》（*Dick Tracy*）上映却收益甚微后，卡森伯格告诫他的员工警惕那些昂贵的明星组合。

并。2008年，时代华纳吞并了该公司，使其彻底失去自主权。

主流制片公司和广播电视网在不断地失去制作市场的主导地位。网飞、亚马逊、Hulu和其他新的市场参与者已经证明，他们可以制作自己的原创节目，并与传统的内容制作者竞争。网飞预计将在2016年投资50亿美元购买和制作原创节目。[1]目前，它在近200个国家拥有7000多万付费订阅用户。[2]

---

[1] www.erceonlinevideo.com/press-releases/red-new-black-net ix-subscribers-reach- over-130m-2020-content-suppliers-ma.

[2] www.latimes.com/entertainment/envelope/cotown/la-et-ct-net ix-hollywood-20160118- story.html.

第2章

交易

现在电影行业内的交易活动比以往任何时候都要多。导演比利·怀尔德（Billy Wilder）在其职业生涯晚期曾抱怨："如今我们用80%的时间做交易，用20%的时间做电影。"[1]的确，大多数业内工作者投入到交易中的时间比投入到电影制作中的要多很多。但情况并非历来如此，在电影大亨主宰行业的好莱坞黄金时代，重点恰恰相反。

交易随着大制片公司体系的终结而增多。艺人不再被绑定在长期合同上，大制片公司随之取消了明星花名册和编剧团队。现在，艺人是按单部影片专门雇用的，因此便产生了更多需要谈判的交易。

试想在足球比赛中，每一局之后，球员的雇用合同必须重新谈判的情况。裁判的哨声一响，经纪人和律师就冲到场上和他们的客户商议，随后开始和管理层讨价还价。这将会改变我们原本所知的比赛——或许律师可以在中场时加入游行列队的队伍，入场以取悦球迷。当然了，好莱坞的交易过程尚未荒谬至此，但是大概就是这个意思。

交易也变得更加复杂了。电影融资的方式越来越多。在

---

[1] 《好莱坞名言集》(*The Book of Hollywood Quotes*)，哈利·赫尔曼（Harry Herman）编，伦敦/纽约/悉尼/东京/科隆：文集出版公司（London/New York/Sydney/Tokyo/Cologne：Omnibus Press），1979年，第118页。

旧的大制片公司体系下，电影的资金来自于当期收入和银行贷款。影视公司并不依赖于复杂的华尔街投资计划、预售协议、海外合拍或者保险支持型融资。

其他的复杂因素随着新兴市场的发展而显现。现在，交易必须考虑有线电视、家庭录像、离网播映（syndication）、视频点播、电子零售、互联网、无线网络、商品化、原声带以及海外销售所带来的收入。随着影视公司开始和艺人分享“利润”，其他问题也随之显现。影视公司和利润分成方经常在会计方法以及合同解释上发生分歧。为避免歧义，对净利润的定义越来越多，有一家影视公司就用了排版密集的20页文字来定义这个术语。

由于电影行业的这些变化，对于任何爱好电影制作的人来说，对交易的理解变得至关重要。但是，电影才是最终产品，记住这点是很重要的。在谈判最激烈的时候，各方可能会忘记：观众并不关心交易本身。你能想象电影观众审阅着投影在荧幕上的交易备忘录并大呼“哇，看第五个交易点”或者“这个毛利润的定义是不是很有趣”的情景吗？不，观众在乎的只是故事。一个不错的交易并不必然会制作出一个有趣的电影，律师和经纪人必须注意不能把他们的客户置于那些因为交易没有为制作高质量电影留足资金而成功希望渺茫的项目中。

阻碍优秀电影制作的因素

“付款未必参与”条款

交易者需要知道那些有碍于优秀电影制作的因素。某些交易可能会助长烂片的制作。例如，“付款未必参与（pay or play）”交易可能会诱使影视公司去拍摄一部剧本很烂的电影。

演员、编剧、制片人和导演经常会要求将“付款未必参与”条款作为他们承诺参与一个项目的回报。这种交易实质上保证了即使影片最终没有拍成，艺人依然能获得薪酬。尽管这样的条款可能会让制片人或者影视公司处于困境，但炙手可热的艺人对这种条款的渴望也是有道理的。为了理解这种交易的动机，让我们来思考一个假设的情境：

你是一个电影制作者，现在有一个电影的创意。你想让斯嘉丽·约翰逊来主演你的电影。你以某种方法接触到了她，将这个创意告诉她，并且她表示很喜欢。但是，她不会仅仅基于一个创意就承诺参与这个项目。没有哪个头脑正常的明星会在这个阶段就承诺参与一部影片。所以，斯嘉丽告诉你，如果你能拿出一个她能接受的剧本，那么她便乐意出演你的电影。

你写了剧本，或者雇用编剧去创作，在融合斯嘉丽的意见进行了几次重写之后，她非常满意并且愿意参与这部电影。你想让她承诺参与这个项目。她或者她的经纪人想要知道，这部电影是否真的会开拍。如果这尚不确定，她就不想为拍你的电影而在暑期日程中预留出三个月。

一旦斯嘉丽签约承诺出演你的电影，她就必须拒绝将会在同期拍摄的其他项目的邀约。她知道，尽管你很努力也有才华，仍然会有很多原因使你无法成功地将这个剧本拍出来。可能是你无法获得融资，或者是无法请到合适的联合主演，又或者是无法吸引到影视公司认可的导演。所以她的经纪人告诉你，直到你将电影制作的全部其他要素都准备妥当的时候，她才会做出承诺。而问题是，其他要素也这样要求，谁都不愿意最先给出承诺。

为了获得艺人的承诺，可能需要一个保证艺人薪酬的“付款未必参与”条款。如果艺人薪酬很高，那么对这个条款的承诺可能是非常有风险的。试想你是一个高管，已经与一位明星达成了这样的交易，但却无法克服阻碍电影制作的全部困难。在院线电影领域，十个前期开发的项目中可能仅有一个会投入制作。[1]所以，随着开始日期的快速临近，你越来越焦虑。此时你进退两难：是选择在非理想环境下继续推进制作这个项目，还是应该基于“付款未必参与”的承诺向演员付清薪酬？

这就是发生在《西部骑士》（*Villa Rides*）项目上的实际情况。影视公司承诺，无论该电影是否投入拍摄，都将会向尤·伯连纳（Yul Brynner）和罗伯特·米彻姆（Robert Mitchum）支付报酬。想象一下，影视公司被“付款未必参与”交易套牢了100万美元，而且继续制作电影将会再花费100万美元。在这种情况下，期望该电影可以在被差口碑毁掉之前收回预算的影视公司会继续推进电影的制作，他们这么做即便没有艺术价值，却可能有经济上的意义。另一方面，如果你放弃了这个项目，你就不可能收回投资了。或许你还会发现，很

[1] 对电视电影来说，会有更高比例的前期开发项目最终得以制作。

难向董事会解释，为什么你花掉了他们的100万美元，但却没有任何可以展示的成果。

在你看一部烂片的时候，你是否曾好奇："影视公司怎么会制作出这样的垃圾？这些高管难道不能从剧本看出这个故事是有缺陷的吗？他们的脑袋是不是坏了？"而答案可能是：这些人非常清楚这是一个三流的项目，但将其推进下去可能会有经济上的意义。

当经纪人将演员推向他们本不该参与的电影制作时，另一个阻碍优秀电影制作的因素就此产生。有时，比起深化演员的长期职业目标，经纪人对赚取那10%的佣金更感兴趣。毕竟，如果一个演员一部电影能赚2000万美元，那么经纪人就会有强大的动力让演员一直工作。一些经纪人的态度是，"在演员当红时尽量捞钱，因为没人知道两年之后你是否还在做他的代理人。"

全面项目开发合作

与影视公司达成全面项目开发合作的制片人，有时会想要在其他影视公司制作他们的电影。

全面项目开发合作分为几种，包括"独家"合作、"优先权"合作和"管家"合作。

影视公司为保证有源源不断的作品供应而与制片人达成全面项目开发合作。作品的持续供应，既满足了放映方的需求，又帮助公司摊销了某些固定管理费用，例如营销人员的成本。

制片人通过多种方式从全面项目开发合作中获益。制片人通常会有一间设在影视公司的办公室、一个秘书，可能还有一个或两个开发人员。影视公司同意支付开发费用，例如雇用编剧开发项目的费用。此外，影视公司会就每个制作完成的项目向制片人支付一笔费用，并且通常会提供预付款。

对于顶级制片人来说，预付款可能是每年几十万美元。这些钱将会像薪水一样按月或者按周分期支付，并且是不可扣除的——即使制片人没有做出任何东西，这笔钱也不必被退还。本质上来说，全面项目开发合作是将制片人承担的经济风险转移给了影视公司。

当制片人与影视公司达成"独家"开发合作时，他就同意了将其全部项目通过同一影视公司发行。这项合作对于电影或电视来说可能是独家的，但是不论独家的范围如何，该制片人在本质上都专属于这家影视公司，不能在其他地方制作项目。

另一方面，“优先权”合作仅仅是让影视公司能最优先开发制片人的项目。如果影视公司毙掉了该项目，那么制片人可以在其他地方开发。大部分的合作允许影视公司用几周的时间来决定他们是否想要某个项目，如果他们没有在期限内做出决定，制片人就自动地有权利将项目带到其他影视公司。

“管家”合作中，制片人从影视公司处获得办公室和开发费用，但是没有预付款。这种交易通常提供给新手制片人。影视公司希望在不产生大量费用的情况下和这些制片人建立长久的关系。制片人在影视公司办公，并无须承担管理费用。他们能够使用影视公司的信笺和电话，所以制片人可以在业内获得信任。经纪人会迅速回复他们的电话，制片人可以在这个影视公司里和其他人交际，并且最重要的是，可以在父母拜访时带他们到公司的餐厅。

显然，制片人更喜欢优先权合作。制片人喜欢有可供选择的融资和发行渠道。资深制片人还知道，优先权合作可以让他们在影视公司的决策机构中有一些影响力。你可以驱使影视公司下定决心做一个项目，否则公司就要承受失去它的风险。另一方面，如果是独家合作，因为影视公司知道你不能将项目带到别处，所以他们可能不急于做出决定。

影视公司更喜欢独家合作。他们认为，既然他们支付预付款和管理费用，唯有制片人将其时间只用在开发该公司（而非其他公司）的项目上才公平。影视公司高管更喜欢独家合作的另一个原因是，它可以避免一种尴尬境地，即看到曾在优先权合作中被他们淘汰了的项目成为另一家影视公司的卖座大片。在这种情况下，影视公司的董事会可能会问高管：“某制片人难道不是我们的人吗？”以及“为什么我们付他费用而他却在为我们的竞争对手制作电影？”这位懊恼的高管可能会被迫承认他愚蠢地毙掉了一个热门的项目。

全面项目开发合作的问题在于它制造了一些不利因素。假设一个制片人和甲公司之间达成了一个这样的合作协议。该协议为期三年，制片人每年获得20万美元的预付款，按月分期支付。这些预付款从每部电影50万美元的制片人费用中扣除。

一年之后，这位制片人即将制作他的第一个项目。因此他有权获得50万美元的制片人费用，从中扣除20万或30万美元的预付款。但是，如果项目进入回转，[1]那么制片人可能会从乙公司处获得一笔更大的制片人费用，而乙公司未曾对电影开发或制片人有过任何投入。因此，制片人便有了在合作公司以外的其他影视公司制作电影的经济动机。

大部分制片人知道，一鸟在手胜过十鸟在林，他们不会故意破坏一项交易而寄希望于在别处赚得更多。但是，这种事情也确有发生。

合同的类型

合同可以是书面的或口头的。与普遍的认知相反，口头合同也可能是有效且有约束力的。美国大多数州都有一项被称为“反欺诈法”的法律，[2]该法要求某些类型的协议必须是书面形式的才有效。例如，你不能口头转让不动产。其他类型的协议可以口头订立，但口头合同可能难以执行。

假设你与买方达成口头协议，约定以3000美元的价格出售你的汽车。 你们握手成交，但没有写下任何东西。一个月后争议产生，最后你们诉至小额索赔法院。

买方告诉法官，你曾提出将你的汽车卖给他/她。你对此表示同意。然后买家声称，你承诺在交付前对车子进行检修。你对此并不认可。此时，没有任何文件、证人或者证据可供法官审查，以弄清协议的条款。在这种情况下，法官应该相信谁？法官可能只好拒绝强制执行合同，因为他无法确定合同的条款。

因此，尽管法律并不要求所有合同都是书面的，但仅从制造证据的角度考虑，达成书面协议通常是有利的。否则，你将面临协议无法执行的风险。

另一种分类方式是将合同分为明示合同和默示合同。当各方订立明示合同时，他们正在达成协议的事实是明确的。通常，他们会签字或握手。

默示合同是根据事实或法律推断出的合同。它可能是从各方的行为推断出来的。假设你进入一家商店并拿起一块糖果，二话不说就撕掉包装开吃，然后你走向大门。店主说：“嘿，等一下，你没有付糖果钱。”你回答说：“我从来

---

[1] 如果第一家影视公司搁置了这个项目，回转条款让制片人拥有选择将项目带到下一家公司的权利。通常来说，上述权利的获得以补偿第一家公司的开发费用为前提。

[2] 可参照《加利福尼亚民法典》第1624节。

没有同意付钱。”在这种情况下，基于你的行为，法院会推定你和商店之间达成了一个协议。通常认为，当一个人在这种情况下吃掉糖果时，他已经同意购买了。

有时默示合同的推断不是基于行为，而是根据法律的规定——基于公平和正义或为防止一方以牺牲另一方为代价获取不当得利。

合同法——作为故事剽窃的救济手段

关于口头合同和默示合同的法律可以为赢得故事剽窃诉讼提供基础。版权法的一个基本原则是思想不受版权保护，因为它们不属于“作者的表达”。正如法院有时论及的，“思想像空气一样是免费的”。与思想类似，概念、主题和标题也不受版权法保护。

但是，版权可以保护对于思想的“修饰”。因此，虽然一个单词无法获得版权保护，但作家组织词语的特定方式——他/她的技巧和方法——是受保护的。虽然其他作家可以根据相同的话题、主题或创意想法自由创作自己的作品，但他们不能复制别人的特定表达。

由于人们不能通过版权法保护思想，因此向其他人推销故事创意的编剧很容易遭受剽窃。但还有另一种保护创意的方法，创意可以作为合同的标的。编剧可以通过让创意接收方同意付费来保护自己。

编剧保护自己的最佳方式是使用书面协议。但是，在会面之初就要求制片人签署一份合同可能会很尴尬，即使是一份短合同。这样的要求可能会冒犯一些制片人或使他们感到不悦。他们可能担心承担责任，也可能想要咨询律师。由于编剧常常难以见到厉害的制片人，所以要求签署书面协议可能是不太现实的。

更友好的方式是达成口头协议。编剧在会面时以此简单开场：“在我告诉你我的创意之前，我想确保你明白，我将这个创意告诉你的前提是，如果你决定使用它，我期望得到合理的报酬。”制片人非常有可能会点头赞成，或者说“当然”，在这种情况下，你们就达成了一个协议。如果制片人不同意这些条款，那就不要推销你的故事，直接离开。

由于该合同是口头的，因此可能存在一个问题，即如何证明其存在和条款。这就是为什么最好有一个见证人或一些记录文件。你可以带上合作作者、经纪人或助手一起参加会议，也可以在会后致信给制片人，重申你的条件。这封信应该是诚恳的、没有威胁性的。你可以写："真的很高兴与你会面讨论我的故事……正如我们同意的那样，如果你决定开发此内容，我将得到合理的报酬。"如果你信中所述的条款未被收信人拒绝，则这封信可以作为证明你们之间协议的证据。❶

但是，如果听你推介的制片人没有剽窃你的故事，却将它复述给了另一个制片人，而第二个制片人使用了你的故事，会怎么样？你可以这样说来保护自己免受这种风险："我告诉你我的想法，是因为我认为你会保密，并且未经我允许不会告诉任何人。"如果制片人点头同意或者说"好的"，那么你们就达成了一个协议，并且，如果他违反该承诺，你可以起诉。

下面这个案例阐明了合同法在故事剽窃争议中是如何适用的。

迪士尼诉怀尔德（1956）❷

事实：1949年，原告——一位编剧——打电话到比利·怀尔德（Billy Wilder）在派拉蒙的办公室，对他的秘书说想见怀尔德。秘书执意要求原告说明其目的。原告给她讲述了一个改编自男孩弗洛伊德·柯林斯（Floyd Collins）生平的故事，这个男孩曾被困在一个山洞里。这一事件曾在20世纪20年代被广泛报道了数周。

秘书喜欢这个故事，但是当她得知其长达65页时，她说怀尔德不会读的。她提出将故事送到剧本部门，以便将其改成剧情梗概的形式。原告说他更喜欢自己将故事精炼。他这样做了，并在两天后回电。秘书让他在电话里给她读一份三页的大纲。他读了，然后秘书做了简要记录。她说她会和怀尔德讨论。然后原告告诉她，如果怀尔德使用该故事，他希望获得报酬。

后来，原告发现派拉蒙制作了一部关于这个男孩的电影《倒扣的王牌》（*Ace In the Hole*，又名*The Big Carnival*），其中包含了原告创作的一个

---

❶ 因为制片人没有在这封信上签字，所以如果他没有反对，那么他对这些条款的承诺只是默示的。当然，如果编剧从制片人处收到了确认这些条款的信件，那将会是更好的证据。

❷ *Disney v. Wilder*，46 Cal.2d 715（1956）.

虚构事件。原告起诉。

争议焦点：对于原告根据公共领域内真实事件改编的故事，他能以剽窃该故事为由起诉吗？

原告从未直接与怀尔德或派拉蒙交谈或会面，这是否有影响？

双方之间是否存在默示合同？

即使直到第二次谈话时原告才要求报酬，他是否还能胜诉？

判决结果：原告胜诉。

判决理由：文学财产可以基于公共领域的历史事件创作而成。派拉蒙有权回去调阅历史记录并筹备自己的故事。对于公共领域的资料或基于这一主题创作剧本的想法，原告没有控制权。但是，如果被告使用了原告的研究和作品，那么就可能存在一个同意向原告支付报酬的默示合同。

本案中的编剧并未以版权侵权为由起诉，因为他故事的大部分是一个公共领域内的真实历史事件。编剧不能就公共领域内的故事获得权利。然而，编剧可以将公共领域内的材料纳入他/她自己的文学作品中，尽管这些材料仍然属于公共领域，但其作品是可能受到版权保护的。

换言之，10位不同的作者可以利用公共领域的材料分别撰写乔治·华盛顿的传记。每位作者都对自己的书拥有版权，但该版权仅限于作者的表达，即他安排和组织事实的方法。每位作者都不能阻止其他人在他们的作品中使用相同的事实。

虽然怀尔德案中的编剧可能无法以版权侵权为由起诉，但他可以根据合同法获得救济。法院将案件发回了初审法院，以便陪审团来判断派拉蒙在电影制作中是否使用了原告的故事梗概。换句话说，法院认为可能存在着一个默示合同。默示合同或许能够通过编剧与秘书之间的对话推断出来。最终，重审陪审团将决定上述事实能否表明的确存在这样一个协议。

虽然原告从未与怀尔德或派拉蒙的任何高管交谈过，但他仍然可以成功起诉他们。只要秘书在其职责范围内行事，她就被视为怀尔德和派拉蒙的代理人。秘书有权为她的雇主接受故事和稿件。如果她超越权限做出了承诺（比如“我会给你两部影片的合约”），那么这些承诺对怀尔德或派拉蒙就没有约束力。

但是，既然这位编剧直到第二次谈话结束时才要求报酬，那么怎么会有合同存在呢？难道不是这位编剧将其创意赠送给他人之后，却又要求他人为此付钱吗？

法院并不这样认为。这两个对话应该被理解为一个对话。法院有时会尽力保护受害者。

你应该从迪士尼诉怀尔德案中学到什么？虽然没有书面协议，但你也可能获得法律上的救济。现在，请思考下面的案例：

布劳斯坦诉伯顿（1970）[1]

事实：原告是一名制片人，他有一个构想——根据莎士比亚的戏剧《驯悍记》（*The Taming of the Shrew*）制作一部电影，并由理查德·伯顿（Richard Burton）和伊丽莎白·泰勒·伯顿（Elizabeth Taylor Burton）主演，由佛朗哥·泽菲雷里（Franco Zeffirelli）执导。原告找到伯顿夫妇的经纪人询问他们的档期，并暗示他有一些想要提供给伯顿夫妇的想法。该经纪人说他想听听原告的想法，于是原告就对其讲述。经纪人很喜欢这个想法，随后原告与伯顿夫妇会面了，伯顿夫妇说他们想要做这部电影。

后来，在没有原告参与的情况下，伯顿夫妇与泽菲雷里拍了这部电影。原告提起了诉讼，主张他披露想法时所处的情形能够推断存在一个合同。

争议焦点：在这样的情形下，是否能推断存在一个合同？

判决结果：是的，原告胜诉。案件被发回初审法院，以决定此种情形下是否产生了一个事实合同。

在这里，原告并没有一个故事的构思，他只是有一些选角的想法和对导演人选的建议。莎士比亚的故事属于公共领域，伯顿夫妇对其有与原告相同的权利。此外，原被告之间从未达成一个约定由原告制作这个项目的明确协议。原告也没有告诉经纪人："如果你同意由我来制作这个项目，我才会告诉你我的想法。"

原告争辩说，他作为一名资深制片人与伯顿夫妇的经纪人联络，基于这一事实可以推断出双方之间达成了共识。法院认可，从当事人的行为来推断，这

---

[1] *Blaustein v. Burton*，9 Cal. App. 3d 161，88 Cal. Rptr.319（1970）.

样的协议可能存在。

但如果原告不是一名资深制片人呢？假设一位木匠在超市排队结账时看到了雪儿（Cher）在《国家询问报》封面上的照片。她给雪儿写了一封粉丝信，建议雪儿主演电影版《哈姆雷特》。雪儿读了这封信，认为这是一个不错的想法，并拍摄了这部电影。现在木匠联系雪儿说："记得我吗？是我给了你拍摄电影《哈姆雷特》的想法。我想要报酬、制片人署名以及一部分利润。"

雪儿有义务付钱吗？不，此处的情况不同。没有任何事实可以表明木匠提出想法时，有获得任何回报的合理期望。木匠的想法似乎是送出的一份礼物。同样，如果一名资深制作人在一个社交场合随意向伊丽莎白·泰勒提出她若出演《驯悍记》会很棒，也不会由此而产生任何义务。

基于以上这些创意提交的案例，许多影视公司和制片人采取了一项政策，即决不接受未经邀请主动提供的材料，或要求提交材料的人签署一份提交豁免书（submission release）。虽然这些免责声明不一定会杜绝他们从事故意的不法行为，但它们可以让那些提交创意或故事的人更难以胜诉。

总之，如果你认为有人敲了你的竹杠，不要认为你没有法律救济手段，去咨询律师。

现在我们来看一些行业合同。

交易的种类

选择权合同

选择权合同（option contracts）并非电影和电视产业所独有。在许多企业中，它们为各方提供了一个分担风险的有效途径。

也许你曾听过业界的朋友们谈论"取得一本书的选择权"以制作一部电影。当你取得某一文学财产的选择权时，你购买的是在将来购买该文学作品电影权（movie rights）的专有权利。

假设你是一名制片人，你读了艾利克斯写的一部精彩小说。你想根据这本书制作一部电影。因为基于这本书而制作的电影被认为是演绎作品，并且艾利克斯拥有他这本书的版权，所以未经他许可你不能拍摄这部电影。

你找到艾利克斯，并提出想购买电影权。他或他的经纪人说："好的，我们要价50000美元。"此时你付不出50000美元。即使你可以承担这笔费用，直接购买电影权也是非常有风险的。如果你无法取得一个好剧本呢？或者请不来合适的导演呢？或者融不到制作资金呢？制作一部电影会遇到很多障碍，如果你购买了艾利克斯书的电影权却又不能把电影制作出来，那么你就是买了一些你最终不需要的东西。

可以让你处理上述情况的一种更好的方法是向艾利克斯提供另外一种交易，即不要直接购买电影权，而是提出取得将来购买电影权的选择权。

假设你向艾利克斯提出以5000美元的价格取得一年的选择权。在这一年内，你有行使该选择权以购买电影权的独家权利。我们再假设，购买全部电影权的价格是50000美元。根据经验，选择权的价格通常是整体购买价格的10%，不过具体数额是可以协商的。[1]有时卖家愿意给出"免费"的选择权或只要一个象征性的金额（例如"10美元"）。当然，卖家不是必须要为他的电影权设置选择权，如果你与畅销书的作者打交道，他/她可能会拒绝出售选择权，而是坚持直接出售版权。

选择权的期限可以是任意时间长度，但初始选择权期限通常是一年。买方可以寻求特定的续约权，该权利允许他/她在支付额外金额后延长其选择权的期限。假设你已经为一年的选择权支付了5000美元，并享有以6000美元的价格将选择权延长一年的续约权。续约权必须在初始选择权的期限届满前行使。双方可以约定第二个和/或第三个续约期限，以使买方进一步延长其选择权的期限。

续约让买方在不行使选择权的情况下延长该权利的期限。假设艾利克斯卖给你的为期一年的选择权即将到期，你已经委托他人创作了一个令你满意的剧本，并且引起了一位重要导演的兴趣，但是你没有锁定某个明星承诺参与你的项目，并且融资没有到位。此时，你不希望以50000美元来购买艾利克斯的电影权，但你也不想失去将来购买那些权利的权利。如果在你们的协议中有续约权，则可以延长该选择权的期限。一般来说，直到主摄影（principle photography）的第一天（当他们明确知道一部电影将会制作时），买方才会想

---

[1] 如果协议是和职业编剧签订的，并且受到美国编剧协会（Writers Guild of America, WGA）《最低基础协议》（*Minimum Basic Agreement*，MBA）的控制，那么可能会存在选择权价格不得少于最低报酬特定比例的要求。具体请参见《最低基础协议》的第13 A条。

要购买电影权。

请注意，选择权授予买方在选择权期限内购买电影权的专有权。在此期间没有其他人可以购买该等电影权。卖方在选择权期限内不能做出任何干扰买方购买权利的行为。

然而，一旦选择权期限届满，作者不仅保留选择权费用，还保留所有电影权。某些作者会反复出售其作品的选择权，这是因为，此前任何选择权都没有被行使。

当然，一旦选择权被行使，买方就直接拥有作品的电影权，作者便不能出售他/她不再拥有的东西或者在上面另行设置选择权。

选择权价款以及续约权的任何价款可以包含或者不包含在电影权购买价格中。如果包含，它们将作为电影权购买价款的预付款。如果不包含，它们将不能用于抵扣电影权购买价款。例如，如果5000美元的选择权价格包含在50000美元的购买价格中，则想要行使该选择权的买方将向作者支付45000美元。如果5000美元的选择权价格不包含在购买价格中，则买方将支付50000美元，因为5000美元的选择权价款不会在购买价格中抵扣。

在获取（或购买）选择权时要记住的最重要一点是，必须同时就购买协议的条款进行谈判。通常，选择权合同是一份两页或三页的文件，附有作为附件的文学作品购买协议。当选择权被行使时，文学作品购买协议会自动生效。买方在没有就基础的文学作品购买协议进行谈判的情况下签订选择权协议，就等于购买了没有价值的选择权。在选择购买电影权时，之前所买到的仅仅是与卖方讨价还价的权利。卖方没有义务按你提出的条款出售电影权。

例如，你用500美元购买了一年的选择权，但没有确定文学作品购买协议的条款。九个月后，你决定行使选择权并购买电影权。你向作者寄出10000美元的支票，但她反对。她想要20000美元。由于双方没有就这一买卖的实质条款达成一致，这份合同是不可执行的。你拥有的是一个毫无价值的选择权，你花在开发这个项目上的时间和金钱可能会被浪费掉。作者现在将你置于被支配地位，在价格上可以对你予取予求。

分步骤交易

制片人通常采取分步骤交易的方式来聘请编剧。假如你是一名制片人，有兴趣聘请一位新手编剧马西娅。你已经读过了她写的一个动作/冒险类剧本，然后你希望她写一部原创喜剧。

由于你是美国编剧协会的签约方，因此你必须向马西娅支付美国编剧协会要求的最低报酬，截至2017年5月1日，该最低报酬为133739美元（低预算电影为71236美元）。[1] 但是，你并不完全相信马西娅可以创作出令人满意的剧本，因为她在这个类型上没有任何经验。你想降低你的财务风险，一种方式就是以分步骤交易来聘请她。

分步骤交易是一步一步地进行，制片人可以在每一步骤后选择停止编剧的服务。第一步骤，你同意付费聘请马西娅来写一个故事梗概。如果你喜欢这个故事梗概，你可以再支付她一笔费用以进入第二步骤写一个初稿。如果你喜欢这个初稿，你可以付她更多钱来写剧本终稿，或者是额外增加修改和润色步骤。美国编剧协会为每一步骤均设定了最低报酬，并且支付给她的各步骤费用总额将不低于你从一开始便聘请她写整个剧本而需要支付的最低报酬。

分步骤交易使得制片人可以尽早从其对编剧的承诺中解脱出来。如果故事梗概完成后，制片人对编剧失去了信心，或者对故事的发展方向不满意，他/她便没有义务继续聘用该编剧。作为编剧完成的所有工作的所有人，制片人可以搁置该项目或引入新的编剧。编剧保留因已完成的工作而收到的款项。

在分步骤交易中，制片人通常有几个星期的“阅读期”，以决定是否进入下一步骤。当制片人决定不进入下一步骤，或者未能在阅读期内做出决定时，编剧可以接受其他工作，以防制片人无限期地绑定编剧。在阅读期内，如果制片人选择进入下一步骤，编剧则必须确保其可以继续为制片人工作。

当然，金牌编剧可能会拒绝分步骤交易，制片人也无法强迫他们接受这样的交易。较有经验的编剧可能会就这样的交易进行谈判——每个步骤是有保证的，而不是完全由制片人选择。

商品化和产品植入交易

电影的商品化使影视公司赚得盆满钵满，并长期推广他们的电影。华特·迪士尼公司通过销售玩具、米老鼠耳朵和其他产品赚了大钱，更不用说主

[1] 2014年的《最低基础协议》对高预算电影非原创剧本（包括故事梗概）的固定最低报酬要求为115922美元，截至2017年5月1日。最新的最低报酬要求可以在美国编剧协会的官网上找到：www.wga.org。

题公园带来的巨额收入。此外，迪士尼已经从《冰雪奇缘》《赛车总动员》《玩具总动员》《星球大战》[1]和漫威[2]的《美国队长》《雷神》《复仇者联盟》等电影的商品化中创收了数十亿美元。

在过去的几十年里，商品化活动一直在复兴。你可能还记得，当电影《E.T.》在1982年上映时，有一幕是友好的外星人被孩子喂了糖果，糖果品牌是锐滋花生巧克力，在电影中的展示使其销量猛增65%。这份财运让该品牌巧克力的制造商高兴，但却让玛氏公司的高管们感到沮丧，因为他们拒绝了史蒂文·斯皮尔伯格使用他们的M&M巧克力豆的请求。某些市场营销“天才”认为，让外星人吃M&M巧克力豆将会对产品产生负面影响，而这是有史以来最大的营销失误之一。

这一事件在商业类杂志上被广泛报道，鼓励制造商将其产品植入到电影中。他们认为，电影中的产品植入可能比电视广告更有效，电视广告花费巨大但往往收效甚微。

受这种利益的驱使，一种新型代理人——产品植入代理人产生了。这些代理人代理的不是人，而是产品。一个代理人可能代理几种非竞争性产品：糖果类的玛氏糖果棒、苏打水类的胡椒博士、啤酒类的康胜、汽车类的福特等。

产品植入代理人花费时间寻找可以植入产品的剧本。当然，并不是每个植入都令人满意。可口可乐不会希望他们的苏打水被一个人物角色喝了之后，呕吐并抽搐。但是如果以中立或正面的角度植入，制造商则可能会感兴趣。

制片人并不总是需要为了在电影中展示商品而去获得授权。假如你没有诽谤产品或者以暗示制造商支持或赞助了你的电影的方式误导性地使用其商标，那么仅仅基于其商品未经许可被展示，制造商很难赢得诉讼。

从实际来看，如果产品在银幕上瞬间闪过或者无法被辨认出，制片人可能不必费心去获取授权。[3]任何在超市拍摄场景的导演都不会去为背景中的每一个产品获取授权。尽管如此，即使法律上不要求，但获取授权总归无害。需要记住的是，不管法律先例如何，你的发行方和保险公司都可能要求查看每个可识别产品的授权。

---

[1] 华特·迪士尼公司在2012年收购了卢卡斯电影（Lucas Film）。

[2] 华特·迪士尼公司在2009年收购了漫威娱乐（Marvel Entertainment）。

[3] 在制作之前，你应该让律师审阅你的剧本，以确定可能需要何种授权。

关于在电影中未经授权使用产品的判例法很少，因为许多争议都是在庭外和解的。产品制造商的律师声称，在电影中未经批准使用产品即使不贬损产品也可能违反《兰哈姆法》（Lanham Act）或侵犯产品的商标。然而，法院往往对此不认同，认为商标法并不赋予商标所有人阻止他人在传达想法或表达观点时展示商标的权利。

例如，在威猛奥公司诉派拉蒙影业公司一案（Wham-O，Inc. v. Paramount Pictures Corp.）中，玩具滑梯“滑又滑”（Slip’n Slide）的制造商提起诉讼，并要求对派拉蒙影视公司下发临时禁令，因为他们未经授权在电影《过气童星》（*Dickie Roberts*：*Former Child Star*）中使用该玩具。

在这部电影中，大卫·斯佩德（David Spade）饰演一位过气的童星，试图重新演绎在他忙于娱乐行业工作时错过的童年经历。在一组有趣的镜头中，这一角色为达到喜剧效果误用了该玩具滑梯，然后受了伤。派拉蒙声称这部电影使用滑又滑来传达一个童年乐趣的画面。威猛奥争辩说，在消费者知道有产品植入这回事的情况下，“观影大众会认为，标有商标的产品之所以出现在电影中，是因为实际上商标所有人通过这种产品植入的安排与这个电影建立了关联或赞助了这个电影”[1]。

法院认为威猛奥很难在该案件中胜诉，因为派拉蒙对于产品的使用并没有在消费者心目中造成该产品与该商标之间的不当关联。[2]

在荷美尔食品公司与吉姆汉生制造的案件（Hormel Foods Corp. v. Jim Henson Productions）中，一个新木偶引发了一场诉讼。生产世棒（SPAM）牌罐装肉的荷美尔食品公司试图禁止电影《布偶金银岛历险记》（*Muppet Treasure Island*）的上映，声称其商标遭到侵权和淡化[3]，因为木偶的创造者为了产生笑果，而将一个野猪形象的木偶命名为“世棒棒”（Spa’am）。法院认为，荷美尔

---

[1] *Wham-O，Inc. v. Paramount Pictures Corp.*，United States Court of Appeals for the Ninth Circuit，Appeal No. 03-17052，Appellant’s Reply Brief，May 18，2004.

[2] 威猛奥的商标侵权和淡化诉求（dilution claims）被驳回，并且该公司提出的禁令救济（injunctive relief）的请求也被否决。*Wham-O，Inc. v. Paramount Pictures Corp.*，286 F. Supp.2d 1254（N.D. Cal. 2003）.

[3] 如果他人仅是在交流想法或者表达观点，商标法不赋予一个商标的所有人撤销他人未经授权使用该商标行为的权利。“当公众给某一商标灌输了除识别商品来源功能之外的其他意义时，商标所有人便没有权利控制公众的言语。” *Mattel，Inc. v. MCA Records，Inc.*，296 F.3d 894，900，63 U.S.P.Q.2d（BNA）1715（9th Cir. 2002），*cert. denied*，537 U.S. 1171，123 S. Ct. 993，154 L. Ed. 2d 912（2003）（citing *Anti- Monopoly，Inc. v. Gen. Mills Fun Group*，611 F.2d 296，301 [9th Cir. 1979]）.

公司不能使用联邦商标法来禁止一个以其为笑料的影片上映。[1]

大多数制造商很高兴让他们的产品出现在电影中，除非产品被贬损地展现。为了促使电影制片方在电影中植入产品，产品植入代理人可以从以下几个方面进行引导：

1）授权：你不必费心写信（邮件）给制造商以获得许可。

2）赠品：代理人可以给制片人成盒的糖果、免费的机票或者一整车的啤酒。这些赠品可以帮助制片人解决购买道具和食物的需求，从而降低制片成本。如果物品价格昂贵，例如汽车、貂皮披肩或者高级珠宝，代理人通常会在拍摄期间出借给制片人。

3）促销：如果麦当劳同意向其顾客分发数百万个电影《黑衣人》的杯子，并花费额外的数百万美元来宣传这一推广活动，那么这部电影将因社会知名度提高而受益。对于发行方来说，推广活动通常是产品植入交易中最诱人的方面。

4）现金：有时候现金是植入交易的一部分。纳贝斯克公司（Nabisco）为了让它的贝比鲁斯糖果棒出现在电影《七宝奇谋》（*The Goonies*）中，支付了10万美元。这家公司还同意提供150万美元的网络广告费，并在37000家店铺向购买植入糖果的顾客赠送电影海报。

通常，制造商只为几大制片公司发行的影视剧提供数百万美元的交叉推广交易和现金。不过，他们经常会为独立的低成本电影制作人提供赠品。

产品植入广泛存在的原因有多个。在有数百个频道可以观看的情况下，观众可以轻易地点击遥控器来切换到另一个频道以避开广告。如果他们有像TiVo（一种硬盘数字录像机）这种的数字视频录像机（Digital Video Record，简称DVR）设备，他们便可以随意跳过广告，一些专家估计人们每天跳过的广告可达3000个。[2]制造商热衷于将他们的产品植入到电影中，因为如果仔细去做的话，这些产品在场景中的展现会更加自然，并且更接近于一个真实的认可，

---

[1] *Hormel Foods Corp. v. Jim Henson Productions, Inc.*,（1995）1995–2 Trade Cases P 71, 154, 36 U.S.P.Q.2d 1812.

[2] 李·安·杰特森（Lee Ann Gjertsen），《保险公司削减市场营销，但三项目大放异彩》（*Insurers Cut Marketing, But 3 Campaigns Shine*），《早班银行家》（*Am. Banker*），2004年3月11日（第169卷，第48期），第11页，2004 WLNR 4062609。

而非一个明显的硬性推销。此外，真人秀电视节目的发展为产品植入提供了更多的机会。[1]像《幸存者》(*Survivor*)、《美国好声音》(*The Voice*)以及《与卡戴珊姐妹同行》(*Keeping Up with the Kardashians*)等节目都与品牌积极地合作，整个节目成为产品植入的盛会。“在《美国偶像》第六季(2007年1月—5月)中，尼尔森(Nielsen)统计出了4349例产品植入。”[2]同样，随着美食频道和学习频道等专门化的有线电视网的发展，它们的制片人能够激起目标观众对特定制造商的浓厚兴趣。[3] 例如，《交换空间》(*Trading Space*)将家得宝(Home Depot)等赞助商直接融入到了节目明星的购物和建筑体验中。[4]

诸如“虚拟植入”之类的数字技术使电影和电视片库的所有者可以在电影和电视重新播放、向多渠道同步出售或者发行数字化视频光盘(Digital Video Disk，简称DVD)时，在较旧版本的节目中提供新的产品植入。普林斯顿映画(Princeton Video Image)是一家以制作大学和职业橄榄球比赛中的黄色数字化首攻线(digital yellow first-down line)而闻名的公司，它向迫切的广告商提供这一虚拟植入技术。[5]这项技术可以让广告商数字化无缝地用新产品替换旧产品。举例来说，在《宋飞正传》(*Seinfeld*)某一集重播的情节中，杰瑞可以喝百事一号，即使他的角色最初喝的是健怡可口可乐。

产品植入的极致做法被称为深度定制(product integration)，这是为汽车制造商所钟爱的概念。与在电影或电视节目中展示一个产品的传统植入方式不同，深度定制是更进一步地以产品为中心创作电影或电视节目。福特汽车公司与革命电影工作室(Revolution Studios)签署协议，约定允许福特将其汽车

---

[1] 艾米·约翰内斯(*Amy Johannes*)，《电视广告取代电影》(*TV Placements Overtake Film*)，《推广杂志》(*Promo Magazine*)2005年5月1日，第7页。

[2] 同上。

[3] 玛丽萨·格鲁克(Marissa Gluck)，梅莉赤尔·洛卡·萨莱斯(Meritxell Roca Sales)，《电视的未来是什么？广告》(*The Future of Television？ Advertising*)，《技术与受众的追捧》(*Technology and the Pursuit of Audiences*)，洛杉矶：安妮伯格传播学院诺曼·李尔中心(Los Angeles：Norman Lear Center，Annenberg School for Communication)，2008年9月，第72页。

[4] 史蒂夫·罗格斯(Steve Rogers)，《家得宝将从劳氏接手旅游生活频道〈交换空间〉的赞助权》(*The Home Depot to take over the sponsorship of TLC ' s Trading Spaces from Lowe ' s*)，《现实电视世界》(*Reality TV World*)，2003年8月11日，www.realitytvworld.com/index/articles/story.php ？ s=1548。

[5] 韦恩·弗里德曼(Wayne Friedman)，《鹰眼营销商在对的时间找到对的卖点》(*Eagle-Eye Marketers Find Right Spot，Right Time*)，《广告时代》(*Advertising Age*)，2001年1月22日(第4期，第72卷)(中西区版第2页)，2001 WLNR 9681673。

交易时间线

A. 开发

1. 与律师和 / 或代理商之间的聘用协议
2. 文学作品获权协议
3. 编剧聘用协议

B. 前期筹备

1. 演员、导演以及其他工作人员的聘用协议
2. 完片担保协议
3. 错误和疏忽保险[1]
4. 工人报酬、负片以及其他保险
5. 场地的授权和许可
6. 与工会和协会之间的签约协议
7. 投资和制作协议

C. 后期制作

1. 发行协议（如果尚未获得）
2. 音乐许可
3. 胶片和磁带片段许可
4. 发行 / 放映协议

和卡车写入电影剧本。福特的营销总监在编剧和审批过程中扮演着积极的角色。[2]由艾斯·库伯（Ice Cube）和一辆豪华的林肯领航员汽车出演的电影《小鬼上路》（*Are We There Yet？*）的制片人向福特保证，领航员汽车将出现在75%的电影内容中。福特汽车还为其汽车在《双面女间谍》（*Alias*）和《24小

[1] 错误和疏忽保险覆盖被保险人有关诽谤、侵犯隐私和侵犯版权的诉讼（无论胜诉与否）而产生的判决、成本以及律师费。但是不覆盖违约或者故意的不法行为。

[2] 艾米·威尔森（Amy Wilson），《福特寻求好莱坞伙伴：协议确保在革命影视公司电影中的产品植入》（*Ford Woos Hollywood Partners；Agreement Assures Product Placement in Revolution Studios' Films*），《汽车新闻》（*Automotive News*），2004年2月23日，第1页。

时》(*24*)以及詹姆斯·邦德的电影《择日而亡》(*Die Another Day*)中出现而支付了巨款。《速度与激情7》《侏罗纪公园》《复仇者联盟》《007：幽灵党》等许多大片都与汽车品牌有产品植入和捆绑推广的合作。[1]随着产品植入、商业化和其他形式隐形广告的增多，电影制作人需要仔细考虑这其中可能出现的法律问题，并适时取得必要的许可。

产品植入的授权与许可

几乎每当观众能够在影视公司电影或网络电视节目中识别出品牌名称、标识或产品时，制造商都已经向制片人提供了授权或许可来使其入画。有时，公司拒绝给出许可，或者影视公司忘记了拿授权，于是制片人会要求他们的道具部门创造一个实际不存在的假想产品。如果影片已经摄制完毕，品牌名称可以被模糊处理或从场景中删除。

如果产品以中立或积极的形象展示，制造商当然不太可能会抱怨。事实上，大多数时候他们会为获得这样的曝光而激动不已。但如果他们不满意，他们的法律顾问将会告诉他们，由于获得赔偿的法律基础十分模糊，对损害的证明即使不是不可能，也是十分困难的。

如果制造商获得保证，即他们的产品不会以被贬损的方式入画，那么一经请求，他们通常会提供授权。一些公司可能试图就使用限制进行协商，但大多数制造商都希望展示他们的产品，因为这是免费的宣传，并且比购买30秒的插播要便宜得多。即使是低预算独立制片人也经常能够获得将产品包含在他们的电影中的许可。

在起草产品植入协议时，重要的是确保产品植入的要求与该电影或电视节目相关的其他制作合同不冲突，并且有明确的授权和未授权产品使用的例子。产品形象越正面，名人使用/认可程度越高，制造商就越愿意合作。然而，律师还需要明白，一些导演会拒绝在他们的剧本中植入产品，明星可能会拒绝使用这些产品。罗宾·威廉姆斯(Robin Williams)以不接受产品植入而闻名，帕米拉·安德森(Pamela Anderson)拒绝与任何皮草或肉类产品同框。在一个明星的聘用合同中，要求捆绑推广和商业营销交易需经该明星的批准是很常见

---

[1] www.brandchannel.com/2015/05/25/auto-product-placement.

的。在本章的最后有一个产品植入授权协议的示例。

就播放而言，联邦通信委员会的“赞助披露规则”规定，“如果一家电视台、其员工或者其他人，就播出某个节目材料而收到或者被允诺金钱或其他对价，则该电视台必须在播出该节目材料的时候完整披露这一事实，并指明提供或者许诺这些对价的主体的身份”[1]。

除产品植入交易外，影视公司还会授权制造商出售衍生产品。在大多数这样的交易中，影视公司是没有风险的，因为被许可方承担所有制造和销售的费用。影视公司从零售商那里按产品收取预付款和授权费（通常在总收入——即批发价格——的5%到 10%之间）。如果电影失败并且产品卖不出去，制造商会承担损失。

《周末夜狂热》（*Saturday Night Fever*）、《油脂》（*Grease*）、《闪电舞》（*Flashdance*）和《辣身舞》（*Dirty Dancing*）等音乐剧可以通过原声唱片赚取丰厚的收入。而且，一首热门歌曲可以有效地推广一部电影。同样，音乐视频成为重要的营销工具。

请记住，只有少数电影适合大规模的商品化。可以衍生出玩具、海报和类似产品的电影有着最大的潜力。但像《美国丽人》（*American Beauty*）这样的电影，商品化的可能性就很有限。

产品授权协议

（日期）____________

关于：____________________（影片）

尊敬的________________：

当你代表_______________（“公司”）签字时，本协议将确认公司已同意并特此授予______________（“制片人”）及其继受者、受让人、被许可人、发行人和放映人，有权在其当前名为_________________（“影片”）的院线电影中使用产品_________________，包括任何相关标识和商标（统称为“产品”）。公司知晓，该影片可能在全世界范围内，以所有语言，在现今已知或以后出现的所有媒体上进行展示和使用。

---

[1] https：//www.fcc.gov/consumers/guides/fccs-payola-rules.

制片人同意不以毁谤的方式使用本产品。公司在此保证并声明其有权利和权限授予本协议中的授权权利，且制片人按照本协议使用产品不需要任何其他人或者其他公司的同意，并且这种使用不会侵犯任何第三方的任何权利。公司同意赔偿并使制片人及其职员、股东、受让人和被许可人以及上述人员的每个利益继受人免于遭受由以下事项而引起的任何责任、损失和索赔（包括律师费和诉讼费）导致的损害：（i）公司对其保证的任何违反，（ii）制片人依照本协议约定使用产品，和/或（iii）本协议中授予的权利。

公司知道，对于影片的全部电视广播，（除非依法披露）为在播出中对任何产品、服务或企业进行推广而给予或许诺提供任何有价值的东西是违反联邦法律的行为。公司确认，除了产品和/或服务，其没有为了获得提及或者展示其公司名称或者任何其产品、商标、商号或类似内容的机会，而给予或者同意给予制片人员、以任何形式与影片有联系的任何人员或者制片人的任何代表任何有价值的东西。

制片人可以自由地向任何自然人、公司或法人让与或转让该协议或其项下全部或部分的权利，并且本协议应使这些继受人和受让人受益。

未经制片人明确书面同意，公司不会为了广告、商业营销或者推广之目的，而直接或者间接宣传或以其他方式利用上述产品在影片中的使用、展示或演示。

针对违反本协议中任何条款的行为，公司的唯一救济方法是主张损害赔偿金的普通法诉讼，并且在任何情况下，公司都不应基于本协议的违约、违约风险或其他相关原因而寻求或有权获得禁令救济或其他衡平法救济，公司也没有权利寻求禁止或者限制影片的放映、发行、宣传、开发或者营销。

本协议构成制片人和公司之间的完整且有约束力的协议，它取代了此前双方所有对于本协议内容的口头和书面谅解和/或沟通。本协议任何条款的违法、无效或不可执行均不影响本协议剩余部分的效力和可执行性，本协议剩余部分应在法律允许的最大范围内执行。除由制片人与公司另行签署书面协议外，本协议不得被终止、撤销或者修改。本协议可以在原件、传真件或电子件上签署，每一份都应被视为原件。公司承诺，在本协议的达成和签署过程中，其没有依赖未在本协议中明确包含的任何声明、承诺或表述。

因本协议引起的任何争议，包括与在终止或解除本协议后仍然存在的任何权利或义务相关的争议，将根据本协议签署时有效的《独立电影电视联盟国际仲裁规则》(*IFTA Rules for International Arbitration*)[以下简称《独立电影电视联盟规则》(*IFTA Rules*)]通过终局且有约束力的仲裁进行执行和解决。双方放弃在其他任何法院或裁判地解决任何争议的权利，除非《独立电影电视联盟规则》允许一方在仲裁开始前寻求临时救济。仲裁将在本协议中约定的仲裁地，依据约定的适用法律进行，如果没有约定，则由《独立电影电视联盟规则》确定。仲裁将根据相应准据法进行裁决。另外，双方将遵守仲裁中的任何裁定，并可以向任何具有管辖权的法院申请执行。双方服从裁决地法院对临时救济、强制适用仲裁和确认仲裁裁决的管辖权。双方同意接受按照《独立电影电视联盟规则》所进行的文书送达程序，并同意该等送达符合对双方建立属人管辖的所有要求。胜诉方有权要求对方支付律师费和其他费用。

你的以下签署将确认本协议。

此致

____

由：_______________代表

____

同意并接受：

“公司”

______________________日期：_______________

_______________代表

____

第3章

描绘人物和地点的许可

真人真事和外景拍摄场地的授权
购买一个人的人生故事权利

你需要去购买这些权利吗?

在你决定购买一个人的人生故事的权利之前，值得考虑的是你在买些什么。当你购买在电影或电视中描绘某人的权利时，你正在购买一系列权利。这些权利包括免受诽谤、侵犯隐私之诉的权利以及公开权。你也可能是在购买这个人以及他/她的家人或继承人的配合。或许，你是想要查阅那些如果他们不配合你便无法获得的日记和信件。

如果该故事的主人公已经去世，那么购买这些权利的理由多半也随之消失了，因为诽谤和侵犯隐私之诉所保护的个人权利不能被作为遗产继承。[1]换句话说，人们可以传播有关死者的谎言，揭露他们最深处的秘密，而他们的继承人不能为此提起诽谤或侵犯隐私之诉。一名作家可以发表一部乔治·华盛顿的修正主义史，可以把我们的第一任总统描写成一个娈童者和小偷，而他的继承人将没有任何救济（权）。所

[1] 公开权能否继承取决于适用哪个州的法律。

以当主人公已经死亡时，制片人就不太需要一份描绘真人真事的授权书了。

考虑清楚你电影中的主人公是普通人还是公职人员抑或是公众人物是很重要的。正如我们将在第14章和第15章中讨论的，公职人员和公众人物公开了更多他们的生活给公众，因此他们的人生故事可以更多地被写入剧本而不会侵犯到他们的隐私。此外，为了认定诽谤或侵犯隐私，公职人员和公众人物必须承担更高标准的举证责任。他们必须证明，诽谤者故意地散布谎言或罔顾事实。

你还应该考虑清楚虚构一个真实故事的可能性。如果你改变了所涉人物的名字和地点，并进行了其他的改动，使公众无法辨识出现实生活中的这些人，那么你便不再需要一份真人真事授权书。

但要记住，这个故事的吸引力可能就在于它是一个真实的故事。因此在这种情况下，虚构化可能不是一个好的选择。假如，你想要根据琼·贝妮（JonBenét Ramsey）的故事制作一部电影，讲述这位六岁的儿童选美皇后是如何在自己的家中被神秘谋杀并成为一项高度公开且富有争议的警方调查的主角的。此时，你会想要将这部电影作为琼·贝妮的故事去营销，而不是作为一个伪装过的版本，这才是观众会去看它的原因。

你可能还需要其他权利。如果真人真事的主人公供你使用他/她的历史照片，那么你需要确保他们拥有这些照片的版权。来自主人公的真人真事授权通常不会转移任何此类照片的权利，并且照片的权利可能并不属于主人公。

协议的条款

在就真人真事权利进行谈判时，有一些重要问题需要解决。首先，各方必须确定授权的范围。授权是否包括翻拍、续集、电视连续剧、商品化、小说化、现场舞台权以及广播权？是全球授权吗？买家通常希望获得尽可能广泛的授权，而卖方则可能会坚持保留某些权利。

买方还必须考虑可能需要的其他授权。比如该主人公的配偶、子女、朋友和亲戚，这些人会同意被描绘吗？该主人公是否愿意让这些亲友通过给出他们的授权来进行合作呢？或者，这些辅助角色可以被虚构化吗？如果制片人正在计划一个关于篮球队全员的作品，那么通过与球员逐个签约以期取得每一个人的授权是没有意义的。一个聪明的制片人会把整个球队聚集在一个房间里，买下所有人的权利或一个都不买。

另一个问题是这些权利是否可以转让给一家影视公司或制片公司。如果买方是制片人，那么他往往需要在之后将这些权利转让给一家影视公司或网络平台，作为投资/发行协议的一部分。

真人真事权利的购买可以被架构为一个“选择权？购买”交易，或者一个通常附有归复权条款（reversion clause）的直接出售交易。归复权条款约定，如果该等权利在一定年限内未被利用（即电影未被制作），则所有权利将归复到该主人公手里。如果他将自己人生故事的权利卖给了一个从未使用这些权利的制片人，而后另一位制片人有兴趣制作这样的电影，此时这一条款便保护了该主人公。

该协议应列举交换的对价（consideration）。“对价”是一个法律术语，指为了获得利益而作为交换所付出的代价。它是合同成立的必要条件之一，只有存在对价的合同才是有约束力的。这是合同与赠予的区别所在，而赠予可能是可撤销的。

对价通常是金钱，但它可以是任何有价值的东西。作为一般原则，法院不会审查对价的充分性。换句话说，如果你愚蠢地同意以5000美元出售你价值15000美元的全新汽车，那么不要指望法官把你从判断失误的结果中拯救出来。尽管可能对一方来说不公平，但是除非这个交易涉及某种欺诈或胁迫，否则合同就将被执行。[1]

为了确保合同具有约束力，协议经常写明：“10美元和其他有值对价。”这一条款确定了该合同存在价值的交换，即使只是名义上的对价。此外，还要确保对价的实际支付，最好是通过支票支付，以便将已付支票作为付款证明。

相互交换的承诺可以作为充分的对价。例如，制片人为开发一个项目所做的努力可以被视为选择权的充分对价。但为了确保他们的合同是可执行的，制片人可能想要为该选择权支付些许金钱。

除支付一笔固定费用外，还有其他方式可以向真人真事的主人公支付报酬。当该电影在辅助市场被开发时，你可以给主人公分成（净利润的百分比）、咨询费用和/或奖金。

任何真人真事授权协议的一个重要部分是“担保和陈述”条款。担保是一

[1] 如果合同条款显失公平，法院会基于一些例外情形而否定合同的效力。

种承诺。买方会希望卖方承诺，卖方永远不会以侵犯其公开权与隐私权或诽谤为由起诉买方，即便买方在讲述这个故事时行使了一些创作自由。担保必须涵盖所有可能的情况，没有人想要花钱买一场官司。

还有一个条款让买家有权以他/她选择的任何方式润饰、虚构、戏剧化以及改编真人真事，这是谈判中经常出现的问题。主人公很高兴你在银幕上讲述他的故事，但当你向他展示授权协议时，他便会变得担忧。他问道："这份文件说你可以用任何你喜欢的方式改编我的故事，而我却不能诉你诽谤。我怎么知道你不会把我描写成一个怪物呢？"

制片人可能会回答："相信我，相信我。"有时候这会有用。但主人公可能会回应："我无意去相信你们这些好莱坞制片人中的任何一个。我想要剧本批准权。你写的剧本，如果我喜欢，我就会在协议上签字。"

制片人会给主人公剧本批准权吗？没有一个理智的制片人会这么做。没有一个制片人会花费大量的时间和金钱来开发一个剧本，最后发现这个主人公已经改变了想法或者干脆毫无理由地拒绝批准。

如果主人公拒绝给制片人全权委托，有折中的可能吗？有的。主人公可以有权批准编剧的故事梗概或编剧人选。也许主人公会认为，如果他只批准选择一位优秀的编剧，那么该编剧对他的描写将是可以接受的。

或者，制片人可以提出让这个主人公担任项目制作的创意或技术顾问。制片人会说："你可以在导演的旁边给予建议，以确保一切都是真实的。"制片人可能不会提及导演其实不想要主人公在片场，而且导演也不必接受他的建议。

另一种可能的妥协或许会限制所描绘的主题和时期。也许主人公首要关心的是，不要把他生活中的尴尬事件搬上银幕。此时，协议中可能会说某些事件（如离婚）不包括在授权之内。或者该协议可以仅覆盖主人公人生中特定的时期（例如，只包括在1947年之前发生的那些事件）。

最后，主人公可能有权决定银幕声明的内容。他可以决定这部电影将被宣传为真实故事还是戏剧化改编。或者，他可以决定是否给角色使用真实姓名。

下面的案例阐明在没有真人真事授权的情况下，描绘另一个人时可能出现的问题。

米德勒诉福特汽车公司[1]

事实：福特汽车公司及其广告代理商设计了一系列电视广告。贝特·米德勒（Bette Midler）（原告）被邀请为该广告演唱歌曲《你想跳舞吗》。米德勒曾在她1973年的专辑中演唱过这首歌。

米德勒拒绝演唱，广告代理商聘请了一名米德勒从前的替补歌手来录制这首歌，并模仿米德勒的声音和风格。当这支广告播出时，许多听众认为这首歌是米德勒演唱的。广告代理商从版权所有者处取得了使用这首歌的许可，但没有取得米德勒的同意去模仿她的声音。

争议焦点：对米德勒声音的模仿是否侵犯了她的权利？

判决结果：是的。

判决理由：法院表示，当一名专业歌手的独特声音广为人知，且为销售某一产品而被故意模仿时，在加利福尼亚州就构成了侵权行为。法院将这一判决结果限定在该案的事实范围内，并告诫说，并非每一个为推销商品而模仿声音的行为都必然是可诉的。

当一个声音没有被固定在一个有形的表达媒介中时，这个声音是不受版权法保护的。被告没有侵犯米德勒在任何录音中的版权，因为她的录音没有被复制。根据《加利福尼亚民法典》第3344节，米德勒的声音没有被盗用，因为歌曲使用的是替补歌手的声音，而不是米德勒的声音。然而，法院认定米德勒拥有一项普通法（即不是以成文法为依据的）权利来保护她的身份特征。在这里，模仿行为被认定是对她身份的非法使用。

第3344节规定，未经权利人的同意而使用他/她的“姓名、声音、签名、照片或肖像”去推广某个产品，应当赔偿损失。米德勒案很有趣，因为它将保护的范围扩大到了对声音的模仿。因此，至少在加利福尼亚，这种模仿可以被认定为对他人身份的使用。

《加利福尼亚民法典》第3344节将在加利福尼亚的公开权的保护期延长至死后70年。在纽约，这些纠纷通常适用《纽约民事权利法》第51节。法院

---

[1] *Midler v. Ford Motor Company*. 849 F.2d 460（9th Cir.，1988）.

认为，第51节“应严格解释，不得被适用于禁止描写一个人的个性或表演风格”。因此在纽约，只要广告没有使用名人的姓名和可识别的肖像，即使它使消费者联想到某一个名人，也是不可诉的。（公开权将在第13章中详细讨论。）

真人真事授权清单

A.你在购买什么？

1. 免遭公开权侵权之诉。

2. 免遭侵犯隐私权之诉。

3. 免遭诽谤之诉。

4. 主人公及其家人的配合。

B.你从谁那里购买授权？

1. 做了有新闻价值的事情的普通人。

2. 希望保护其公开权的名人。

3. 其活动可能在公共领域内的公众人物（如政治家）。

C.你需要这些权利吗？

1. 你能将这个故事虚构化吗？

2. 你需要主人公的配合来获取事实吗？

3. 有多少信息是在公共领域的？

4. 主人公是否已经死亡？

D.获得权利的范围

1. 是否包括翻拍、续集、电视连续剧、商品化、小说化、现场表演权以及广播权？是全球授权吗？

2. 这些权利可以被转让给影视公司或制片公司吗？

3. 在未来的某个时间，这些权利是否应该归复到该主人公手中？

E.交易架构

1. 选择权。

2. 直接购买。

F.对价

1. 购买选择权的钱款。

2. 购买价格。

3. 其他报酬形式：分成、顾问费、奖金。

G.担保和陈述

包括主人公的公开权、侵犯隐私和诽谤在内的广泛豁免。

1. 必须包含所有的州和可能的情况。

2. 主人公保证故事的原始来源与真实性。

3. 买家有权润饰、虚构、戏剧化以及改编这个故事。

H.其他人物？

1. 其他出现在故事里的人物的授权，如妻子、孩子、朋友等。

I.创作的批准权

1. 没有剧本批准权。

2. 可能的让步：

a）故事梗概的批准权和/或对编剧的选择。

b）权利所有人成为创作顾问。

c）限制描写的主题和时期。

d）真人真事主人公决定银幕声明内容：基于真实故事或者戏剧化改编。

真人真事授权协议

（有归复权条款的直接授权版本）

同意与豁免

致：威力比格制片有限公司（一家位于加利福尼亚州的公司）

我知道，你希望使用我生活中的全部或部分事件来创作一个或多个电视剧或电影剧本，并在现在已知或以后出现的任何和所有媒体中，制作、发行、展示和开发一个或多个电视节目和/或任何时长的电影以及录音。我同意在这方面授予你某些权利。本同意授权文件确认我们达成如下协议：

1.对价、授权：你为制作我的故事付出努力，在一部完整时长院线电影的主要拍摄开始时向我支付$________和/或在一部电视电影开始制作时向我支付$ _______和/或在一个试播节目开始制作时向我支付$ ________以及每集$______的许可使用费——作为前述内容以及其他有值对价的对价，我在此于充分知情的情况下永久且不可撤销地向你授予全球范围内无条件且专有的权利——在电影、录音、出版物以及任何性质的所有其他媒体（无论是现在已知还是将来出现的）中，或与此相关联地，使用、模仿和刻画我的姓名、肖像、声音、个性、个人识别特征和个人经历、事件、情境和此前发生或未来发生的基于或非基于、取自或非取自我的生活的（全部或部分）事件。在不限制上述内容一般性前提下，我理解并同意，上述专有权利包括在任何性质媒体（无论是现在已知还是未来出现的）中的院线电影权、电视权、舞台剧权、广播权、录音权、音乐权、出版权、商业合作权、商品化权、广告权和公开权。我对这些使用不做任何保留。（所有上述权利在此之后统称为“授权权利”。）我进一步理解并同意，授权权利可以以任何方式和方法使用，无论现在已知的还是未知的，并且你或你的继受人及受让人可以自行决定是直接使用事实还是进行虚构、描绘、扮演、模拟和/或模仿或其他修改。我进一步确认，我将不会就此处提及的任何事项另行收取其他费用。任何以及全部的授权权利可以由你自由转让。

2.对价的支付、权利的归复：我理解，只有在你开始制作院线电影、电视电影或电视试播剧集时，你才会依照第1条的约定付款。如果你在本协议签署生效之日起的三年内未开始上述制作，那么我根据本协议授予的所有权利将归复于我。我了解，如果你在本协议签署生效之日起三年内开始上述制作，那么我根据本协议授予的所有权利均为永久性的。

3.豁免：我在此同意，针对由使用授权权利或基于授权权利使用的失误和疏忽而引起的或与之相关的书面诽谤、口头诽谤、侵犯隐私权或公开权、侵犯著作权、侵犯其他权利的行为，就我现在或此后可以提起的任何和所有的索赔、请求或诉由，豁免你及你的雇员、代理人、被许可人、继受人以及受让人，并使你们免责。

4.真名/化名：你已经告知我并且我同意，你在行使授权权利时，可以选择不使用我的真实姓名，而使用与我的真实姓名完全不同的化名。但是，这并不排除你可以选择使用我的真名，如果你使用了我的真名，我无权因此基于隐私权和/或公开权而向你索赔。

5.后续文件：我同意签署你为实现这份同意与豁免文件的条款和目的而合理地要求我签署的后续文件和文书。在我未能或者无法签署此类文件和文书的情况下，如果上述文件和文书与这份同意与豁免文件的条款和条件一致，那么我在此指定你作为我不可撤销的授权代理人去签署这些文件和文书。你在本第5条下的权利构成了附带权益的权力，并且是不可撤销的。

6.救济：我无权因为你违反这份同意与豁免文件而终止或撤销在此授予你的权利，并且，如果出现任何此类违约行为，我在此放弃寻求衡平法上救济的权利，放弃禁止、限制、干涉影视剧制作、发行、开发、展示或使用任何授权权利的权利。我理解，我唯一的救济是针对任何此类违约行为主张损害赔偿金的权利。

7.公共领域材料：本同意与豁免文件中的任何内容都不得被解释为限制、减少或损害你或我在任何作品或媒介中自由使用来自公共领域任何来源的任何故事、创意、试播集、主题、序列、场景、剧集、事件、名称、特征或对话的权利。

8.无陈述：我承认，在对你授予授权权利的过程中，我没有被你或你的代表通过书面或口头的任何陈述或保证所诱导。我同意，你没有义务行使任何授权权利，并同意我没有收到任何除此处约定以外的任何承诺或立约诱因。本文件的条款对我和我的继承人、执行人、管理人和继受人具有约束力。我承认你已经向我解释，这份同意与豁免文件是由你的律师准备的，并且你已经建议我向我的律师咨询有关此同意与豁免文件的事宜。

9.仲裁：本协议产生之争议将通过终局且有约束力的仲裁予以解决，并适用本协议生效之日有效的《独立电影电视联盟国际仲裁规则》（以下简称为《独立电影电视联盟规则》）。双方均放弃在任何其他法院或裁决地裁决任何争议的权利，除非一方在仲裁开始前寻求《独立电影电视联盟规则》允许的临时救济。仲裁将在本协议指定的裁决地进行，或者如果没有指定，则由《独立电影电视联盟规则》确定。双方将遵守仲裁中的任何决定，任何具有管辖权的法院都可以执行上述决定。双方就强制适用仲裁或确认裁决结果服从仲裁地法院的管辖。双方同意按照《独立电影电视联盟规则》接受文书送达。胜诉方有权要求败诉方承担其律师费和审理费用。

10.完整的协议：本同意与豁免文件表达了你和我之间的全部协议内容，并且我同意我们没有达成任何与之相关的口头协议。本同意与豁免文件只能通过你和我签署的书面文书进行修改。本协议可以签署一式多份，共同构成同一文书。

11.转让：你可以全权自行决定，随时将本协议以及此处授予的全部或部分权利转让给任何一方，并且这些权利可以由任何受让人继续转让。

该同意与豁免文件应根据适用于在加利福尼亚州完全签署和履行的协议的该州法律进行解释，并且我在此放弃依据《加利福尼亚民法典》第1542节我可能享有的任何已知或未知的权利，该条规定：

"一般的豁免书并不延及债权人这样的权利要求：对债权人有利、债权人在签署该豁免书时不知道或不确定其存在，且如果债权人知道其存在将必然会严重影响其与债务人之间事项的处理方式。"

本人充分理解上述内容并已在20__年__月__日签署了本同意与豁免文件，特此为证。

____

（签名）

____

（姓名，请用印刷体书写）

____

（地址）

同意：

____

真人真事授权协议

（购买权利之选择权的版本）

____

（日期）

约翰·多伊先生
比弗利山路242号
比弗利山市，加利福尼亚州

尊敬的约翰：

很高兴最近与你交谈。正如我之前提到的，我有兴趣制作一部关于你的人生故事的电视节目或院线电影。

本函件旨在阐明我们之间协议的基本条款，该协议关于取得购买与你人生故事相关的所有电影权、电视权和附属权利的专有权利和选择权。在签署本文件之前，请随时咨询娱乐法律师或代理人。

我们之间协议的内容如下：

1）作为1000美元、本协议中包含的双方承诺以及其他有值对价的对价，你授予我的公司威力比格制作有限公司（以下简称“比格”）专有及不可撤销的权利，即在本协议签署之日起的一年内，有权选择购买电影权、电视权以及一切相关的、从属的和辅助的权利。比格有权在上述初始期限到期前向你发出通知以延期一年，同时支付2000美元，这笔费用应当可以用于冲抵权利购买的价格全款。

2）比格承诺会尽最大努力制作一部关于你人生故事的电视节目或院线电影，并依你在本协议中的承诺行事。

3）如果选择权被行使，比格应按如下方式向你支付报酬，作为所有授权的全部和最终对价：

a）电视台的每周电影或迷你连续剧：基于你的故事而为电视台制作的一部电影，应支付5万美元。

b）院线电影：基于你的故事而制作的院线电影，应支付10万美元。

c）电视连续剧：试播剧集每集应支付1万美元，试播集后的每集应支付2000美元。

本条款所述的所有报酬均应在主要拍摄完成后支付。

4）咨询服务：你同意为根据本协议进行的任何制作担任创作顾问。在我们需要你提供服务的每一周，你会收到1000美元，除非双方另有约定，否则服务不得超过四周。如果你被要求离家超过50英里[1]，比格将为你提供最高档次的往返交通和住宿。在选择权行使之前，你应根据比格的要求，无偿披露你所拥有或控制的与你人生故事有关的任何信息，包括报纸和杂志的剪报、照片、文稿和笔记，并且你将与比格聘用的编剧商议，与他分享关于你人生中相关事件和活动的观察、回忆、观点和经历。

5）如果选择权被行使，比格将获得永久、专有且不可撤销的权利来全部或部分真实或虚构地描写你，并且在任何和所有媒介中使用你的姓名、肖像、声音以及与这个故事及其制作、广告宣传、开发有关的传记。虽然比格的意图是尽可能真实地描述你的故事，但比格有权自行决定将其认为可取或必要的真实的或虚构的事件、场景、情境和对话包含在其中。

6）对于那些作为你人生故事中一部分的人，或者你提供的任何信息或材料中描述的人，你同意尽最大努力，根据比格的需要，使比格无偿取得这些人的豁免书。

7）你理解，根据本协议，比格没有义务行使任何权利或启动制作。

8）比格可以自由出售、转让和/或许可其在本协议项下的任何权利。你同意签署其他转让文件或任何必要的或有利的文件，以执行和实现本协议的目的和意图。你同意签署一份用法律语言规定了传记权利授权的完整且长版协议以及一份放弃你可能因比格对本协议项下权利的行使而对比格提起的任何索赔和诉讼的完整豁免书。

9）你无权因任何违反本协议的行为而终止或撤销在本协议中授予比格的权利，并且，如果发生此类违约，你在此放弃衡平法上的救济手段，放弃禁止、限制或干涉任何有关你人生故事的电视节目或院线电影的制

[1] 英制长度单位，1英里=1609.344米。——译者

作、发行、开发和/或展示的救济。依照我的理解，你唯一的救济是就任何此类违约行为获得损害赔偿金的权利。

10）本协议受加利福尼亚州法律的规范和控制。本协议构成双方之间的完整协议，除通过书面形式外不得修改。除在此约定的之外，双方均未做出其他的任何承诺或保证。本协议签署一式多份，共同构成同一文书。

此致，

____

代表威力比格制作公司

同意并接受

____

约翰·多伊

日期：________________

真人真事授权书

（纪录片　短版）

电影和电视的授权

我在此不可撤销地同意并允许你（威力比格制片有限公司）及你的受让人，在你制作的有关____的纪录片节目（以下简称“节目”）中，可以使用你采访我的全部或部分录像及影片。

对于我的照片、剪影以及其他肖像和声音的复制品，你有权利进行与节目和/或其他含有该采访的电影或电视节目相关的使用，或在任何推广上述项目的宣传材料中进行使用。

你可以按照你认为合适的方式编辑我的形象。

对于源自上述使用或呈现的任何和全部的结果和收益，你应享有完全的权利、所有权以及利益。

授予你的权利是永久性、全球性的，并且包括了现在已知的或未来出现的任何媒介（包括广播和有线电视、盒式录像带和DVD）中对此访谈的使用。你可以使用此访谈的全部内容，也可以使用部分内容。

此项同意是你采访我的一个前提，并且，我知道你会因对此的信赖而产生大量的开支。

你无义务对此访谈做任何使用，无义务行使本授权书授予你的任何权利。

你可以全权自行决定，随时将本协议以及此处授予的全部或部分权利转让给任何一方，并且这些权利可以由任何受让人继续转让。本协议签署一式多份，共同构成同一文书。

签名：　　　　　　　　　　日期：

姓名（印刷体书写）：　　　　电话：

外景拍摄场地的授权

如今，电影制作人经常会在摄影棚外完成电影的全部或者部分拍摄。他们可能会四处外出以便将真实拍摄地的气息和真实感融入电影中。没有获得事先许可和必要授权而径自在外景拍摄场地进行拍摄的电影制作人面临着法律责任风险。根据《第一修正案》，电影制作人没有权利去侵入他人的地产。在某些情况下，产权人也可以以侵犯隐私/公开权和侵犯著作权、商标权起诉。

即使土地所有人不提起诉讼，电影制作人也应该取得每个外景拍摄场地的授权书。如果没有这些文件，可能很难买到"过失与疏忽险"，并难以通过拟合作发行方的法务部审查。在私人地产上进行拍摄时，应与土地所有人或土地占有人达成外景拍摄场地协议；在公共地产上进行拍摄时，应从相应的政府单位处获得许可。

确保签署授权书的人有权授予这些权利。

外景拍摄场地协议不一定会花费很多钱。在电影制作人很少造访的小型社区，电影剧组的到来会让人们很兴奋。当地居民可能会收取很少的费用或免费为剧组提供他们的房屋。相反，电影剧组在洛杉矶的许多街区都不再受欢迎。

当地居民因对于拍摄时发生的交通堵塞和噪音感到很恼火。房主们的财产可能曾经遭到过电影剧组的破坏。这些房主也知道几大电影公司愿意为外景拍摄场地付多少钱，因此他们会要求高额的费用，每天可达数千美元。

外景拍摄场地协议

签署日期	
地产名称和地址（“场地”）	
地产所有人（“权利人”）	
制作公司名称（“制作公司”）	
电影名称（“项目”）	
使用的时间（“期限”）	筹备： 拍摄： 拆景： 占用：
许可费（“费用”）	筹备日： 拍摄日： 拆景日： 占用日：

1.作为上述费用的对价，权利人在此授予制作公司及其代理人、被许可人、受让人、雇员、独立制片人、合同方、供应商和其他与本项目有关的人，对场地享有以下不可撤销的权利：

（a）在期限内，带着人员、设备和布景进入并留在场地内，其唯一和明确的目的是在场地内通过现场、使用录像带、使用胶片或其他方式录制和（静态或动态地）拍摄场景。如果天气条件、紧急情况或不可抗力事件导致期限不可执行，则上述期限可以经由制作公司和权利人一致同意延迟至其他日期。这种许可应持续到所有场景和所需工作完成。如果不可抗力事件仅影响到场地，并且场地在制作公司需要的时候不能立即提供，则制作公司有权终止本协议，并对权利人不承担任何义务，且权利人应退还已由制作公司向其支付的任何和全部款项。在制作公司完成使用后的六（6）个月内，一经书面通知权利人并得到权利人的事先书面批准，制作公司可在双方书面一致同意的其他日期，根据本协议所载的相同条款和条件重新进入并使用场地进行重拍、补拍等。

（b）静态或动态地拍摄、录制建筑物（“建筑物”）及其他构筑物（“构筑物”）的外部和内部，包括但不限于场地上的建筑物和/或构筑物内部或表面的标志、家具和画作，并（静态或动态地）拍摄和录制场地上的任何动物。

（c）为了（静态或动态地）拍摄和录制场景而根据本协议改变场地上建筑物的位置和/或更换家具陈设，但制作公司应在离开场地前将所有上述家具归还并恢复其合适的位置。

（d）在制作公司使用根据本协议制作的录音和（静态或动态）影像时，使用场地名称和/或场地上任何建筑物或构筑物的名称，或将上述任一场地、建筑物、构筑物表示为另一真实或虚构的地点，或使用一个虚构的名称。

（e）建造和拍摄一个复制全部或部分场地、建筑物或构筑物（包括但不限于建筑物或构筑物的任何标志、任何内饰）的布景。

（f）在全世界范围内所有已知的或以后出现的媒介中，永久地在本项目或其他项目中使用制作公司根据本协议制作的所有录音、（静态或动态）影像，包括但不限于在本项目的关联广告和推广中使用、行业惯例上的剪辑许可以及自由转让这些权利。权利人承认：（i）制作公司拥有对这些录音、（静态或动态）影像的任何和所有的权利，以及（ii）权利人和现在或此后声称对场地享有利益的任何人，均无权基于制作公司对上述录音、（静态或动态）影像的使用和开发而对抗制作公司或向其提出索赔。

（g）在本协议期限届满时，从场地移除任何及所有的布景、构筑物和其他材料以及设备。

（h）将本协议自由地转让给实质性继受制作公司所有业务的任何主体，但制作公司应仍对费用承担责任。

2.除非双方以书面形式另作明确约定，费用应在所有预期工作完成后支付。制作公司没有义务实际使用场地或制作本项目，也没有义务将拍摄或录制的素材使用在本项目中。权利人理解，如果制作公司未使用场地，则制作公司没有义务向权利人支付上述费用。此外，如果制作公司由于某种原因无须在上述期限内所有时间使用场地，则费用应根据实际使用的准备/拆景天数和拍摄天数按比例计算。权利人认可，制作公司依赖权利人授予的权利，并且权利人任何违反本协议的行为都将对制作公司造成无法弥补的损失（这些损失不能通过损害赔偿金得到完全补偿）。

3.权利人保证、陈述并同意：（a）权利人独享洽谈本协议、授予制作公司本协议中规定的所有权利以及签署本协议的权利和权限；（b）制作公司行使本协议中授予其的权利，不必另行取得其他任何自然人或实体的同意；（c）权利人已知悉正在拍摄的场景，并充分理解此场景以及该场地被如何使用和/或描写；（d）权利人将披露所有已知的可能导致人身伤害或财产损失的潜在或非潜在缺陷；（e）权利人将披露场地使用过程中可能造成不良健康影响的有害材料、物质和环境因素的存在。

4.制作公司应就下述事项补偿权利人并使之免受损害：任何和所有因制作公司使用该场地而产生的责任、成本（包括合理的外部律师费用）及索赔，但不包括因权利人的过失或故意行为而产生的任何索赔。权利人应就下述事项补偿制作公司并使之免受损害，包括任何和所有因以下行为产生的责任、成本（包括但不限于合理的外部律师费用）、索赔及诉讼：（i）权利人违反本协议约定，（ii）权利人违反本协议中其做出的保证、陈述、承诺，和/或（iii）权利人过失或故意侵权行为。

5.制作公司同意在本协议期限届满时，将所有布景、构筑物和其他材料及设备从场地中移出。

6.如果权利人主张制作公司应为任何财产损失或人身伤害（或两者皆有）承担责任，则应在期限届满后或制作公司的额外使用（如有）结束后的五（5）个工作日内书面通知制作公司，否则视为该等主张已被放弃。该书面通知应包括一份详细清单，列明权利人主张制作公司应对其承担责任的所有财产损坏和人身伤害，且权利人应与制作公司全面合作调查该等主张，并允许制作公司的调查人员检查那些声称受到制作公司损害的财产。

7.权利人同意，权利人没有为了使场地出现在本项目中，而向制作公司支付任何钱款或其他有值对价；权利人也没有为了在场地上植入任何插件、符号或产品标识，而向任何人支付任何钱款或接受任何人的任何钱款。

8.权利人承认，如果发生无法补救的制作公司根本违约事件，权利人的权利和救济手段仅限于在普通法诉讼中寻求损害赔偿金的权利（如有）。在任何情况下，权利人都不能基于任何此类违约行为而解除本协议或撤回在本协议项下授予制作公司的任何权利，或禁止、限制发行或开发本项目和/或本协议下制作的任何项目，或禁止、限制本项目的使用或开发。

本协议构成双方对本协议标的的完整理解，除非双方签署书面文书，否则不得更改。本协议适用加利福尼亚州可适用于在其范围内签署并意图完全履行之协议的该州法律，并且双方同意加利福尼亚州的联邦法院和州法院的专属管辖权。本协议签署一式多份，共同构成同一法律文件。

接受并同意	接受并同意
权利人	制作公司
签字人：________________	签字人：________________
职位：________________	职位：________________

问与答

1. 我最近读了一篇关于银行抢劫的杂志文章。这个故事可以拍成一部很棒的电影。我试图从杂志文章的作者那里购买授权，但他拒绝出售。我需要购买这些权利吗？我需要购买文章中所描述个人的人生故事权吗？

答：如果你想使用杂志文章作者处理这一素材的方法、他的表达，则你需要从他那里购买权利。他拥有他所写故事的版权。但他不拥有其所依据的基础事实和历史事件的权利，你可以在未经他许可的情况下自由使用它们。所以，如果你不是基于他的文章来制作你的电影，而是改编该真实故事、使用你自己的方法处理材料，那么你就无须购买他的文章的权利。

除非整个故事被认为属于公共领域，否则你可能需要从这个故事所涉及的个人那里购买他/她的人生故事权。在判断是否需要授权书时，你必须考虑在没有授权的情况下，这个主人公是否能够因诽谤、侵犯隐私、侵犯版权和其他原因而提起诉讼。或者，如果你可以通过虚构故事使涉及的真人无法通过姓名或环境被公众辨认出身份，那么你或许可以不用购买授权。

2.如果我获得许可进入我正在拍摄的地点，但我的摄像机拍摄到了我无权使用的附近地点的图像，该怎么办?

答：如果其他地点是不可以明确识别出的，大多数电影制作人不会费心去取得授权。一个不可识别的建筑物将是一个普通且无明显特征的建筑，无法与其他建筑物区分开来。尽管建筑作品是版权法保护的对象，但版权并不禁止电影制作人拍摄通常在公共场所可见的建筑物。

3.如果我在一家美术馆里拍摄，我取得了美术馆所有权人的许可，但没有得到电影中出现的作品的创作者的许可，我是否会承担责任?

答：如果该艺术作品是可识别的，应该从每位艺术家处获得这些作品的授权。尽管画廊所有者可能拥有一位艺术家作品的副本，但这并不意味着他/她拥有该作品的版权。

第4章

权利审查

除非你确定某人是一辆汽车的合法所有人，否则你不会从此人处购买该汽车。同样，你不会想从没有清晰权利的人那里购买文学作品。那么，你该如何保护自己呢？

版权检索

首先，你或你的律师应该进行版权检索。如果你想要的文学作品已经在版权局登记，版权报告可能会显示版权转让或某些权利的授权情况。如果版权报告显示，某个自称拥有权利的人并不是版权所有人，或者如果版权已经出售给其他人，那么你将不会想要继续购买。

任何能上网的人都可以自行搜索版权局的数据库。[1]在线数据库含有自1978年来在版权局登记的作品和文件的约2000万条记录。一旦数字化和公共访问项目完成，将可以在网上访问1978年之前美国版权局的所有记录。目前已经有大量的电影和电视剧可供查询。[2]你可以从版权局网站下载《22号通知》，其介绍了应如何查询作品的版权状态。

---

[1] 你也可以通过查看位于美国国会图书馆詹姆斯·麦迪逊纪念大楼四楼（LM-459）的版权卡目录进行检索。

[2] http：//blogs.loc.gov/copyrightdigitization/category/about-the-project-and-the-records/.

你可以请求版权局以按小时收费的方式对其记录进行检索。研究人员将进行检索并提供一份事实性且非解释性的报告。这些检索可以通过咨询当值的目录管理人、使用版权局网站www.copyright.gov/forms/search_estimate.html上的在线检索请求评估表或者写信给版权局的方式启动。[1]

私人检索公司可以就版权、所有权和商标的潜在冲突核查其他信息来源。这些公司可能会查看列出了出版物、电影、录音和产品的目录和参考文献列表。请注意，版权局和某些私人检索公司提供的报告并不能就版权的权属提供结论。这些报告仅仅提供确定版权状态所需的信息。通常，还需要一位有经验律师的意见。另请记住，版权所有人不是必须登记他们的作品，因此对版权记录的审查可能并不是最终的结果。

对权利链的讨论请参阅第9章。

权利的审查清单

1.获取版权报告。

2.购买错误和疏忽保险（errors & omissions insurance，简写为E&O insurance）。

3.片名审查。

a）片名不受版权保护；

b）取得片名报告；

c）考虑在美国电影协会登记。

4.可被识别的产品、地点、人物和名称。

取得豁免或更改名称。

5.电影片段。

获得来自以下方面的许可：

a）版权所有人；

b）协会和工会；

[1] 美国国会图书馆，版权局记录检索与认证部门，华盛顿特区独立东南大道101号，20559-6000。电话：（202）707-6850；传真：（202）252-3485；copysearch@loc.gov. 你可以通过以下网站获得《22号通知》中有关作品状态以及版权检索的更多信息：www.copyright.gov/circs/circ22.pdf.

c）片段中的每个人；

d）音乐家和所涉音乐作品的权利。

6.获取你项目中所有照片、美术图、服装和其他版权材料的授权。

7.虚化银幕上显示的所有电话号码和车牌号。

8.获取任何所需的拍摄许可、外景拍摄场地协议以及所有出现在镜头里可被识别的人的授权。

错误和疏忽保险

错误和疏忽保险是电影制作者的失职保险（也被称为媒体风险、媒体责任或诽谤保险）。这些保险合同防范针对诽谤、侵犯隐私、侵犯公开权、创意和故事剽窃、侵犯版权、抄袭、盗版以及未经授权使用名称和商标提起的权利主张。有些保单还覆盖不公平竞争和未能提供银幕署名。

即使谨慎的电影制作人也会在自己没有犯任何错误的情况下面临诉讼。即使他们没有故意侵犯他人的权利，并努力确保取得他们认为需要的所有权利，仍可能会产生责任。

假设制片人在将一首歌添加到电影音轨的过程中无意中侵犯了歌曲的版权，即使制片人没有侵犯词曲作者权利的意图，并且从一家看上去有声望的出版商那里取得了该歌曲的授权，但他仍然可能承担损害赔偿责任。即使电影制作人真的相信他是从权利的合法所有者那里获得的音乐授权，如果该公司没有他们所声称拥有的权利，那么电影制作人仍可能承担责任。尽管法官可能会减少无辜侵权人所应承担的赔偿额（相较于那些故意侵犯他人作品的人），但律师费和诉讼费用可能是天文数字。

但是，如果电影制作人拥有错误和疏忽保险，它将覆盖潜在责任和诉讼费用。像其他保险一样，错误和疏忽保险存在一个免赔额，通常是1万美元或更多。典型的保险期限为三年，每个索赔保额为100万美元，总保额为300万美元。错误和疏忽保险不覆盖故意的不当行为或任何已经存在的索赔。保险公司将承担疏忽（大意）行为引起的责任，但不承担由制片人故意不法行为所产生的责任。

保险人的关注点因拟投保的电影类型而异。电影可以是真实或虚构的，原创或衍生的，或任何可能的组合。原创的剧本意味着它不是基于在先作品创作的，其来源必须确定，以确保它是完全原创的并且没有任何内容是从其他版权作品复制过来的。如果剧本是衍生的，那么电影制作人需要从作为基础的原作品的所有人那里取得权利。

当电影是以一个真实故事为基础时，剧本应该来自第一手资料（例如法庭庭审笔录、对目击者的采访），而不是二手信息来源（例如另一作者的工作成果），除非已经获得使用这些二手信息来源的许可，或者该等信息是不受版权保护的。

一些电影制作者讲述的是受真实事件启发的虚构故事，如1959年的电影《朱门孽种》（*Compulsion*）。在该案例中，一位作者基于内森·利奥波德（Nathan Leopold）和阿尔伯特·勒布（Albert Loeb）绑架和谋杀一名年轻男孩这一真实事件写了一本书。虽然罪犯的真实名字没有出现在根据该书改编的电影中，但其宣传材料则清楚地表明该电影是基于利奥波德与勒布犯罪的一部虚构作品。此外，有一些电影以事实的形式呈现，但却可能不完全是事实，如纪录剧情片和传记片。这些电影通常会进行戏剧化创作，例如以不同的顺序重新排列事件或将多个次要人物组合成一个人物。

对于像《蜘蛛侠》这样的虚构故事，非常重要的一点就是角色不应侵犯既有作品的版权，除非该等既有作品属于公共领域。对于纪录剧情片，保险人可能想知道电影制作人是否获得了电影中所描述人物的人生故事权，以及该真实故事是否因戏剧化原因而被改变。这种改变可能会损害故事中描述的现实生活中人的声誉。

因为这些问题很复杂，所以保险公司通常会向申请人询问他们的制片律师的姓名，并会经常联系该律师以确保已经获得所有必要的授权和许可，并且该作品符合保险人的审查政策。最好在制片开始之前早些聘请律师，以便从一开始就使用适当的合同。如果需要在制片之后重新制作文本，成本可能会增加，并且如果制片人无法联系到演员、剧组人员和供应商，则可能无法取得新协议。如果因为某些镜头无法被清除而使某一画面需要重新拍摄或者某个胶片需要重新剪辑，则成本可能会极高。

几乎所有北美的发行方都会拒绝在没有错误和疏忽保险的情况下发行影

片。但是，一些电影制作人甚至都没有考虑过错误和疏忽保险，直到他们开始就发行交易进行谈判，然后注意到需要交付的物料项目中有对制片人提供保险证明的要求。他们可能会惊讶地发现，发行方希望他们取得错误和疏忽保险并为之付费，错误和疏忽保险会花费数千美元且保险人可能需要数周来处理其申请。在签发保单之前，保险人可能希望审查授权、许可以及版权和所有权报告。如果电影制作人声称其电影中使用的素材是基于合理使用或属于公共领域，则他可能需要获得律师的意见以支持该主张。如果将音乐纳入到电影配乐中，则可能需要影音同步、表演和母带使用许可。缺少必要合同或信息的电影制作人将无法获得保险，或者保险可能会设置某些免赔项，这通常意味着大多数发行方将拒绝发行影片。

为了申请保险，电影制作人需要完成一份详细的申请，该申请要求提供有关制作及其清晰流程和权利链的详细信息，包括其制片律师的身份。该申请要求电影制作人声明申请中的所有信息均为真实、准确并且没有误导性的。如果制片人歪曲任何事实，保险公司将有权拒绝承担保险责任，并主张该保单是通过欺诈获得的，因此可被撤销。

保险单有不同的类型。“索赔”（claims made）保单仅覆盖保险期间出现的诉讼。“事由”（occurrence）保单覆盖了因保险期间内发生的事由所引起的所有索赔，即使该诉讼是在保险期限届满后多年被提起的。如果你购买的是“索赔”保单，为使保险在初始保险期限届满后持续有效，你需要续签该保单。

不同类型的诉讼受不同诉讼时效的约束。诽谤诉讼的时效通常很短，通常为诽谤性陈述首次发布后的一年内。版权主张必须在侵权行为发生后的三年内提出，但“独立起算规则”（separate-accrual rule）将每个连续的侵犯版权行为视为一个新的侵权行为。因此，每次出售或发行作品的一个副本时，时效重新开始计算。版权保护期通常是作者的有生之年及其死后70年，所以保护可以持续很多年。此外，一些权利主张的诉讼时效直到原告发现该侵权行为的存在时才开始计算。虽然错误与疏忽保单涵盖的很多权利主张经常在电影首映后就很快出现，但有时权利主张也会在几年后才浮出水面。

当电影制作人购买保险时，他们是被保险人，通常他们将发行方添加为附加被保险人。附加被保险人是增加到保险责任内的个人或实体，通常不需要额外费用。在许多情况下，聘用协议或协会规则要求将艺人添加为附加被保险人。例如，编剧协会的《最低基础协议》规定将协会的编剧添加到制片人的保单中。对附加被保险人的保险责任范围通常限于因被保险人的行为导致的针对该附加被保险人的权利主张。

申请错误和疏忽保险的审查清单可在我的网站www.marklitwak.com“资源”一栏中查看。

剧本审查清单

1）如果剧本是以另一部作品为基础的，那么需要获得版权报告来确保已经取得了所有需要的权利。

2）必须与所有素材（包括对版权作品的引用部分）的创作者签订书面协议，授予在电影制作中使用该素材的许可。

3）从可被识别出的或者其姓名、形象或肖像被使用的所有人员处取得书面授权；如果此人是未成年人，这种授权必须是有约束力的。如果某一对象已经去世，在某些情况下也可能需要授权。如果此人是人群或者拍摄背景的一部分，并且其出现时间仅几秒且没有被特殊强调，则可能不需要授权。

4）如果作品是虚构的，那么通常全部人物的姓名都必须是虚构的。需要注意确保虚构人物的姓名不要与可识别的真人的姓名相似。

5）如果电影中描绘了某些企业、私人财产或者可以识别的产品，则需要获得书面授权。如果财产是不突出显示的背景，则不需要授权。

6）所有授权都必须包含：

a）授予编辑和修改素材的权利；

b）将被描述人物虚构化的权利；

c）在全部媒体和市场对电影进行营销的权利。

7）获得片名报告，需要显示该片名的在先使用情况。

8）保险的投保人必须对其收到的他人提交的相似素材进行披露。

9）作品不能包含任何构成诽谤、侵犯隐私或者侵犯他人公开权的素材。

对片名的保护

像创意和主题一样，片名是不受版权保护的。如果你不能就一个片名获得版权，那么你如何保护它呢？

假设一位制片人制作了一部糟糕的低预算恐龙电影，然后票房惨败。现在，史蒂文·斯皮尔伯格带来了他的热门电影《侏罗纪公园》。低预算电影的制片人有了一个灵感，可能是他/她唯一的创意性想法。他/她决定重新命名他/她的影片为《侏罗纪公园2》。结果，一些电影观众购票观看了这部电影，然后他们非常失望。既然《侏罗纪公园》这一片名无法取得版权，那么斯皮尔伯格该如何防止其他人使用它呢？

尽管片名不受版权保护，但可能受到不正当竞争法的保护。不正当竞争主张的要点是，以使消费者对其制造来源产生混淆的方式错误地标记或错误地指向某一商品（或服务）。换句话说，一旦公众将《侏罗纪公园》这一片名与斯皮尔伯格的作品相关联，[1]该片名便获得了所谓的“第二含义”。通过将他/她的作品命名为《侏罗纪公园2》，这位制片人使公众对其电影的来源产生了混淆。那是因为人们把《侏罗纪公园》与斯皮尔伯格的作品联系在了一起，但斯皮尔伯格却与这部电影不相干。

对不正当竞争诉讼的主要限制是，你只能在你的电影获得了第二含义的情况下提起该等诉讼。如果你花了三年时间制作了一部电视连续剧，投入了数千美元，然后在你的节目播出的前一天，另一位制片人发布了一个相同或相似名称的节目，你该怎么办？由于你的节目尚未发布，因此尚未获得第二含义。

对于系列作品中的某些作品，你可以通过注册你作品的名称以取得商标保护，从而保护自己免遭此类危险。由于最近联邦商标法的变化，人们现在可以在商标被用于州际贸易之前进行预注册。[2]因此，一旦制片人选择了一个片

[1] 显然，公众也将这部作品与作者迈克尔·克莱顿（Micheal Crichton）联系在了一起。

[2] 在1988年对商标法进行修改之前，除非你在州际贸易中在商品上实际使用了某一商标，否则无法注册该商标。因此，制造商有时会在某一商品上象征性地添加一个标记，尽量保护他们自己。象征性使用已不足以获得联邦商标保护。

名，他就可以将其注册为商标。[1]他可以在有限期限内保有这个标识。[2]如果他不使用该标识，他将失去对其享有的所有权利。相反，他就可以获得一个为期10年的商标，并且只要他在商品上使用该标识，就可以获得10年的续展期。

美国电影协会是代表几大制片公司的交易组织，它提供了另一种保护片名的途径。美国电影协会允许其成员和独立制片人向它注册片名。最先注册片名的一方有权使用它。如果福克斯和派拉蒙同时发布片名类似的影片，你可以想象到会出现的混乱和问题。如果观众产生了混淆，那么两部电影都可能受到影响。

美国电影协会片名登记局的主要缺点是它只能保护制片人免遭签署协议的其他制片人的侵害。换句话说，美国电影协会通过合同来保护片名。几大制片公司都是这份合同的缔约方，一些独立制片人也已经选择加入，但对于来自非该协议缔约方的制片人的侵害，美国电影协会的方案则无法提供任何保护。注册有效期为一年，可以续签。[3]独立制片人应仔细权衡注册的风险和利益。如果你注册的片名类似于某大制片公司注册的名称，则在先的注册方可能会对你的名称提出异议，最终可能会导致持久且昂贵的法律纠纷。使用片名的优先权取决于美国电影协会收到注册申请的日期。争议通过有约束力的美国电影协会仲裁予以解决。仲裁员可以裁决胜诉方获赔其损失和合理的律师费。

值得一提的是保护自己免受片名冲突的最后一种方法。人们可以订购一份名称报告，该报告可以披露使用相同或类似名称的其他商品或服务。如果某人在相同地域提供的类似商品或服务上已经使用了你想用的名称，则除非该名称已被放弃，或者你已经从在先使用者处获得了授权，否则你不应该使用该名称。

在创造一个名称时，一个奇思妙想或首创的名称是首选，因为它最不可能侵犯他人的权利。这样的名称也将有助于创作者保护他/她的名称免受后续侵权者的侵害。

---

[1] 单独的娱乐作品的名称还无法取得联邦商标注册，理由是该名称只是描述了该作品。然而，诸如电视连续剧或杂志等系列作品的名称可以被注册，并且商品上使用的电影片名也可能被保护。

[2] 也可以获得续展期。

[3] 欲获得更多信息，请联络片名登记局主管米歇尔・施瓦茨（Mitchell Schwartz），电话：（818)995-6600，电子邮箱：Mitch_Schwartz@mpaa.org。关于名称注册费的更多信息请见第16章。

给剧本做注释

编剧应该给他们的剧本做注释，以记录他们作品的来源。细致的注释将有助于编剧通过证明自己已经谨慎行事来对抗诽谤和侵犯隐私之诉。当公众人物或公职人员起诉诽谤时，他们必须证明被告的行为存在“实际恶意”。

注释应该指明所有剧本元素（那些完全虚构且完全来自作者想象的元素除外）的来源。剧本元素包括角色、事件、环境和对白。注释应包括以下信息：

1.角色列表：为每个角色提供以下信息：

（a）角色是真人、虚构的还是复合角色；

（b）对于真人角色，该真人是生还是死；

（c）对于复合角色，该复合角色所依据的真人的姓名，以及哪些角色特征是来自于该真人的。

2.分场标注：指明剧本元素是呈现或描述的事实还是虚构的内容。

（a）如果是事实或者基于事实的推论，描述剧本元素的来源材料，应包括以下内容：

（i）书籍：名称、作者和页码；

（ii）报纸或杂志文章：日期、页码和栏目。

（iii）采访：页码或磁带索引（如有笔录或录音带），以及笔录的页码；

（iv）庭审笔录或证言笔录：法院或其他裁决机构、日期、证人和笔录页码。

（v）在可能的范围内，应为每个剧本元素标记多个来源。

（b）如果部分是事实而部分是虚构，则标明哪些部分是事实，哪些部分是虚构。对于事实部分，按照上文第 2（a）段所述来描述来源材料。

（c）如果是完全虚构，则不需要进行标注。

3.一般事项：

（a）在来源注释中引用的所有材料的副本应保留不少于五年，并参照剧本页码和场景编号设置交叉索引。

（b）如果为避免重复冗长的引用而复制了页脚的注释，则应该提供相应编码的索引。

可识别的产品、场所和人员

正如在第2章讨论商业营销交易时所提到的，制片人应该获得电影中所展示的任何可识别商品的授权。同样，制片人可能需要获得可识别场所和与真人姓名相似的任何人物姓名的授权。❶

你不该认为对真人遮遮掩掩的变相描述可以使你免责。并且，免责声明（例如“任何与活着的人或已故的人的相似纯属巧合……”）并不能提供绝对的保护。例如，假使你写了一部小说，关于在达拉斯被暗杀的美国总统的遗孀的生活中你认为是虚构的事件，这位遗孀后来嫁给了一位希腊货船大亨，将会怎么样？你可以任意称呼该人物，但读者可能认为你在写杰奎琳·肯尼迪。如果她被诽谤或被侵犯了隐私，那么她可能会成功提起诉讼。❷

真人真事授权应该允许制片人编辑、修改和润色故事。如果是未成年人做出的同意，该同意必须具有法律约束力，这可能需要法院的批准。

电影片尾声明示例

本片中所描绘的人物和事件以及所使用的姓名均为虚构，如在人物的姓名、性格或履历方面有任何雷同，纯属巧合。

本片中所提及的任何产品名称、标识、品牌和其他商标或图像均是其

❶ 选择其他姓名可能更容易。

❷ 当然，现在杰奎琳·肯尼迪已经去世了，此类诉讼无法被提起，因为这些权利是人身权利，不能被继承。

各自商标持有者之财产。所提及的商标所有人、商品和公司（包括其关联公司和子公司）均未赞助或在广告中宣传本片、本片制片人或发行方。

根据美国和其他国家法律的规定，本片受到法律保护。任何未经授权复制和/或发行本片的行为均可能导致民事责任和刑事诉讼。

本片受版权法和其他相关法律保护，任何未经授权复制、发行或放映本片的行为均可能导致刑事诉讼以及民事责任。

版权大时代制片有限公司，2016。版权所有。

电影片段

如果你想在你的影片中加入其他电影的片段，则可能会产生一些特殊问题。你可能需要从电影版权所有人、不同的工会和协会[1]、在片段中出现的每个人那里获得许可，并且，如果使用了音乐，还需要从音乐家和所涉音乐作品所有人处获得许可。通常，比起加入既有镜头，重新拍摄原始镜头更简单且成本更低。

电影镜头可以从影视素材供应商处购买，但可能需要额外的授权才能使用这些素材。国家档案馆有一个支付复制费用即可使用的公共领域素材库。

如果电影片段是从影视公司或影视素材供应商处购买的，他们通常会提供授权。大多数影视公司根据素材的长度（即使用的秒数）收取费用，费用可能很高。此外，他们经常拒绝许可使用他们的素材，或者如果他们同意许可，他们会坚持要你签署一个不公平的合同。

此外，"美国演员工会——美国电视与广播艺人联合会"联合工会（Screen Actors Guild-American Federation of Television and Radio Artists，简称SAG-AFTRA）[2]要求，当制片人使用归联合工会管理的电影的片段时，制片人必须事先征得所有

[1] 美国编剧协会、"美国演员工会——美国电视与广播艺人联合会"联合工会（Screen Actors Guild-American Federation of Television and Radio Artists，简称SAG-AFTRA）、美国导演协会（Directors Guild of America，简称DGA）以及美国电影市场（American Film Market，简称AFM）。

[2] 译者注。后文或简称"联合工会"。

在该片段中可被识别的联合协会表演者的同意（包括演员、特技演员、特效飞行员和已故演员的继承人）并同意支付不低于当前最低标准的费用。制片人不需要从无台词的临时演员处获得许可或者向其支付费用。[1]

此处提供一份授权书的示例：

素材/摄影/美术品授权书示例

基于有效且有值的对价，并特此声明已收到该等对价，艺术家在此同意并授权，在暂名为《___》（“影片”）的电影中使用和复制下文所述的艺术家的素材/摄影/美术品（统称为“艺术品”），该影片由___有限责任公司及其母公司、子公司、关联公司及其任何继受者、被许可人、受让人和/或代理人制作（以下统称为“制片人”）。制片人享有全球范围内的永久权利，在全部市场、媒体以及通过现有或者未来出现的技术手段，放映、复制、编辑、修改、数字化和演绎创作艺术品，以及发行、放映、再版、传输、改编、开发和/或以其他任何方式使用艺术品和/或与影片有关的艺术品任何部分和/或以艺术品为基础的任何其他电影，包括但不限于影片的广告宣传、推广、商品化及相关使用。

艺术家声明并保证：（a）艺术家拥有或控制着制片人不受限地使用本授权书项下权利所必需的作为本授权书标的的艺术品的全部权利（包括但不限于已经从第三方处获得进行本授权书中授权所必需的全部权利）；（b）艺术品完全是艺术家的原创作品，并且不存在全部或部分复制或以任何其他作品为基础的情况，制片人向艺术家提供的素材以及公共领域的零星材料（如有）除外；（c）艺术家有权利、权力和授权以授予制片人本授权书中所授予的权利；（d）艺术品以及制片人对本授权书中所述艺术品的使用均不应引起制片人向任何第三方支付任何款项的任何义务，且不会在现在或将来违反任何法律或法规，不会侵犯任何个人或实体的任何权利，包括但不限于艺术品中出现的任何人的权利；（e）艺术品不受任何集体谈判协议的规制；以及（f）艺术品不是任何诉讼或未决争议的标的物。

本授权书授予制片人的所有权利是完全可转让的，即全部或部分且不

[1] 与联合工会关于拍摄和音乐的再使用规则相关的更多信息，请参照联合协会基础协议第22条。

受任何限制的转让。艺术家承认，如果制片人违反本协议规定的任何义务，由此造成的损害（如有）不是无法补救的或足以提起禁令或其他衡平法救济的，并且如果发生违约，艺术家的权利（如有）限于通过普通法诉讼追讨损害赔偿金，并且在任何情况下，艺术家均无权解除本授权书或授予的任何权利，且无权禁止或限制影片的发行或开发利用和/或影片的广告宣传与推广。

艺术家同意保护制片人及其受让人和被许可人免遭因艺术家违反其在本授权书中的陈述、条件或保证，或因其任何故意侵权、疏忽大意的作为或不作为而导致的或与之相关的任何索赔、要求、诉讼费用、支出（包括但不限于合理的法律费用）或罚金，并对其进行相应赔偿。

本授权书应受适用于在加利福尼亚州范围内签署并意图完全履行之协议的该州法律的规制，并根据其解释和执行，但冲突法除外。本协议签署一式多份。请在下面签字，以表明你同意上述内容：

同意并接受：	同意并接受：
________（“艺术家”）________，	有限责任公司（“制片人”）
签字方：__________________	签字方：__________________
姓名：__________________	姓名：__________________
	其为授权签字人

对素材/摄影/美术品（“艺术品”）的描述：

____

____

____

问与答

1.作为编剧协会的成员，我是否自动受制片人的错误和疏忽保险保护呢？

答：如果你是美国编剧协会的成员，那么基于他们的集体谈判协议，编剧应该被列入雇主的保单。然而，即使错误和疏忽保险覆盖到位，编剧也可能因免赔情形而承担责任，赔偿金可能为10000美元或更多。如果编剧过失侵犯他人版权、诽谤他人、侵犯他人隐私或有其他侵权行为，错误和疏忽保险保护编剧。它不保护故意从事不法行为的编剧或电影制作人。换句话说，保险可以覆盖一个电影制作人对他人权利疏忽大意的侵犯，但故意剽窃剧本不在理赔范围内。

保险覆盖被保险人，并且在支付少许费用之后，投保人可以在保单中增加附加被保险人。保险既涵盖编剧/电影制作人被要求支付的损害赔偿金，又涵盖因抗辩而产生的法律费用。

美国的发行商通常在他们取得发行电影的授权之前要求电影已经有错误和疏忽保险。他们想要发行电影的权利，但他们不想吃官司。

即使编剧和电影制作人没有侵犯他人版权材料的故意，也可能承担版权侵权的责任。例如，如果一个电影制作人为他的电影取得了一首音乐的许可，但结果是，他并不知道，向他出售音乐的音乐家并不拥有该音乐的所有权利，此时电影制作人可能会承担责任，即使他是一个无辜侵权者。

2.如果某人向美国编剧协会和美国版权局登记了剧本，但后来更改了作品的名称，此时是否需要重新提交修订后的剧本？另外，有什么保护电影片名的方式？

答：如果名称是唯一的变化，则不需要重新注册登记剧本。版权局将接受能实现此目的的补充登记申请。补充注册表格是补正表格（correct and amplify form，简写为FormCA）。补充注册中的信息并不取代原始注册中的信息，而是对其进行补充。

就片名而言，版权法是不保护片名的。根据不正当竞争和商标侵权的法律，片名有时可以得到保护。你也可以通过向美国电影协会片名登记局注册的方式获得对抗其他注册人的有限保护。可通过（818）995-6600联络美国电影协会片名登记局。这是通过美国电影协会缔约公司与任何选择加入的独立制片人之间的安排所提供的合同法保护。这是一个各方同意不侵犯其他方片名的合同。因为该合同只对那些选择签署它的人有约束力，因此有一定的局限性。[1]

但是像电影这种单个产品的名称通常不符合商标保护的条件。只有来自单一来源的系列产品，如续集或诸如《伯南扎的牛仔》（*Bonanza*）这样的电视连续剧，才能获得商标法的保护；对于像电影这样的一次性项目，名称不会受到保护。但是，一旦名称获得了第二含义，它可能会受不正当竞争法律的保护。电影名称在发布之前不会对公众产生第二含义，但在乔治·卢卡斯制作并发行《星球大战》之后，其他电影制作人便不能发行名为《星球大战2》的电影，也不能基于原作的商誉和名称进行交易。这将构成不正当竞争行为，并会违反联邦和州的各项法律。在商品或服务上使用名称是否侵犯了商标权或违反了各项不正当竞争法，这可能是难以确定的。

商标权通常局限于某个地域或某个商品类型。例如，如果你在洛杉矶经营阿珂姆五金店，那么将没必要阻止其他人在你不开展经营的布鲁克林开一家阿珂姆五金店。同样，你以“阿珂姆”标志经营五金店的事实不会阻止某人开一家阿珂姆超市，因为人们不会将五金店与食品联系起来。换句话说，混淆的可能性很小。

---

[1] 如果你想联络美国电影协会片名登记局，他们的号码是（818）995-6600，邮箱：mitch_schwartz@mpaa.org。

第5章

文学作品获权协议

文学作品获权合同是获取文学作品（如一本书或一个剧本）全部或部分权利的协议。制片人通常用它来购买一个电影剧本或购买一本书的电影权。

买方（如制片人）会要求权利人（如作者）保证，权利人拥有其正在出售的所有权利，且这些权利上没有任何其他义务（负担）。权利人会披露他们的版权登记号，以便买方核查版权记录并审查权利链，以确保他们取得的是他们想要的全部权利。

每份协议都需要确定所出售权利的范围。有时会出售所有的权利，即全部版权。其他时候，则许可有限的权利（专有的或非专有的）。正如第12章所解释的那样，版权是一个权利束，权利人可以通过无数种方式对其进行分割。

如果电影权被出售，买方通常有权将作品改编成电影并在家庭录像等辅助市场发行。买方还可以获得续集和翻拍的权利，但使用这些权利的时候可能需要支付额外的费用。

买方通常有权从书中摘取7500个词用于广告和宣传目的，不过我想不起有哪家电影公司或电视公司曾用这么长的一段摘录来宣传电影。宣传通常是以明星和导演为中心的。

作者会想要保留特定的权利。一位允许将其作品改编成电影的作者，可能想要保留图书权、舞台权、无线广播权以及在新故事情节中使用其角色的权利。[1]

有时候，买方会同意让作者保留特定的权利，前提是一旦此后该作者决定出售这些权利，他/她应给予买方优先购买的权利。

例如，假设作者甲已将他的书的电影权出售给了华纳兄弟。该作者保留了所有的戏剧权。华纳兄弟获得了优先谈判权（right of first negotiation），即一旦该作者选择出售戏剧权，则华纳兄弟有权第一个去购买。华纳兄弟认为只有他们拥有这样一项权利才算得上公平。它投资数百万美元将作者的书摄制成电影，使得这一基础财产及其衍生形式更具价值。优先谈判权只是要求作者最先与华纳兄弟在诚实信用的基础上进行谈判。如果在规定的时间（如30天）内没有达成协议，那么该作者则可以与第三方谈判并向其出售戏剧权。

可以与优先谈判权一起使用或作为替代的另一个条款是最终否决权（right of last refusal）。此时，买方有权以与任何第三方要约相同的条款和条件取得被保留的权利。如果华纳兄弟享有最终否决权，那么作者就可以自由地就戏剧权向其他买方提出要约。然而，在完成交易之前，作者必须以与其收到的最优报价相同的条款向华纳兄弟发出出售该等权利的要约。

实际上，当一位作者给予了某一影视公司最终否决权时，可能就很难再激发第三方购买某一保留权利的兴趣了。如果最终会被华纳兄弟所取代，那么环球影业为什么还要花时间去与作者商谈出售条款呢？因此，最终否决权会阻碍第三方发出要约。

对买方来说，另一个重点是在改编时对作品进行无限制修改的权利。派拉蒙影业不会投入一大笔资金来开发一个电影剧本而最终却发现自己处于一个未经作者允许连一行对白也不能改动的弱势地位。假设电影正处于制作过程中却找不到作者了怎么办？要是作者无理由拒绝怎么办？任何影视公司都不会允许自己受制于作者对修改许可的保留。

另一方面，作者经常抱怨影视公司和导演毁了他们的作品。当影视公司上映一部逊于原作的电影时，作者们觉得尴尬。一些国家（如法国）赋予艺术家所谓的精神权利（moral rights或者le droit moral），该等权利可能会阻止买方在

[1] 这应该与电影续集权（movie sequel rights）区别开来，后者为买方有权在续集电影中使用角色的权利。作者所保留的是在另一本书中使用其角色的权利。

未经艺术家许可的情况下亵渎或改变他们的作品。[1]美国并未明确承认关于电影的精神权利原则。[2]而且，买方将会要求卖方放弃这些权利。

不能忍受自己作品被改的作家应该写书和戏剧，这样他们对其作品便拥有更大范围的控制权。例如，在未经作者许可的情况下，一位舞台剧导演不能更改尼尔·西蒙（Neil Simon）剧本中的任何一个词。然而，电影编剧必须接受其作品将被大幅改动的可能性。的确，当所有的改写和修改完成时，你甚至可能无法认出你的作品了。你写了一个关于爱荷华州农民的故事，结果现在这个故事被设定发生在北大西洋的一艘U型潜水艇上。

所幸的是编剧可以通过出售电影权和写剧本赚取报酬。畅销小说的电影权可以卖出一百万美元或者更多。成熟的编剧经常能通过他们的服务赚取六位数的报酬。针对有剧本梗概的原创剧本，编剧协会规定的编剧最低收费标准是133739美元[3]，这远超过许多初出茅庐的小说家所获得的图书版税。

在文学作品获权协议中，买方也会想要卖方做出某些保证或承诺。例如，作者经常会保证，作品没有诽谤他人、侵犯任何人的隐私或侵犯他人的版权。买方通常希望上述保证是绝对的，而作者则希望上述保证以其最大程度的认知和确信为限。二者区别在于：如果作者在不知情的情况下诽谤了他人，那么根据绝对保证他将承担责任，但如果根据他最大程度的认知和确信，则不必承担责任。换句话说，如果作者没有有意识地诽谤任何人，他就不会承担责任。

买方还希望作者能够对他们的保证负责，并在违反某一保证的情况下使买方免责。如果作者赔偿买方，作者就是同意赔偿买方因作者违反其保证而可能产生的任何诉讼费用和判决结果。

假设一位小说家创作了一个名叫约翰·韦斯特的角色，他住在密歇根州的安娜堡市，在那里他是一个酒保，同时也是一个罪犯。小说成为畅销书，影视公司则以此为基础制作了一部电影。有一天，一个家住安娜堡市名为约翰·韦

---

[1] 然而，在法国，合作作品的精神权利是有限的。

[2] 然而，许多州和联邦法律通过其他原则（如不正当竞争法和诽谤法）实现了大致相同的效果。此外，联邦1990年的《视觉艺术家权利法案》保护了创作绘画和雕塑作品（不包括电影）的艺术家的精神权利：Pub. L. No. 101–650，104 Stat. 5128（1990）。

[3] 该最低收费要求截至2017年5月1日。

斯特的酒保看到了这部电影。看到一个跟他同名的角色被描绘成一个犯罪分子，他感到很震惊。他以诽谤为由起诉了这家影视公司。这家影视公司向作者寻求赔偿。尽管作者没打算诋毁任何人，甚至不认识这个约翰·韦斯特，他/她可能还是要承担责任。

当然，赔偿的价值只限于对其负责的人的偿债能力。对于影视公司来说，向穷困潦倒的作者寻求补偿是在浪费时间。为了保护自己免于承担潜在的责任，制片人和影视公司可以购买错误与疏忽保险。影视公司以及保险公司的律师可以在制作前审查拟拍摄的剧本，以设法避免承担任何责任。在这个例子中，影视公司的律师可能会调用安娜堡市的号码簿信息，并查看是否有任何名叫约翰·韦斯特的人在那里居住。如果有，那么更改角色的名称或故事地点是可行的。制片人通常会向诸如“剧本通关”（Act One Script Clearance）等公司订购剧本审查报告。[1]这些报告列出了潜在的许可问题，供制片法律顾问审查并确定是否需要修改。

代表作家的律师和经纪人经常要求把该作家添加为错误与疏忽保险的被保险人。这可能会增加一点儿保费，也可能不增加，但将会确保保险公司为作家和影视公司抗辩，并承担所有诉讼费用。而作家自己购买保险则要花费更多。

文学作品获权协议中的另一个条款要求卖方不会使该财产进入公共领域。根据旧的（1978年以前有效的）版权法，版权保护期为28年，并且可以再延长28年。因此，买方想要确保作者在第一个保护期届满可续期时更新该版权的保护期。对于1978年以后创作的作品，作者获得的版权保护期为作者终生加上死后70年。[2]对于这些作品，则没有延长保护期。

署名是另一个需要解决的问题。买方想要获得使用作者姓名和肖像来宣传电影的权利，尽管作者很少是宣传的重点。至于职员表署名，编剧协会的协议通常会确定由谁获得编剧署名（假设作者是协会会员且电影公司是协会的缔约方）。制片人不能任意分配署名。如果发生署名纠纷，编剧协会将选任一组公正的编剧进行仲裁。他们将阅读剧本的草稿并分配署名。可以从编剧协会获取用于确定署名分配的规则。[3]文学作品获权协议还会包含一个明确的条款，规

---

[1] www.deforestresearch.com/index.html.

[2] 匿名作品和雇佣作品的保护期不同。

[3] www.wga.org/subpage_writersresources.aspx？ id=167.

定制片人没有义务实际制作电影。制片人希望获得的是摄制电影的权利，而不是义务。该条款可以防止作者迫使影视公司制作电影。

若作者拥有归复权条款，那么如果在规定的时间内（例如，从购买电影权之日起五年）没有开始制作，则剧本的所有权利可以归复到作者手中。这样作者将重新获得该项财产的权利，并有机会在其他地方出售。

文学作品获权协议中的另一个条款是转让条款。该条款允许买方将他/她的权利转让给其他人。制片人会希望能够转让权利，因为发行方或投资方可能会坚持将转让作为他们参与该项目的条件。如果作者关心该项目最终被转让到哪里，他/她可以尝试将转让的范围限制在主流制片公司和电视台。作者也可以要求，除非他/她同意，否则不得转让，但作者可以同意她/他不得无理由拒绝同意。作者可能希望在转让条款中声明，任何受让方都必须承担对该作者的所有义务，而且或许转让方也将继续承担责任。

条款示例

优先谈判权：如果特定时间期限届满后，卖方拟直接或间接地出售或行使其在本协议中保留的某项特定权利（“保留权利”），那么卖方应书面通知买方，并立即与买方就该保留权利进行谈判。如果在买方收到此通知后的30天内未能达成协议，则卖方可以就该保留权利与第三方进行谈判。

最终否决权：如果买方和卖方未能根据买方的优先谈判权达成协议，并且卖方发出或收到任何许可、出租和/或购买特定保留权利或其中任何利益的善意要约（“第三方要约”），并且对于卖方来说，第三方要约的拟购买价格和其他实质条件没有优于买方在优先谈判期间可接受的条件，那么如果卖方打算接受此第三方要约，则卖方应通过挂号信或电报通知买方，并披露要约人的姓名、拟购买价格和第三方要约的其他条款。在买方收到此通知后的30天期限内，买方有独家的选择权，即视情况以此通知内载明的相同购买价格和同样的条款和条件，获得许可、承租和/或购买该特定保留权利或第三方要约中提及的利益。如果买方选择在该30天期限内通过挂号信或电报行使上述权利，则卖方便无法接受该第三方要约；倘若此类许可、出租和/或出售没有在上述30天期限届满后的30天内与第三方交易完成，则买方的最终否决权应恢复，且适用于以后任何时间买方收到的关于该特定保留权利或其中任何利益的任何要约；并且以后，只要卖方保有该特定保留权利的任何权利或利益，买方的选择权就应根据本段的条款和条件持续全面有效。买方的最终否决权应以买方及其继受人、受让人为受益人，并对卖方及其继承人、继受人和受让人均有约束力。

主要条款：文学作品获权协议

1）权利人的担保
2）权利转让的范围
3）保留的权利
  a）优先谈判权
  b）最终否决权
4）修改权（“精神权利”）
5）对价
6）赔偿
7）保护版权
8）署名
  a）使用姓名宣传的权利
  b）职员表署名
9）无制作义务
10）转让
11）限制宣传

最后，文学作品获权协议往往会要求非经买方同意，作者不得参加任何宣传活动。影视公司希望确保自己能够统筹安排宣传活动，而不用担心作者自己去接受采访。

以下案例说明了措辞不当的文学作品获权协议会带来的问题。

华纳兄弟诉哥伦比亚广播公司（1954）[1]

事实：华纳兄弟（原告）获得了达希尔·哈米特（Dashiell Hammett）《马耳他之鹰》一书的电影权，该电影以山姆·斯佩德（Sam Spade）侦探为主角。后来，哈米特又以斯佩德为主角写了其他故事，并将这些故事的电视、广播和电影权授予哥伦比亚广播

[1] *Warner Bros. v. Columbia Broadcasting*，216 F.2d 945（9th Cir. 1954）.

公司。哥伦比亚广播公司开始制作一系列以山姆·斯佩德为主角的电台节目。于是，原告提起诉讼，声称哈米特无权将这些新故事出售给哥伦比亚广播公司，因为原告拥有这些新故事里的角色。

争议焦点：出售一本书的电影权是否包含对书中角色权利的出售？

判决结果：不一定。判决支持了哈米特和哥伦比亚广播公司。

判决理由：合同中并没有明确说明哈米特授予了原告对这些人物角色的专有权利。因为是原告起草的合同，所以任何含糊不清的地方均应做不利于原告的解释。尽管原告拥有《马耳他之鹰》的版权，但这并不妨碍作者在其他故事中使用这些角色。“这些角色是讲述故事的工具，而工具并不随着故事的出售而被出售。”

哈米特将《马耳他之鹰》出售给买方一（华纳兄弟），然后又创作了具有相同角色的新故事，并将其卖给了买方二（哥伦比亚广播公司）。合同并未阐明，华纳兄弟在购买《马耳他之鹰》时是否获得了这些角色的全部权利。由于合同是模糊不清的，并且是华纳兄弟起草的合同，所以法院对模糊之处做出了不利于华纳兄弟的解释。因此，哈米特和哥伦比亚广播公司胜诉。

作为合同法的一般原则，模糊不清的合同应做不利于起草者的解释。这种类型的问题如今很少出现了，因为律师很谨慎地确定作者授予哪些权利、保留哪些权利。作者通常会保留在新故事情节中使用角色的权利。

读者应注意到的是，在纽约州的伯内特诉华纳兄弟案[1]中，基于与山姆·斯佩德案相似的案件事实，法院得出了不同的结论。在伯内特案中，原告创作了一个剧本《人人都去里克酒店》(*Everyone Comes to Rick's*)，该剧本以20000美元的价格卖给了华纳兄弟公司，并被改编成电影《卡萨布兰卡》。协议授予华纳兄弟“所有现在或此后存在的与上述作品有关的任何种类和性质的权利，无论这些权利现在是否已知、被承认或可预见……”

华纳兄弟随后根据该剧本和该电影制作了一部电视连续剧。原告起诉，声称华纳兄弟无权在电视连续剧中使用这些角色。法院的结论是，尽管合同用语没有具体地提及角色权利，但应该解释为原告放弃了其作品的所有权利。这再

---

[1] *Burnett v. Warner Bros. Pictures*, 493 N.Y.S.2d 613（N.Y. App. Div., 1985）.

次说明了一个措辞谨慎的合同有多么重要。

选择权与文学作品购买协议

本协议由____（卖方的名称和地址）（“卖方”）和_______（买方的名称和地址）（“买方”）于___年__月__日制订并签署。

1.卖方的陈述与保证：

（a）唯一权利人：卖方向买方陈述并保证，卖方是____创作的原创文学素材________（“文学作品”或“财产”）在全世界范围内的唯一且独家的权利人。

（b）事实：卖方向买方陈述并保证，对上述文学素材的以下声明在各方面均是真实且正确的：

（i）卖方是文学作品的唯一作者。

（ii）文学作品于____（日期）以____之名称由____首次发表，并以____的名义在位于美国华盛顿特区的版权登记处进行了版权登记，版权登记号为____。

文学作品及其任何部分的电影或戏剧版本均未曾被制造、制作、展示或授权；基于文学作品及其任何部分进行的广播或电视开发、展示或节目均未曾被制造、制作、展示、播放或授权；并且，卖方或其代表从未签署或做出过关于文学作品或其任何权利的口头或书面的协议或承诺（对文学作品的前述出版除外）。

（c）不侵犯或违反第三方的权利：卖方向买方陈述并保证，卖方创作的文学作品并非由任何其他文学、戏剧或其他任何种类、性质或类型的素材改编而来，也未在文学作品中抄袭或使用任何其他文学、戏剧或其他素材的情节、场景、序列或故事（公共领域内的素材除外）；文学作品不侵犯任何其他文学、戏剧或其他素材的普通法或成文法权利；就卖方所知，文学作品中没有任何素材是诽谤性的或对任何人的隐私权构成侵犯，且对于选择权所覆盖的文学作品权利的充分利用不会侵犯任何个人、公司或法人的权利；并且在世界上任何有版权保护的国家，文学作品都不属于公共领域。

（d）权利未减损：卖方向买方声明并保证，卖方是选择权涵盖的文学作品权利在全世界范围内的独家权利人；卖方尚未转让、许可或以任何方式妨碍、减少或损害这些权利；卖方亦未曾承诺做出任何行为或有任何不作为，致使这些权利可能或将会被妨碍、减少或损害；并且不存在不利于或涉及文学作品或其任何部分或选择权所涵盖权利的产权、所有权和/或版权的未解决的权利主张或正在进行的诉讼。卖方进一步声明并保证，此后不会尝试妨碍、减少或损害在此授予的任何权利，且卖方将继续持续地对这些权利采取适当的保护措施。

在不限制买方在文学作品中可能拥有的任何其他权利的前提下，卖方同意，如果存在任何权利主张和/或诉讼，涉及对任何上述卖方陈述和保证的违反或涉嫌违反，则本协议授予的选择权期限以及买方可以依据本协议第3条延长的期限，自动延长至上述权利主张和/或诉讼被解决，但在任何情况下延长均不得超过一年的时间。此类权利主张和/或诉讼发生后，至延长的选择权期限届满，在此区间内的任何时间，除买方就文学作品拥有的任何其他权利和救济外，买方还有权解除本协议，并且在这种情况下，（即使本协议有相反的约定）卖方同意向买方返还买方已根据本协议向卖方支付的有关该文学作品的任何款项、买方在开发或利用该财产过程中所花费的任何合理费用。在不限制前述规定通用性的前提下，卖方同意在整个选择权期限内，不会行使、授权或者允许其他人行使选择权涵盖的任何权利，或者卖方根据附件A的规定保留的权利（该等权利在本协议约定期限内不得被行使或被许可给其他人）。

2.选择权的对价：作为向卖方支付的且在此确认已收到的款项$___的对价，卖方同意并在此给予并授予买方独家且不可撤销的选择权，以从卖方处按照附件A规定的应付总购买价款购买附件A中所述的权利，并且根据本第2条或本协议任何其他条款支付的与该选择权相关的任何款项应在第一笔应付的权利购买价款中冲抵。如果买方未行使该选择权，那么买方因购买选择权而支付给卖方的款项应继续归卖方单独所有。

3.选择权期限：本协议中的选择权自本协议所述日期至______期间有效（“选择权初始期限”）。通过在上述指定的到期日届满之日或之前支付$____，可以将选择权初始期限额外延长___个月（“选择权第二期限”）。

4.选择权的行使：

（a）行权的通知：如果在选择权期限内的任何时间，买方选择行使选择权，则买方应向卖方按照附件A中的地址发出其行使该选择权的书面通知，并通过美国邮政来寄送该等通知，邮寄应使用挂号信，预付邮资并要求回执。以本协议约定方式在美国邮政寄送此类通知，构成对通知的送达，且寄送日期视为送达日期。

（b）应按照附件A向卖方支付购买价款。

（c）该选择权只能以上述方式通过书面通知行使；买方或其代理人、代表或雇员的行为或口头陈述均不构成对选择权的行使。

（d）其他文件：如果买方行使了选择权，无须买方承担费用（本协议或附件A中规定的对价除外），卖方应自行或使他人签署、确认并向买方交付买方可能合理要求的进一步文件，以向买方确认选择权涵盖的权利、许可、特权和财产。如果卖方未能签署并交付或使他人向买方签署并交付任何此类文件，则卖方特此不可撤销地授予买方一项附带权益的权力，即有权以卖方的名义并作为卖方的委托代理人代表卖方签署此类文件并采取与其相关的其他必要步骤和程序。卖方应提供买方要求的所有辅助性协议和文件。

（e）未签署文件：如果卖方根据本协议应当而实际并未签署、确认或向买方交付任何签署、确认或交付的协议、让与证书或其他文书，则卖方特此不可撤销地指定买方为其委托代理人，拥有充分的权利、权力和授权以卖方的名义并代表卖方来签署、承认并交付上述文件；卖方承认给予买方的授权和代理是一种附带权益的权力。如果该财产尚未出版或未在美国版权局进行版权登记，结果导致附件A、B和C中有关出版、版权数据及其他数据未填写完成，则卖方授权并指示买方将正确的出版和版权数据填入到附件A、B和C中的适当空白处；或在该财产已经出版且进行了版权登记后，卖方同意在文学作品出版及版权登记时立即就此事项书面通知买方，并在通知中注明买方可能在上述文件的相应空白处填入的所有的出版商的名称、出版日期和地点、版权所有者的名称以及在美国版权局登记的日期与版权登记号信息。

5.附件A、B和C的有效性：在签署本协议的同时，卖方已经签署了未标日期的附件A（文学作品购买协议）、附件B（备查的简短版选择权协议）和附件C（版权转让协议），并同意如果买方行使了选择权（如买方未行使则结果相反），则卖方在附件A、B和C上的签名应被视为有效的，这些附件应构成有效且具有约束力的协议和让与证书，自该选择权行使之日生效，卖方特此授予买方为这些附件注明相应日期的权利和权限。如果买方未能行使选择权，那么卖方在附件A、B和C上的签名将是无效的且不具有任何进一步的效力，并且买方不应被视为已获得该文学作品的除前文约定之选择权外的任何权利。如果买方行使了选择权，买方将签署并向卖方交付附件A的复印件（日期为行使选择权的日期），并且如果买方提出要求，卖方将签署并向买方交付附件A、B和C的追加复印件。即使任何一方未能或遗漏签署和/或交付此类其他文件，双方仍同意，买方的选择权一经行使，该财产的（根据附件A的条款卖方同意转让给买方的）所有权利应视为归属买方，自选择权行使之日起生效，并且该等权利是不可撤销的。

6.参与前期筹备的权利：卖方承认，在选择权期限内买方可以自费参与与根据本协议获取的任何权利有关的前期筹备活动，包括但不限于筹备与提交根据文学作品创作的剧本梗概和/或剧本。

7.限制：在选择权期限内，卖方不得以任何与在本协议中授予买方之权利（如附件A中的描述）的完全且无限制的使用构成不正当竞争、妨碍或冲突的方式或以此为目的，行使或以其他方式使用本协议授予买方的任何权利（在附件A中有更具体的描述）、根据附件A第2条保留的权利（保留权利）或者允许其他人或者自行使用其保留的任何其他权利。

8.转让：本协议授予的权利及本选择权协议可由买方转让给任何第三方自然人、公司或法人。

9.选择权的归复与流转权利：

（a）如果买方在原始或延长期限内没有及时行使选择权并及时支付购买价款，则选择权将终止，且文学作品的所有权利应立即归复到卖方。卖方应保留买方为此已支付的所有款项。买方应立即签署并向卖方交付实现归复所需的任何让与证书和文件。如果买方没有或不能这样做，那么买方在此授予卖方附带权益的权力，以作为买方的委托代理人签署并交付上述文件。

（b）如果该选择权被及时行使且购买价款已经支付，并且如果在购买文学作品后的__年内没有制作出基于文学作品的电影，则卖方应享有流转权以重新获得该文学作品的权利并在别处开展该文学作品的业务，并且应在获得其他人的承诺后，补偿买方或电影公司实际支出的与文学作品直接有关的开发费用，如编剧费，但不包括向卖方支付的费用以及任何向买方支付的非直接与剧本服务相关的费用。

（c）此外，如果买方决定不在选择权期限届满前的任何时间行使上述第2条中的选择权，或决定不将选择权的期限延长，买方同意在合理时间内尽快通知卖方该决定，但在任何情况均不迟于选择权的初始或延长期限截止日。当发出此类通知时，根据本协议授予买方的选择权应自动归复至卖方。

10.不可抗力：不可抗力是指任何火灾、洪水、地震或公共灾难，罢工、劳工纠纷、动乱，禁运、骚乱、战争、暴动或内乱，任何天灾、任何合法权力机构的行为，或任何超出买方控制范围的、在法律层面将使买方的行为免责的其他事由。如果由于不可抗力使得买方履行本协议的行为被延迟或阻止，则本协议约定的选择权期限应相应地延长。

11.章节标题：本协议的段落、章节和其他子条款的标题仅供参考之便。它们不得以任何方式被用于控制、限制、修改或解释本协议或其任何的部分或条款。

12.仲裁：本协议下的任何争议将根据本协议生效之日有效的《独立电影电视联盟国际仲裁规则》（以下简称《独立电影电视联盟规则》）通过终局且有约束力的仲裁解决。双方放弃在任何其他法院或裁决地裁决任何争议的权利，但一方可以根据《独立电影电视联盟规则》的规定在仲裁开始前寻求临时救济。仲裁将在本协议指定的仲裁地进行，或者如果没有指定，则由《独立电影电视联盟规则》确定。双方将遵守仲裁的任何决定，任何有管辖权的法院都可以执行上述决定。双方就强制适用仲裁和仲裁结果的确认服从裁决地法院的管辖。双方同意按照《独立电影电视联盟规则》接受法律文书的送达。胜诉方有权要求败诉方赔偿其支付的合理律师费和审理费用。

13.完整协议：本协议及其附件涵盖了双方就本协议事项达成的完整理解和协议，并取代双方之间与之相关的其他所有书面和口头协议，并且除本协议双方签署书面文件外，本协议不得修改或更改。本协议在所有方面均应遵守___州适用于在其境内签署并完全履行之协议的法律。本协议授予买方的所有权利、许可、特权和财产均不可撤销，且在任何或所有情况下均不得解除、限制或禁止。本协议签署一式多份，每份均为原件，所有这些文本共同构成同一法律文件。双方的传真或电子签名应被接受，应与原始签名具有同等效力，并且双方同意向另一方提供原始签名。

兹证明，本协议双方于前述日期签署了本选择权协议。

卖方：__________

买方：__________

附件A

本协议由___（下称“卖方”）与___（下称“买方”）在____（日期）达成。

兹鉴于，卖方是以下文学作品在全世界范围内所有权利的唯一且独家的出售方：该文学作品名为______，由_____创作并已在美国版权局登记，版权登记号为_____；这一作品包括所有的改编和/或版本、标题、角色、情节、主题和故事线，合称为“财产”；以及鉴于，买方信赖卖方的声明和保证，希望以本协议约定的购买价格为对价，获得卖方的某些权利；

因此，现双方就如下内容达成一致：

1.授予的权利：卖方在此永久且独家地向买方及其继受人、被许可人和受让人出售、授予、转让和让与财产及其版权（包括版权更新和延期）在全世界范围内的所有电影权利（包括所有无声电影、有声对白电影和音乐电影的权利）、所有电视电影和其他电视权利（包括有限的无线广播权利，为广告、宣传、开发利用之目的出版7500词的权利）以及某些附带权利和附属权利。本协议授予买方的权利（不以任何方式限制前述授权）包括但不限于在全世界范围内的以下独家专有权利：

（a）基于该财产的整体或部分制造、制作和改编一个或多个各种尺寸、规格、颜色或类型的电影改编或版本（包括但不限于音乐电影，根据本协议制作的任何电影的翻拍和续集、系列电影或连续形式的电影）并享有版权，无论该等电影改编或版本是固定在胶片、磁带、光盘、线缆、视听胶片盒、盒式磁带、DVD上，还是通过任何其他现在已知或是此后发明的技术程序固定；以及为前述目的自行或许可他人与这些电影同步录制和复制：从该财产的文本或主题中提取的或据其改编的台词，由表演者在任何此类电影中表演或演唱的任何类型的音乐、音乐伴奏和/或歌词，以及任何其他类型的声音和声音效果。

（b）就依本协议所制作的任何电影，在下述条件下进行展示、表演、租借以及进行一般性的交易：

（i）通过所有方式或无论是现在已知的还是今后发明的任何技术程序，包括（仅举例来说）通过胶片、磁带、光盘、线缆、视听胶片盒、盒式磁带、DVD或电视［包括商业电视、非营业性（sustaining）电视、订阅电视或按次付费电视或电视的任何衍生形式］;

（ii）以及无论在任何地方（包括家庭、剧院和其他地方），无论是否直接或间接地为观看这些电影收取任何费用。

（c）通过电视或无论是现在已知的还是今后发明的任何类似程序（包括商业电视、非营业性电视、订阅电视或按次付费电视、互联网和视频点播），并通过在胶片上或者借助磁带、线缆、光盘、视听胶片盒、DVD或其他现在已知的或今后发明的设备制作的电影（也包括以上述方式制作的、以系列或连续形式呈现的电视节目），来广播、传输或复制该财产或其任何改编或版本（包括但不限于根据本协议制作的任何电影和/或基于或使用了该财产或其中任何角色、主题、剧情的任何剧本或其他材料），以及为电视之目的而行使本协议为电影之目的授予买方的所有权利的专有权利。

（d）在不限制向买方授予的任何其他权利的情况下，为了广告、宣传或开发该电影或其他版本，通过电视、广播或无论现在已知或今后发明的类似程序广播和/或传输财产的全部、任何部分、其任何改编或版本（包括任何电影或其任何其他版本）以及有关上述电影或其他版本的公告。上述广播或传输的实现可以通过真人演员在广播或传输的同时进行表演，或通过其他方法或手段进行，包括使用在胶片上或通过磁带、线缆复制的电影及其预告片，或通过其他录音或转录。

（e）在全世界范围内，使用任何语言并通过任何形式或媒体，以买方或其指定的人之名义，为广告、宣传和/或开发利用任何电影和/或该财产其他版本之目的，自行或使其他人出版改编自该财产、该电影和/或该其他版本的财产的剧本大纲、小说、连载长篇小说、戏剧、删节和/或修订版本（每个均不超过7500个词），并获得上述内容的版权。

（f）为了上述目的，使用该财产的全部或任何部分以及其包含的任何角色、情节、主题和/或思想，以及该财产的名称、该财产任何组成部分的任何标题或副标题，并且将上述名称、标题或副标题用于任何电影或其他改编版本（不管其是否基于或改编自该财产）和/或作为任何此类电影、其他版本或改编中的任何乐曲的标题。

（g）就该财产和/或其电影或其他版本和/或其名称和/或标题和/或其角色和/或角色姓名与个性，使用和利用与其相关的或由其产生的任何种类和性质的商业广告或商品合作和录音。

本协议授予买方的所有权利、许可、特权和财产应是可累积的，买方可同时或分开行使或使用任何或所有上述权利、许可、特权或财产。如果卖家从现在起自行或允许其他人制作或出版该财产的任何修改、改编、续作、翻译或戏剧或其他版本，则在无须另支付费用的情况下，卖方在此就上述作品授予买方与本协议约定的全部权利之同等权利。这里使用的“电影”一词应被视为是指或包括，基于该财产而制作的任何目前或将来类型的电影，无论有没有录制和复制的与之同步的声音，无论其制作是以胶片或数字方式，抑或是通过现在或今后用于制作、展示和/或传输任何类型电影的任何其他方法或手段。

2.保留权利：以下权利由卖方保留，供卖方使用和处分，但须符合本协议之规定：

（a）出版权：以图书形式出版和发行由卖方所有或控制的财产的印刷版本的权利，无论是精装本还是平装本，无论是在杂志或其他期刊上，无论是否分期，但受上文第1条中约定的买方权利之约束。

（b）舞台权：在观众即时在场的情况下，由演员在舞台上亲临表演该财产或其改编的权利，但不得对该表演进行电视或无线电播送、电视转播、录制、拍摄或其他形式的复制。卖方同意，在根据本协议制作的第一部电影首次公映或首次电视播映后的__年内，或者在买方行使选择权并获得财产后的__年内（以时间较早者为准），不会自行或允许任何其他人行使上述舞台权。

（c）广播权：利用无线电广播设备通过声音（区别于视觉）播放该财产的权利，但买方有权：（i）为广告和开发利用之目的，通过真人演员或其他方式使用财产或根据本协议制作的电影的节选或减缩，以行使上文第1条规定的广播权；以及（ii）在任何情况下，通过无线电广播设备播放任何根据本协议制作的电影。卖方同意，在根据本协议制作的第一部电影首次公映或首次电视播映后的__年内，或者在买方行使选择权并获得财产后的__年内（以时间较早者为准），不会自行或允许任何其他人行使卖方的广播权。

（d）作者续作：不论是在该财产之前或之后写作的，还是由卖方或卖方利益的继受人写作的文学作品（故事、小说、戏剧或其他形式），该等文学作品使用了财产中出现的一个或多个角色，但该等角色参与的事件与财产中的不同且情节也与财产中的大不相同。卖方有权随时行使出版权（即以图书或杂志的形式）。卖方同意，在根据本协议制作的第一部电影首次公映或首次电视播映后的__年内，或者在买方行使选择权并获得财产后的__年内（以时间较早者为准），不会自行或允许任何其他人行使作者续作的任何性质的任何其他权利（包括但不限于电影或附属权利），而且对卖方行使上述作者续作权利的限制应延长至在任何特定国家或地区存在的就下述电视电影而签署的电视广播协议的有效期及其期限届满后的一年（也应是该国家或地区的限制期），不论该等延长期限是否部分或全部地发生在本条首次提到的期限内或期限届满后：（i）改编自该财产，或（ii）改编自行使本协议转让之权利而制作的任何电影，或（iii）使用财产的一个或多个角色。向买方以外的个人或公司处置作者续作的电影或附属权利的任何行为均应受以下限制和约束。

（e）由于该财产的角色包含在向买方独家授予的电影权中，因此卖方不能授予该财产的续集权或电视连续剧权，但取自该财产且包含在作者续作中的角色，可以在剧情实质上改编自作者续作之情节的电影及其翻拍中使用。

双方明确同意，卖方在本子条款下保留的权利仅适用于由卖方撰写或授权的材料，而不适用由买方撰写或授权的任何修订、改编、续集、翻译或戏剧，尽管这其中可能包含财产中的角色或其他元素。

3.修改权：卖方同意买方拥有对财产进行变化、更改、变更、修改、增加和/或删节的无限制的权利，并有权对财产重新安排和/或调序，有权更改其中的序列、角色和对角色的描述；买方有权将该财产的一部分或多部分、其角色、情节或主题与任何其他文学、戏剧或其他任何形式的材料一起使用。卖方在此放弃在世界上任何国家被称为精神权利的法律条款或任何类似法律所赋予的权益，并同意不允许或提起基于下列理由的任何诉讼——买方及其受让人、被许可人制作或展示的任何电影或财产的其他版本，以任何方式构成对卖方精神权利的侵犯，或者是一种对该财产或其任何部分的诽谤或毁损，或包含了未经授权的变化、变更、更改、修改或翻译。

4.授予权利的期限和范围：只要该财产的任何权利在普通法或衡平法上得到了承认，那么买方应永久地在全世界范围内独家且排他地享有所有的权利、许可、特权和财产，除非卖方对该财产的任何现有或未来版权和/或其任何改编导致此永久性期限可能被缩短，在这种情况下，买方应在该等普通法或成文法版权的全部期限及其任何更新期和/或延期内，在可以被允许的最大范围内享有其独家且排他的权利、许可、特权和财产，并在此之后永久且非专有地在全世界范围内享有所有这些权利、许可、特权和财产。此处授予的权利是加增而不得被视为减损买方作为社会成员或根据任何其他协议享有的任何权利。在此向买方授予的所有权利、许可、特权和财产均不可撤销，且在任何情况下均不受解除、限制或禁令的约束。

根据本协议授予或同意授予买方的所有权利均不可撤销地归属买方，且不得因任何原因而被所有人或任何其他方取消，也不应通过法律的实施或其他途径而终止或归复至卖方，除非任何版权法或类似法律有关于对文学作品财产权终止授权或重新获权之权利的条款可以适用。如果根据任何此类版权法或类似法律，就根据本协议授予或将授予之权利的全部或任何部分，所有人、任何继受人或其他任何法律指定主体（以下均称为“终止方”）有权行使任何归复、收回或终止的权利（“终止权利”），并且如果终止方对上述权利的整体或部分（“收回之权”）行使了终止权利，那么，在终止方有权向第三方转让全部或部分收回之权之日以后，买方有权优先向终止方购买并取得收回之权。如果终止方准备接受第三方关于全部或部分收回之权的善意要约，那么每当发生这种情况，终止方应通知买方此类要约以及第三方的名称，且终止方应向买方发出与上述第三方要约相同的条款和条件购买收回之权的要约。自收到此书面要约之日起，买方有30天的时间通知终止方其接受此要约。如果买方从终止方处获得全部或部分收回之权，则终止方同意就上述获权与买方达成相应的书面协议。如果买方选择不向终止方购买收回之权，则终止方可以处置上述权利，但仅限于向上述提出要约的第三方、根据终止方向买方发出的上述书面通知所明确的条款和条件处置，双方理解并同意，终止方不得以下列方式处置收回之权：（i）向任何其他拟议的受让人处置；或（ii）在未另行以下述条件向买方发出要约的情况下，按照比之前向买方提供的条款和条件更有利于任何受让方的条款和条件进行处置：（A）向该等其他受让方提供的条款；或（B）向上述拟议受让人提供的该等更有利条款和条件，（A）或（B）任一符合即可。要求终止方向买方提出的任何此类要约应受本节前四句所规定的程序规范。本节任何部分的不可执行性不应影响本节或本协议的其余部分或使之失效。

5.对价：作为对授予和转让给买方的所有权利和卖方陈述和保证的对价，买方同意向卖方支付且卖方同意接受：

（a）除在为获得财产而行使选择权时应支付的与选择权期限有关的任何款项外，每一院线电影或电视电影应支付$________。

（b）任何迷你剧，每小时应支付$_______，不足一小时的部分按比例计算。

（c）对于基于该财产的院线电影或电视电影的任何续集或翻拍，分别为购买原电影所支付金额的1/2和1/3，在续集或翻拍的主要拍摄开始时支付。

（d）对于基于该财产制作的任何电视连续剧，买方将在每一个初次播出的节目制作完成时为其支付以下版税：不超过30分钟，支付$_____；超过30分钟但不超过60分钟，支付$_____；60分钟以上，支付$____；除此之外，支付与初播版权费等额的费用作为对后续播出该节目的全部版权费的买断，分五次等额支付，每次于前五期每期重播后的30天内支付。

或有报酬，是全部或部分基于财产制作的每部电影和电视节目或电视连续剧的净利润（包括附属和配套权利，依照买方取得的相同定义确定）的百分之_____，但前提是卖方的百分比不应受任何扣除或先决条件的约束。

6.陈述和保证：

（a）独家权利人：卖方向买方陈述并保证，卖方是其撰写的名为《_____》的特定原创文学素材在全世界范围内的唯一且独家权利人。

（b）事实：卖方向买方声明和保证如下：

（i）卖方是该财产的唯一作者和创作者。

（ii）该财产由____（出版商）在20____年以_____的名称首次出版，并已经以____名义在美国华盛顿特区的版权登记处进行了登记，版权登记号为____。

（iii）该财产或其任何部分的任何电影或戏剧版本均未被制造、制作、展示或授权；基于该财产或其任何部分的无线电广播或电视开发、展示或节目均未被制造、制作、展示、播放或授权；并且，卖方或其代表从未签署过关于财产或其权利的口头或书面的协议或承诺（与上述所列财产出版相关的除外）。

（iv）本协议授予和转让给买方的权利均未被授予和/或转让给除买方以外的任何自然人、公司或法人。

（c）不侵犯或违反第三方的权利：卖方向买方声明并保证，卖方创作的文学作品并非由任何其他文学、戏剧或其他任何种类、性质或描述的材料改编而来，也未在文学作品中抄袭或使用任何其他文学、戏剧或其他素材的情节、场景、序列或故事（除公共领域的材料外）；该财产不侵犯任何其他文学、戏剧或其他材料的普通法或成文法权利；该财产中没有任何材料是诽谤性的或侵犯任何人的隐私权；对卖方根据本协议授予的财产的所有权利之充分使用，不会侵犯任何个人、公司或法人的权利；并且在世界上任何有版权保护的国家，该财产都不属于公共领域。

（d）权利未减损：卖方向买方声明并保证，卖方是本协议授予买方的该财产之权利在全世界范围内的独家权利人；卖方尚未转让、许可或以任何方式妨碍、减少或损害这些权利；卖方亦没有通过作为或不作为致使这些权利可能或将会受到妨碍、减少或损害；并且没有未决的不利于或涉及该财产或其任何部分的或本协议授予买方之权利的产权、所有权和版权的权利主张或诉讼。卖方进一步声明并保证，此后不会试图妨碍、减少或损害本协议授予的任何权利，且卖方将继续持续地对这些权利采取适当的保护措施。

7.赔偿：

（a）卖方同意赔偿买方因卖方违反或未能履行本协议中的任何保证或协定而使买方可能遭受、承担的所有判决、责任、损害赔偿、罚金、损失和费用（包括合理的律师费）。

（b）买方对下列损害不向卖方承担任何责任：与买方可能制作、发行或展示的任何电影有关的任何性质的损害，或在买方得到合理通知或有合理机会调整或纠正之前出现或产生的违约（未按约定支付货币对价除外）所导致的损害。

（c）本协议授予买方的所有权利、许可和特权均不可撤销，且在任何情况下均不受解除、限制或禁令的约束。

8.对授予权利的保护：卖方在此授予买方无约束、不受限制的权利，为禁止和限制侵犯本协议所授权利的行为，代表卖方并以卖方的名义或以卖方和买方的共同名义，提起任何及所有成文法或衡平法上的诉讼和程序，买方自负费用及成本；卖方在此转让给买方有关或基于任何此类侵权行为的任何和所有诉权以及由此获得的任何和全部赔偿金。卖方不会以任何方式折衷、和解或以任何方式干扰此类诉讼（如有）；并且买方同意补偿卖方可能因此类诉讼或程序而承担的任何费用、开支或赔偿，以使其免受该等损失。

9.版权：关于该财产的版权，卖方同意：

（a）卖方将防止该财产及其任何整理、修改、翻译、小说、戏剧或其新版本（无论是否已出版，以及是否受版权保护）归于公共领域，并将自行或使他方在所有可能出版或出售上述内容的国家采取任何和所有版权或类似保护所需要的步骤和程序（只要这些国家现在或以后提供版权或类似保护）。由卖方在任何国家为授权或允许该财产或其任何整理、修改、翻译、小说、戏剧或新版本的出版而签署的任何合同或协议，将包含要求此类出版者遵守本条款的所有规定的相应条款。

（b）在不限制上述内容通用性的前提下，如果该财产或其任何整理、修改、翻译、小说、戏剧或其新版本已经在美国或（根据其法律的规定，版权或类似保护需要登记的）其他国家出版，则卖方进一步同意，自行或使他人在出版或销售的该财产或其任何整理、修改、翻译、小说、戏剧或其新版本的每个副本上，添加出版或销售国对版权或类似保护可能要求的此类版权声明。

（c）在本条款为了保护该财产而要求的任何版权之期限届满前至少___个月，卖方将根据可适用的法律自行或使他人更新此类版权；且授予给买方的任何和所有权利应被视为贯穿整个更新版权的保护期间，并无须支付任何额外对价；双方同意，根据本协议支付给卖方的对价应被视为包括在此更新版权保护期间内向买方授予该等权利的全部对价。

（d）如果该财产或其任何整理、修改、翻译、小说、戏剧或其新版本进入了公共领域，则本协议中的任何内容均不得损害买方作为公众一员可能有权享有的任何权利或特权；因此，买方可行使犹如本协议不存在情况下的任何及所有此类权利和特权。本协议中卖方向买方授予的权利以及卖方所做的陈述、保证、承诺和协议应永久有效，并应添加在本子条款（d）项提及的任何买方权利、许可、特权或财产之上。

10.署名义务：为行使买方在本协议下的权利，其有权以任何方式或媒介发布、宣传、公布和使用卖方的姓名、传记和照片或肖像，但此类使用不应构成对任何产品或服务的代言。

在《美国编剧协会最低基础协议》（以下简称为《美国编剧协会协议》，以期届时最新修改内容为准）的有效期内，买方根据本协议应给予卖方的有关电影署名（如有）之确定应遵守《美国编剧协会协议》署名条款的规定。

除上述规定外，应在银幕单幅画面中、买方控制的付费广告中以及其他编剧署名的地方给予卖方下列署名，并且字体的大小（包括高度、宽度、厚度和粗细）应与其他编剧署名中最大的字体一致：

（a）如果电影的标题与该财产的标题相同，则署名为“____”；

（b）如果电影的标题与作品的标题不同，则署名为“____”。

此外，如果买方利用该财产的任何其他权利，则买方同意按照开发该等权利的署名惯例，为该财产提供相应的原始素材来源署名。

买方对本条中任何规定的偶然或无意违反不视为买方违反本协议约定。卖方在此明确承认，如果出现对本段落规定构成违约的不履行或不作为，因此给卖方造成的损害（如有）不是无法补救的且不足以赋予卖方禁令或其他衡平法救济。因此，卖方在这种违约情况下的权利和救济仅限于在普通法诉讼中获得损害赔偿金。买方同意在其与电影发行方的合同中规定，发行方应尊重对买方署名的约定承诺并同意将本协议的署名条款告知发行方。

11.优先谈判权：优先谈判权是指，如果特定时间期限届满后，卖方拟直接或间接地出售或行使其在本协议中保留的某项特定权利（“保留权利”），那么卖方应书面通知买方，并立即与买方就该保留权利进行谈判。如果在买方收到此通知后的____天内未能达成协议，则卖方可以根据下面第12条就该保留权利与第三方进行谈判。

12.最终否决权：最终否决权是指，如果买方和卖方未能根据买方的优先谈判权达成协议，且卖方发出或收到任何取得许可、承租和/或购买特定的保留权利或其中任何利益的善意要约（第三方要约），并且如果对于卖方来说，第三方要约的拟购买价格和其他实质条件没有优于买方在优先谈判期间接受的条件，那么若卖方打算接受此第三方要约，卖方应通过挂号信或电报通知买方，并披露要约人的姓名、拟购买价格和第三方要约的其他条款。在买方收到此通知后的____天期限内，买方有独家的选择权，即视情况以此通知内载明的相同购买价格和同样的条款和条件，取得许可、承租和/或购买该特定保留权利或第三方要约中提及的利益。如果买方选择在该30天期限内通过挂号信或电报行使上述权利，则卖方便无法接受该第三方要约；倘若此类许可、出租和/或出售没有在上述____天期限届满后的____天内与第三方交易完成，则买方的最终否决权应恢复，且适用于以后任何时间买方收到的关于该特定保留权利或其中任何利益的任何要约；并且以后，只要卖方保有该特定保留权利的任何权利或利益，买方的选择权就应根据本段的条款和条件持续全面有效。买方的最终否决权应以买方及其继受人、受让人为受益人，并对卖方及其继承人、继受人和受让人有约束力。

13.无制作义务：本协议中的任何内容都不应被解释为买方有义务制作、发行、发布、表演或展示任何全部或部分基于、改编自或来源于该财产的任何电影、电视、戏剧或其他制作，或者有义务以其他方式行使、利用或使用本协议授予买方的任何权利、许可、特权或财产。

14.转让：买方可以不受限制地将本协议或其项下全部或部分权利让与或转让给任何自然人、公司或法人，且本协议永久地对双方及其继受人、代表和受让人具有约束力，并永久以双方及其继受人、代表和受让人为受益人。

15.不公开：未经买方逐一事先书面同意，卖方不得发布或授权发布或公开与（i）本协议，（ii）本协议事项或条款，或买方及其继受人、被许可人和受让人的任何使用，以及（iii）本协议下授予买方的任何权利有关的任何新闻报道或宣传。

16.代理佣金：买方无义务向卖方的任何代理人就本协议的签署支付任何佣金或费用。

17.其他文件：卖方同意，签署并取得卖方在本协议中授予买方的全世界任何国家范围内的该财产之所有权利之转让、转移、让与、取得版权所必需的任何其他的及进一步的文件。如果根据某一国家的法律，有必要以卖家的名义获得版权登记，则卖方在此授权买方申请该等版权登记；在此情况下，除卖方在本协议中保留的权利外，卖方在此应当并实际向买方转让和转移上述版权登记。卖方进一步同意，根据买方的要求，正式签署、承认、取得并向买方交付此类买方可能为在任何国家进行版权登记或其他目的而要求的简短版让与证书。如果卖方未能亲自或使他人签署并交付此处提及的让与证书或其他文件，则卖方在此不可撤销地授予买方附带权益的权力，即以卖方的名义并作为卖方的委托代理人签署此类让与证书或其他文书。

18.通知：所有根据本协议发给买方的通知均应以美国挂号信的形式发送（预付邮资）或以电报方式发到________（地址）并将抄送件发给________（买方的律师），所有发给卖方的通知均应以美国挂号信的形式发送（预付邮资）或以电报方式发到________（地址）并将抄送件发给

________（卖方的律师）。在美国邮政寄送该等通知或将电报信息交付电报局即应构成送达，并且该等寄送的日期应被视为该通知的送达日期。

19.仲裁：本协议下的任何争议将根据本协议生效之日有效的《独立电影电视联盟国际仲裁规则》（以下简称为《独立电影电视联盟规则》）通过终局且有约束力的仲裁解决。双方放弃在任何其他法院或裁决地裁决任何争议的权利，但一方可以根据《独立电影电视联盟规则》的规定在仲裁开始前寻求临时救济。仲裁将在本协议指定的仲裁地进行，或者如果没有指定，则由《独立电影电视联盟规则》确定。双方将遵守仲裁的任何决定，任何有管辖权的法院都可以执行上述决定。双方就强制适用仲裁和仲裁结果的确认服从裁决地法院的管辖。双方同意接受符合《独立电影电视联盟规则》规定程序的法律文书送达。胜诉方有权要求败诉方赔偿其支付的合理律师费和审理费用。

20.其他条款：

（a）关系：双方之间的协议不构成任何性质的联营或合伙。

（b）累积权利和救济：本协议规定的所有权利、救济、许可、承诺、义务、约定、特权和其他授予的财产应是可累积的，买方可单独行使或使用其中的任何一项，或者与其他任何一项或多项组合行使或使用。

（c）弃权：任何一方在任何情况下对本协议任何条款或条件的弃权，均不得被视为或被解释为未来对此类条款或条件或对后续其违反之行为的弃权。

（d）可分割性：如果适用于任何一方或任何情况的本协议任一条款被法院判定为无效且不可执行，则这种情况绝不应影响本协议任何其他条款、该条款在其他情况下的适用或者本协议的有效性或可执行性。

（e）适用法律：本协议应根据________州可适用于在其范围内签署和完全履行之协议的法律进行解释。

（f）标题：标题仅为参考和方便阅读而设，绝不用于限定、限制或描述本协议的范围或任何条款的意图。

（g）完整协议：本协议包含双方有关主题事项的完整理解，除双方签署书面协议外，本协议不得更改。

（h）副本：本协议签署一式多份，每份均为原件，所有这些文本共同构成同一法律文件。双方的传真或电子签名应被接受，与原始签名效力相同，并且双方同意向另一方提供原始签名。

兹证明，本协议双方在首部所列日期签署了本协议。

____
卖方

____
买方

附件B

选择权协议

（在美国版权局备案的简短版）

为有效、有值且在此确认已收取的对价，签字人特此授予_______（“买方”）及其继受人、受让人独家且排他的选择权，以购买以下所描述的原创文学作品和/或戏剧作品（“作品”）的所有电影权和某些附属权利：

名称：

作者：

出版社：

出版日期：

版权登记号：

作品包括但不限于：（i）所有内容；（ii）所有现在和未来的改编和版本；（iii）标题、角色和主题；以及（iv）版权和版权的所有更新与延期。

本文件根据签字人与买方在________（日期）就授予买方购买作品上述权利的选择权签署的协议（《选择权协议》）而签署并与其一致，《选择权协议》所附的购买协议更充分地描述了这些权利。

日期：____________

见证：____________　____________

（见证人）　（卖方姓名）

附件C

（版权让与证书简短版）

根据本文件，特此宣布：作为1美元和其他有效且有值的对价（在此确认已收到）之对价，签字人______（“转让人”）在此永久地向______（“受让人”）及其继受人、受让人和被许可人出售、授予、转让和让与特定文学作品的一切权利、产权和利益，但不限于转让人享有的全球独家电影权和其他附属权利，“特定文学作品”即由_____撰写的名为《______》的原创电影剧本（“文学作品”）以及在转让人的批准下，可能在此前已经撰写或此后将撰写的文学作品的所有草稿、修订、整理、改编、戏剧、翻译、续集和其他版本。

日期：20___年___月___日

____

（转让人）

同意：

____

（受让人）

确认书

______州

国家：______

20___年___月___日，________亲自来到我面前，并向我表明他/她是上述文件中所述之人，并且是签署上述文件之人。他/她的确向我正式承认，他/她签署了上述文件。

____

公证人

选购

选购协议（shopping agreements）允许制片人选购一个项目，而无须承担购买权利或取得选择权的费用。如果制片人成功地与电视台或影视公司进行了立项，那么制片人和编剧便各自为自己的交易与买方谈判。编剧实质上授予了制片人与第三方立项的独家权利，制片人并不需要为了让编剧将其项目撤出市场而付费。

但是，如果制片人能够引起第三方对该项目的兴趣，而编剧提出了不切实际的要求，那么制片人可能会后悔自己没有取得这个项目的选择权。当制片人取得一个项目的选择权时，各方在达成协议的同时会商定：如果项目得以开发或制作，编剧将会得到什么。制片人用选购协议将其与该项目绑定在一起，作为其进一步努力开发该项目的回报。虽然选购协议比选择权购买协议简单，但选购协议对双方的风险都是更高的，因为如果协议相对方提出不合理的要求，就可能永远不会达成交易。

选购协议

日期：______________

___有限公司（以下简称“制片人”）与___（“权利人”）就《____》（“财产”）的故事梗概和角色的电影权之事宜达成本协议。为有效且有值的对价（双方在此相互承认其充分性并已经收到），双方在此协商一致如下：

1.对价/专有性/期限：作为制片人持续努力与第三方投资人或电视台（“第三方”）谈判以获取融资和/或立项从而将该财产开发和/或制作为电影、电视试播剧、电视连续剧和/或其他制作（以下统称“影视剧”）以及其他有效且有值的对价（双方在此相互承认其充分性并已经收到）之对价，权利人在此授予制片人唯一、排他且不可撤销的权利及选择（“选择权”），在本协议完全签署之日起六个月内（“期限”），为开发、融资和/或制作影视剧，独家向第三方推介并提交该财产，制片人应当绑定为该影视剧的制片人。

如果在期限届满时，双方已经积极地、善意地参加到与第三方提出的善意要约有关的谈判中，那么该期限将自动延长至该谈判结束。在任何娱乐行业协会或工会罢工或其他不可抗力事件发生期间，该期限将自动中止并延长。本协议期限届满时，如果双方尚未就双方各自的服务与第三方签订确定且有约束力的协议，则本协议的任何一方对另一方均不负有任何与影视剧相关的进一步义务。尽管有上述规定，如果期限届满后的6个月内，权利人推进与（在期限内被书面提交过财产的）第三方就财产的开发、融资和/或制作的谈判，则制片人将继续与该影视剧绑定，并按照善意磋商所达成的条件提供本协议规定的服务。

2.开发：在本协议期限内，权利人将不会允许任何人以风险写作的方式创作该财产的改编剧本。权利人同意不与任何与影视剧相似或有竞争关系的电影及/或电视连续剧绑定或向其提供服务，或授予其相关的类似权利，不签署任何有损本协议目的的合同。如果在本协议期限内，双方未成功许可和/或销售影视剧，则所有的开发材料应返还给最初创作它的一方，并且除非另一方被绑定且不违反与被许可人签署的协议条款，否则任何一方无权使用任何双方共同创作的开发材料。如果该影视剧被制作，那么制片人应成为任何此类影视剧及其衍生剧的制片实体，并将在本协议期间内（包括本协议项下的所有开发和制作时间）以其名义签署所有制作和开发协议。

3.报酬：如果在上述第1条中所述的期限内，该影视剧被许可或出售给任何第三方，那么：（a）制片人应就自己的制片服务交易及制片人（或其指定人员）的执行制片服务交易进行谈判；（b）权利人应就其财产权利处置交易进行谈判；以及（c）权利人应就其在影视剧中的写作和表演服务交易（如有）进行谈判。任何一方无权与第三方就财产、剧本、影视剧签署协议，除非另一方也与该第三方签署了协议。任何一方在上述谈判中必须诚信，并考虑娱乐行业的习惯和惯例、该第三方之前的项目先例以及该影视剧的拟定预算。本协议任何一方行事不得损害双方在本协议下的目的。

4.陈述与保证：

（a）权利人在此陈述并保证：（i）权利人有权签署本协议并向制片人授予本协议项下的权利；（ii）权利人是财产的全部权利的唯一权利人，权利人享有专有的权利签署协议以处置财产的全部权利；（iii）尚未制作出任何全部或部分改编自财产的电影或其他影视剧；（iv）不存在任何与财产有关的未决诉讼和权利主张；以及（v）此前从未以制作电影或其他制作为目的开发过财产或其任何一部分。

（b）权利人在此陈述并保证，权利人拥有签署本协议并履行本协议义务的全部权利和权限，权利人从未做出过且将来也不会做出任何与本协议不一致或相冲突的承诺和行为。

（c）制片人在此声明并保证，制片人拥有签署本协议并履行本协议义务的全部权利和权限，制片人从未做出过且将来也不会做出任何与本协议不一致或相冲突的承诺和行为。

5.赔偿：双方同意，违约方应就因违反本协议中的陈述、保证及协定而引起的任何及所有索赔、损失、损害赔偿、成本、责任和费用（包括合理的外部律师费用）赔偿守约方并使其免受损失。

6.救济：权利人在此承认，其对制片人或其受让人、被指定人或利益继受人违反本协议任何条款的唯一救济措施是通过普通法诉讼主张损害赔偿，并且在任何情况下均无权寻求禁令或其他衡平法救济，包括解除合同。

7.无义务：本协议包含的任何内容都不应被解释为制片人有义务与第三方签订任何协议；或者如果制片人与第三方达成了协议，制片人有义务去协商或接受关于与第三方协议有关的任何特定条款或条件；或者制片人有义务去使用或利用该财产、剧本或影视剧；或者如果已经开始使用或利用该财产，制片人有义务继续使用或利用。

8.争议解决：除下文（b）和（c）分段所列的以及根据集体谈判协议进行仲裁的争议外，由本协议或本协议的解释、履行、违反引起的或与上述事项有关的任何和所有争议、权利主张或纠纷（包括但不限于涉嫌违反州或联邦成文法或普通法的权利或义务，以及对本协议仲裁的范围或适用性的确定）应根据下文（a）分段规定的程序予以解决，只要这一机制不受可适用的集体谈判协议的规制，则该规定构成本协议的唯一争议解决机制：

（a）仲裁：如果制片人和权利人有任何无法协商解决的争议，则应将此类争议提交给终局且有约束力的仲裁。本协议下的任何争议将根据本协议生效之日有效的《独立电影电视联盟国际仲裁规则》(以下简称为《独立电影电视联盟规则》)通过终局且有约束力的仲裁解决。双方放弃在任何其他法院或裁决地裁决任何争议的权利，但一方可以根据《独立电影电视联盟规则》的规定在仲裁开始前寻求临时救济。仲裁将在本协议指定的仲裁地进行，或者如果没有指定，则由《独立电影电视联盟规则》确定。双方将遵守仲裁的任何决定，任何有管辖权的法院都可以执行上述决定。双方就强制适用仲裁和仲裁结果的确认服从裁决地法院的管辖。双方同意接受符合《独立电影电视联盟规则》规定程序的法律文书送达。胜诉方有权要求败诉方赔偿其支付的合理律师费和审理费用。

(b)禁令救济：制片人有权在洛杉矶郡的州和联邦法院寻求禁令救济(除非本协议的任何其他条款另有规定)。

(c)其他事项：除本协议另有约定外，任何根据州或联邦可适用的法律规定而不能进行仲裁的争议或争议的一部分，或要求特定形式救济的任何权利主张，仅可在洛杉矶郡有管辖权的法院适用加利福尼亚州法律进行审理。

9.其他：本协议将取代并替代制片人和权利人之间达成的与影视剧有关的所有口头或书面协议。本协议对双方及其继受人、代表、受让人和被许可人均具有约束力并适用于其利益，并且除非双方签署书面协议，否则不得更改或修改。本协议在所有方面均应根据加州可适用于在其范围内签署并意图完全履行之协议的法律进行解释、理解和规范，双方在此同意接受加利福尼亚州法院的管辖。本协议签署一式多份，每份均为原件，所有这些文本共同构成同一法律文件。双方的传真或电子签名应被接受，与原始签名效力相同，并且双方同意向另一方提供原始签名。

________有限公司
(制片人)

____
由____签署
董事长
日期：___________

同意并接受

____

由________签署，自然人（权利人）

日期：_______________

问与答

1.我有兴趣取得一个剧本的电影权，通常来说“电影权”包括制作续集的权利吗?

答：通常买方获得的权利包括制作一个或多个电影续集和/或翻拍的权利。然而，卖方可能会保留这些权利。如果买方获得续集或翻拍的权利，协议通常会规定：如果制作续集或翻拍，则剧本作者有权获得额外的报酬。

2.一位已经出售了图书的电影权的小说家能否再写一部续集小说?

答：这取决于协议的条款。通常，买方（制片人/影视公司）有权制作续集电影，但作家保留使用其中的角色撰写续集图书的权利。当作家保留创作续作图书的权利时，制片人或影视公司可能会设法获得续集小说电影权的优先谈判权或最终否决权。

3.什么是归复权条款?

答：归复权条款规定某些权利会在未来某个时间或某种情况下归复。在电影行业中，出售电影权的图书作者可能会要求添加归复权条款，规定如果在购买之日起五年内买方未拍成一部电影，则所有的权利归复到作者手中。因此，如果买方（制片人）无法拍摄电影，作者将最终重新获得这些权利，并可以尝试在别处立项。

4.选择权协议和权利购买协议是否要一起签署?

答：是的，它们是组成一份合同的两个部分。通常，这些交易的架构方式是：有一份数页的选择权合同，权利购买协议作为它的附件，如果该选择权被行使，则权利购买协议将自动开始生效（详见上文合同示例）。

5.如果制片人要求免费获得六个月的选择权，我有什么筹码吗?

答：你可以拒绝出售你作品的选择权，这是否是一个明智的决定取决于具体情况。如果该选择权未被行使，则买方的所有权利都将到期。你是否应该给独立制片人免费的六个月选择权取决于你对以下问题的评估：这个制片人是否有能力让你的剧本投入制作；如果你授予了这个选择权，你是否必须放弃其他机会。

6.选择权的成本与实际购买图书版权的价格之间的关系有多大?

答：根据一般经验，选择权是购买价格的10%。然而，选择权的价格是可以谈判的，如今，毫无影响力的作者为选择权收取很少的费用而寄希望于制片人能够成功地将他们的书变成电影的情况并不鲜见。购买价格很大程度上将取决于对作品的需求。一部约翰·格里斯汉姆（John Grisham）的小说将会卖到数百万美金，并且作者可能会拒绝出售选择权，而是坚持直接出售版权。如果你想要获得这类信息，最好是通过一位富有经验的经常买卖图书权利的文学经纪人。

7.第一次担任编剧，如果对我的剧本进行许可，我是否有权获得一定比例的净利润?

答：第一次担任编剧就能够谈来一定比例净利润的情况并不罕见。通常情况下，该百分比的数额与该编剧对剧本最终稿的贡献程度有关。如果获得了唯一的银幕编剧署名，可能会获得5%的净利润；如果获得了共享署名，则可能获得2.5%的净利润，但如果剧本被大范围改写以至于无权获得署名，则不会获得净利润分红。请注意，如何定义利润可能比利润分红的数额更重要。净利润没有一个标准的定义，存在着许多不同的利润分红类型。

第6章

聘用合同

租借公司

编剧、导演和演员经常设立自己的租借公司（loan-out companies）。设立这样的公司可以有税收优势，包括设立养老金和健康计划。此外，通过为公司设定一个财务会计年度，艺人可以分散地在两个个人公历纳税年度内将收入归给租借公司所有者，这样便可对收入适用较低的税率。[1]

在租借交易中，影视公司（雇主）不直接与艺人（例如编剧）签订合同，而是与艺人的公司签订合同，该公司通常由艺人或其家人100%控股。该公司被称为“租借”公司，因为它首先向A影视公司租借其艺人的服务，然后再向B影视公司租借其艺人的服务，等等。艺人提供服务获得的所有钱款都支付到公司，然后租借公司支付艺人的营业费用和工资。

如果影视公司的权益能够得到保护，它们不会反对通过艺人的租借公司支付报酬。通常，影视公司需要艺人签署一份“诱因协议”（inducement agreement）。这份协议由影视公

---

[1] 也就是说，例如，通过定时发放工资，并适用如从6月到次年5月的企业纳税年度（而非通常的从1月到12月公历年度），公司可以将收入分摊到两个个人纳税年度。这可能会让更多的个人收入适用较低的税率。请咨询注册会计师（certified public accountant，简称为CPA）和/或税务律师，以获取有关设立租借公司在财务和法律上的优缺点的更多信息。

司与艺人签署以确保艺人受影视公司与艺人租借公司签署的协议约束。不然，如果租借公司违约，影视公司只能起诉租借公司。租借公司可能没有任何资产并不能自己履行合同（即公司不能表演、写作、执导，只有自然人可以）。

因此，当艺人要求架构租借交易时，要制订三份协议。第一份由影视公司与作为独立合同方的租借公司签署；第二份由影视公司与艺人直接签署，即诱因协议；第三份由租借公司与艺人签署聘用协议。

通过租借协议聘用艺人的协议有许多条款与直接聘用艺人的协议相似。你可以立即识别出一个租借交易，因为它称一方为“出借方”。出借方是租借公司，而不是银行。直接聘用个人的协议通常被称为直接聘用协议。

独立合同方与雇员

制片公司应将一名剧组成员归类为雇员还是独立合同方往往并不是很明晰。制片人倾向于将雇员归类为独立合同方，以避免扣除工资税、支付最低工资和加班费、遵守其他不适用于独立合同方的劳动法。如何将某人进行分类由很多因素决定。

最重要的因素是，制片人或雇用方是否有权控制该工作人员完成工作及其工作方式和方法。例如，如果你聘请一位油漆工来为你的房子粉刷一个星期，该油漆工提供了油漆、梯子、刷子和其业务所需的其他工具，他决定每天开始工作的时间以及午休的时间，那么他可能会被视为独立合同方。然而，如果一家涂漆公司聘用了长期的全职油漆工，并为这些油漆工提供工具和用品以供其粉刷，并确定他们在何时何地工作，那么这些油漆工显然是涂漆公司的雇员。

一旦美国国税局质疑你的分类，如何在双方当事人达成的协议中描述和/或指称该工作人员（即作为雇员或独立合同方），并不是影响美国国税局的决定性因素。同样，税费是否被扣除，或者是否发放1099表格而非W-2表格则确实会影响这个决定，对工作人员进行不当分类的主体会遭受重大的税务处罚和罚款。美国国税局的立场是，大多数演员和剧组工作人员应被归类为雇员，并由雇主扣缴税款。

编剧

编剧可以自己创作剧本并将其出售给影视公司（或制片人）。正如第12章“版权”所讨论的那样，剧本是知识产权的一种形式，它可以像其他财产一样由其所有人出售。我们已经讨论了选择权协议和文学作品获权协议，它们是作者出售其文学作品权利的合同。

影视公司获得剧本的另一种方法是聘用某人为他们创作。剧本的创意可能是该编剧在推介会上自己提出的，或者可能是由影视公司建议的。❶

被聘用为编剧的好处是雇主承担项目失败的风险。编剧花费六个月创作一部他/她卖不出去的剧本，那么他/她的努力将得不到任何收入回报。然而，作为雇员的编剧，即使该剧本未被制作成影视作品，他/她仍然会获得有保证的报酬。如果该剧本被制作，则编剧可能会获得奖金或利润分红形式的额外报酬。

制片人使用聘用合同聘请编剧。作为“雇佣作品”（work for hire），雇主拥有剧本的版权。编剧获得报酬，制片人获得剧本。由于制片人拥有该作品，他便可以随时搁置该项目或聘请其他人改写或重写。

你会发现，编剧聘用协议中的许多条款也会出现在演员和导演聘用协议中。架构报酬的方法、不可抗力条件和署名条款都是相似的。

制片人可以采用分步骤交易或一揽子交易的方式来聘请编剧。在分步骤交易中，雇主有权在每一阶段后终止编剧的服务。当聘用新手编剧或能力不明的编剧时，雇主经常采用分步骤交易。雇主通过推进一系列步骤来减少他/她的财务风险，而不是雇用编剧直接撰写剧本的初稿。

假设你是一名制片人，希望聘请某编剧根据你的创意创作一部爱情喜剧剧本，但该编剧从未写过爱情喜剧，所以你不确定他/她是否有能力写出你想要的东西。而你也不希望冒险花11万美元（美国编剧协会要求的电影长片的大致报酬）去聘请该编剧。所以你提出了分步骤交易。

步骤如下：

a）故事梗概/大纲

---

❶ 这个创意可能是原创的，或者基于其他作品的，如影视公司希望改编成电影的戏剧、杂志文章和图书。

b）电影剧本初稿

c）第二稿

d）改写/重写

e）润色

每一步骤结束后，你将拥有是否进行下一步骤的选择权。任一阶段结束后，你有权决定搁置这个项目或者引入一位新编剧。作为雇主，你拥有该编剧的所有工作成果。[1]即使他/她没有完成所有阶段，编剧仍会拥有他/她已完成工作的报酬。

编剧协会为每一阶段设定了最低报酬，并且为这些步骤而支付的总报酬不得低于一个完整剧本一揽子交易的最低标准报酬。美国编剧协会的官网上提供了最低报酬标准。详见www.wga.org/minimums/index.html。

分步骤交易将设定“阅读期”。阅读期通常为数周，制片人有机会决定他/她是否想要进入下一个步骤。如果制片人在阅读期内没有行使其权利而进入到下一步骤，那么他/她有可能会失去该编剧。在阅读期内，编剧不能接受可能妨碍他/她完成剩余步骤的其他工作。

编剧的聘用协议也将列出各种事项到期的时间要求。通常，编剧有一到三个月的时间完成初稿。

编剧有很多种方式获得报酬。固定报酬是一种有保证的支付方式，如薪水。通常情况下，制片人先付一半，剩下的一半将在每一步骤的作品交付后分次支付。如果编剧未完成或不交付作品，制片人则可能无付款义务。但无论制片人是否喜欢编剧的作品或剧本是否被制作，制片人都有支付固定报酬的义务。因此，雇主承担剧本创作不佳的风险。

编剧协会禁止其成员在没有固定报酬保证的情况下冒着风险写作。新手编剧的固定报酬数额往往是美国编剧协会设定的最低报酬。对于更有经验的编剧来说，数额往往比上一笔交易略有增加。当然，如果编剧获得过奥斯卡奖或者他/她的电影成为票房爆款，那么该编剧的价格将会倍增。

奖金报酬是另一种付款形式。假设你是制片人，编剧要求你支付20万美元。你无法预先支付这笔款项，因此你提议10万美元作为固定薪酬，10万美元

---

[1] 假设这个协议是惯常使用的雇佣作品型协议。

作为奖金报酬。奖金报酬是没有保证的，其支付取决于特定事件（如剧本投入制作）的发生。所以如果剧本没有被制作成影视作品，那么制片人就不需要支付编剧奖金。因此，奖金报酬比固定报酬更为不确定。

递延报酬比奖金报酬更不确定。当低预算电影制片人负担不起演员和剧组人员的平常工资时，常常使用递延支付的方式。制片人或许会提出以每周250美元的价格雇用上述工作人员，然后递延支付他们本可以正常获得的剩余部分工资。除非剧本被制作、电影上映并取得了收入，否则递延报酬通常不会被支付。制片人可以在投资者收回投资之前或之后支付延期款。聘用协议可以规定，一些人的递延款优先支付或者每个人按比例平等分享收入。

最为不确定的付款方式是“或有报酬”（contingent compensation）或净利润（也称为净收益或分成）。这种情况下，只有剧本被制作、上映并产生收入，雇员才会收到付款。上述收入必须足够丰厚，这样在收回包括发行佣金和营销费用在内的所有成本和费用后才能有盈余。净利润分红方鲜少获得分成。艺术家们经常抱怨影视公司使用自创的会计方法来否定他们的利润份额，这一话题将在第11章中详述。

编剧通常获得100%净利润的1%至5%。我们为什么要以百分比表示编剧的份额呢？因为这样，编剧净利润份额的大小才不会存在任何不明确之处。如果我们简单地说编剧获得5%的净利润，那么她所获得的是全部净利润的5%还是制片人净利润份额的5%便很不明确了。

通常情况下，影视公司和制片人按50：50分配净利润。然而，通常制片人必须将他/她净利润的一部分给到编剧、导演和主演。这些利润分红方从制片人那一半的净利润中分一杯羹。尽管如此，该行业的惯例是以整体（所有利润）来表达净利润，这样就不存在歧义。与其说一位编剧获得100%净利润的5%，倒不如说他/她获得50%净利润的10%更为准确，二者亦是同等的份额。

另一种付款形式被称为“额外”报酬。如果制片人根据原作品制作续集、翻拍或制作电视衍生剧，则制片人支付该等报酬。通常，对于续集，编剧获得在原电影中所获报酬的50%；对于翻拍，编剧获得在原电影中所获报酬的33%。对于电视衍生剧，编剧通常每一集获得一笔版税。《风流军医俏护士》（***M*A*S*H***）就是一个成功的衍生剧的例子。这部电视连续剧是基于由理查德·胡克（Richard Hooker）和小林·拉德纳（Ring Lardner，Jr.）所写的一部成功电影制作而成的，因为该剧非常成功，所以编剧从该剧中赚取的版税可能多于他们作为电影编剧而取得的收入。

电视剧的版税是被动性的，付款给编剧是出于他在原作品中的工作，这意味着，编剧无须为这部电视剧本身做任何工作。即使他没有参与到该电视剧项目中，编剧仍然有权获得版税。当然，如果编剧参与到该电视剧中，他将有权获得另外的报酬。

如果影视项目在与美国编剧协会签署的集体谈判协议的约束之下，那么为其工作的编剧将有可能获得复播复映报酬。复播复映报酬是为再次使用署名编剧的作品而向其支付的。如果编剧受雇为电视台黄金时段播出的电视连续剧写作一集剧本，预付的费用将覆盖该剧集的首次播出。但当这一集在电视台、离网播映或在其他渠道上再次播出时，则应当向编剧支付额外的款项。对于院线电影，预先支付的报酬涵盖影院放映，但当该电影在电视或家庭录像等其他市场上发行时，则可能需要支付复播复映报酬。❶

除了为再次使用美国编剧协会编剧的作品而支付的复播复映报酬外，为美国编剧协会所管辖的电视剧提供服务的编剧也可能有权获得“角色报酬”（character payments）。当编剧在剧本（非试播集剧本）中为电视连续剧创作角色，并且该角色在该剧的后续剧集中再次出现或者该角色被衍生到一部新剧中的时候，应支付角色报酬。该角色必须是独一无二且原创的，试播集中没有且以前未被开发过。该角色应具有可识别的特征，这些特征应在书面材料中加以描述；该报酬不会付给一个没有具体特征的“类型化”角色。获得角色报酬的权利可能难以确定，为此美国编剧协会采用了宽泛的检验标准来确定是否应向编剧支付此种报酬。❷

编剧的聘用协议也包含一个署名条款。对一位美国编剧协会的编剧和一家缔约公司来说，适用美国编剧协会的署名确定规则。因此，制片人无权以其选择的任意方式自主地分配编剧署名。在发出《拟定编剧署名告知书》后，该项

---

❶ 美国编剧协会提供了一个复播复映报酬的指南，详见www.wga.org/subpage_writersresources .aspx？ id=%20133#2。

❷ 有关编剧是否有资格获得角色报酬或者如何计算角色报酬，更多信息请联系美国编剧协会合同部门（323）782–4501（西部）或（212）767–7852（东部）。角色报酬通过美国编剧协会的复播复映报酬部门在每季剧集播放结束时支付。

目的所有编剧都有机会提出异议并要求署名仲裁。

署名之所以重要，除为获得自我满足感和建立业内地位外，还有其他原因。对署名的确定可以产生经济上的效应。通常，一位编剧获得的分成取决于他/她获得的是唯一署名、共享署名还是没有署名。

编剧有时会抱怨导演让其编剧朋友对剧本进行不必要的改写/重写，从而迫使第一位编剧与另一位编剧共享署名和分成。编剧协会的署名指南更多地倾向于保护第一位编剧。第二位编剧只有为最终剧本贡献50%或以上时才能获得署名。当然，这会鼓励第二位编剧大规模地修改第一位编剧的剧本，并可能会诱使第二位编剧对好的内容也进行修改。[1]

履行标准也将在聘用协议中约定。编剧被要求勤勉且高效地履行，遵循公司的建议和指示，并在协议期限内排他性地将全部时间投入在这个项目中。

不可抗力条款是另一个常见条款。不可抗力意味着不可抗拒的力量，它指的是制片公司无法控制的可能迫使合同中止的特定事件。该等力量可能是火灾、地震、罢工、天灾、战争、新法、该国大多数影院关闭，以及主演或导演的死亡或疾病。

如果上述其中一项事件导致工作中止，公司在中止期间不必向编剧支付任何报酬。通常情况下，如果中止时间超过五周，那么制片公司和编剧均有权终止合同。

最后，与美国编剧协会编剧签订的合同将规定，如果协议中的任何内容与美国编剧协会的集体谈判协议相冲突，则以后者的条款为准。这是为了防止雇主与编剧谈成一个比通过集体谈判达成的协议中规定的最低要求对雇主更有利的交易。

以下是编剧聘用协议的一个示例。它用于聘用在编剧团队中工作的编剧，并且被架构为租借协议。

编剧聘用协议示例

（工会，租借）

本协议由编剧之家公司，一家在纽约设立的公司（“出借方”），联

---

[1] 美国编剧协会署名规则详见美国编剧协会官网www.wga.org/subpage_writersresources.aspx？ id=167。

邦身份证号为______，与比格电影（“制片公司”），就吉姆·怀特（“编剧”）的服务，于20__年__月__日签署。

1.聘用：制片公司现聘请出借方，根据本协议明确的条款和条件，就暂定名为《_____》（“影片”）的院线电影，基于制片公司提供的同名剧本（“基础作品”）为制片公司提供编剧的写作服务。出借方应指派编剧根据____与制片公司于20__年__月__日签署的《聘用协议》（“协议”），与___合作履行上述写作服务。编剧和_____在下文统称为“编剧团队”。

2.附选择权的作品协议：编剧根据本协议提供的完整服务成果应整体被视为“作品”，单独被视为“作品形态”，并应依照如下创作：

剧本初稿，并有一次修改稿/二稿的选择权，和一次从属于前述选择权的润色的选择权。

3.服务的起始日：出借方接受该聘用并同意，在本协议签署且制片公司成为美国编剧协会签约方时，指派编剧开始提供撰写剧本初稿的服务。出借方应使编剧在制片公司指定的日期开始撰写每一个后续作品形态，该日期可以早于但不应晚于对应阅读期或选择权期限（详见第4条中的描述）届满后的第1个工作日。

主要条款：编剧聘用协议

1）交易类型
一揽子交易或者分步骤交易
2）时间截止日
3）阅读期
4）报酬
固定报酬
奖金
递延报酬
或有报酬
额外报酬
5）署名
6）履行标准
7）不可抗力
8）美国编剧协会的取代效力

4.时间要求：编剧应按照以下时间要求提供服务：

（a）交付期：出借方应使编剧在期限（“交付期”）内交付每个作品形态，交付期自编剧有义务开始撰写每个指定作品形态之日始，至对应的在第4（e）条所列的期间届满之日止。

（b）阅读期：每次编剧交付任何作品形态后，如果本协议还要求编剧提供其他写作服务，那么制片公司应有一段期限（“阅读期”）来阅读该作品形态并通知出借方让编剧开始撰写下一个作品形态，上述期限自该作品形态交付后的第一个工作日开始，至第4（e）条所列的与对交付的作品形态的描述相对应的时间期限届满时止。

（c）服务的延期：如果制片公司未在相应阅读期内行使其要求出借方让编剧开始第一轮修改或润色的权利，则制片公司可以要求出借方让编剧在其提交上一作品形态后的一年内的任何时间提供此类服务，但前提是编剧的时间允许，并且：i）编剧将在该一年期限内提供服务，ii）制片公司应在其指定的此类服务起始日的前30日向出借方发出书面通知，以及iii）制片公司已就该延期的作品形态以与该等服务及时提供的情况下同等的方式及时付款给出借方。

（d）选择权期限：第4（e）条规定的每一个选择权（如有）应在期限（“选择权期限”）内以书面形式行使（如果行使），该期限自可行使选择权的作品形态交付后的第一个工作日或此类作品形态对应的交付期届满之日中较晚之日开始，至第4（e）条所列的与对作品形态交付的描述相对应的时间期限届满止。

（e）期限的长度：交付、阅读和选择权期间应为以下长度：

作品形态	交付期	阅读期/选择权期
剧本初稿	8周	2周
第一修改稿/剧本第二稿	4周	2周
剧本的润色	2周	2周

5.交付：时间是实质要求：

（a）有效的交付：将作品形态交付给____以外的任何人不构成本协议要求的此类作品形态的交付。

（b）时间是实质要求：在编剧开始提供服务后，出借方应在合理限度内尽快让编剧写作并交付编剧被聘创作的每个作品形态，但不得迟于相应的交付期届满之日。交付的时间是实质要求。

（c）修改稿：对于性质为修改稿的作品形态，编剧的服务应包括根据制片公司的要求在该作品形态对应的交付期到期前的合理时间内写作和交付该等修改稿。

6.报酬

（a）固定报酬：制片公司应按照以下方式就编剧提供的服务以及出借方授予的权利向出借方付费：

（i）剧本初稿：$ ____，服务开始时支付一半，交付时支付另一半。

（ii）第一修改稿/剧本第二稿：$ _____，服务开始时支付一半，交付时支付另一半。

（iii）剧本润色：$____，服务开始时支付一半，交付时支付另一半。

（b）付款：制片公司没有义务就任何制片公司未根据第4条行使其选择权的作品形态向出借方支付任何报酬。

（c）奖金报酬：如果影片制作完成并上映，且出借方和编剧没有实质性违约，则除上述固定报酬外，出借方有权获得以下款项：

（i）如果根据美国编剧协会的最终影片署名决定，编剧获得了单独或共享的剧本署名，则出借方有权获得第6（a）条规定的固定报酬不足$25000的相差金额，作为奖金报酬，并应在主要拍摄开始时支付。

（ii）如果制作预算超过70万美元，则制作预算每增加10万美元，奖金应相应地增加2500美元。或者，如果制作预算超过100万美元，则制作奖金将为5万美元。根据本条应付的金额应减去根据上述第6(a）条和第6(c）条支付给出借方的（尚未进行扣除的）所有款项的总和，并应在主要拍摄完成后60日支付。

（iii）返还：如果上述第6（c）条规定的奖金按照上文规定支付给出借方，并且如果根据美国编剧协会的最终影片署名决定，编剧既没有获得唯一的剧本署名，也没有获得共享的剧本署名，那么出借方应在上述决定做出后的5日内向制片公司返还已经支付给编剧的奖金。

（d）或有报酬：如果影片制作完成并上映，且出借方和编剧均未违约，则除上述固定报酬和奖金报酬外，出借方还有权获得下列付款：

（i）唯一剧本署名：如果根据美国编剧协会的最终影片署名决定，编剧团队获得了唯一剧本署名，出借方则有权获得影片100%净利润的百分之二又二分之一（2½%）作为或有报酬。

（ii）共享剧本署名：如果根据美国编剧协会的最终影片署名决定，编剧团队获得了共享剧本署名，出借方则有权获得影片100%净利润的百分之一又四分之一（1¼%）作为或有报酬。

（e）为本协议之目的，“净利润”应根据影片的制片公司与发行方之间签署的制作/发行协议中界定的净利润之定义来计算、确定和支付，但前提是适用于出借方的定义不劣于适用于任何其他净利润分成方的定义。

（f）向出借方支付作品的续集、翻拍及电视使用的额外付款；优先谈判权：根据下文第6(g）和6(h)[1]条款的规定，如果影片制作完成并上映，且出借方和编剧履行了所有义务，则：

（i）院线续集电影：如果编剧团队获得了唯一/共享剧本署名，那么对于在制作完成且上映的影片基础上改编而成的每一部院线续集电影，出借方均有权获得相当于根据上述第6（a）和6（c）条作为报酬而支付给出借方的金额的100％的50％的数额，以及该等院线续集电影净利润的一定比例分成，分成百分比相当于根据上述第6（d)(i）或6（d)(ii）作为或有报酬支付给出借方的影片净利润的分成比例（如有）的100％的50％。

（ii）院线翻拍：如果编剧团队获得了唯一/共享的剧本署名，那么对于改编自制作完成且上映的影片的每一部院线翻拍，出借方均有权获得相当于根据上述第6（a）和6（c）条作为报酬而支付给编剧100%金额的33％，以及根据上述第6（d)(i）或6（d)(ii）作为或有报酬支付给出借方的影片净利润的100％分成比例（如有）的33%。

（iii）电视续集和电视翻拍：

（A）试播集和连续剧：如果编剧获得了影片的唯一或共享剧本署名，则对于由制片公司制作并许可播出的、作为一部电视连续剧或分集剧（episodic or anthology television series)（合称“电视节目”）的试播集或正式集的每一个以影片为基础的电视续集电影和/或影片的电视翻拍（统称为“电视节目”），出借方均有权收取以下版税：

（1）时长不超过30分钟的每个电视节目的费用为_______美元。

（2）时长超过30分钟但不超过60分钟的每个电视节目的费用为_______美元。

[1] 本译著中所提及的法律条文序号均以原书为准。原文如此。——译者注

（3）时长超过60分钟的每个电视节目的费用为_____美元。

（4）如果任何电视节目重播，那么就第二轮、第三轮、第四轮、第五轮以及第六轮的每一轮播出，出借方均应分别收取根据上述第（1）（2）或（3）分条款首次支付给出借方的金额的20%。对于第六次播出后的任何重播，无须再另行付费。

（B）周电影和迷你剧：如果编剧获得了影片的唯一或共享剧本署名，则对于由制片公司制作并许可播出的被称为“周电影”或者“迷你剧”的每部电视续集电影或影片的电视翻拍，出借方有权收取以下版税，该等款项应构成对所有重播使用和/或其他开发利用的全部付款：

（1）每部此类周电影和/或每部此类迷你剧的前2个小时的播出时间的费用为___美元。

（2）每部此类每周电影和/或每部此类迷你剧的超出前2个小时播出时间后的每一个小时（如有）的费用为___美元，最高不超过___美元。

（iv）定义——与本协议有关的以下术语应定义如下：

（A）“电视翻拍”：主要为通过免费电视播出进行首次发行而进行的翻拍。

（B）“电视续集”：主要为通过免费电视播出进行首次发行而制作的续集电影。

（C）“院线翻拍”：主要为通过院线放映进行首次发行而进行的翻拍。

（D）“院线续集”：主要为通过院线放映进行首次发行而制作的影视公司续集电影。

（E）《美国编剧协会协议》：根据本协议支付给出借方的所有款项应取代而非附加于出借方根据现行《美国编剧协会电影和电视协议》（简称为《美国编剧协会协议》）可能获得的任何类似付款。

7.影响或关于报酬的条件：

（a）支付的方式：所有应支付给出借方的报酬应按照第26条规定的地址发送给出借方。该地址可以在出借方根据第26条通知制片公司后更改为其他地址。

（b）履约：制片公司支付报酬或履行本协议其他义务的条件是出借方和编剧不违反其在本协议项下的义务。除本协议另有约定，在出借方或编剧根据本协议的条款和条件构成不能履行、不履行或者拒绝履行本协议约定服务的期间内，以及在不可抗力、中止的任何期间或终止时，出借方均不应得到任何报酬。

（c）政府限制：法律要求或授权制片公司对报酬的任何扣缴、扣除、减少或限制（“政府限制”）均不应视为制片公司违反本协议，且不应视为免除出借方和编剧的相应义务。该等政府限制有效期内，政府限制允许的报酬应继续支付，并应被视为制片公司对其在本协议项下支付报酬义务的全面履行。

（d）债权扣押：如果基于债权扣押令、执行令或者留置令的送达，或者根据出借方签署的任何合同或转让协议的条款，制片公司被要求对报酬的全部或部分进行扣留或支付给任何其他自然人、公司或者法人，则根据任何此类债权扣押令、执行令、留置令、合同或转让协议对此类报酬或其一部分进行的上述扣留或支付，不应被解释为制片公司对本协议的违反。

（e）超额支付/抵消：如果制片公司因任何原因向出借方超额支付了任何款项或出借方和/或编剧因任何原因负债于制片公司，则出借方或编剧应按制片公司的要求向制片公司返还上述超额款项或欠款，或者制片公司可选择从制片公司应向出借方支付或应支付到出借方账户的已到期或将到期的金额中扣除此类超额付款或欠款的全部或部分的等额钱款，并保留在自己的账户中，此类扣除或保留不应视为违反本协议。

（f）付款未必参与：制片公司没有义务在影片中使用编剧的服务，即使使用了该等服务，制片公司也没有义务制作、发布、发行、宣传、开发或以其他方式利用编剧服务的成果和收益。制片公司可在没有法律依据或理由的情况下随时选择终止编剧的服务，前提是第6（a）条规定的在终止前应支付的固定报酬在上述终止前已经支付给出借方。如果上述终止发生，则除出借方/编剧根据本协议第21条（关于协会和工会）、第22条（关于署名）和第6（c）条（关于奖金报酬）可能获得的权利外，出借方和编剧的所有其他权利应被视为自始无效。

8.履约标准：编剧提供本协议约定的服务，应当及时，尽编剧最大努力以胜任、勤奋、尽责、艺术且高效的方式与____合作，并遵照制片公司的指示、控制和指导。在履行本协议项下的编剧服务过程中，编剧应投入其全部时间，并排他地（仅在写作期内）为制片公司提供服务，并且在编剧聘用期内不应为任何其他方提供服务。编剧应按照制片公司指示的方式，根据制片公司授权代表的指示、建议和想法，在他们的控制下，并在他们要求的时间和地点提供服务。在制片公司提出要求时，出借方应让编剧按照制片公司要求的方式与制片公司的日常授权代表进行商议，并应在聘用期间内，在上述代表可能要求的时间现场或通过电话与上述代表就上述目的进行会议。

9.服务的成果和收益：

（a）所有权：作品和每个作品形态均应为雇佣作品，由编剧在本协议聘用范围内作为受聘雇员而准备。如果出于任何原因，作品和每个作品形态被确认不是编剧在聘用范围内准备的作品，则编剧同意，该作品和每个作品形态均是且应被视作为制片公司创作的雇佣作品，并且为了作为电影或其他视听作品的一部分使用而特别指令或委托创作的，制片公司是，且应被视为作者。并且在全部阶段，制片公司为该作品和每个作品形态及其一切的权利、产权和利益（合称“权利”）的唯一且排他的所有人。如果根据任何可适用的法律，上述作品和每个作品形态是雇佣作品的事实不能有效地使制片公司成为上述作品和每个作品形态的作者并成为上述作品和每个作品形态的全部权利的所有人，或者，如果上述作品和每个作品形态未被视为雇佣作品，则在法律允许的最大范围内以及根据此类可适用法给予制片公司或编剧的完整保护期内（包括续期、延期和更新期），编剧在此将上述权利以及与此相关的编剧在体现作品和每个作品形态的项目和事项中的全部权利、产权和利益转让并让与给制片公司。制片公司应完全且独家地拥有作品、每个作品形态以及在完成创作的任何阶段可能会产生的所有成果和收益（包括但不限于在全世界范围内永久的任何种类和性质的所有权利，任何和所有语言的版权、商标、专利、制作、生产、记录、复制、转录、表演、广播和以任何现在已知或将来发明的任何技术、方法或设备的展示——包括但不限于无线电广播、影院和非影院展示以及电视展示或其他），且不论这些成果和收益是否包括文学、戏剧、音乐、电影、机械或任何其他形式的作品、主题、创意、作曲、创作或产品。制片公司还应根据本协议获得在文学和音乐领域中通常所知的作品、每个作品形态以及编剧服务产生的任何音乐和文学收益的“作者的精神权利”。对于作品、每个作品形态及其成果和收益，制片公司应有权但无义务增加、减少、更改、整理、修改、改编、重新整理、做出变体，翻译成任何语言、更改序列、更改其中包含的角色及其描述、更改标题、进行伴有或不伴有声音（包括口语、对白和同步录制的音乐）的录制和拍摄、使用与完全或部分独立的作品或电影有关的上述权利作品或其任何组成部分并按制片公司的要求去出售、复制和出版，在任何语言的新版本、改编和续集中使用其全部或部分，并在全世界范围内获得版权。出借方/编剧在此明确放弃，因任何声称对出借方或编剧的所谓“作者的精神权利”的侵犯，其在普通法上、衡平法上或在其他层面可能享有或声称其拥有的所有权利。出借方承认，编剧服务的成果和收益是制片公司特别指令的用作电影一部分的作品，并且编剧服务的成果和收益应被视为属于制片公司的雇佣作品，因此制片公司应为编剧服务的成果和收益的作者和版权所有人。

（b）权利的转让和归属：根据本协议授予或一致同意将授予制片公司的所有权利均应立即归属于制片公司，并且无论本协议是否因正常到期或因任何理由或原因而终止，或者无论编剧是否签署下文要求的作者声明。由编剧创作、编写、提交、添加或插入的所有材料将自动成为制片公司的财产，并且为此目的，制片公司将被视为作者，而编剧仅完全地作为制片公司的雇员。出借方和编剧在此无保留、无条件且无限制地向制片公司转让并让与所有上述内容，出借方或编剧不保留任何种类、性质或类型的权利。但出借方和编剧给制片公司的上述转让和让与受当前《美国编剧协会院线和电视电影基础协议》(简称为《美国编剧协会协议》）的限制。

（c）签署其他文件：

（i）作者声明：出借方进一步同意，如果制片公司提出要求，由出借方使编剧签署并向制片公司提交与编剧所写的所有材料有关的作者声明，其形式大体如下：

我在此声明，我作为比格电影公司的一名雇员，基于简·多伊撰写的同名剧本创作了名为《重大新闻》（*The Big Story*）的所附文稿，比格电影公司根据其与编剧之家公司（一家纽约公司）于____（日期）达成的聘用协议提供我的服务，该文稿是我在根据该协议履行义务和正常工作过程中所作，比格电影公司是上述文稿的作者，并有权获得相关版权，其有权作为作者随时进行修改和使用。

特此声明，本人于___（日期）签署。

如果制片公司希望获得任何上述内容的单独转让文件或作者声明，则出借方同意让编剧根据制片公司的要求签署此类声明。出借方和编剧不可撤销地授予制片公司附带利益的权力，以便以出借方/编剧的名义并作为出借方/编剧的委托代理人签署上述单独的转让文件或作者声明。

（ii）出借方确认，第9（c）（iii）条关于由出借方签署任何其他文件的规定不应被解释为减损因"雇主–雇员"关系产生的制片公司权利，而应是包含的，因为在某些司法管辖范围和特殊情况下，单纯基于"雇主–雇员"关系而对材料产生的权利本身可能不足以将所有权归于制片公司。

（iii）如果制片公司想要取得涵盖、放弃或转让编剧服务的任何成果和收益或其中一切权利的附加文件，则出借方/编剧同意根据制片公司的要求，在任何时候随时以制片公司可能规定的形式签署并向制片公司交付任何此类文件；在不限制上述内容的通用性的前提下，出借方/编剧同意应制片公司的要求签署并向制片公司交付所有权利的转让书，双方同意，出借方/编剧根据本附件做出的所有陈述、保证和同意均应视为本协议的一部分。如果出借方/编剧在书面要求后的10个工作日内未能或拒绝签署并交付上述声明和/或任何此类文件，则出借方/编剧在此不可撤销地授予制片公司附带权益的权力，以出借方/编剧的名义并作为出借方/编剧委托代理人签署这份声明和/或文件。出借方/编剧未能签署此声明和/或文件不影响或限制制片公司对编剧服务成果和收益的任何权利。

（iv）权利分割：由于编剧已被指定了素材，他/她无权根据《美国编剧协会协议》享受权利分割。不论本协议有何种相反约定，制片公司仍有权自行或使他人出版电影剧本、电视剧剧本、改编自或基于作品的脚本、改编自或基于作品或根据本协议创作的任何作品形态的电影剧本、电视剧剧本、脚本的小说化，并自行或使他人获得上述内容的版权。

10.出借方/编剧的保证：

在不违反《美国编剧协会基础协议》第28条的限度内，出借方/编剧保证：

（a）除本条下一句的规定外，编剧为制片公司创作和/或提交的所有素材均应为编剧完全原创，不得侵犯隐私权，不得构成口头或书面诽谤，也不得违反任何自然人、公司或法人的任何普通法权利或任何其他权利。出借方和编剧对编剧可能在制片公司指定的材料中添加或插入的任何和所有素材、时间、故事大纲、角色以及情节做出相同的同意和保证，但不对制片公司指定给编剧的素材中包含的侵害或侵权做出同样的同意和保证。上述出借方/编剧的同意和保证受《美国编剧协会协议》所包含的限制的约束。

（b）进一步保证：出借方和编剧在此保证，无论是法律规定或是其他，编剧不负有会以任何方式或在任何程度上阻止或限制出借方和编剧签订并完全履行本协议的义务或存在该等能力缺陷，出借方和编剧在此接受本协议项下的义务。出借方和编剧保证，出借方/编剧均未签订或做出任何阻止他们履行其对制片公司的承诺的其他协议或承诺，并且未经制片公司的特别批准，出借方和编剧不会签订或做出任何此类协议或承诺。出借方和编剧在此同意，编剧应将其全部时间、精力和最佳才能根据本协议排他地为制片公司提供服务，并遵守且受控于制片公司为其雇员制定的行为准则。

（c）出借方保证：出借方陈述并保证：（i）其与编剧之间存在有效、存续且独家的协议，根据该协议，编剧有义务至少在本协议的整个期限内为出借方提供编剧的服务；（ii）其是根据纽约州法律正当设立并存续的股份有限公司；（iii）出借方有权签订本协议，有权授予本协议项下的权利并提供本协议项下编剧的服务；以及（iv）出借方应履行作为编剧雇主的所有责任，并应完全履行现在或以后有强制力的所有法律、法规和命令要求的义务，包括但不限于联邦、州和当地税收，与失业补偿或保险有关的付款，联邦社会保险捐款，失业保险税，州残疾保险，就业培训税，工人赔偿和残疾抚恤金，以及因出借方雇用编剧所产生的所有必要的福利款。

（d）补偿：出借方和编剧同意，就因出借方和编剧违反其在本协议项下的陈述、保证、承诺和同意而产生的任何及所有索赔、责任、损失、损害、成本、费用（包括但不限于律师费）、判决和罚金，赔偿制片公司及其继受人、受让人、被许可人、高管、董事和雇员并使其免于受损。制片公司同意，就任何非基于出借方/编剧违反本协议项下保证的任何针对出借方/编剧的诉讼（源于出借方在本协议中的受聘）而产生的任何和所有索赔、责任、损失、损害、成本、费用（包括但不限于合理的外部律师费）、判决和罚金，赔偿出借方及其继受人、受让人、被许可人和雇员并使其免于受损。

11.姓名和肖像：制片公司应拥有为在任何媒体上做广告、宣传和开发该影片或产品之目的自行和许可他人使用和展示编剧的姓名、履历和肖像的永久权利。但是，未经编剧事先书面同意，此类广告不应包括对任何产品（除该影片外）的直接代言。通过任何媒体甚至通过产品或商业赞助节目的一部分或以与之相关的方式展示、宣传、公开或开发影片的，均不视为任何性质的代言。

12.公开限制：除制片公司事先批准外，出借方或编剧不应单独、联合或通过出借方、编剧或其他方聘用或付款的媒体代理、广告或宣传代理或其他主体，传播、出版或以其他方式散播任何新闻报道或文章、书籍或其他宣传（包含直接或间接与制片公司和出借方/编剧之间的聘用有关的编剧姓名、本协议事项，该影片、出借方或编剧或其他人将为该影片提供的服务）。出借方/编剧不得转移或试图转移任何上述事项的任何权利、特权、产权或利益，亦不得自愿地允许任何侵犯授予给制片公司的专有权利的行为。出借方和编剧授权制片公司，自费以出借方或编剧的名义启动防止上述侵权行为的任何正当法律程序。

13.救济

（a）救济累积：制片公司或出借方的所有救济应是可累积的，任何一项救济不应排除任何其他救济。在制片公司没有放弃任何本协议或其他的权利或救济的情况下，制片公司可以随时通过诉讼获得因出借方和/或编剧违反本协议而产生的任何损害的赔偿，并可以启动并维持后续诉讼以获得因同一或其他违约产生的其他损害的赔偿。除非制片公司明确以书面形式通知出借方，否则制片公司开始或维持任何此类诉讼的行为不构成或导致出借方/编剧服务的终止。制片公司或出借方追求任何本协议项下的或其他的救济，不应视为放弃本协议项下的或其他的任何可获得的另外或不同的救济。

（b）独特性服务：出借方和编剧承认，编剧根据本协议提供的服务以及在本协议中授予的权利具有特殊、独特、不寻常、非凡且智慧的性质，使得这些权利具有特殊的价值，其损失不能通过普通法诉讼中的赔偿金得到合理或充分的赔偿，并且出借方或编剧的违约将给制片公司造成无法弥补的伤害和损害。出借方和编剧同意，制片公司有权获得禁令和其他衡平法救济以防止出借方或编剧违约。除了该等衡平法的救济外，制片公司还有权获得普通法上的其他救济，包括损害赔偿金。

（c）出借方和编剧的救济：出借方和编剧承认，如果制片公司违反本协议的义务，由此给出借方或编剧造成的损害（如有）不是无法弥补的且不足以引起获得禁令或其他衡平法救济的权利。出借方和编剧承认，如果制片公司违反本协议，出借方和编剧的权利和救济（如有）仅限于在普通法诉讼中追讨损害赔偿金，并且在任何情况下，出借方或编剧均无权因任何此类违约而撤销本协议或本协议授予制片公司的任何权利，或禁止或限制该影片和/或其他基于本协议制作的电影的发行或开发利用，或禁止或限制使用或开发利用作品或作品形态。

14.不可抗力

（a）中止：（i）如果由于火灾、地震、劳动纠纷或罢工、天灾或公敌的行为，任何市政法令、任何州或联邦法律、政府命令或法规或者超出制片公司控制的其他原因，制片公司在该影片的制作过程中被阻止或受到阻碍，或者（ii）如果由于美国几乎所有影院因任何上述原因而关闭或者其他免除制片公司履约的法定理由，制片公司的影片制作被推迟或暂停，或者（iii）如果由于任何上述意外事件或任何不在制片公司控制范围内的任何其他原因或事件（包括但不限于该影片任何主演、导演或自然人制片人的死亡、患病或无行为能力），该影片的筹备、开始、制作或完成受到阻碍、中断或者干扰，以及/或者（iv）如果制片公司的正常业务经营因制片公司无法控制的任何破坏性事件而受到阻碍或其他干扰（“制片公司无能力”），则制片公司可以在制片公司无能力持续期间内推迟编剧服务的开始或者中止编剧的服务；在中止期间，不产生任何根据本协议归于或应付给出借方的报酬。该中止应在其原因停止时结束。

（b）终止：

（i）制片公司终止权：如果制片公司无能力持续达8周，制片公司可以书面通知出借方终止本协议。

（ii）出借方终止权：如果因制片公司无能力导致报酬支付被中止超过8周，出借方可以书面通知制片公司终止本协议。

（iii）制片公司的恢复权：即使出借方选择终止本协议，但在制片公司实际收到出借方的书面通知后5个工作日内，制片公司可以选择恢复本协议的履行。

15.编剧无能力：如果由于精神或身体上的残疾，在履行编剧的服务期间，编剧连续超过15日不能履行或遵守本协议的任何条款或条件（“编剧无能力”），则：

（a）中止：制片公司可以在编剧无能力持续期间中止编剧提供服务和时间。

（b）终止：制片公司可以书面通知编剧终止本协议以及制片公司的全部义务和责任。

（c）检查权：如果编剧本人或由他人代表主张任何精神或身体残疾，制片公司可以让其指定的医生为编剧检查。编剧的医生可以在此类检查进行时在场，但不得加以干涉。对编剧进行的任何测试都应是与将就编剧的主张而进行的治疗、诊断或者检查相关的并惯常适用的。

16. 出借方/编剧违约：如果出借方或编剧未能或拒绝在指定期间内撰写、完成并向制片公司交付根据本协议应提供的作品形态，或者出借方或编剧未能或拒绝履行或遵守任何本协议条款或条件的规定（除因为编剧无能力外）(“出借方/编剧违约”)，则：

（a）中止：制片公司可以在出借方/编剧违约期间中止本协议项下编剧提供服务和时间。

（b）终止：制片公司可以书面通知出借方终止本协议及其在本合同项下的所有义务和责任。

（c）出借方/编剧违约不包括：由于导致编剧无法履行其服务的制片公

司的违约或其他行为，编剧未能或拒绝履行或遵守本协议的主要条款。

（d）在制片公司因出借方/编剧违约而终止本协议之前，制片公司应通知出借方和编剧并指明出借方/编剧违约的性质，出借方/编剧在制片公司给出此类通知后有72个小时对违约进行补救。如果出借方/编剧在上述期限内未能补救违约，则制片公司可立即终止本协议。

17.终止的效力：终止无论是出于到期、双方同意、法律规定、终止权的行使还是其他原因，均应：

（a）报酬：终止制片公司向出借方支付任何进一步报酬的义务。但是，如果终止不是因为出借方/编剧违约，则制片公司应向出借方支付任何在终止前到期和未付的报酬。

（b）退款/交付：如果在编剧向制片公司交付届时编剧正在创作的作品形态之前，本协议根据第14、15或16条终止，则出借方或编剧（或在编剧死亡的情况下，编剧的“遗产/estate”）应根据制片公司的要求，要么立即向制片公司退还当时可能已向出借方支付的作品形态的报酬，要么立即向制片公司交付已经完成的或正在创作（无论处于何种完成阶段）的全部作品形态。

18.中止的效力：在任何中止期间内，任何报酬不应归于出借方。在本协议任何中止期间内，出借方不得允许编剧为制片公司以外的任何一方提供服务。但是，编剧有权在制片公司无能力的任何中止期内向第三方提供服务，但制片公司有权提前3日通知编剧恢复本协议的服务。制片公司有权（在任何时候均可行使）延长编剧在本协议项下的服务期，延长的时间相当于中止的期间。如果制片公司在编剧无能力或出借方/编剧违约的任何期间向出借方支付了报酬，则制片公司有权（在任何时候均可行使）要求编剧在一段时间内提供本协议的服务而无须支付报酬，上述时间相当于编剧无能力或出借方/编剧违约的期间。

19.出借方补救违约的权利：任何编剧无能力或出借方/编剧违约将被视为一直持续，直到制片公司收到出借方明确编剧已准备好、愿意并能够履行本协议所要求的服务的书面通知，但是出借方向制片公司发出的任何此类通知不得妨碍制片公司行使其因编剧无能力或出借方/编剧违约可能基于本协议、普通法或衡平法而享有的任何权利或救济。

20.编剧团队：本协议项下编剧和____的义务应是连带的，本协议中对编剧和___的提及应视为连带地指称“编剧团队”。如果任何中止或终止的权利因编剧团队中任何一个编剧的无能力或违约而产生，则制片公司可选择向该编剧、编剧团队或出借方行使救济。如果制片公司选择仅针对受影响的编剧行使其救济，则另一编剧或出借方应继续受聘，并且剩下的出借方或编剧仅应获得本协议规定的报酬中他的份额。

21.协会和工会

（a）会员资格：正如制片公司可能合法要求的那样，在编剧受聘期间内，编剧和/或出借方应当自付成本和费用（根据制片公司的要求）持续是或成为且持续是届时适当指定的一家或多家劳工组织的有良好声誉的成员，上述劳工组织是按照届时适用法律定义并确定的，并代表履行编剧在本协议项下被要求履行的类型和性质的服务的人员。如果编剧未能或拒绝满足该要求，制片公司有权在此后的任何时间终止本协议，出借方和编剧将赔偿制片公司由此承担的任何责任，包括美国编剧协会对制片公司的任何罚款。对于编剧提供的集体谈判协议范围内的服务，制片公司有权获得该协议所允许最低付款要求对应的最大权利。

（b）协会协议的取代效力：本协议中的任何内容均不得被解释为要求违反对本协议有控制力的可适用的《美国编剧协会协议》（控制力以该协议的条款为依据）；当本协议的任何规定与任何该等《美国编剧协会协议》之间存在任何冲突时，以后者为准。在这种情况下，本协议的规定应仅在允许遵守该《美国编剧协会协议》的必要范围内予以缩减和限制。

22.署名

（a）署名：《美国编剧协会协议》的相关条款应当用于确定编剧根据本协议撰写的所有材料的署名。

（b）疏忽违规：在不违反前述规定的前提下，制片公司应根据其判断确定呈现该等署名的方式。制片公司和/或第三方偶然或无意地违反本条款的规定，以及任何其他自然人、公司或法人未能遵守其与制片公司之间的有关此类署名的协议，均不构成制片公司和/或该协议中相关第三方对本条款的违反。出借方和编剧在此同意，如果制片公司因为疏忽而违反本款规定的义务，制片公司给出借方或编剧造成的损害（如有）并非是无法弥补的且不足以使出借方/编剧有权获得禁令或其他衡平法救济。因此，在这种情况下，出借方和/或编剧的权利和救济仅限于在普通法诉讼中就其损害获得赔偿的权利（如有），并且，出借方和编剧无权解除本协议或任何根据本协议授予制片公司的权利，或禁止或限制影片的发行或展示或授予制片公司的任何其他权利。制片公司同意，在收到编剧发来的制片公司未遵守本段规定的通知后，采取合理可行的措施，以便在未来的影片拷贝和广告中对该等违规进行纠正。

23.保险：制片公司可为编剧投保人寿险、健康险、意外险、卡司（cast）保险或其他保险，其费用应被纳入影片的直接费用。该等保险应仅为制片公司的利益，制片公司为受益人，出借方/编剧对该保险的收益不享有利益。出借方和编剧应通过配合进行必要的检查和测试并准备、签署和交付可能合理要求的此类申请和其他文件，协助购买此类保险。出借方和编剧应尽其所能在确保该等保险持续有效的必要限度内，遵守制片公司告知出借方的此类保险所有条款和条件。

24.其他人员的聘用：出借方和编剧同意，未取得制片公司事先书面许可，不聘用任何人以任何身份提供服务，不为购买或租赁任何文章或材料而签约，也不为任何与影片、编剧或出借方根据本协议提供的服务有关的原因，而达成任何承诺由制片公司支付任何款项的协议。

25.转让与租借

（a）可转让性：出借方和/或编剧不可转让本协议。制片公司和任何后续受让人可以自由转让本协议并将其权利全部或部分授予任何自然人、公司或法人，但前提是该方继受并书面同意维持并履行制片公司在本协议项下的所有义务。如果发生该等继受，制片公司在此被免除在本协议下对出借方和编剧的所有进一步义务。

（b）向其他方租借的权利：出借方理解并承认，基于作品制作影片的实际制作实体可能是制片公司以外的一方。在这种情况下，编剧的服务应向该实际制作实体提供，但不免除制片公司在本协议下的义务。

26.通知

（a）出借方的地址：制片公司给编剧的关于本协议的所有通知均可以书面形式邮寄给出借方，地址为______。制片公司可以通过口头或书面方式当面向出借方或编剧发出此类通知。抄送副本应根据上述地址提供给______。如果此类通知通过邮寄发送，则邮寄日期应视为该通知的送达日期。

（b）书面要求：与本协议项下终止、中止或延期权利有关的任何口头通知均应以书面形式确认。如果任何通知是当面递交出借方的，该通知的副本应发送至出借方的上述地址。

（c）制片公司的地址：出借方向制片公司发出的所有通知均应以书面形式邮寄给制片公司，地址为_______，并以上述地址寄送，邮资预付。抄送副本应提供给______，律师_________。除非另有明文规定，否则邮寄日期应视为该通知的送达日期。

27.交通费及其他费用：当制片公司要求编剧在距离其住所超过50英里的地点提供服务时，制片公司应根据《美国编剧协会协议》的相应条款向编剧提供往返这些地点的交通及在这些地点提供服务期间的食宿。

28.适用法律：本协议应根据_____州适用于在该州内签署并完全履行的协议的法律予以解释。

29.标题：本协议条款和子条款的标题仅为参考之目的而设。此类标题不得视为规制、限制、修改或以任何其他方式影响本协议条款或其任何部分的范围、含义或意图，此类标题也不具有任何法律效力。

30.送达程序：在_____州任何法院为执行本协议、本协议所授予或由本协议产生的任何权利或任何以上述权利为基础的命令或法令而开始的任何诉讼或程序中，该法院签发的任何传票、陈述理由的命令、令状、判决、法令或其他程序，可以在____州外当面交付出借方或编剧；交付时，出借方和编剧应受到该法院的管辖，如同该文件在____州内的该未决诉讼或程序所在的郡以外被送达一样。

31.违法：此处包含的任何内容均不要求从事任何违反法律明文规定或违反明示法律政策的行为，不要求支付任何违反法律明文规定或违反明示法律政策的任何报酬。如果此处包含的任何条款与任何此类法律或政策之间存在任何冲突，则以后者为准；受影响的条款应当在消除此类冲突必要的范围内（但仅限于此范围内）予以缩减、限制或删除；如此修改后，本协议的其余条款将继续具有完全效力。

32.就业资格：本协议中制片公司所有义务的明确前提条件是编剧完成I-9表格（《雇员资格审查表》）并达到制片公司满意的程度，且编剧向制片公司提交的原始文件足以向制片公司证明编剧的就业资格。如果出借方或编剧未能在规定的时限内提供所需文件，则本协议及本协议项下的所有合同义务在制片公司发出通知后终止。

33.完整协议：本协议包含双方之间的完整协议，所有之前的协议、保证和陈述（如有）被并入本协议。本协议签署一式多份，每一份均为原件，所有这些文本共同构成同一法律文件。当事人的传真或电子签名应当被接受且与原始签名具有同等效力，各方同意向另一方提供原始签名。

通过在以下空白处签字，出借方和制片公司接受并同意本协议的所有条款和条件。

编剧之家公司

（出借方）

董事长：____________________日期：____________________

比格电影公司

（制片公司）

董事长：____________________日期：____________________

作者声明

以下各签字人均在此声明，根据编剧之家公司（“出借方”）就吉姆·怀特（“编剧”）的服务与比格电影公司（“制片公司”）签订的租借协议，基于有效且有值的对价，出借方向制片公司租借编剧的服务，并根据上述租借协议，除“指定素材”（如出借方与制片公司在协议中的定义）外的由编剧提交或将要提交的与暂定名为《________》（“影片”）的电影相关的所有文学素材（“素材”）由编剧撰写或将由编剧撰写，以作为制片公司特别指令或委托的用于电影一部分的雇佣作品，制片公司被视为该素材的作者并有权获得其版权（以及版权的所有延期和更新期），有权作为作者随时决定在其中做出更改或对其进行使用。仅受可适用的《美国西部编剧协会电影与电视基础协议》第28条约束，以下各签字人在此保证，除指定素材外，素材均为编剧原创，在编剧所知范围内，不构成诽谤、不侵犯或违反任何自然人、公司或法人的隐私权或其他权利，并且材料不是任何诉讼或可能引起诉讼的主张的标的。各签字人在此同意，就其对前述保证的违反赔偿制片公司及其受让人和被许可人，并承诺根据制片公司或其受让人、被许可人为进一步证明或实现其在本协议项下的权利而做出的要求，出具文件或做出其他行为。制片公司对素材的权利可以自由转让和许可，其权利应对签字人具有约束力，并且以受让人和被许可人为受益人。

特此声明，本声明各方已于___年___月___日签署此文件。

编剧之家公司
（出借方）
董事长：
日期：
吉姆·怀特

____
（编剧）

诱因协议

比格电影公司
范特西路22号
加利福尼亚州，好莱坞
关于：《______》（“影片”）

编剧之家公司（一家纽约公司）（“出借方”）与比格电影公司（“借方”）与本协议同步签署了日期为____年____月____日的协议（“租借协议”），该协议涵盖了对在下文签字的吉姆·怀特（“编剧”）的服务的租借。

1.同期聘用协议：编剧此前已与出借方签订涵盖编剧为出借方提供服务的协议（“聘用协议”），其期限不短于出借方根据租借协议提供编剧服务的期限，出借方有权订立租借协议并提供编剧的服务，有权向第三方授予本协议条款和条件所授予出借方的权利。

2.租借协议的批准：编剧知悉租借协议的条款和条件，并同意签署；编剧应履行并遵守租借协议所有要求其履行或遵守的条款和条件，即便聘用协议在此后终止、中止或无效；编剧应向借方提供租借协议要求的所有服务；根据租借协议向出借方送达的所有通知均视为已通知编剧相关内容，其效果等同于向编剧本人送达。编剧在此明确同意，编剧根据租借协议履行全部服务产生的所有成果和产品均为借方的雇佣作品，借方应为此类成果或产品的作者和版权所有人。

3.无限制：无论在法律还是其他层面，编剧均没有会影响其完全履约并遵守要求编剧履行或遵守的租借协议的条款和条件的义务或无能力。

4.出借方单独的付酬责任：除租借协议另有规定外，就编剧和/或出借方根据租借协议可能授予借方的权利或提供给借方的服务，编剧应仅向出借方主张所有报酬和其他酬金。

5.违约：编剧的服务是独一无二且特别的，违反本诱因协议和/或任何要求编剧履行或遵守的任何租借协议条款将对借方造成无法弥补的损害。因此，如果编剧违反或可能违反本诱因协议，借方有权自行选择针对编剧和/或出借方，通过禁令或其他普通法或衡平法的救济，以限制、禁止、防止编剧和/或出借方的此类违约行为。所有上述内容的范围及效力，应当如同编剧最初即为租借协议的直接签约方，且如同在租借协议中，编剧本人同意提供该协议要求其提供的服务，并且履行和遵守租借协议要求编剧和/或出借方履行或遵守的任何及所有的条款和条件。

6.对出借方的替代：如果出借方解散或以其他方式不再存续或因任何原因未能、疏忽、拒绝或无法履行和遵守租借协议要求其履行的任何及所有条款或条件，则根据借方的选择，编剧应被视为替代出借方作为上述租借协议的直接签约方。

7.适用法律：本诱因协议应受州的法律规范和解释。

此致，

____

编剧

美国编剧协会署名仲裁

制片方没有决定授予编剧署名的独断权力。编剧协会的合同规定，制片公司必须向每位编剧发送一份最终分镜剧本的副本和一份《拟定署名告知书》。如果编剧同意拟定的署名，他什么也不用做。如果他不同意，则他必须在通知中指定的时间内提出反对。编剧可以自己去与该项目中的其他编剧会面，并尝试就如何分配署名达成合意。如果他们不能协商一致，则该事项将通过仲裁予以解决。

编剧有权对合理数量的仲裁员提出异议，三名仲裁员从列表中剩余的人员中选择。编剧身份是保密的，如果参与仲裁的编剧提出要求，则该编剧的身份不会被透露给仲裁员。每位编剧均可以向仲裁员提交一份对其立场的书面陈述。

作为编剧，你应该通过保存你作品的每一草稿（如故事梗概、故事、剧本、润色版）的副本来保护你的权利。每份草稿都应注明日期，并在其上注明你的名字。如果你在故事会议中提出了未出现在剧本中的建议，请通过向制片人发送一份注明日期的备忘录来记录你的贡献。如果剧本相似，仲裁员将推定后续编剧（subsequent writer）能接触先前的草稿。

如果你与另一位编剧合作，除非有相反证据，编剧协会将推定合作是50/50的。如果你们理解的不是这样，那么你应以书面形式记录你们的协议。

根据美国编剧协会的署名规则，[1]一位创作了电影剧本33%的编剧有权获得电影剧本署名。但是，对于原创电影剧本，后续编剧必须为最终电影剧本贡献50%才能获得署名。编剧协会保证，原创电影剧本的作者能享有共享故事署名这一最低标准的署名（“不可削减的最低标准故事署名”）。

导演

导演是主要负责监督电影或电视节目制作的人。他必须是一名能满足评论

---

[1] 美国编剧协会银幕署名手册详见www.wga.org/subpage_writersresources .aspx？ id=167。

家和观众品味的艺术家，并且是一名能够使投资人满意的商人。从影视公司的角度来看，聘请导演是至关重要的，因为他是负责使制作按照预算和周期进行的人。

导演聘用协议与编剧聘用协议有很多相同的条款。导演聘用协议可以被架构为直接聘用或者通过租借安排进行。在后一种情况下，导演的公司被称为“出借方”。

导演的聘用时间包括主要拍摄期以及拍摄前准备的时间（前期制作）和拍摄后监督剪辑的时间（后期制作）。导演也可以在开发过程中与编剧合作。

通常，导演会以涵盖上述所有阶段的固定费用被聘用。款项分期支付，其中大部分费用是在主要拍摄期支付的。导演通常是独家聘用的，以防止他接受外部聘用或同时为一部以上的电影工作。

该协议通常是“付款未必参与”协议，这意味着如果影视公司不使用导演的服务或换掉他，导演仍有权获得他的固定报酬。导演还可以获得奖金、递延报酬、或有报酬和额外的报酬，尽管这些款项可能直到此人有权获得导演署名时才确定。

通常导演没有“最终剪辑”的权利，即决定电影最终剪辑版本内容的权力。影视公司可能会坚持保留这项权利以保护他们的投资，并确保导演不会制作出一部无商业价值的艺术杰作。此外，该协议将明确电影的具体时长（例如在90—120分钟内）。导演可能被要求制作出两个版本的电影：一个用于院线发行，另一个用于电视广播。

导演可以有权选择关键人员，如摄影指导、制片主任和剪辑师。具有影响力的资深导演可以拥有在不经影视公司批准的情况下选择某些演员和剧组成员的权力。

导演聘用协议示例

（工会，直接聘用）

本协议由（“导演”）和（“制片公司”）于___年___月___日签署。

1. 聘用：制片公司同意聘请导演履行并且导演亦同意按照本协议规定的条款和条件履行与目前名为《____》（“影片”）的院线电影相关的导演服务。

2. 期限：本协议的期限应始于或大致始于_____，并将持续至完成影片所需的全部导演服务。

3. 服务：

（a）前期制作：导演应于或大致于_______（日期）待命并进行拍摄地的堪景。

（b）拍摄：导演对影片的独家服务应在主要拍摄期开始前____周开始，直到所有拍摄完成为止。主要拍摄的开始日应由制片公司和导演共同认可。主要拍摄的预定开始日为____。

（c）后期制作：如果制片公司要求导演在后期制作期间与剪辑师一起工作直至完成最终修正的校正拷贝，那么导演应以非独家但优先的原则提供服务。导演的其他工作不应妨碍其在本协议项下的后期制作服务。

（i）与剪辑师合作：导演在此保证并同意，在影片拍摄期间，导演将不会阻止或延迟剪辑师对素材的整理，以便在主要拍摄完成后能立即完成序列整理。

（ii）后期制作时间表：导演和制片公司同意的影片后期制作工作的时间表被标为《___》附在文后，并作为本协议的组成部分。导演同意将遵循该时间表。

（iii）最终剪辑权：_______被指定为制片公司的执行官，其对影片享有最终剪辑权。上述规定应受制于可适用的协会和工会要求（如有）。

（d）样片：制片公司有权在制作过程中查看影片的样片、粗剪和所有后续剪辑版。

（e）电视遮罩镜头：导演应根据主要拍摄开始时存在的电视网连续性标准，向制片公司提供在电视上发布影片所需的保护性遮罩镜头。

（f）额外的后期制作服务：如果在主要拍摄完成后，制片公司需要重新拍摄、更改、配音、调整透明度、添加场景、加拍、制作预告片、修改音轨、合成镜头或者制作其他语言版本（此处统称为“重拍等”），导演应在制片公司指定的连续或非连续日以及地点向其汇报上述重拍等。根据导演的工作档期，导演应配合以尽早向制片公司提供此类服务。

4. 报酬：作为导演服务与承诺以及授予制片公司的所有权利的完整对价，如果导演完全遵守其在本协议项下的义务，则制片公司同意以下述方式向导演付款：

（a）固定报酬：

（1）$___的总额，应按以下方式支付：

（A）$___，在影片制作的预计负片成本被批准时支付。

（B）$___，在影片主要拍摄开始前____周开始，按比例每周支付。

（C）$___，在预定的主要拍摄期内，按周平均支付。

（D）$___，在导演剪辑版交付时支付。

（E）$___，在影片的最终校正拷贝完成时支付。

（2）固定费用原则：制片公司和导演在此相互承认，上述规定的固定报酬是“一揽子费用”，导演无权就其在开发阶段、前期制作阶段、制作阶段或后期制作阶段提供的服务或者额外的后期制作服务而主张任何额外的和/或所谓的“超额”报酬。在不限制上述规定一般适用性的情况下，无须为根据第3（f）条提供的任何服务向导演支付任何报酬。并且，如果影片的实际主要拍摄时长既未超过预定的主要拍摄期，无须根据上述第4（a）(1)(C）条向导演支付额外的报酬。

（b）递延报酬：除根据第4（a）条应付的固定报酬外，如果影片制作完成并上映，且导演履行本协议项下的全部义务，则导演有权收取$__，该笔款项应在支付影片净利润的百分比分成前，与应付__________的所有类似递延报酬一起按比例递延支付。

（c）或有报酬：除根据第4（a）条应付的固定报酬以及根据第4（b）条应支付的任何递延报酬外，如果影片制作完成并上映，且导演履行本协议项下的全部义务，则导演有权获得或有报酬，金额为影片净利润（如有）的_____%。

（d）净利润定义：净利润应根据文后所附且作为本协议一部分的附件___进行计算、确定并支付。

（e）与报酬有关的条件：不论任何上述报酬条款有任何相反规定：

（i）履约：在导演无能力履行、未履行或者拒绝履行本协议条款和条件规定的服务的期间，导演不应获得任何报酬且不会产生任何对其应付的报酬。

（ii）付款未必参与：制片公司既没有在影片中使用导演服务的义务，

也没有制作、发布、发行、宣传、开发或以其他方式使用影片的义务；但是，如果制片公司没有法律依据或理由（即没有本协议中的依据也没有法律依据）选择不使用导演的服务，上述固定报酬的全部金额亦应支付给导演。

（f）报酬确定：如果导演根据现行的《美国导演协会基础协议》（包括其随时的修改，以下简称“《基础协议》”）应获得导演署名，即使导演的服务因制片公司无能力、导演丧失工作能力或导演违约而终止，上述规定的固定报酬和或有报酬应视为完全确定授予导演。

如果制片公司因制片公司无能力、导演丧失工作能力或导演违约（如以下定义）而终止导演的服务，且导演根据《基础协议》无权获得署名，则固定报酬应以本协议规定的同样方式确定并累计，而或有报酬应按照放映的完成影片中导演执导的镜头数量占全部镜头数量的相同比率来确定并累计。尽管有上述规定，如果主要拍摄没有在本协议第3条（b）款规定的预定开始日开始，则固定报酬总额将在上述预定开始日确定并累计，并且如果影片的制作随后在主要拍摄完成和/或最终校正拷贝交付给制片公司前终止，那么那部分还未累计的固定报酬应在终止之日全部确定并累计。如果制片公司因导演违约而终止本协议，即便依照前述方法确定授予了固定报酬和/或或有报酬，这样的确定也应受普通法和衡平法赋予制片公司的任何和所有权利的约束。

（g）减轻损失：如果制片公司选择行使其如上所述的付款未必参与权利和/或未能制作影片，导演没有减轻损失的义务。

5. 署名：

（a）署名：《基础协议》的规定应规制为对根据本协议提供的所有服务而给予导演的署名的确定。

（b）特效字幕的例外：如果同时使用了常规（或重复）字幕和特效字幕，则上述与影片字幕相关的位置和百分比要求应与常规（或重复）字幕相关。如果仅使用了特效字幕，则与字幕相关的上述百分比要求应不小于特效字幕中使用的字母平均大小的15%。

（c）署名限制：制片公司同意，任何其他自然人和/或实体（在影片名称前后署名“领衔主演”的演员或发行和/或投资影片的公司除外）的署名均不得大于导演的署名。

（d）无意违约：制片公司和/或任何第三方因任何偶然或无意未能遵守本段规定，均不应被视为制片公司和/或该第三方违反本协议。导演在此承认并确认，如果制片公司的未履行或不作为构成了对本款规定的义务的违反，则制片公司给导演造成的损害（如有）并非无法弥补且不足以使导演有权获得禁令或其他衡平法的救济。因此，在本协议下，导演的权利和救济措施（如有）仅限于在普通法上获得损害赔偿的权利，在这种情况下，导演无权解除本协议或撤销转让给制片公司的任何权利，无权禁止或限制影片的发行或展映。制片公司同意建议其受让人和被许可人遵守上述署名要求。如果制片公司应知晓第三方未提供上述署名，则制片公司应通知该第三方的未提供情况，制片公司可以但无义务采取行动以使该第三方符合预期地完成补救。

6.交通和费用：如果制片公司要求导演在距离导演住所地超过50英里的地点提供服务，则制片公司应按照当前《美国导演协会协议》的可适用条款向导演提供交通和住宿。

7.履行标准：除本协议另有明确规定外，在本协议有效期内，导演应向制片公司独家提供其执导服务，并在制片公司可能要求的范围内，以其他方式协助制作影片。上述服务应根据制片公司的指示、控制和时间表，在制片公司要求的时间、地点，以其要求的方式，按照制片公司可能做出的指示，单独或与其他艺人合作进行。这些方式、指令、指示和控制应由制片公司根据合理性标准以及电影行业的惯例做出。此类服务应尽导演最大所能以艺术、尽责、高效且准时的方式提供，并在主要拍摄期开始前制片公司确定的预算和拍摄时间表的范围内，充分考虑影片制作的精心、高效、经济和迅速。双方进一步理解，制片公司对影片的制作涉及制片公司在艺术和品味方面对自由裁量权的行使，而导演的服务及其提供方式完全由制片公司控制。

8.独特性服务：除上文另有明确规定外，导演的服务应独家地向制片公司提供，直至本协议有效期届满为止。双方一致理解，所述服务是特殊、独特和不可替代的，并且普通法对于导演违反本协议的救济是不充分的，如果导演违反本协议，制片公司有权通过禁令或其他衡平法的救济方式防止导演违约。

9.服务的成果及收益：导演的所有服务均为雇佣作品，是由导演作为雇员在其聘用范围内准备的。如果因任何原因认定作品（如下文定义）不是导演在聘用范围内准备的作品，则导演同意该作品是且应被视为制片公司特别指令或委托以作为电影或其他视听作品的一部分使用的雇佣作品，制片公司是且应被视为作者，并在所有阶段，制片公司是作品及其一切权利、产权和利益（“权益”）的唯一且排他的所有人。除导演的服务外，制片公司应有权享有并唯一、独家地拥有服务产生的全部成果和收益（包括但不限于现在已知或以后产生的任何艺术或方法——包括广播、院线和非院线的展映，以及通过电视或其他媒介的展示——在全世界范围内的版权、商标权、专利权以及生产、制造、记录、复制、转录、表演、传播和展示的全部权利），无论这些成果和收益是否包括文学、戏剧、音乐、电影、机械或任何其他形式的作品、主题、思想、创作、创意或制作；制片公司应有权享有并唯一、独家地拥有导演服务的音乐或文学收益中的在文学和音乐领域中通常所知的“作者的精神权利”，包括但不限于对财产进行增加、删减、编排、修改、改编、重新编排、制作不同版本以及将其翻译成任何和所有语言、更改序列、更改财产中的角色及其描述、更改标题、带或者不带声音（包括口头语言、对话和同步录制的音乐）地录制和影印、对此权利作品或任何组成部分进行与完全或部分独立于所述财产的作品或电影相关的使用，在任何语言的新版本、改编版本和续集中使用该财产的全部或任何部分，获得全世界范围内的版权。导演确实将所有上述内容无任何保留、条件或限制地转让给制片公司，且导演不保留任何种类、性质或类型的权利。如果制片公司需要单独的转让文件或其他文件来实施上述权利，导演应根据制片公司的要求签署，如果导演未能或拒绝签署和交付任何此类单独的转让文件或其他文件，制片公司应拥有并被授予权利和权限以导演的名义并作为导演的委托代理人签署上述文件。制片公司应向导演提供据此签署的任何文件的副本。

10.与创作的素材相关的保证：导演在此保证并同意，导演服务的所有成果和收益，包括但不限于由导演创作或贡献的所有创意、建议、主题、情节、故事、角色、对话、标题、“笑料”以及其他素材（无论是书面还是非书面形式)(以下统称为“作品”),均应由导演原创,不应是全部或部分复制于其他任何作品,但由制片公司提交给导演的作为上述素材基础的除外。导演进一步保证,在其最大的认知范围内,上述素材或其任何部分均不会侵犯隐私权或构成对任何自然人、公司或法人的口头或书面诽谤,并且该素材不会侵犯任何人的版权和文字作品、戏剧或剧本的权利。导演进一步保证并同意,使制片公司及其继受人、被许可人和受让人免受因导演违反本条的任何条款或保证而使制片公司及其继受人、被许可人和受让人可能遭受的所有责任或损失的损害。

11.制片公司权利的授予:根据本协议授予或同意授予制片公司的所有权利应立即归属于制片公司,并且无论本协议是按正常履行期满或因任何事由或原因而终止,均应保持该等权利归属。

12.姓名和肖像:制片公司应永久地拥有为在任何媒体中广告、宣传和利用影片而自行或许可他人使用和展示导演的姓名、履历和肖像的权利。但是,未经导演同意,此类广告不得包括导演对任何产品(影片除外)的直接代言。通过任何媒介展览、广告、宣传或开发影片,即使是产品或商业赞助计划的一部分或与之相关,也不得视为任何性质的代言。

13.公开限制:除非制片公司事先批准,否则导演不得以个人或通过由导演或其他人聘用或付费的新闻代理人、宣传或广告代理机构或其他方传播、出版或以其他方式散布包含与制片公司聘用导演有关的导演姓名、本合同事项、影片、导演或其他方需为影片提供的服务的任何新闻报道或文章、书籍或其他宣传。导演不得转让上述任何事项的任何权利、特权、产权或利益,也不得授权或故意允许侵犯授予给制片公司的专有权利,并且导演授权制片公司自担费用以导演的名义或其他方式采取任何适当的法律程序以防止任何侵权行为。

14.不可抗力

(a)中止:如果由于火灾、地震、劳工纠纷或罢工、天灾或公敌的行为,任何市政法令,任何州或联邦法律、政府命令或法规,或者其他制片公司无法控制的使其免于履约的法定原因,制片公司在该影片的制作过程中被阻止或限制,或者由于美国几乎所有影院关闭——这是使制片公司免于履约的法定理由,制片公司的电影制作被推迟或暂停,或者由于任何上述意外事件或任何不在制片公司控制范围内的任何其他原因或事件（包括但不限于该影片任何主要演员的死亡、疾病或丧失工作能力的），该影片的筹备、制作受到中断迟延，以及/或者如果制片公司的正常业务经营因制片公司无法控制的任何破坏性事件（"制片公司无能力"）而受到中断或干扰，则制片公司可以在制片公司无能力的持续期间内推迟导演服务的开始或者中止其服务；在中止期间，不产生且无须支付任何导演报酬。该中止应在其原因停止时终止。

（b）终止：

（1）制片公司的终止权：如果制片公司无能力持续达6周，制片公司有权书面通知导演终止本协议。

（2）导演的终止权：如果制片公司无能力导致报酬的支付被中止超过6周，导演应有权书面通知制片公司终止本协议。

（3）制片公司恢复权：即使导演选择终止本协议，但在制片公司实际收到导演书面终止通知后的__天内，制片公司有权选择恢复本协议的履行。

15.导演无能力：

（a）导演无能力的影响：如果由于精神或身体上的残疾，导演7天或者累计超过10天不能履行或遵守本协议的任何条款或条件（"导演无能力"），制片公司有权书面通知导演终止本协议。

（b）检查权：如果导演本人或由他人代表主张任何精神或身体残疾，制片公司有权让其指定的医生为导演检查。导演的医生可以在此类检查进行时在场，但不得加以干涉。对导演进行的任何检查都应是与将就导演的主张而进行的治疗、诊断或者检查相关的并惯常适用的。

16.导演的违约：如果导演未能或拒绝履行或遵守任何本协议条款或条件的规定（除因为导演无能力外）（"导演违约"），则制片公司有权书面通知导演终止本协议。导演违约不包括：由于导致导演无法履行其服务的制片公司的违约或其他行为，导演未能或拒绝履行或遵守本协议的实质性条款。在制片公司因导演违约而终止本协议之前，制片公司应通知导演并指明导演违约的性质，导演在制片公司给出此类通知后有48小时对违约进行补救（前提是根据制片公司单方面决定权，该违约是可以补救的）。如果导演在上述48小时内未能补救违约，则制片公司可立即终止本协议。

17.终止的效力：终止无论是出于到期、双方同意、法律规定、终止权的行使还是其他原因，均应：

（a）终止制片公司向出借方支付任何进一步报酬的义务。但是，如果终止不是因为导演违约，则制片公司应向导演支付任何在终止前到期和未付的报酬。

（b）制片公司不应被视为在终止前放弃其可能拥有的任何其他权利、变更与导演提供服务有关的制片公司权利或任何协议与保证。

18.制片公司中止权：如果导演无能力或导演违约，制片公司可以书面通知推迟导演提供服务的起始日或暂停本协议的时间进行，推迟或暂停的时间及于导演丧失工作能力或违约的持续期间；在暂停期间内，不产生且无须支付任何导演报酬。

（a）导演的补救权：任何导演无能力或导演违约将被视为持续至制片公司收到导演的书面通知，明确导演已准备就绪、愿意并能够履行本协议所要求的服务；但任何导演向制片公司发出的此类通知不得妨碍制片公司行使任何制片公司可能由于导演无能力或导演违约而基于本协议、普通法或衡平法享有的权利或救济。

（b）替代服务的限制：在本协议的任何中止期间，导演不得为制片公司以外的任何自然人、公司或法人提供服务。但是，导演有权在制片公司无能力的任何中止期间向第三方提供服务，然而，制片公司有权提前24小时通知导演并要求其恢复提供本协议的服务。

（c）制片公司延期权：如果制片公司根据本协议约定选择中止导演的服务提供，则制片公司有权（可随时行使）延长导演的服务期限，延长期相当于中止的时间。

（d）附加服务：如果制片公司在任何导演无能力或导演违约期间向导演支付了报酬，则制片公司有权（可随时行使）要求导演在一定期间内无偿提供本协议项下的服务，上述服务期间等同于制片公司在导演丧失工作能力或导演违约期间已为之支付报酬的时间。

19.进一步保证：

（a）导演在此保证，无论是出于法律或是其他，导演没有以任何方式或在任何程度上将阻止或限制导演签订并完全履行本协议的义务或能力缺陷。导演保证，未签订或做出任何阻止其履行其对制片公司的承诺的其他协议或承诺，并且未经制片公司的特别批准，导演不会签订或做出任何此类协议或承诺。导演在此接受本协议项下的义务，并同意将其全部时间和精力以及最佳才能根据本协议排他地为制片公司提供服务，并遵守且受控于制片公司为其雇员制定的行为准则。

（b）补偿：导演应始终就因任何人或实体提出的与导演的陈述、保证或同意不一致的索赔、要求或诉讼请求所产生或相关的任何或所有成本、费用、损失、损害、判决和律师费，对制片公司及其继受人、受让人和被许可人进行赔偿并使之免受损害。在制片公司支付上述赔偿所涉及的任何责任、损失、损害、成本或费用后的任何时间，导演将根据制片公司的要求对其进行补偿。

20.救济：制片公司或导演根据本协议或其他依据所享有的所有救济应是累积的，任何一项救济不应排除任何其他救济。在制片公司没有放弃任何本协议或其他的权利或救济的情况下，制片公司可以随时通过诉讼获得因导演违反本协议而产生的任何损害的赔偿，并可以启动并维持后续诉讼以获得因同一或其他违约产生的其他损害的赔偿。除非制片公司明确以书面形式通知，否则制片公司开始或维持任何此类诉讼的行为不构成或导致导演服务的终止。制片公司或导演追求任何本协议下的或其他的救济，不应视为放弃本协议下的或其他的任何可获得的另外或不同的救济。

导演承认，如果制片公司违反本协议的义务，由此给导演造成的损害（如有）不是无法弥补的且不足以引起获得禁令或其他衡平法救济的权利。导演承认，如果制片公司违反本协议，导演的权利和救济（如有）仅限于在普通法诉讼中追讨损害赔偿金，并且在任何情况下，导演均无权因任何此类违约而撤销本协议或本协议授予制片公司的任何权利，或禁止或限制根据本协议制作的影片的发行和开发以及作品的使用或开发。

21.保险：制片公司可为导演投保人寿险、健康险、意外险、卡司保险或其他保险，其费用应被纳入影片的直接费用。该等保险应仅为制片公司的利益，制片公司为受益人，导演对该保险的收益不享有利益。导演应通过配合进行必要的检查并准备、签署和交付可能合理要求的此类申请和其他文件，协助购买此类保险。导演应尽其所能在确保该等保险持续有效的必要限度内，遵守制片公司告知出借方的此类保险所有条款和条件。

如果制片公司无法以现行标准费率获得涵盖导演的前期筹备或卡司保险，且无任何性质的排除、限制、条件或例外，则导演有权支付任何超出现行标准费率的保费以使制片公司获得此类保险。如果导演未能或拒绝支付此类超额保险费，或者如果制片公司已获得此类保险，而导演未遵守该保险持续有效所必需的所有条款和条件，则制片公司有权通过向导演发出书面终止通知而终止本协议并无须承担任何义务。

22.其他人员的聘用：导演同意，未取得制片公司事先书面许可，不聘用任何人以任何身份提供服务，不因购买或租赁任何文章或材料而签约，也不因任何与影片、导演根据本协议提供的服务有关的原因，而达成任何承诺由制片公司支付任何款项的协议。

23.转让：本协议应由制片公司选择以其管理人员、继受人、受让人、被许可人、被授权人或相关、附属和子公司为受益人，并且导演同意制片公司及其后的任何受让人可以自由地转让本协议并将其权利全部或部分授予任何自然人、公司或法人，但该自然人、公司或法人应以书面形式承担并同意保持和履行制片公司在本协议项下的所有有效义务。导演不可转让本协议。

24.协会会员：在此类要求合法的限度内，导演应在本协议期间内保持作为美国导演协会的会员的良好声誉。如果导演未能或拒绝满足此类要求，制片公司有权在此后的任何时间终止本协议，并且导演将赔偿制片公司承担的任何责任，包括美国导演协会对制片公司的任何罚款。对于在任何集体谈判协议范围内提供的导演服务，制片公司有权获得最低付款要求下所允许的最大权利。

25.仲裁：本协议引起的或与之相关的任何争议、索赔或任何违约行为，均应根据《基础协议》通过仲裁予以解决。

26.适用法律：本协议应根据州适用于在该州内签署并完全履行的协议的法律进行解释。

27.文本：本协议签署一式多份，每一份均为原件，所有这些文本共同构成同一法律文件。接受当事人的传真或电子签名，并且与原始签名具有同等效力，任何一方同意向另一方提供原始签名。

以下签字方于20__年__月__日签署并同意。

____

简·多伊（比格制片公司代表）

（制片公司）

____

亨利·史密斯

（导演）

附件__

净利润定义

附件__

后期制作时间表

演员

演员聘用协议包含编剧和导演协议中的许多条款。协议通常将雇主称为“制片人”，将雇员称为“演员”。

演员的聘用协议将授予制片人在电影及其广告和宣传材料中使用演员姓名和肖像的权利。制片人也可以获得为商业营销而使用演员姓名和肖像的权利，在这种情况下，演员将有权从制片人的收入中获得一定百分比的分成。

通常，制片人将提供角色所需的服装。然而，如果正在拍摄一个当代故事，制片人可能要求演员提供他自己的服装。在这种情况下，制片人通常对此类服装有批准权，并且演员应获得一笔清洗津贴。

聘用儿童演员需引起特别关注，因为未成年人可能会撤销合同。[1]制片人无法执行一份被撤销的合同。但是，加利福尼亚州法律规定，当未成年人被聘为演艺人员时，如果该合同事先得到了高等法院的批准，那么他/她便不能撤销该合同。[2]未成年人或雇主必须申请高等法院确定该合同对未成年人是否公平。加州法律现在要求将未成年人收入的15%存入他/她的信托基金。

聘用未成年人时，雇主还必须遵守其所在州的《劳工法典》和劳工标准执法处的规定。例如，加利福尼亚州的雇主必须从劳工标准执法部门获得工作许可证。[3]未成年人不能从事危险或对其健康、安全、道德或教育不利的工作，[4]并且他们不能表演特技。电影制作人不应拍摄出生不满15天的婴儿。工作时间是受限的，学龄内的未成年人在学年内必须每天接受3小时的学校教育。[5]16岁以下的未成年人必须有父母或监护人[6]在拍摄现场。[7]违反童工法的行为属于轻罪，可被判处高达10000美元的罚款，或被判处在县监狱长达六个月的监禁，或被同时判处罚款和监禁。

演员聘用协议可能包含一个“道德”条款，要求演员行事不得违反公共习俗或受到公众的仇恨、蔑视或嘲笑。如果行为人违反本条款，雇主有权终止协议。

雇主可能想要帮演员购买人寿险、意外险或健康险。通常，雇主要求演员接受身体检查以获得该等保险。如果雇主无法以标准费率获得保险，则有权终止聘用协议。如果演员未通过身体检查或投保被拒，雇主需要及时通知演员。

聘用电视连续剧演员的制片人希望对该演员的服务享有至少五年到七年的选择权。演员可能不得不拒绝与此承诺相冲突的有吸引力的邀约。在演员签订独家协议之前，他还需要考虑这是否将会限制他在院线电影、新媒体、舞台剧和商业广告等相关领域的表演。

谈判者有时试图通过同意“最惠国待遇”条款来快速解决问题。这种规

---

[1] 详见《加利福尼亚民法典》第6710节。

[2] 作为替代，一些制片人会让其父母签署赔偿协议，以补偿未成年演员撤销合同给制片人带来的任何损失。

[3] 《加利福尼亚行政法典》第8编，第11751节。

[4] 《加利福尼亚行政法典》第8编，第11751（b）节。

[5] 《加利福尼亚教育法典》第48224节。

[6] 未成年人的所有法定监护人均应批准未成年人的参与，而不仅是有生活监护权的父母。

[7] 《加利福尼亚行政法典》第8编，第11757节。

定保证，影片的其他演员将不会获得更有利的条款。如果另一位演员谈得了更好的条款，那么对于拥有“最惠国待遇”条款的演员，其交易条款必须升级到相同的程度。初出茅庐的演员接受“最惠国待遇”条款是明智的，因为如果有一个影响力更大的演员得到了更好的条款，那么这个刚刚起步的演员将随之受益。然而，值得注意的是，一些主要电视网和影视公司近来不愿意接受该等“最惠国待遇”条款，除非你是乔治·克鲁尼或J.J.艾布拉姆斯（J. J. Abrams）。

当新人签订系列剧协议时，他/她几乎没有讨价还价的能力。该协议将规定未来几年应付的报酬金额。如果该系列剧成为爆款，该演员可能成为明星，此时，他/她可能会认为协议条款没有给他/她合理的报酬，并且可能因受制于该等协议条款而心生怒气。有了这种新得到的势力，他/她可能尝试重新谈判这一协议并获得更有利的条款。有时候，为使协议对其有利，明星会拒绝工作、变得不配合或以“生病”为由对雇主施压。雇主可能以起诉相威胁，但通常双方会达成妥协，因为任何一方都不想失去这个赚钱的机会。

演员聘用协议示例

（联合工会院线发行）

持续聘用

按周

周薪

一周

最短聘用

本协议由_____（以下简称“制片人”）与_____（以下简称“演员”）于20__年__月__日签署。

1.电影、角色、薪酬和保证：制片人在此聘请演员，提供出演电影中_____一角的服务，其工作头衔现在为“_____”，薪酬为每个“影棚周”$___。（对于每个在拍摄地通宵的周六，附件B的演员必须获得额外的加班费，即四个小时的正常工作时间费用。）演员接受以本协议条款为基础的聘用。制片人保证聘用演员不少于____周（如果此处没有填写，则保证聘用期间应为一周）。演员应就超出保证期间的每一天按比例获得报酬，直到解除聘用。

2.期限：本协议聘用的期限应于____或大约在____开始，并持续至完成对上述角色的拍摄和录音。

3.基础合同：联合工会与制片人之间目前有效的集体谈判协议中与院线电影有关且适用于本协议演员聘用的全部条款，应被视为包含于本协议中。

4.演员的地址：制片人被要求或想要给演员的全部通知，可以通过邮寄（演员地址：__________________）送达，或者以当面口头或书面通知演员的方式送达。

5.演员的电话：演员必须使得制片人的演员办公室或上述电影的助理导演始终可以通过电话找到演员的位置，且不会有不合理的延迟。演员当前的电话号码是_________。

6.电影救济基金：演员在此授权制片人从上述约定的报酬中，扣除本协议规定应付给演员的每一期报酬的____%，并将上述扣除金额支付给美国电影和电视救济基金有限公司。

7.戏服的提供：演员同意提供所有现代戏服并穿着为演绎上述角色合理必要的服饰；但是，双方同意，如果需要所谓“特型”或“年代”服装，则由制片人提供。当演员提供任何戏服时，其应获得基础合同中规定的清洗津贴和补偿（如有）。

演员提供服装的套数：

_______ @ $_______

（正式的）_______ @ $_______

8.争议的仲裁：如果双方因本协议或本协议规定的聘用而产生任何纠纷或争议，则此类纠纷或争议应根据制片人与联合工会之间与院线电影有关的集体谈判协议的调解和仲裁条款通过调解和仲裁来解决和裁决。该等条款在此被引用，并通过此引用纳入本协议中，作为本协议的一部分，且与在本协议中详细列出的条款内容具有同等的效力。

9.演员的救济：演员承认，如果制片人违反本协议规定的任何义务，对演员造成的损害（如有）不应是无法弥补的且不足以产生获得禁令或其他衡平法救济的权利。演员承认，如果制片人违反本协议，演员的权利和救济仅限于在普通法诉讼中获赔损害赔偿金的权利（如有），并且在任何情况下，演员均无权因上述违约而解除本协议或对制片人的授权，或者禁止或限制根据本协议制作的电影的发行、宣传或开发。

10.下一个开始日期：演员下一次聘用的开始日期是：____________。

11.协会会员：在本协议期间，在该等要求合法的限度内，演员应当保持作为一名声誉良好的联合工会会员。如果演员未能或拒绝满足该要求，制片人有权在此后的任何时间终止本协议，演员将赔偿制片人由此承担的任何责任，包括联合工会对制片人的任何罚款。对于演员提供的集体谈判协议范围内的服务，制片人有权获得该协议所允许最低付款要求对应的最大权利。在没有得到联合工会书面同意的情况下，演员不得放弃本合同的任何条款。

12.宣传材料：制片人有权独家制作一部或多部30分钟以下的宣传片，并根据联合工会协议列出的所有条款和规定利用其中的演员服务的成果和收益。演员同意，在本协议聘用期内，应制片人的要求，为上述宣传片提供此类服务。并且，演员进一步同意，制片人在宣传片中使用有演员出现在其中的电影片段和幕后镜头。但如果演员出现在其中，制片人应在每部此类宣传片首次在电视上使用或对付费观众使用后的10天内，向演员支付联合工会协议规定的数额________。

13.姓名和肖像：制片人应拥有自行使用和授权他人使用演员姓名、艺名、照片、肖像、声音（实际或模拟的）和/或漫画的专有权，并且就关于电影以及与商业广告和宣传合作有关的对电影进行的任何方式和途径的广告、宣传、放映和/或其他开发利用，有权通过任何方式模拟演员的声音、签名和外貌。

14.商品化：制片人还被授予进一步的专有权和许可（但仅与电影中演员出演的角色有关）以在商品化和/或出版活动中自行和许可他人使用演员的姓名、艺名、照片、肖像、漫画和/或签名（本协议中统称为“姓名和肖像”）。作为上述授权的对价，除演员署名外，制片人应为在商品化和出版物中对演员姓名和肖像的使用，按比例向演员支付（在被使用了姓名等的所有演员之间分配）在扣除了50%的发行费、制片人与之相关的现付费用后制片人实际得到的总款项的百分之二点五（2½%）。

15.音轨：制片人还被授予自行和许可他人在商业唱片和专辑里使用电影音轨中演员的声音并广告和宣传上述使用的专有权利，以及在商业唱片和专辑的封皮和标签上使用演员的姓名和肖像的专有权利。如果制片人使用演员的声音发行或授权发行此类唱片或专辑，则制片人应向演员支付相应的美国电视与广播艺人联合会（American Federation of Television and Radio Artists，简称为AFTRA）标准数额的钱款。

16.就业资格：本协议中制片人所有义务的明确前提条件是演员令制片人满意地完成I-9表格（《就业资格审查表》），且演员向制片人提交的原始文件足以向制片人证明演员的就业资格。

17.文本：本协议签署一式多份，每一份均为原件，所有这些文本共同构成同一法律文件。接受当事人的传真或电子签名，并且与原始签名具有同等效力，各方同意向另一方提供原始签名。

兹证明，以下签约方已于首页日期签署本协议。

制片人_______________

签字人_______________

演员_______________

社会保险号码__________

低预算、非工会、按日聘用演员协议示例

本协议由比格迪尔娱乐股份有限公司（一家加利福尼亚州公司）（以下简称“制片人”）和_____（以下简称“演员”）于20__年__月__日签订。

A.制片人拟根据暂定名为“_____”的特定剧本（以下简称“剧本”）制作一部院线电影（以下简称“影片”），该影片将在影院首次公映。

B.制片人希望根据本协议的条款和条件（包括附件），使用演员与影片相关的服务。

因此，双方一致同意如下：

1.影片、角色、薪酬和保证：制片人在此聘请演员提供出演剧本中_____一角的服务，薪酬为每天$_____。演员接受本协议条款规定的聘用。制片人保证对演员的聘用不少于____天。

2.期限：本协议的聘用期限（大约）始于20__年__月__日（“开始日”），并持续至20__年__月__日或完成对该角色的拍摄和录音。

3.演员的地址：制片人被要求或想要给演员的全部通知，可以通过邮寄（演员地址：____）或者以当面口头或书面通知演员的方式送达。

4.演员的电话：演员必须使得制片人的演员办公室或所述影片的助理导演始终可以通过电话找到演员的位置，且不会有不合理的延迟。演员的当前电话号码在本协议尾部列明。

5.戏服的提供：演员同意提供所有现代戏服并穿着为演绎上述角色合理必要的服饰；但是，双方同意，如果需要所谓“特型”或“年代”服装，则由制片人提供。当演员提供任何戏服时，其应获得基础合同中规定的清洗津贴和补偿（如有）。

演员提供服装的套数：

_______ @ $_______

（正式的）_______ @ $_______

6.下一个开始日期：演员下一次聘用的开始日期为______________。

7.非工会影片：制片人郑重表示，其不是联合工会集体谈判协议或任何其他工会或协会协议的签约方。演员保证，其不是任何会籍会阻碍演员在该影片中工作的工会或协会的会员。

8.宣传片：制片人有权独家制作一部或多部30分钟以下的宣传片，并根据联合工会协议列出的所有条款和规定利用其中的演员服务的成果和收益。演员同意，在本协议聘用期内，应制片人的要求，为上述宣传片提供此类服务。并且，演员进一步同意，制片人在宣传片中使用有演员出现在其中的电影片段和幕后镜头。但如果演员出现在其中，制片人应在每部此类宣传片首次在电视上使用或对付费观众使用后的10天内，向演员支付100美元。

9.姓名和肖像：制片人应拥有自行使用和授权他人使用演员姓名、艺名、照片、肖像、声音和/或漫画的专有权，并且就关于电影以及与商业广告和宣传合作有关的对电影进行的任何方式和途径的广告、宣传、放映和/或其他开发利用，有权模拟演员的声音、签名和外貌。

10.商品化：制片人还被授予进一步的专有权和许可（但仅与电影中演员出演的角色有关）以在商品化和/或出版活动中自行和许可他人使用演员的姓名、艺名、照片、肖像、漫画和/或签名（本协议中统称为“姓名和肖像”）。作为上述授权的对价，除演员署名外，制片人应为在商品化和出版物中对演员姓名和肖像的使用，按比例向演员支付（在被使用了姓名等的所有演员之间分配）扣除了50%的发行费、制片人与之相关的现付费用后制片人实际得到的总款项的百分之二点五（2.5%）。

11.差旅费：当且仅当制片人要求演员在距离演员主要居住地超过75英里的地方提供服务时，演员根据本协议对交通和费用享有的权利才是有效的。根据本协议提供给雇员的任何每周费用津贴应按每日1/7的比例分配到每天。演员应就使用其汽车前往远途工作地以每英里__的费率获得补偿。

12.涵盖一切服务的付款：本协议项下支付给演员的所有款项应被视为对演员为影片提供的所有服务公平合理、包含全部费用的报酬，并应被视为对授予制片人的所有权利完全买断而支付的，制片人无须因通过全世界范围内任何媒体开发利用影片和演员服务的成果和收益而根据集体谈判协议（如有）或者以复播复映报酬、重播费、养老金缴纳或其他款项的名目而向演员另行支付任何其他费用。

13.仲裁：本协议应根据适用于在加利福尼亚州内签署并完全履行的协议的加利福尼亚州法律予以解释。本协议的任何争议将根据本协议生效之日有效的《独立电影电视联盟国际仲裁规则》(以下简称为《独立电影电视联盟规则》)，通过最终且有约束力的仲裁予以解决。任何一方放弃在任何其他法院或裁决地裁决任何争议的权利，但任何一方可在仲裁开始前寻求《独立电影电视联盟规则》允许的临时救济。仲裁将在本协议指定的裁决地进行，如果没有指定，则由《独立电影电视联盟规则》确定。双方将遵守仲裁中的任何决定，任何有管辖权的法院均可予以强制执行。双方服从裁决地有管辖权的法院对仲裁的强制适用和对仲裁裁决的确认。双方同意接受符合《独立电影电视联盟规则》的送达程序。胜诉方有权向败诉方主张其支付的合理律师费和审理费用。

14.演员的救济：演员承认，如果制片人违反本协议规定的任何义务，对演员造成的损害（如有）不应是无法弥补的且不足以产生获得禁令或其他衡平法救济的权利。演员承认，如果制片人违反本协议，演员的权利和救济（如有）仅限于在普通法诉讼中获得损害赔偿金，并且在任何情况下，演员均无权因上述违约而解除本协议或对制片人的授权，或者禁止或限制根据本协议制作的影片的发行、宣传或开发。

15.就业资格：本协议中制片人所有义务的明确前提条件是演员令制片人满意地完成I-9表格（《就业资格审查表》），且演员向制片人提交的原始文件足以向制片人证明演员的就业资格。

16.文本：本协议签署一式多份，每一份均为原件，所有这些文本共同构成同一法律文件。接受当事人的传真或电子签名，并且与原始签名具有同等效力，各方同意向另一方提供原始签名。

兹证明，双方已于前述日期签署本协议。

同意并接受

____

（签名）

____

"演员"（印刷体签名）

演员地址：______________

演员电话：______________

演员社保号码：______________

同意并接受

比格迪尔娱乐公司，

签字人：______________

制片人帕特，董事长

按日聘用演员协议附件示例

3

1.服务/期限：制片人聘用演员出演主协议中约定的角色，使演员在制片人指定的时间和地点提供演员在电影长片中惯常提供的所有服务，并在所有事项上遵守制片人的指示。在不限制前述规定通用性的前提下，演员的服务应符合以下要求：

（a）开始日期：影片的主要拍摄应在或大约在20__年__月__日开始，但不得迟于20__年__月__日。开始日期应相应无须通知地自动顺延任何违约、无能力和/或不可抗力持续的期间（上述术语会在下文定义，且无论演员的服务是否被因此终止），或由于任何外景拍摄场地要求、导演和/或演员的档期安排、天气状况和/或其他类似的突发事件而相应无须通知地自动顺延。

（b）排他性：根据本协议提供的演员的服务，在前期筹备期是非排他但第一优先的，在拍摄期是排他的，在后期制作期是非排他但第一优先的。

（c）重拍和其他额外服务：在期限内及期限后，演员应在重拍、添加场景、透明度调整、补拍特写、修改音轨（包括配音演员配音和演员自己配音）、合成镜头、特技镜头、预告片的制作和影片改变为外国版本的过程中，提供制片人希望其提供的服务。该等额外服务的报酬应根据主协议第1条支付，但如果该等额外服务是在制片人有义务支付或已经支付了演员报酬的任何期限内提供的，或者此期限内制片人有权无偿获得演员服务，则无须为该等额外服务支付任何报酬。

（d）晚上、周末、假日、工作时间：演员不因其在晚上、周末、假日或任何服务小时数届满后提供的服务，而获得或应被支付增加的或额外的报酬。

2.署名：制片人没有义务在付费广告和/或宣传中给予演员署名，尽管制片人可以自行决定选择不时地给予演员此类署名。制片人应按照惯例给予演员共享银幕署名。任何对本条规定的偶然或无意违反，或任何第三方的违反，均不得视为制片人和/或该第三方违反本协议。

3.权利：演员授予制片人享有在全球范围内的永久权利，对演员进行静止和移动的拍摄和重新拍摄、通过任何现有的或未来的方式或方法对演员的声音和表演进行录音和重新录音、使用替身演员和配音演员，以及为了或关于影片、音轨（包括原声专辑）、预告片和纪录片和/或制作特辑和所有广告（包括在原声专辑、视频带、视频光碟、文字出版物等的封套、护封和其他包装上的演员姓名和肖像）、商品化、商业合作、宣传和其他对影片及其任何元素相关的权利的开发方式，使用和授权他人使用演员的姓名、声音和肖像。制片人应拥有演员在本协议项下所有服务的成果和收益（包括版权）的所有权，而上述所有权人有权（在全部其他所有权中）：（i）将该等成果和收益使用在与影片相关的广告和宣传中；（ii）以任何现有或未来的方式复制该等成果及收益；（iii）为在影片中使用，将该等成果及收益与其他人制作的照片及录音结合；（iv）为盈利或非盈利、商业或非商业以及交易目的，在影院、广播和电视以及在任何其他现有或未来的媒体上展示和表演此类成果和收益；以及（v）将其权利许可和转让给任何其他人或制片人。在不以任何方式限制前述内容的情况下，本协议项下演员服务的成果和收益包括演员关于影片前期筹备或正式制作而创作、提交或插入的任何和所有材料、文字、写作、想法、“笑料”、对话、旋律和歌词（下称“材料”）。所有上述材料及其版权以及现在或以后提供的所有版权的续展、延期或归复，应自动成为制片人的财产，制片人应被视为其作者。演员同意并承认，演员服务的所有成果和收益是1976年《版权法》意义上的特别定制和委托的“雇佣作品”，并在主协议中规定了报酬。演员在此明确放弃对由演员创作或贡献的任何材料（包括演员的所有表演）的任何道德权利或“精神权利”。

4.不可抗力：本协议使用的术语“不可抗力”是指流行病、天灾、罢工、停工、劳动条件，以及材料、运输、电力或其他商品的不可用，公共承运人的延误、内乱、骚乱、战争或武装冲突（无论官方是否宣战）、任何法律的实施、任何行政或司法命令或法令的签发，制片人、导演、其他主要演职人员的违约或丧失工作能力，投资方或完片担保方违约，或制片人无法控制的导致影片制作中断、严重妨碍或干扰影片制作的类似情形。

5.保险：演员保证，据其所知，其健康状况良好，并且在保险人没有任何异常的免责或责任限制的情况下，演员不存在任何的状况，阻碍制片人以符合演员的年龄和性别的正常费率为演员获得生命、健康、意外、卡司或其他保险。

6.扣留：制片人可从本协议项下的任何应付款项中扣除并扣留其合理认为法律要求其扣除并扣留的金额。

7.转让：制片人有权自由地将本协议及本协议授予的任何权利全部或部分转让给任何自然人、公司或法人或实体，本协议包含的任何内容均不构成任何相反的规定。在受让人承担其所受让的权利所对应的制片人的义务后，制片人应被免除所有此类义务。制片人还有权通过合并或实质上转移本协议中制片人所有资产，将演员的服务租借给作为制片人的子公司、母公司或关联公司或继受人的自然人、公司或法人。演员同意尽其所能为作为出借对象的自然人、公司或法人提供服务。

同意并接受：

____

演员

临时演员协议示例

制片人：

影片：

雇员聘用日期：

角色：

雇员姓名：

地址：

电话：

家庭电话：

工作电话：

社会保险号：

费用：

其他条款：

聘用的条款和条件

1.工资的支付：工资应不晚于服务履行当周后的周五支付给所有雇员。支付日期可能会因为联邦或州假期而延迟。为确保及时付款，雇员应在工作周结束时提交计时卡。未完全填写这些表格的雇员将不会获得报酬。

2.雇员不应获得额外的加班、倒班或其他按小时支付的工资，除非本交易备忘录中明确规定。

3.晚上、周末、假日工作时间：除非本交易备忘录另有明确规定，否则雇员不因在晚上、周末、假日或在任何期间的任何特定服务小时数届满后提供服务而获得或应被支付任何增加的或额外的报酬。

4.制片人将大约每6个小时提供一次用餐休息和/或食品服务。

5.1986年《移民改革和控制法案》(*Immigration Reform and Control Act*，简称为IRCA)：本协议项下的聘用（或服务聘用）要求雇员提供《移民改革和控制法案》要求的必要文件，并根据《移民改革和控制法案》的要求填写和签署所需的I-9表格。雇员应遵守法律要求的移民证明就业资格规定。

6.在工作时间内使用酒精或药物将导致聘用立即终止。

7.除本交易备忘录另有规定，否则雇员对本交易备忘录提及的电影（“影片”）的制作在所需的期间内提供的服务是排他性的。

8.银幕署名是由制片人自行决定的，并取决于雇员在期限届满时对所要求服务的履行情况。

9.除非本协议另有明确规定，否则雇员在本协议下的聘用期不以完成整个拍摄日程为准，也不保证任何固定的聘用期限。制片人保留随时解雇雇员的权利，仅有义务支付任何已经到期的保证报酬余款。制片人将努力在裁员前至少24小时通知雇员。如果发生雇员丧失劳动能力或违约，或者因为劳动纠纷、罢工、地震、天灾、政府行为、规定或法令或其他通常的不可抗力原因导致对制作的任何暂停、延期或妨碍，制片人可选择立即暂停和/或终止本协议，且不承担进一步的义务。

10.本交易备忘录和临时演员授权书（见附件，作为本备忘录的一部分）的条款和条件对制片人和雇员均有约束力，且不应以任何方式被放弃或变更。

11.制片人应是雇员提供服务产生的所有成果和收益（作为职务作品）的所有人，并有权自行和许可他人就影片及其广告、宣传以及任何与影片相关的宣传片或片段使用雇员的姓名、声音、图片和肖像，并无须因此支付额外的费用。

12.本协议应根据适用于在州内签署和完全履行的协议的该州法律进行解释。本协议下的任何争议将根据本协议生效之日有效的《独立电影电视联盟国际仲裁规则》（以下简称《独立电影电视联盟规则》）通过终局且有约束力的仲裁予以解决。各方放弃在任何其他法院或裁决地裁决任何争议的权利，但可在仲裁开始前寻求《独立电影电视联盟规则》允许的临时救济。仲裁将在本协议指定的仲裁地进行，如果没有指定，则由《独立电影电视联盟规则》确定。双方将遵守仲裁中的任何决定，且任何有管辖权的法院均可予以强制执行。双方服从仲裁地有管辖权的法院对仲裁的强制适用或对仲裁裁决的确认。双方同意接受符合《独立电影电视联盟规则》的送达。胜诉方有权主张其合理支出的律师费和审理费用。

13.雇员承认，如果制片人违反本协议规定的任何义务，对雇员造成的损害（如有）不应是无法弥补的且不足以产生获得禁令或其他衡平法救济的权利。雇员承认，如果制片人违反本协议，雇员的权利和救济仅限于在普通法诉讼中获得损害赔偿金的权利（如有），并且在任何情况下，雇员均无权因上述违约而解除本协议或对制片人的授权，或者禁止或限制根据本协议制作的影片的发行、宣传或开发。

14.本协议签署一式多份，每一份均为原件，所有这些文本共同构成同一法律文件。接受当事人的传真或电子签名，并且与原始签名具有同等效力，各方同意向另一方提供原始签名。

雇员接受上述所有雇用条件。

同意并接受：

雇员签名：________________

日期：________________

制片人签名：________________

日期：________________

附件

临时演员授权书

为10美元以及其他有效且有值的对价（在此确认已经收到），我永久地授予比格迪尔娱乐公司（“制片人”）及其被许可人、受让人和其他利益继受者，对与目前名为《______》的电影（“影片”）有关的我的表演、外表、姓名和/或声音及其成果和收益（“表演”）在世界范围内的各种性质和特点的权利。我在此授权制片人（在胶片、录像带或其他载体上）拍摄和录制表演；根据自己的判断去剪辑表演，将其与其他人的表演以及声音效果、特效和音乐相结合；决定是否将其纳入影片或其他节目中；以任何方式或媒体使用及许可他人使用此类录音和照片（包括但不限于为宣传、广告和促销的无限制使用）；为影片、商业合作、商品化或其他目的使用我的名字、肖像、声音、履历或我的其他信息。我同意制片人享有我就本协议提供的服务产生的所有权利和收益（作为雇佣作品），在任何情况下我都无权限制或以任何方式干扰影片的发行、展出和开发或在此授予的权利或就此发布的广告。我在此不可撤销地放弃任何衡平法救济或禁令救济的权利。本协议通过传真和/或电子扫描（例如PDF）签署一式多份。

同意并接受：

____________日期：________

临时演员

制片人

制片人不像以前那么有权力了。在大制片厂时代，为制片公司工作的制片人可以对签署长期合同的明星和导演行使很大的权力。然而，现在制片人、导演和明星都是独立的自由职业者。制片公司往往重视其与演员和导演的关系甚于其与制片人的关系。如果制片人和导演之间发生冲突，制片公司可能会发现，解雇制片人比解雇导演的成本更低且破坏性也更低。还有另外的情况，一些演员和导演建立了自己的制片公司，并聘请制片人为他们工作。显然，这些制片人可以对其雇主行使的权力少之又少。

制片人通常被称为“独立制片人”。尽管他们可能不是排他性地与某一家制片公司绑定，但大多数都不是独立的。他们可能会严重依赖制片公司来融资，发行他们的影片。

制片人的角色千差万别，取决于他/她的技能和背景、他/她的合作者的优点和缺点，以及电影是为制片公司制作的还是独立融资的。相较于具有金融或发行背景的制片人，像史蒂文·斯皮尔伯格这样具有丰富制片经验的制片人往往更多地参与制作的创作方面。与新导演一起工作的资深制作人将比与资深导演合作的新制片人发挥更大的作用。自己募资的制片人比为制片公司的电影工作的制片人有更多的权力和控制力。

今天的电影和电视节目通常包含许多制片署名。例如，我看过一些电影，其中包括“出品人”“联合出品人”“制片人”“联合制片人”“助理制片人”“执行制片人”“监制”“制片顾问”以及“制片主管”。为什么制片人署名会激增呢?

美国制片人协会[1]（Produces Guild of America，简称为PGA）并不是制片公司所承认的工会或协会。制片公司认为制片人属于管理层，并且拒绝签订将会限制制片公司授予署名的能力的集体谈判协议。不同于与美国导演协会和美国编剧协会达成的严重限制制片公司为导演和编剧分配署名的能力的协议，制片公司可以随意分配制片人的署名。因此，制片公司可以把制片署名作为特别待遇给予没有从事制片工作的人。例如，一名个人经理人可能因其将客户带入一个项目而获得“出品人”署名，即便该经理人未发挥任何制片职能。制片人署名的激增贬损了其价值。

为了应对作为特别待遇的制片人署名的激增，美国制片人协会采用了一个认证标志“p.g.a.”，这是一个职衔，它出现于电影中获得“制片”署名的特定制片人名字之后。该标识表明相应的制片署名符合美国制片人协会的标准，即署名的制片人在电影中履行了大部分制片职责。美国制片人协会想让观众知道，在一长串署名人的名单中，哪些制片人实际执行了制片人的任务。制片人不必成为美国制片人协会的成员就有资格获得认证，但只有申请“p.g.a.”标志且经协会批准的制片人才能使用该标识。那些没有请求获得认证标识或被美国制片人协会拒绝的制片人仍然可以在制片公司的同意下获得“制片”署名。所有大制片公司现已同意在银幕署名中使用此认证标识。[2]有关该标识

[1] www.producersguild.org.

[2] www.producersguild.org/news/131860/All-Major-Studios-Adopt-Producers-Mark-Certification.htm.

的更多信息，请访问美国制片人协会网站：www.producersguild.org/？ page = Producer_mark。

制片人职能通常分为“出品人”和“执行制片人”。出品人是交易者、金融家，他/她可能会同时制作几个项目，经常聘请一位执行制片人为他/她工作。执行制片人是负责组织拍摄的关键人物，他/她将聘请剧组人员、订购物资和设备、制订摄制计划和预算、搜索拍摄地，并确保导演制作电影所需的一切都准备就绪。在制作过程中，执行制片人一次只能处理一个项目。

制片人协议的薪酬和条款差异很大。以下是低预算院线电影的执行制片人合同示例。

执行制片人聘用协议示例

本协议由______娱乐公司（一家加利福尼亚州公司）（以下简称“制片公司”）与______（以下简称“雇员”）于20__年__月__日签署。

本协议在下列事实的基础上签署：

A.制片公司拟根据暂定名为《____》的剧本（以下简称“剧本”）制作院线电影（以下简称“影片”），并旨在于院线首映。

B.制片公司希望利用雇员作为执行制片人提供服务，并根据本协议包含的条款和条件制作和交付影片。

据此，双方同意：

1.聘用：受制于不可抗力事件、违约，雇员丧失工作能力或死亡，制片公司在此以“付款未必参与”的方式使用雇员的服务，雇员同意就本协议条款和条件约定的影片制作提供作为执行制片人的独家服务。经制片公司最终批准，雇员应监督并负责准备影片的预算和制作周期表、测试备选的演员、查看拍摄地、召集剧组成员、监督影片的拍摄、监督剪辑和混音、协助选择音乐、监督最终配音和配乐、监督影片的所有其他后期制作要求、交付最终校正拷贝及其他通常交付的物品给制片公司及其国外和国内的主要发行方，雇员还应执行制片公司合理要求的、在电影行业按惯例通常由制片人执行的其他服务。雇员将到制片公司合理指定的地点报到，并在制片公司合理指定的时间内随时待命。雇员将告知制片公司其位置，以便制片公司可以在任何合理的时间找到雇员。在聘用期间内，雇员将在公司合理要求的所有地点和时间提供服务，包括夜晚、周六、周日与节假日。

此外，雇员应协助筹备并向制片公司交付一份全面且详细的前期和最终影片线下预算（“预算”），预算不得超过$_____，其中不包括意外开支、完片保险费、保险费以及任何“线上成本”。雇员还应在制片公司提出要求时，根据其要求就影片制作人员和演员的服务谈判给予咨询和协助。

2.期限：雇员应在20__年__月__日开始提供本协议第1条规定的服务，并持续在制片公司要求的前期筹备期、主要拍摄期、通常的后期制作和交付期内提供该等服务。影片的主要拍摄预计将于20__年__月__日左右开始，即使存在因超出制片公司控制范围的事件以及其他不可抗力事件而导致延长，也不得要求雇员在20__年__月__日后提供独家服务，但无论如何他/她应监督影片的交付。

3.报酬：作为本协议下雇员提供的所有服务以及雇员授予制片公司的所有权利的对价，以雇员未违反本协议为条件，并且受本协议规定的条款和条件的约束，制片公司同意向雇员支付、雇员同意接受$____美元的固定费用以及下文（a）分段规定的或有报酬。固定费用的支付应在本协议期限内按比例分期支付，并在本协议签署后的10天内支付第一笔费用。

（a）或有报酬：如果雇员有权根据本协议第9段获得执行制片人署名，则制片公司应向雇员支付百分之百“净利润”（根据制片公司与影片发行方的协议）的百分之五（即100%的5%）。尽管有上述规定，“净利润”应为根据制片公司的发行协议扣除所有惯常扣除项（包括但不限于所有制作费用、利息、管理费用、债务、递延费用、拷贝费、广告费以及宣传费）后的剩余款项（如有）。制片公司只有在从发行方处收到“净利润”时，才有义务向执行制片人支付他/她的“净利润”份额。或有报酬应每半年支付一次，从不晚于影片完成后的六个月开始。

4.服务：在雇员服务期限内的任何时间，雇员都将及时且忠实地遵守制片公司的所有合理指令、指示、要求、规则和规定。雇员将在制片公司合理要求或期望的任何地点，并根据制片公司在所有事项（包括涉及艺术品位和判断的事项）上的合理指令和指示，认真履行其服务并充分发挥其水平和能力。雇员将按照制片公司的合理要求以及电影行业中被聘用制作低成本院线电影的制片人通常提供、被要求提供服务的标准，来履行此类服务。

5.保险：雇员同意，制片公司可以在任何时间以制片公司或其他方的名义——但制片公司自担费用、自享权益——以制片公司认为保护制片公司本协议下利益所需的任何合理金额，单独抑或是与其他人一起申请和投保覆盖雇员的人寿险、健康险、意外险以及其他保险。制片公司应拥有此类保险的所有权利以及现金价值和收益，雇员不得对其享有任何权利、所有权或权益。雇员同意进行惯常的检查并正确地准备、签署和交付被合理要求提供的此类申请和其他文件。

6.控制：制片公司应有权全权控制影片的制作（包括但不限于所有艺术把控以及以任何方式剪切、编辑、添加、删除、排序、重新排序和修改影片的权利）。制片公司没有义务在影片上映后实际使用雇员的服务或制作，上映或在上映后继续发行或放映影片。

7.权利：除了雇员作为执行制片人的服务之外，制片公司应有权永久享有并拥有服务产生的所有成果和收益（作为雇佣作品，包括但不限于在全世界范围内的以现在已知或以后产生的任何艺术或方法生产、制造、记录、复制、转录、表演、传播和展示的全部权利以及版权、商标权、专利权），无论这些成果和收益是否包括文学、戏剧、音乐、电影、机械或任何其他形式的作品、主题、思想、创作、创意或制作，并且除本协议明确规定外，制片公司没有义务支付任何费用、特许权使用费或其他金额。具体而言，但不以任何方式限制前述内容的普适性，制片公司应拥有雇员在本协议期间撰写、建议、指示或制作的任何和所有类型的动作、姿势、剧本和外貌中的各种权利。如果制片公司希望获得上述任何一项的单独转让文件，则雇员应同意按照制片公司的要求签署这些转让文件。根据本协议授予或同意授予制片公司的全部权利应立即归属于制片公司，并且始终归制片公司及其继受人和受让人所有，无论本协议是否期限届满，或者是否因任何原因或理由而提前终止雇员的聘用。制片公司有权使用和授权他人使用雇员的姓名、声音和肖像，以及他/她在本协议下提供服务的任何成果和收益，来为影片做广告和宣传，包括但不限于在影片署名、预告片、商业合作以及所有其他形式和媒介的广告和宣传（包括源于影片或与影片相关的商品、出版物、唱片和商业广告和宣传合作）中使用上述内容。

8.陈述、保证和赔偿：

（a）雇员声明并保证，其根据本协议为制片公司创作、撰写、准备、编写和/或向制片公司提交的所有材料均完全为他/她原创，且不构成对任何自然人、公司或法人的诽谤或对其隐私、任何版权、普通法权利或任何其他权利的侵犯或违反。上述保证不适用于不是雇员创作、撰写、准备、编写或提交的任何材料，但适用于雇员可能添加或纳入或使之被添加或纳入的所有材料、事件和角色。雇员进一步声明并保证，其可自由地签订本协议并提供本协议所规定的服务，且雇员不受任何即将或可能会干扰其完全遵守本协议的义务或无能力情形的约束；雇员未做出也不会做出任何可能妨碍制片公司完全享有被授予的权利的任何授权或转让；并且雇员在任何时候都不会提供任何会减损本协议服务价值或干扰本协议约定事项和义务的履行的服务，也不会采取任何这样的行为。雇员在此就因（i）使用雇员为影片提供的任何材料，或（ii）雇员违反本协议项下雇员的任何保证或协议，而产生的所有责任损失、损害赔偿和费用（包括律师费），承诺对制片公司及其继受人、受让人、被许可人、高管和雇员进行赔偿，并使其免受损害。

（b）制片公司声明并保证，制片公司有权签订本协议并履行本协议规定的义务，并且制片公司不受即将或可能会干扰制片公司全面遵守本协议的任何其他义务或无能力情形的约束；制片公司未做出也不会做出任何可能妨碍雇员完全享受本协议项下报酬的任何授权或转让；制片公司已获得所有必要的融资以支付本协议项下的所有款项，并按照预算完成影片；制片公司不会在任何时候提供任何服务或做出任何行为，以减损制片公司根据本协议承担的义务，或者干扰制片公司根据本协议履行的任何契约或义务。制片公司在任何时候都不会提供任何会减损本协议制片公司义务价值或干扰本协议约定事项和义务的履行的服务，也不会采取任何这样的行为。制片公司在此就因其违约或违反其在本协议下做出的保证或同意而产生的所有责任损失、损害赔偿和费用（包括律师费），承诺对雇员及其继受人、受让人、被许可人、高管和雇员进行赔偿，并使其免受损害。

9.署名：如果雇员全面且完整地履行本协议项下的所有义务和协议，并且影片主要是基于本协议项下雇员提供服务而制作的，则雇员应在正片拷贝和/或影片录像带的片头字幕中（在使用片头字幕的限度内）以及所有其他制片人获得署名（受发行方排除的惯例限制）的付费广告上获得执行制片人署名。此类署名的所有方面（包括职位、大小、类型和持续时间）均由制片公司自行决定。制片人和/或第三方偶然或无意地违反本条款的规定，均不构成制片人和/或第三方对本条款的违反。如果制片人疏忽或遗漏授予该等署名，雇员的权利（如有）仅限于在普通法诉讼中获得损害赔偿金的权利，并且，雇员无权解除本协议或任何根据本协议授予制片公司的权利，或禁止影片的发行、展示、其他利用及其广告或宣传。但是，制片人应当在收到关于该等疏忽或遗漏的通知后，采取合理且经济的可行措施，以便在影片及其他材料的未来展示中对该等疏忽进行纠正。

10.意外事件：如果雇员因疾病、意外或精神和身体残疾而无法完全履行其服务，和/或如果影片的制作因制片公司无法控制的事件或原因或任何其他不可抗力事件（以下统称为“无能力”）而被阻碍、中断或干扰，则制片公司有权在任何此类无能力持续期间暂停雇员的服务和应付给雇员的报酬。如果任何此类无能力连续持续7天或累计达21天，则制片公司有权终止雇员在本协议项下的聘用。如果雇员非因无能力而没有、拒绝或忽视履行本协议所要求的任何服务，则制片公司有权在此类违约期间随时中止雇员的服务以及应付的报酬，制片公司有权因为此类不履行而随时终止本协议项下的雇员聘用。

11.无签约权利：雇员承认并同意，未经制片公司事先明确书面同意，他/她没有权力或授权且不会雇用任何人以任何职位服务，不会签约购买或租赁任何物品或材料，也不做出任何使制片公司被要求支付任何款项或其他对价以及承担义务的承诺或约定。

12.差旅及费用：如果制片公司要求雇员在超出雇员住所50英里的任何地方提供服务，则制片公司应向雇员提供从其住所往返上述地点的交通，或者如果雇员使用他/她自己的交通工具，制片公司应以每英里__美分予以报销。制片公司还应向雇员提供或报销雇员每天应制片公司要求离开其住所提供服务的合理实际费用。所有交通支出均须事先得到制片公司或其指定人员的书面批准。雇员产生的与其聘用相关的任何杂项费用应当由制片公司在收到消费凭证后的7天内予以报销。

13.转让：制片公司可以自由地向任何自然人、公司或法人转移、转让本协议或本协议项下的全部或任何权利，但此类转让或转移不得免除制片公司在本协议项下的待履行义务。本协议应以制片公司的继受人、被许可人和受让人为受益人。雇员不得转让或转移本协议或本协议项下的任何权利或义务，双方了解，雇员的义务和责任是专属于雇员个人的，任何意图的转让均无效。但是，雇员可以转让他/她接受本协议下任何款项的权利。

14.救济的限制：本协议转让的所有权利在任何及所有情况下均不可撤销，且不得归复、解除、终止或禁止。雇员同意，他/她无权禁止本协议项下制作的任何电影的展示、发行或开发，或禁止、撤销或终止授予给制片公司的任何权利。雇员进一步同意，如果制片公司违约（包括制片公司未能按照本协议向雇员支付任何应付的对价，或者制片公司未能履行其在本协议项下的义务给予雇员署名），雇员的唯一救济应是通过普通法诉讼主张损害赔偿金和/或一次会计核算（如果可适用）。在任何时候，制片公司依本协议或其他规定享有普通法上或衡平法上的所有权利和救济。

15.制作预算和计划表：雇员声明并保证，雇员已阅读影片的剧本，并根据雇员在电影制作方面的丰富经验，雇员已经向制片公司建议，根据当前的剧本和预期____周的拍摄计划，影片能够以$____的线下成本（排除任何或有费用、完片担保费用、保险费、不可抗力事件和所有线上成本）制作完成。雇员按照已经获得批准的制作计划，并且以不高于______千美元（$_____）的线下成本制作影片，是本协议的实质要件。雇员同意及时通知制片公司任何潜在的超预算情况，并进一步同意未经制片公司事先书面同意，不进行任何制作成本超支的行为。如果此类通知发出后，影片的线下成本超过______美元（$_______），或非因雇员的过错而超出了已批准的制作计划，则制片公司应全权负责上述费用超支。但是，如果雇员未能及时发出此类通知，和/或未经制片公司的书面同意，雇员进行了制作成本超支的行为，并且根据制片公司的善意判断，合理地显示影片的线下成本将超过$_____，或将超出已批准的制作计划的5%，则除可能在普通法或衡平法上拥有的任何其他权利或救济措施外，制片公司还可终止本协议，以及中止根据本协议应向雇员履行的付款或任何其他义务。在任何情况下，雇员都不对任何费用超支承担个人责任。

16.附加文件：雇员同意签署制片公司要求的任何和所有额外和附加的文件、文书，以促进本协议的意图和目的，授予制片公司对影片的全部权利、所有权和利益。如果雇员未能或拒绝签署此类文件或文书，则雇员在此不可撤销地指定制片公司作为其委托代理人（该指定带有利益）代表雇员签署此类文件。

17.通知：根据本协议，制片公司向雇员发出的所有通知或向雇员支付的所有付款可以当面进行，或通过挂号信寄出或电报发送，或通过传真_______发送给雇员。

根据本协议，雇员向制片公司发出的所有通知可以当面交付，或通过挂号信邮寄或电报发送，或通过传真________发送给制片公司。

根据具体情况，任何通知或付款的交付日期或尝试交付日期应视为该通知或付款的送达日期。

18.章节标题：本协议的段落、章节或其他分条款的标题仅供参考。它们不会以任何方式被用于规制、限制、修改、解释或被赋予任何法律效力。

19.仲裁：本协议下的任何争议将根据本协议生效日之时有效的《独立电影电视联盟国际仲裁规则》（以下简称为“《独立电影电视联盟规则》”），通过最终和具有约束力的仲裁予以解决。各方均放弃在任何其他法院或裁决地裁决任何争议的权利，但缔约方可在仲裁开始前寻求《独立电影电视联盟规则》允许的临时救济。仲裁将在本协议中指定的仲裁地进行，如果没有指定，则由《独立电影电视联盟规则》确定。双方将遵守仲裁中的任何决定，任何有管辖权的法院均可予以强制执行。双方均服从仲裁地有管辖权的法院对仲裁的强制适用和对仲裁裁决的确认。双方同意接受符合《独立电影电视联盟规则》的送达程序。胜诉方有权向败诉方主张其支付的合理律师费和审理费用。

20.完整协议：本协议代表双方之间就本协议标的事项达成的完整理解，且本协议取代双方之前就本协议标的事项达成的所有口头或书面陈述、理解或协议，除非双方签署书面文件，否则不得修改。本协议受加利福尼亚州法律规范并按其进行解释，因本协议引起或与本协议有关的任何争议解决的专属管辖地应在加利福尼亚州洛杉矶。

21.文本：本协议签署一式多份，每一份均为原件，所有这些文本共同构成同一法律文件。双方的传真或电子签名应当被接受，并且与原始签名具有同等法律效力，并且各方同意向另一方提供原始签名。

同意并接受：

____

雇员

同意并接受：

__________________娱乐公司

签名：__________________

董事长

制片公司

摄制组及其他人员聘用

受雇于制作项目的所有人都应签署一份阐明聘用条款的书面协议。如果摄制组成员有可能做出创意性的贡献，则协议应包括雇佣作品条款，将任何工作成果的所有权归给制片公司。大多数摄制组成员应该作为雇员被聘用，因为制片人控制着他们的工作方式。但有些人，例如在自己办公室里工作的平面设计师，可以被恰当地归类为独立合同方。虽然许多制片公司认为他们可以使用同一个合同模板（例如摄制组成员交易备忘录）聘用一个项目上的每个人，但这是不明智的，因为一些受雇的人可能是独立合同方，而其他人可能是雇员。以下是针对电视节目以独立合同方方式聘用此类平面设计师的示例协议。

平面艺术家聘用协议示例

本协议在地址位于_________的简·多伊制片有限公司（“制片人”），与地址位于______的设计师黛比（“艺术家”）之间，于20__年__月__日生效。

1.聘用：制片人聘请艺术家作为平面艺术家和设计师，为制片人暂定名为《_______》的电视节目（“节目”）和/或任何其他节目或连续剧、在任何和所有媒体中的使用［包括但不限于在电视、新媒体、家庭录像（如DVD、蓝光、数字拷贝）、视频点播（Video-On-Demand，VOD）］以及从属权利（包括商品化、许可和产品）创作如附件A所述的特定美术图和标志设计（以下统称为“作品”）。

2.服务：作品的结果和成果应包括附件A中所述的特定美术图和标志设计，以及艺术家创作、添加、插入和提交的任何和所有材料，包括草图、草稿和终稿。

（a）履行：艺术家提供服务，应创作通常由一流的真人电视节目的平面艺术家呈现的作品。

（b）作品的使用：制片人可以单独、绝对且不受约束地自行决定是否使用作品，并可以对作品进行任何的更改、编辑、修改、复制、模拟、删除或添加。

（c）基础财产：如果作品是基于艺术家创作的原始想法或素材（“财产”）而创作的，则艺术家在此授予并无保留地向制片人转让该财产上的相同权利。

（d）交付：艺术家应使用Hightail或其他安全的文件共享方法不迟于20__年10月3日向制片人交付包含作品样本的电子文件。制片人可自行决定是否向艺术家提供修改和/或更改意见，如果提供则应当在20__年10月5日之前完成。艺术家应在20__年10月10日之前完成作品的最终交付。“最终交付”应被定义为制片人认可的传达或交付作品最终编辑版本的行为。

3.报酬：如果艺术家为实现其在本协议项下的所有义务以及此处授予的所有权利进行了完全的履行，制片人应向艺术家支付固定费用7000美元整，作为所有服务的全部报酬，并按如下方式支付：

（a）本协议签署时支付2333.33美元；

（b）作品样本交付之时支付2333.33美元；

（c）作品最终交付之时支付2333.33美元。

4.成本的负担：除制片人事先批准外，艺术家将自行承担其所产生的所有费用和开支，并将承担所有销售税、消费税、使用税和其他对作品进行纳税评估得出的或与作品相关的税费。制片人无须付费，艺术家将负责获得创作作品可能需要的设施和服务，包括工作场所和材料。

5.所有权：艺术家根据本协议向制片人提供的服务将被视为美国版权法意义上的“雇佣作品”，该作品将在法律允许的范围内构成雇佣作品。作品的全部版权和其他权利将在作品创作完成时归属于制片人。作品和任何全部或部分来自作品的其他作品（包括但不限于视频游戏、多用户网络服务器产品、电影、广播和互动电视节目、动画和全息影像）将从它们创作之初在全世界范围内完全、永久地是制片人的财产（在版权和其他方面），并且不存在艺术家或任何其他人的任何权利要求。如果制片人提出要求，艺术家同意在制片人支付费用的情况下做出所有必要的事情，以协助制片人获得作品上的版权或其他财产权利。艺术家同意签署实施和执行本段的条款所必需的文件。艺术家根据本协议准备的所有素材在准备时便成为制片人的财产（无论是否交付给制片人），并且根据制片人的要求，将与制片人提供的任何素材一起，在最终交付时一并交付给制片人。如果制作、使用、出售、复制、修改或发行作品或作品的拷贝将侵犯艺术家享有或控制的任何版权，制片人将拥有永久的、可转让的、非专有的、免费的许可（可再许可）去进行必要的活动，以制作、使用、出售、复制和发行所有作品的所有拷贝，创作源自作品的作品以及去使用、出售、复制和发行任何此类演绎作品。艺术家已经将在作品和任何演绎作品中的所有精神权利（无论现存的或者后来取得的）出售、转让、让与并转移给制片人（在法律允许的范围内）。艺术家放弃并永远不会对制片人主张精神权利。如果艺术家作品的任何成果不被视为雇佣作品，则艺术家在此将此类作品的版权转让给制片人。

6.独立合同方：在根据本协议创作作品时，艺术家将作为独立合同方工作并具有该等地位，且不会作为或担任制片人的代理人或雇员。艺术家的所有活动都将由艺术家自行承担风险，艺术家将无权享有工人补偿或类似福利或制片人提供的其他保险保障。作为独立合同方，艺术家将全权负责（i）所有联邦、州和地方的纳税，有关失业补偿或保险的付款，联邦社会保险捐款，失业保险税，州残疾保险，就业培训税，工人补偿金和伤残抚恤金；（ii）决定创作作品的方式和方法；（iii）决定在上文第2（d）段规定的交付期限内创作作品的时间、地点和方式。制片人将只接受艺术家工作的成果。

7.保证：艺术家同意并保证：

（a）作品将是完全原创的，在此之前未被全部或部分发表，或者是处于公共领域，不包含诽谤性材料，在此之前未被转让、许可或有其他权利负担。艺术家保证其可自由地向制片人转移本协议指定的作品的唯一和专有的权利。

（b）在本项目和/或任何其他项目或连续剧中使用、复制和发行作品不会侵犯第三方拥有或控制的任何版权或侵犯任何第三方的任何其他所有权。

（c）在本项目和/或任何其他项目或连续剧中使用、复制和发行作品时，艺术家不会进行任何违反可适用的法律、秩序、规则或法规的行为或操作。

8.补偿：

（a）制片人及其继受人、受让人、被许可人、指定人员、高级职员、董事、雇员、代理人、代表、承包商和分承包商（统称“制片人方”）均不对艺术家或艺术家的代理人、代表和分包商（如有）（统称为“艺术家方”）的任何雇员的任何人身伤害或死亡负责（无论由什么原因导致，但因制片人方的故意不当行为或重大过失造成的除外），不对任何艺术家方财产的损害或损失负责。艺术家应就任何使制片人方面临的与此相关的索赔、损失或费用对制片人方进行赔偿、为其辩护并使之免受损害。

（b）对于由任何制片人方导致的，因由于对本协议中艺术家所做的任何条款、陈述、保证、承诺或协议的违反和/或本协议项下作品的创作和使用（包括但不限于因涉嫌诽谤、侵犯版权或盗窃商业秘密，前提是该索赔、诉讼或程序不仅仅是基于制片人的一个设计）引起的或以任何方式与之相关的，以及因由于作品的设计、商标或外观相似而导致的任何被主张的不正当竞争，所致的任何和全部损害、责任、费用和开支（包括但不限于律师费和审理费用），艺术家同意对制片人方进行赔偿、为其辩护并使之免遭损害。如果制片人愿意，其可以由自己的律师代表并通过其律师积极参与任何索赔、诉讼或程序。

（c）如果有任何根据本协议规定可以向艺术家主张赔偿的损失、赔偿金或费用的索赔针对制片人方提起，则制片人方应立即以书面形式通知艺术家上述索赔；但是，如果任何制片人方未能及时通知艺术家此类索赔，除非艺术家因此受到损害（此时艺术家的义务可在受损的限度内减轻），否则不应减少本段所述艺术家的义务。未经艺术家同意，不得和解此类索赔。

9.个人责任和转让：

（a）除非制片人另行书面同意，否则艺术家将亲自完成附件A中规定的作品。艺术家选择完成作品的任何雇员均须经制片人批准，并且如果制片人对这些雇员完成的作品或作品的部分不满意，制片人有权撤回上述批准。未经制片人事先书面同意，艺术家不得转包作品或转让本协议项下的任何权利或义务，或者本协议下应付给艺术家的可能或将要到期的任何款项。

（b）无须经艺术家同意，制片人可以自由地全部或部分转让本协议授予的任何及所有权利和许可或其中任何利益，并可将艺术家的服务租借给任何自然人、公司或法人。

10.保密：

（a）未经制片人书面同意，艺术家不会使用任何保密信息（除非在创作作品的过程中），并且不会通过任何作为或不作为，向任何第三方透露任何保密信息。就本条款而言，“保密信息”是指从制片人或其供应商处获得的或艺术家在履行本协议或本项目中开发出或获得的任何信息；但是，“保密信息”不包括：（i）艺术家在从制片人处或通过制片人获得前，已经知悉的任何信息，（ii）艺术家在使用和/或披露时，任何非因艺术家的过错已经处于公共领域的信息，或（iii）艺术家在没有保密义务的情况下获得的任何信息（除履行其在本条的义务外），以及从第三方获得的非由该第三方直接或间接从制片人处知悉的任何信息。

（b）未经制片人事先书面同意，艺术家不会在任何宣传、广告、文件或出版物中提及制片人和/或本项目和/或本协议下制作的任何其他项目或连续剧。

（c）双方同意，制片人可以向其善意认定为有合理需要知道此类条款的人员披露本协议的条款及本协议的存在（包括报酬条款）。

（d）艺术家承认，对本段（a）和（b）项规定的保密义务的违反或预期违反将对制片人和/或其供应商、放映方、发行方或赞助商造成无法通过赔偿金得以合理或充分赔偿的重大损害。因此，艺术家承认并同意，制片人有权寻求禁令的救济，以迫使艺术家遵守本段的条款。

11.救济措施：艺术家在此承认，如果制片人违反本协议，他/她的权利和救济措施（如有）仅限于在普通法诉讼中追讨损害赔偿金。并且，艺术家在此放弃衡平法上的任何权利或救济，包括终止本协议，或撤销制片人对艺术家服务的成果的权利、所有权和利益或授予给制片人的任何其他权利，或禁止或限制或试图禁止或限制：节目和/或制片人制作的任何其他节目或连续剧的发行或展示，或与此相关的任何广告的使用、发表或传播，或对艺术家服务成果的发表。

12.其他事项：

（a）关系：双方签署的本协议不构成任何形式的联营或合伙。

（b）累积权利和救济：此处授予的所有权利、救济、许可、承诺、义务、约定、特权和其他财产应是可累积的，并且制片人可以单独行使或使用其中任何一项或与任何一项或多项一起行使或使用。

（c）弃权：任何一方对本协议的任何条款或条件的放弃，在任何情况下均不得视为或解释为未来对该条款或条件的放弃，或针对未来对该等条款或条件的违反的弃权。

（d）可分割性：如果适用于任何一方的或在任何情况下的本协议的任何条款由法院裁定为无效且不可执行，则该等条款不应影响本协议的任何其他条款以及该等条款在任何其他情况下的适用或本协议的有效性和可执行性。

（e）标题：标题仅供参考及方便而设，任何情况下都不得定义、限制或描述本协议的范围或任何条款的意图。

（f）完整理解：本协议包含双方对于标的事项有关的完整理解，除非受约束方签署书面协议，否则本协议不得更改。

（g）文本：本协议签署一式多份，每一份均为原件，所有这些文本共同构成同一法律文件。

13.争议解决：因本协议或其解释、履行或违反所引起或与之相关的任何和所有争议、索赔或纠纷，包括但不限于主张违反或联邦成文法或普通法的权利或义务，以及决定本协议仲裁的范围和适用（“争议”），除以下（b）项的规定外，均应根据下文（a）项中规定的程序予以解决，并构成本协议唯一的争议解决机制。

（a）仲裁和司法管辖权：本协议应根据适用于在加利福尼亚州已签署并在此州待履行的协议的该州法律解释。本协议下的任何争议将根据本协议生效日之时有效的《国际电影电视联盟国际仲裁规则》（以下简称为“《国际电影电视联盟规则》”），通过最终和具有约束力的仲裁解决。双方放弃在任何其他法院或裁决地裁决任何争议的权利，但缔约方可在仲裁开始前寻求《国际电影电视联盟规则》允许的临时救济。仲裁将在协议中指定的仲裁地进行，如果没有指定，则根据《国际电影电视联盟规则》确定。双方将遵守仲裁中的任何决定，任何有管辖权的法院均可予以执行。双方服从仲裁地有管辖权的法院对仲裁的强制适用和对仲裁裁决的确认。双方同意接受符合《国际电影电视联盟规则》的送达程序。胜诉方有权向败诉方主张其支付的合理律师费和审理费用。

（b）禁令救济：尽管有上述规定，制片人有权在洛杉矶郡的州法院和联邦法院寻求禁令救济（除非本协议的任何其他条款另有规定）。

（c）其他事项：为获得任何特定形式救济的任何争议或争议的任何部分、任何主张（本协议中未另做规定），依据相应的州或联邦法律不能被仲裁的，仅可以在洛杉矶县有管辖权的法院进行诉讼。

同意并接受：

____

设计师黛比（艺术家）

社会保险号：________

同意并接受：

____

简·多伊，董事长

简·多伊制片有限责任公司

（制片人）

附件A

根据所附协议，艺术家应创作所述美术图和标志设计：

1.本节目的片头字幕；

2.背景图案；

3.本节目的所有图形和下三分之一字幕条，包括本节目未来秀和/或其他节目的模板和用于展示信息和说明的下三分之一字幕条；

4.动画转换；

5.本节目标志的数字屏幕图案（也称为“水印”），覆盖屏幕底部的一部分以识别本项目。

问与答

1.我正在和一家制片公司谈写一个剧本的事情，但是他们要推迟到电影完成才付款。在进行这笔交易时我应该注意什么？

答：你正在做的事情是有风险的。你应该独立创作剧本而不对他们负有任何义务，因为毕竟他们并没有对你做出任何承诺。因此，如果你选择继续，则应保留剧本的全部权利，并且之后可以自由将其带到别处。

2.对于感兴趣于某个角色的演员来说，意向书是否构成具有约束力的协议？

答：不，意向书只是说如果各种条件具备，演员有意向拍摄电影：如排练和拍摄方便他们的日程安排、你们就报酬条件达成一致等。这不是一个有约束力的合同，并且只会打动那些无经验的投资者。

3.我将用我的朋友作为演员来拍摄一个无预算院线电影。两个或三个（总共十个或十二个）是联合工会中不享有主要署名的成员。我是否需要成为联合工会的缔约方？

答：如果你不是联合工会的缔约方而雇用联合工会的演员，那么演员可能会和他们的工会产生麻烦。由于你尚未与联合工会签约，因此你没有违反与联合工会的任何合同。你面对的主要风险是，演员会因联合工会代表的出现而在拍摄中途跑掉。请注意，根据联合工会协议，你无须聘请联合工会成员作为群演。

4.如果制片人的助理开发了一个获得许可的项目，助理是否分享利润？他或她会得到署名吗？

答：制片人的助理可能是雇员，除了雇员有权获得的任何工资外，他/她通常不会对为制片人开发的项目享有任何所有者权益。当然，如果你（制片人的助理）与制片人的协议另有承诺，那么你需要查看这些条款。至于制片人署名，范围可以是从仅为荣誉上的署名，到代表你在制片中实际工作的署名。尽管如此，如果你为制片人工作的内容不涉及开发项目（即该项目超出了你的雇用范围），那么你的待遇应该与任何提交项目给制片人的外部人员没有区别。

5.为什么美国编剧协会会在写作署名中区分“和（and）”和编剧姓名之间的“&”符号？

答：“和（and）”这个词表示编剧分别写作，而和号（“&”）表示他们是作为一个编剧团队共同写作的。

6.如何确定某一项目的制作是否受制于美国导演协会的协议？

答：你可以致电询问美国导演协会签约部门或搜索网站www.dga.org/Employers/Signatory Database.aspx。凡与电影电视制片人协会（Association of Motion Picture and Television Producers，AMPTP）达成协议的以电影或类似电影手法摄制的项目，均为基础协议（Basic Agreement，BA）的覆盖范围。该合同适用于从事电影和电视摄制工作的导演、助理导演和剧组制片主任。凡以录播和现场直播方式制作的项目，为《自由现场直播和磁带录播电视节目协议》（Freelance Live and Tape Television Agreement，简称为FLTTA）的涵盖范围。该类合同适用于从事该领域工作的导演、副导演、舞台监督和制片助理。

第7章

给编剧、导演和演员的建议

编剧、导演和演员通常很容易受到制片人和影视公司的“剥削”。这里提供一些具体的保护建议和策略。

编剧

大多数业内人士相信，剧本是决定一部电影能否成功的最重要因素，没有之一。这是因为剧本是其他人努力的基础。平庸的执导和普通的演技可能不会毁掉一个伟大的剧本，但卓越的执导和非凡的表演却无法拯救一个糟糕的剧本。

由于剧本是任何影视资源组合中最重要的元素，人们可能会认为，编剧会是好莱坞最吃香的艺术工作者。但实际情况并非如此。顶级编剧的收入远低于知名导演或演员。编剧也没有获得人们给予导演的尊重和声望。编剧几乎没有影响力和决定权，并且常常被当作“二等公民”对待。

编剧之所以缺乏影响力，是因为他们的贡献是在开发阶段做出的，而非制作阶段。影视公司拥有编剧创作作品的版权，并且有权不经编剧的允许改变其作品。创作完成的剧本没有几个被制作出来。当一名影视公司高管想要制作一个剧本时，取悦编剧并不是首要任务。高管通常更关心如何才能吸引导演或演员加入到该项目中，因为如果没有这些要素，就无法制作这部电影。

当导演或者演员加入项目中时，他们经常想要改动剧本。如果编剧坚决要保护其作品，那么一场权力争斗可能随之而来。尽管非编剧人员可能欠缺写作能力，但他们常常认为他们能够改善剧本。剧本并没有获得其他艺术形式所得到的尊重。

举个例子，试想一个制片人花了十万美金买了一幅毕加索的画，你能否想象他会看着这幅杰作然后对他的配偶说："亲爱的，我觉得这幅画可以再多用一些蓝色。颜料在哪儿？只消一会儿我就能把它补好。"或者一个制片人花十万美金买了一尊雕塑，把它带回家，然后对他的配偶说："你看这个鼻子看起来太大了点儿，凿子在哪儿？"当然，没有任何精神正常的制片人会花十万美金去买一件艺术品然后再去改动它，但是花十万美金甚至更多钱去买一部剧本然后立即将其改写的制片人却屡见不鲜。

由于编剧已经提供了服务，他便无法再将其作为谈判筹码。没人在意编剧是否威胁要把自己锁在房车里。实际上，他通常是没有房车的，他甚至可能是在片场不受欢迎的人。

因此，剧本常常被有更大影响力的人改动，有时甚至毁掉。想象一下，一个顶级明星告诉影视公司高管，只有让他的宠物狗和他演对手戏，他才会参与到这个项目中来。当编剧听到这个建议时会狂怒："你们不能将浪漫的情趣投射在一只狗身上，这会改变整个故事！"但是明星却坚持："我答应过毛毛它会出演我的下一部电影。要么毛毛得到这个戏份，要么我不加入这个项目。"

影视公司高管处于两难境地。没有明星，项目就不能开展，许多开发费用可能不得不付之东流。另一方面，如果与编剧产生嫌隙，最坏的结果就是该编剧拒绝再为这个高管工作。

意识到自己的无力，经验丰富的编剧会运用交际手腕来保护他们的作品。一个老练的编剧会建议新手不要与影视公司高管意见相左，不论他们的建议有多么愚蠢。如果《大白鲨》(*Jaw*)是上周的热门，高管可能会建议你在故事里加入一只鲨鱼，即使你写的是一部场景中根本没有水的西部片也没关系。

如果你争辩，你便会得到一个难以管束的名声，然后会被一个更有可塑性的编剧所取代。你最好做好大量的笔记，如果这些建议是愚蠢的，就忽略它们。高管经常会忘记他在上次会议上提出的建议。如果他问，你就简单地说，

“我试过写鲨鱼了，这是个好主意，但就是行不通。”

编剧是如何被“剥削”的

编剧被“剥削”的方式有很多种。对于寡廉鲜耻的制片人来说，只有他们想不到，没有他们做不到的。并且在这一点上，编剧承认，制片人有一股不容忽视的创造性力量。

一些较为普遍的流弊是：

1. 作为诱饵：制片人可能聘请一位有名望的编剧来帮助其吸引一位重量级导演或明星加入到项目之中，而该编剧的剧本后来便被改写并毁掉。

2. 创意剽窃：制片人可能会剽窃编剧的故事创意。正如在第12章中所解释的，思想不受版权保护。编剧向制片人推销他的创意，制片人回复说：“天啊，我今天早上洗澡的时候刚好也想到了这个，真是太巧了，英雄所见略同啊，拜拜。”如果编剧没有律师也没有经纪人，并且不知道如何利用合同法保护自己，那他便尤其容易受到侵害。

编剧可以利用一些策略来对付创意小偷。首先，在将你的故事写下来之前不要去谈论它。记住那句老话——“言多必失”。不要对任何人谈起你的绝妙创意。听者可能会忘记这是一场保密的对话，或者他可能无意地将其透露出去。由于创意像空气一样是免费的，任何听到的人都可以合法地将其用作他自己剧本的基础。

尽管创意不能受版权保护，但一个故事梗概或者剧本可以。对创意的润色加工就是版权法保护的对象。因此，你写出来的越多、对故事表达的越多，你能得到的保护就越多。

你的故事写成后，立即去美国版权局进行版权登记，或者至少在美国编剧协会登记。[1]在美国编剧协会的登记并不能使编剧获得与版权登记一样的法律权利，例如获得法定赔偿金和补偿律师费的权利。然而，它却能够在发生剽窃争议时提供有力的证据。这类诉讼的结果可能取决于哪一方能够使陪审团相信他们首先创作了这个故事。在先作者会被推定为该原创作品的创作者，而第二

[1] https：//www.wgawregistry.org/regfaqs.html#quest14.

个作者会被推定为剽窃者。[1]

你如何证明是自己先想到这个故事的呢？你可以将配偶带到法庭上作为证人证明他/她读过早先版本的文稿。或者你可以将一份文稿装在盖有邮戳的密封信封中，用挂号信寄给自己。但是配偶不是公正的证人，而且信封可以用蒸汽打开，里面的内容可能被改变。最好的证据就是一份由中立第三方保管人签署的声明，宣称他在某日收到你的文稿并且一直将它保管在隐秘的地方。这就是在版权局或美国编剧协会登记所能实现的效果。

另一个保护自己免受故事剽窃侵害的方式是在制片人和编剧之间订立一个默示的或口头的合同。尽管创意不受版权保护，但它们具有价值，并且可以成为合同的标的。正如第2章所述，编剧可以在披露其创意之前订立一个有约束力的口头合同。[2]

在你发表作品之前为其加上版权声明标志也是可取的做法。一般来说，剧本是不公开发表的，而且根据新版权法，版权声明标志不是必需的。尽管如此，版权声明标志可以保护你对抗那些声称自己是无意地侵犯了你版权的人。[3]尽管善意侵权人比故意侵权人承担的赔偿金少，但仍可能承担责任。

如果有一名经纪人或者娱乐法律师作为你的代理人，那么创意剽窃将会被制止。影视公司高管在剥削一个强大经纪机构的客户前将会三思。不正当的行为可能会危及其与有经纪机构的客户之间的联系。

我相信大多数创意剽窃发生在小制片人与新手编剧之间。有时剽窃是由低职位工作人员无意而为之的，他们并不了解版权法的要点。我不认为大多数成功制片人会惯常地剽窃创意——这么做没有任何意义。史蒂文·斯皮尔伯格没有理由去剥削一个编剧。最好的编剧渴望与他合作，而且编剧的费用只占制作预算的一小部分。此外，斯皮尔伯格可以合法地赚很多钱，所以剽窃一个故事对他来说很愚蠢的。没有人会想要陷入昂贵且漫长的诉讼之中，更别提这样的诉讼可能造成的负面宣传和对名誉的损害。

---

[1] 如果第二个作者能够证明他/她独立创作了相同的故事，并没有抄袭第一个作者，那么他/她就拥有第二个故事的版权，正如第一个作者拥有第一个故事的版权一样。因此，尽管存在相似性，两个作者都能拥有各自作品的版权。当然，如果两个故事十分相似，二者之间就不太可能不存在抄袭。

[2] 相较于口头协议，书面协议常常是更可取的。除此之外，口头协议的诉讼时效也更短一些。

[3] 添加恰当的版权声明标志，请参见第12章。

建议编剧尝试只与名声好的制片人做交易。找出谁是卑鄙的操作者，然后避开他们。依我的经验来看，大多数声名狼藉的制片人都是咎由自取。

尽管编剧们需要多加小心，但是也不应因噎废食，不敢再向潜在的买家提交作品。我发现最害怕遭遇故事剽窃的编剧通常都是那些最没有必要担心的新手。他们的许多剧本都写得很糟糕，根本不可能被剽窃。

3. 免费的咨询服务：另一种行业流弊是以考虑聘请资深编剧改写剧本为托词而旨在让其为项目提供咨询。假设一个制片人已委托他人创作剧本并且收到了剧本的初稿。他喜欢这个剧本，但是它存在一些问题。尽管制片人和编剧已经尽力，却仍然无法完善这个剧本。因此制片人打电话给几位资深编剧的经纪人说："我在考虑聘请你的客户来改写我的剧本。我想给他发送一份初稿，并请他和我讨论一下，如果我聘用了他，他会如何进行改写。"

这些编剧真诚地加入了讨论并提供了建议，但制片人并没有聘请他们中的任何一个，而他却使用了他们的建议去改写剧本。制片人实质上将这些编剧用作免费的咨询服务。新人编剧不必担心这种流弊，因为制片人认为他们的建议不值得剽窃。

4. "推销（shopping）"："推销"是指制片人推销其不享有所有权或选择权的故事的做法。假设你是一名编剧，你去见一个制片人，并向他推销你的项目。这个制片人说："这很有趣，让我考虑几天之后再给你反馈。"你离开之后，制片人打电话给他在美国广播公司担任高管的好朋友，在你不知情的情况下向他推销了你的故事。如果该高管有兴趣，这位制片人就会向你购买该故事的选择权；如果没兴趣，他就放弃。他永远不会告诉你，他背着你向美国广播公司推销过你的项目并且该项目被拒绝了。

你继续开心地上路，向一个更有道德的买家（制片人鲍勃）推销你的故事。他在向外推销之前就向你购买了该故事的选择权。当他去到美国广播公司的时候，他们告诉鲍勃，他们已经听说过你的故事并且把它毙掉了。制片人鲍勃很不开心你未向他提及这一事实。

"推销"是一种广泛存在的操作。不承受任何购买选择权经济风险的制片人倾向于匆忙打包并推销一个项目。这种倾向的做法就是把这个项目简单地丢出去以试探反响。采取更为谨慎的方式可能产生更好的结果，"推销"可能会使一个项目蒙污。一旦美国广播公司听过且毙掉了你的故事，他们就不太可能

去重新考虑这个故事了，即使它的第二次推销更好。❶

编剧可能会选择让制片人在未购买选择权的情况下推销其作品。本质上，编剧是在给制片人一个免费的选择权。编剧可能会认为，如果由一位经验丰富的制片人而非一位新人编剧去推销，他的项目将博得最好的机会。可能编剧并不具备由自己去安排一场推介会，汇集所必要的名望和人脉。只要编剧给予了制片人推销其项目的许可，这一流弊就不存在了。

《美国编剧协会基础协议》为其成员提供了一些保护。对于院线电影，编剧可以书面限制公司向第三方推销素材的范围。在电视领域，除非编剧给出书面许可，否则推销是不被允许的。违反上述规则，一次无授权的提交会被处以750美元的罚款。美国编剧协会还禁止公司向外部人员发布其对未获得选择权或版权的素材所做出的评论或剧本评估，除非编剧同意。❷

5. 风险写作：风险写作——即基于一个视情况（例如制片人喜欢这个剧本或能够获得融资）取得报酬的承诺而进行的写作——是被美国编剧协会严格禁止的。编剧必须收到美国编剧协会的清单所列出的最低固定报酬。超过最低报酬的额外款项可以视情况而定，例如奖金、递延报酬、或有报酬和额外报酬。

尽管编剧们会本能地拒绝仅仅基于一个付款承诺而工作，但聪明的制片人们可能说服他们接受。假设一个已经读过你剧本的制片人约见你，制片人对你的作品赞不绝口，说他酷爱你的人物，第一幕太精彩了，第二幕更胜一筹。对你的创作极力夸赞之后，他告诉你，他只有一点保留意见："我不喜欢第三幕。"他声称，如果第三幕不是这样写的，他可能会买下这个剧本。你领会了他的言外之意，你回家用两个月的时间修改了剧本。你将改好的剧本交给他，却再次遭到拒绝。制片人实质上诱导你做了免费的工作。

6. 欺骗编剧：有时，尽管编剧与制片人签订了协议，但仍然无法得到工作报酬。协议中通常会约定，在工作开始之初，编剧会收到其固定报酬一半的款项，当她提交完整的作品时会收到另一半。假设她上交了完成的文稿，制片人却拒绝支付剩余款项。制片人声称对这个剧本并不满意。然而，他的失望并不能成为一个有效的理由，因为制片人本就应承担剧本完稿效果不佳的风险。

---

❶ 如何通过订立故事保密协议阻止对你的项目的无授权展示，请见第3章。

❷《美国编剧协会基础协议》规定，与公司有业务关系（例如二者之间存在开发协议或制作协议）的那些自然人例外。见《美国编剧协会基础协议》第60条。

那么此时编剧能得到什么样的救济呢？如果所欠款项在10000美元或以下，编剧或许可以在加利福尼亚的小额索赔法院起诉。然而，如果所欠款项超过10000美元，但又不值得为此聘请律师来进行诉讼的话，编剧则会陷入困境。[1]

如果编剧是美国编剧协会的会员且制片人是美国编剧协会的缔约方，协会将会尝试为编剧讨要这笔钱。最终，协会可以警告将该制片公司列入“不正当交易”名单或“打击”名单。[2]这意味着所有的美国编剧协会会员都被禁止为这一制片公司工作，这对任何一家制片公司都将是毁灭性的打击。

但是如果制片人解散了他的公司，组建了一个新的法律主体，并另与美国编剧协会缔约怎么办？然后他就继续愉快地去剥削新一批编剧了。美国编剧协会现在正竭力打击试图使用这一策略的背德制片人。该协会保有一份制片人姓名和公司的交叉参照表。在签订新协议之前，解散并重新组建公司的制片人必须向美国编剧协会会员履行完成在此之前的所有义务。

7.不必要的改写：编剧的剧本可能会因为无关原因而被改写。并非所有的改写都是糟糕的，有些可能改善了作品。但是，通常“厨师太多烧坏汤”这句格言反映了剧本被改写太多遍会发生的情况。这样的剧本可能会失去它们的独特视角，变成同质化的、软弱无力的故事。

改写不仅会毁掉编剧的作品，还会对报酬产生重大影响。正如第6章所讨论的，一个编剧的奖金和或有报酬的数额可能与他/她获得单独的还是共享的编剧署名有关。

罗斯纳诉哥伦比亚广播公司[3]

事实：罗斯纳（原告）写了一部名为《寻找顾巴先生》（*Looking for Mr. Goodbar*）的小说，它讲述了一个年轻女人在单身酒吧被接走然后被谋杀的故事。这部小说大体上以一个在新闻界被广泛报道的真实故事为蓝本。

罗斯纳的小说成为一本畅销书。她将电影权卖给了派拉蒙公司，而后

---

[1] 此时，协议中的仲裁条款就会非常有用。更多关于有约束力的仲裁的信息请见第17章。

[2] “不正当交易”名单针对的是由协会确定为在付款方面不可靠或没有支付能力的制片人。“打击”名单由聘用美国编剧协会会员后拒绝协商或签署《美国编剧协会基础协议》的制片人组成。

[3] *Rossner v. CBS*，Inc.，612 F. Supp. 334（S.D.N.Y. 1985）.

派拉蒙制作了电影《寻找顾巴先生》(*Looking for Mr. Goodbar*)。罗斯纳最初想出“顾巴”这个词，是为了命名她书中的一个虚构人物。

在罗斯纳的书出版之后，派拉蒙的电影上映之前，一个报道过这起谋杀案的报社记者写了几篇题为《发现顾巴先生》(*Finding Mr. Goodbar*) 和《发现真正的顾巴先生》(*Finding the Real Mr. Goodbar*) 的杂志文章。这个记者随后又写了一本书《打烊时间：“顾巴”谋杀案的真实故事》(*Closing Time：The True Story of the "Goodbar" Murder*)。这些出版物被广泛传播。尽管罗斯纳知道这些出版物的存在，也知道其标题使用了“顾巴”一词，但她并没有提起任何法律诉讼。

随着围绕该起谋杀案进行的曝光以及各种出版物和电影的面世，公众开始将“顾巴”一词与这起谋杀案以及单身男女的场景或危险的搭车联系起来。

后来，基于这起谋杀案调查的真实故事，哥伦比亚广播公司制作了一部名为《追踪：发现顾巴杀手》(*Track-down：Findingthe Goodbar Killer*) 的电视电影。罗斯纳反对其片名中对“顾巴”一词的使用，声称观众可能会认为哥伦比亚广播公司的电影改编自罗斯纳的作品。哥伦比亚广播公司则声称“顾巴杀手”一词已经属于公共领域。

争议焦点：哥伦比亚广播公司是否可以不经罗斯纳允许而在其电影片名中使用“顾巴”一词?

判决结果：可以，但法院指示哥伦比亚广播公司必须在署名表中播出一条声明，告知观众哥伦比亚广播公司的电影并非改编自罗斯纳的小说。

判决理由：罗斯纳声称，在公众的意识中“顾巴”一词已经与其作品联系在一起。因此这一词汇已经取得了第二含义，成为她的商标，而哥伦比亚广播公司对这一词汇的使用构成了不正当竞争。法院表示，尽管在罗斯纳的小说初次发表时这一词汇与罗斯纳是联系在一起的，但她的商标的强度被他人后续的使用削弱了。

换句话说，罗斯纳对商标的疏于维护，以及对他人使用的不加阻止使得这一商标失去了与她的联系。商标失去了它的第二含义。然而，法院还是要求在传播中加上一条声明，防止观众对该电视电影的来源产生任何混淆。

罗杰斯诉格里马尔迪（1989）[1]

事实：费德里科·费里尼（Federico Fellini）构思、与他人共同写作并单独执导了一部名为《金格和弗莱德》(*Federico Fellini's Ginger & Fred*）的电影。这部电影是一部关于两名退休舞者的虚构作品。这两名舞者曾经靠在意大利的卡巴莱餐厅模仿弗雷德·阿斯泰尔（Fred Astaire）和金格·罗杰斯（Ginger Rogers）来维持生计，因此获得了“金格&弗雷德（Ginger & Fred）”的绰号。这个故事是对电视世界的讽刺。根据费里尼的说法，这两个角色与弗雷德·阿斯泰尔和金格·罗杰斯长得不像，也没有扮演他们。金格·罗杰斯（原告）提起诉讼，声称费里尼侵犯了她的隐私权和公开权。

争议焦点：罗杰斯的权利被侵犯了吗?

判决结果：没有。

判决理由：费里尼的电影是一部受《第一修正案》保护的作品。该作品是受保护的表达，而非仅为单纯商业目的的使用。

个人保护其隐私和人格的权利有时会与《第一修正案》下他人的权利相冲突。法院区分了包括将某人的名字或肖像用于产品上或广告中的“商业言论”以及受《第一修正案》保护的艺术表达。在本案中，法院认为，费里尼在《第一修正案》下的权利胜过罗杰斯被侵犯的权利。

在美国编剧协会登记剧本[2]

可登记内容：为电影和电视剧撰写的作为概念、故事梗概、剧本的文学财产。

不可登记内容：书稿或舞台剧剧本。

---

[1] *Rogers v. Grimaldi*.875 F.2d 994（2nd Cir. 1989）.

[2] 请注意，在版权局的登记也能为权利人的诉求提供法律证据，并且通常优于在美国编剧协会登记。及时进行版权登记可以使权利人获得法定赔偿金和补偿法律费用的权利，这些是美国编剧协会登记不能给予的权益。

程序：邮寄提交、当面提交，或者在线提交。

邮寄提交：

提交一份8.5英寸×11英寸未装订的复印件，封面列明材料的标题、所有编剧的法定姓名、社保号、回信地址和至少一位编剧的电话号码，一张20美金（非会员）或10美金（会员）的支票。

登记有效期：五年，但可以续期。

邮寄地址：加州洛杉矶西三街7000号，美国西部编剧协会（Writers Guild of America West，WGAW）登记处，90048。电话：（212）757-4360。

预录信息带：洛杉矶（323）782-4500；纽约（212）757-4360。

当面提交：

完成上述邮寄所需的材料，并由本人亲自将这些材料提交至上述邮寄地址（洛杉矶西三街7000号）。登记时间是周一至周五的上午9：30至下午5：30，其他时间可提交至美国编剧协会大厅的24小时投件箱。

在线提交：

访问www.wgawregistry.org/webrss/reginstruct.html，依照网站提示，点击进入内嵌的登记表格。在线表格要求的信息与上述邮寄所需信息相同，但登记通过互联网完成，并可即时处理和登记。[1]

编剧协会的入会要求

你需要在申请前的三年内累计获得24个积分才能入会。[2]

一般来讲，积分按如下方式分配：

---

[1] 访问www.wga.org/subpage_register.aspx？ id=1189，以获取常见问题的解答表。

[2] 如果一个编剧曾在美国编剧协会的管辖区域内被美国编剧协会的签约制作公司聘用为编剧，但是在申请前的三年内积分不满24分，他可能有资格成为准会员。详见美国编剧协会网站。

2分：按周或以固定期限计算的聘用，每受聘一周计2分。

3分：为30分钟以下的无线广播或电视节目创作的故事（超出时长不多于10分钟的，按比例加分）。

4分：任何长度的院线短片故事；30—60分钟无线广播或电视节目剧本；或30—60分钟的非黄金时段的连续剧的剧本分解表。

6分："……作品（created by）"的署名；少于30分钟（超过的时长不足5分钟的，按比例折算）的电视剧或广播剧的剧本；或者新的连续节目或系列节目的电视节目模式。

8分：超过60分钟、不足90分钟的广播剧、电视节目的故事，或超过60分钟、不足90分钟的非黄金时段连续剧的剧本分解表；或30分钟到60分钟的院线电影短片、广播剧或电视剧的剧本。

12分：90分钟以上的无线广播或电视节目的故事；或院线电影长片的故事；或90分钟以上非黄金时段连续剧的剧本分解表；或60分钟以上不足90分钟的广播剧或电视剧的剧本。

24分：院线电影长片的剧本；或90分钟以上广播剧或电视剧的剧本；或任何电视连续剧或4小时以上的黄金时段迷你连续剧的宝典（bible）；或在特定期间内，为既有的、一周五次播放的非黄金时段连续剧而创作的长期故事策划（用作宝典）。

改写：相应作品类别的1/2积分。

润色：相应作品类别的1/4积分。

入会费：2500美元。

拨打（323）782-4500致电美国编剧协会获取更多信息。美国西部编剧协会的入会资格要求包括一定比例的新媒体作品。[1]

---

[1] www.wga.org/content/default.aspx？ id=84.

编剧协会会员的权利

《美国编剧协会基础协议》[1]设定了从职业编剧处获得选择权和购买素材的最低条件，以及为院线电影和电视节目聘用编剧的最低条件。该协议逾400页，其条款通过引用被添加到每一个美国编剧协会编剧的合同中。

《美国编剧协会基础协议》仅仅约束缔约公司。较小型制片公司和一些制片人可能并不是该协议的缔约方。协会禁止其会员为非缔约公司写作，并且鼓励其会员与协会联系以确保有意聘用他们的制片公司是协会的缔约方。除此之外，会员不能以低于最低标准的报酬工作，也不能进行风险写作（即编剧与制片人签订协议不能约定编剧的报酬取决于制片人对工作成果的接受或认可）。编剧与制片人之间的所有协议必须是书面的，并且编剧不可以在未签约的情况下工作。

尽管《美国编剧协会基础协议》设定了制片人必须给予协会会员编剧的最低待遇条款，但协会还是鼓励编剧们通过磋商去争取更优的待遇。这样的协议被称作“超标准”（overscale）交易。

《美国编剧协会基础协议》摘要

美国编剧协会是一个代表编剧的工会。它并不为编剧获取聘用机会，也不代表编剧向制片人提交剧本。

范围

《美国编剧协会基础协议》既适用于编剧聘用协议，又适用于从“职业”编剧处获取未发表且未开发的文学素材。职业编剧指的是曾在院线电影、电视剧、已被制作出来的戏剧或已发表的小说上署名，或曾有至少13周的受聘经历的编剧。

一家签约公司如果聘用非职业编剧和非会员编剧，必须向其支付协会要求

[1] 编剧协会还有一个公共电视协议，自2005年11月13日起，在为期三年的时间里覆盖特定公共电视台和制片人。

的最低报酬。然而，如果该公司仅仅是购买文学财产的版权，最低报酬则不适用，除非该编剧是“职业”编剧并且该素材未曾被开发过。换句话说，《美国编剧协会基础协议》不适用于购买曾在任何媒体发表或开发过的文学作品的合同以及向非职业编剧购买文学素材的合同。

自2008年起，《美国编剧协会基础协议》涵盖了由签约公司制作的新媒体项目。[1]签约公司是指与美国编剧协会签订了集体谈判协议的雇主。新媒体包含所有为在互联网、移动设备（例如平板电脑或移动电话）或其他新媒体平台上的展示而创作的文学素材。

判断签约公司制作的新媒体项目是否属于美国编剧协会的管辖范围，需进行以下两部分的测试：

第一部分：签约公司聘用的是美国编剧协会定义下的“职业编剧”，或是在向其购买素材吗？如果是，那么该项目受美国编剧协会管辖。如果不是，考虑第二部分。

第二部分：预算是否超过每分钟15000美元、整个项目300000美元或者一起订购的多集500000美元？如果是，那么该项目受美国编剧协会管辖。如果不是，美国编剧协会没有管辖权，不适用《美国编剧协会基础协议》。

应该思考的是，《美国编剧协会基础协议》中哪些条款适用于美国编剧协会管辖范围的新媒体项目。自2014年5月2日起，对于为符合特定标准的用户付费订阅新媒体平台（例如网飞、亚马逊金牌和Hulu）而制作的高预算项目，《美国编剧协会基础协议》为在其中工作的编剧规定了相当于电视编剧的报酬和条款。这些项目被称为高预算订阅视频点播（High Budget Subscription Video-on-Demand，简称为HB SVOD）项目。新条款是否适用取决于多项因素，包括新媒体平台是否以订阅为基础（即用户需付费才能获取节目）以及节目的长度和预算。高预算订阅视频点播条款不适用于雅虎原创、爆裂索尼（Sony Crackle）这样的由广告商支持或对用户免费的网站。

没有被写入《新媒体节目文学素材附加协议》的《美国编剧协会基础协议》条款必须由编剧和签约制片公司进行协商。欲获知更多关于《美国编剧协会基础协议》对新媒体节目的可适用情况，请访问美国编剧协会网站www.

[1] 但是，《美国编剧协会基础协议》从未涵盖为网站、推特帖子或纯音频播客上的文字进行的写作。

wga.org。

美国编剧协会拥有大量关于协会规则的出版物，并免费提供。请查阅美国编剧协会网站www.wga.org，或者拨打（323）951-4000或免费电话（800）548-4532致电协会。

报酬

编剧获得最低报酬是有保障的，除非编剧违约或未交付作品。制片人不能因其不喜欢素材、不能获得融资或其他条件而拒绝付款。超标准（overscale）的付款可能是附条件的。

对于文学作品的购买，最低付款额在定额交易中的要求都是一样的。《美国编剧协会基础协议》规定，按周或以固定期限聘用的编剧所获得的报酬，在任何情况下都不得少于他作为自由职业者创作相同素材获得的最低报酬。

编剧有权获得其他权益。例如，当编剧在片场工作时，如果有的话，制片人必须普遍提供商务级别的交通（如果没有，则提供能获得的最高级别）[1]、头等的舱位和住宿。签约公司还必须向美国编剧协会的养老计划和健康基金捐款。这类捐款的数额是根据其向编剧支付的服务报酬的百分比计算的。如果购买的文学素材与编剧聘用相关，制片人还必须根据所付的购买款项数额按比例捐献一定款项，但上述购买款项不包括复播复映报酬、特定额外报酬、追加付款、超出该项目已设定上限的报酬。

署名

一旦主要拍摄完成，制片人必须向协会提交一份《拟定编剧署名告知书》，并向每位编剧发送一份副本。如果任何编剧有异议，将由协会仲裁。

署名必须符合《美国编剧协会基础协议》认可的形式。该协议要求，给制片人和导演署名时，要最大限度地公开和宣传。

一些情况下，编剧可以选择使用笔名。对于院线电影来说，获得200000美元或以下报酬的编剧有权使用笔名。对于电视来说，如果编剧获得的报酬低于

---

[1] 特定情况下允许适用经济旅行标准，例如：（1）从洛杉矶到温哥华或多伦多的直达航班；（2）少于1000英里的国内航班；（3）为了求职的面试。然而，在上述情况下，如果有高级经济舱（例如“豪华经济舱”“伸展腿部空间”），则必须提供。必须为乘坐经济舱的编剧报销行李费和机上餐费。

最低报酬的三倍，则可以使用笔名。[1]

修改

一般来说，当制片人聘用编剧为电视剧创作故事时，公司有权要求编剧对该故事进行修改。在故事的修改稿提交之后，制片人可以要求再修改一稿；但是，编剧只需将第二次修改的版本纳入电视剧剧本中。在第一次提交故事之后，制片人只有不超过十四天的时间提出上述两次修改要求。另外，制片人不可以要求编剧创作一个新故事，只能要求对既有故事加以修改。[2]

当制片人购买一部电视剧剧本时，其有十四天的期限来要求修改剧本。然而，如果制片人在七天之内提出了第一次修改要求，其有权在第一版剧本提交之后的七天之内提出第二次修改要求。对电视剧的上述修改要求不得包含对故事线的实质性改变，否则需要向编剧支付一笔额外的最低报酬。

向制片人授予选择权的原创电影或电视剧剧本的编剧有权在选择权期间内进行第一次改写。通常正式获权之后，制片人必须提出邀约聘用编剧进行第一次改写。[3]

复播复映报酬

复播复映报酬指因复播复映、海外电视广播以及特定的其他使用（例如当院线电影在电视上或家庭录像媒体上播放时）而支付的款项。比如说，当一部电视电影在海外院线放映时，则应付给编剧额外的报酬。如果是在国内的院线放映，则应付的额外报酬为可适用的电视剧最低报酬或院线电影最低报酬（以二者较高者为准）的150%。

公司和编剧可以签署合同，约定向编剧支付的报酬中超过适用的初始最低数额两倍的部分，可以用来抵消院线放映产生的应付款项。

院线电影的署名编剧还会一次性获得10000美元作为DVD剧本出版费，不

---

[1] 但是该编剧必须及时要求使用笔名。对于院线电影，该要求必须在署名最终确定后的五个工作日内提出。（主要拍摄结束时，公司发送给每位编剧的《拟定编剧署名告知书》中所载的拟定署名异议期届满后，或在署名仲裁终结后，署名最终确定。）

[2] 有关电视剧本修改的信息请见《美国编剧协会基础协议》第13.B.8条。有关电影剧本修改的信息请见《美国编剧协会基础协议》第13.A.条。

[3] 见《美国编剧协会基础协议》第16.A.3.c条和第16.B.3.h.条。

论制片人是否真的在DVD上出版了该剧本。[1]

美国编剧协会、联合工会和美国导演协会之间有集体谈判协议，其要求独立制片人应当在授予发行权时，让其发行方签署义务承担协议。该协议规定，发行方将承担直接向工会支付复播复映报酬的义务。这些工会之所以想要让发行方同意承担支付复播复映报酬的义务，是因为曾经有一些制片人没能向工会支付其会员应获得的复播复映报酬。由于工会并不是发行协议的签约主体，他们无法直接强制发行方履行支付复播复映报酬的义务。一些发行方干脆拒绝签署义务承担协议。然而，这些工会说服国会颁布了一项规定，并作为1998年《千禧年数字版权法案》(*Digital Millennium Copyright Act of 1998*，简称为DMCA)[2]的一部分，该规定为发行方设定了支付这些复播复映报酬的义务。因此，如果一部电影的发行权被转让，那么该转让的内容被视为包括支付复播复映报酬的义务。[3]

版权分割

《美国编剧协会基础协议》的一个不寻常之处在于它要求签约公司授予美国编剧协会会员某些特定的权利，即使作为雇员的编剧对相关素材不享有版权。这些权利被授予给原创了以下素材的署名编剧。

院线电影

发表权：编剧拥有该项授权，但直到影片公映的六个月后，或自聘用协议

---

[1] 请见《美国编剧协会基础协议》第16A.10.条。

[2] Public Pub. L. No. 105-304，112 Stat. 2860（Oct. 28，1998）.

[3] 《千禧年数字版权法案》原文表述如下：

第2001节与电影权利的转让相关的合同义务承担：

（a）义务承担。（1）下述情况之一满足时，就根据美国法对受一份或多份依照美国法谈判达成的集体谈判协议约束而被制作成的电影的版权转让（“版权转让”和“电影”均以《美国法典》第17编第101节中的定义为准）而言，如果该转让发生在本章之规定生效之日或之后，并且不限于对公开表演权的转让，则该转让文件被视作包含了相关集体谈判协议要求的且适用于被转让权利的义务承担协议，而且该受让人受制于这些义务承担协议中的义务（即支付该转让生效后产生的适用于被转让权利之利用的复播复映报酬，以及提供相关通知），与因违反上述义务而依照义务承担协议应承担的赔偿，承担相关集体谈判协议规定的义务和责任：

（A）在转让发生时，受让人知道或有理由知道，该等集体谈判协议适用于或将要适用于该等电影；

（B）如果法院颁布的命令依照相关集体谈判协议确认了不利于转让人的仲裁裁决的效力，而转让人没有经济能力在该命令发布后的90天内履行该裁决。

日或素材购买日起三年之后（以较早者为准）才能行使。为了宣传之目的，制片人保留了有限的发表权。

舞台权：如果制片人在公映后的两年之内没能开发这些权利，这些权利则由编剧重新获得。在任何情况下，如果舞台剧被制作出来，编剧都有权获得许可使用费。

续集费用：编剧不享有续集权，但是一旦有续集被制作，他有权获得报酬。对于院线电影续集，编剧获得初始固定报酬的25%。如果是电视连续剧或电视节目续集，编剧获得《美国编剧协会基础协议》中规定的续集费用（可抵消）。

电视

享受版权分割的编剧保留除电视电影和电视剧续集以外的权利。如果素材未处于积极被开发状态，自交付起30个月内，制片公司拥有排他的电影电视权；如果素材处于积极被开发状态，自交付起四年内，制片公司拥有排他的电影电视权；如果素材时长超过60分钟且不是时事类的，则该权利期限为四年。在这之后，公司和编剧各自非排他地拥有这些权利。

续集权：制片人在有限时间内拥有排他的续集权。如果这些权利未被行使，则由编剧重新获得。

编剧保留的权利包括戏剧权、院线电影权、发表权、商品化权、无线广播权、电视直播权和交互权。其中一些权利受制于禁用期，在禁用期内编剧不能行使这些权利。

一次会议规则

《美国编剧协会基础协议》有一项历史悠久的“一次会议规则”，[1]根据该规则，为获得潜在的工作机会，编剧可以参加与制片人的初次面试以推销其创意和故事。这次面试必须由负责做出聘用编剧之创意决定的高管来主持，并且初次面试结束后，该高管不能留下任何文字素材（例如编剧的笔记、故事板、

[1] 关于风险写作请见《美国编剧协会基础协议》第20条。

展示等）。但是制片人可以索要一份写作样本，以决定编剧的写作风格是否适合这个任务，前提是该人写作样本返还给编剧。如果安排了编剧进行第二次面试，美国编剧协会期望制片人在此次面试中至少承诺聘用该编剧创作一个故事。

这条规则有一个例外，即如果编剧在初面中提出了一个创意或故事，但制片人不喜欢，编剧可以创作新的创意或故事，并在第二次会议的初面中推销，制片人此时没有向编剧做出承诺的义务。

如果制片人喜欢编剧推销的创意或故事，但并不想聘用该编剧，那么制片人必须以《美国编剧协会基础协议》规定的相应最低报酬买下这个故事。

担保和补偿

制片人必须保护编剧免遭与其提供给编剧的素材有关的索赔或诉讼，并且编剧必须被列为错误与疏忽险的附加被保险人。

术语&定义

故事梗概（Treatment）：对一个故事或文学素材的改编，以作为电影剧本的基础。

原创故事梗概（Original Treatment）：为用作电影剧本的基础而创作的原创故事。

电影剧本（Screenplay）：含有场景、完整对白和摄影机安排的剧本。为电视剧创作的脚本被称为“电视剧剧本”（Teleplays）。

剧本初稿（First Draft Screenplay）：形式连续并且包含完整对白的任何类型脚本的第一个完整稿。

改写（Rewrite）：对剧本中情节、故事线或者人物关系的重大改变。

润色（Polish）：对对话、叙述或情节的改变，但不包括重写。

模式（Format）：主线中心人物行事、在每一集中重现所依照的框架，包括详细的性格特征以及拟制作连续剧的环境设定、主题、场所和大体故事线。

“宝典”（Bible）：迷你连续剧的模式，但是更为详细。

院线电影的商品化权［Merchandising Rights（Theatrical）］：在《美国编剧协会基础协议》中是指出售文学素材中所描写的对象的权利，而且这些对象已被充分描写，是独特且原创的。对于院线电影，编剧不享有商品化权，但有权获得制造商付款绝对总额的5%，这甚至同样适用于不享受版权分割的编剧。

戏剧权（Dramatic Rights）：本质上来说是“戏剧（play）”权利。

续集（Sequel）：在全新情节中使用首部电影中角色的新电影。

《美国编剧协会低预算协议》（*WGA Low-budget Agreement*）：成本少于5000000美元。

《美国编剧协会低预算院线电影基础协议》（*WGA BasicAgreement—Low-Budget Feature*）：成本在1200000 ~ 5000000美元。

《美国编剧协会高预算院线电影基础协议》（*WGA Basic Agreement—High-Budget Feature*）：成本在5000000美元以上。

试播剧本（Pilot Script）：拟制作分集连续剧的故事和/或电视剧剧本。

备用剧本（Back-up Script）：除试播剧本之外的，拟制作分集连续剧的故事和/或电视剧剧本。

独立单元（Single Unit）：计划作为单独节目播出的且非连续剧一部分的电视节目。

单元剧（Unit Series）：一个没有共同角色，但通过相同的标题（即选集）、商品名或商标聚合在一起的完整故事构成的一系列节目。

情景系列剧（Episodic Series）：每一集分别讲述一个完整故事但都使用相同角色的一系列节目。

指定素材（Assigned Material）：指定给编剧的故事素材。换句话说，编剧不是凭空创作作品，制片人给他/她指定素材（例如角色、故事大纲）作为开展工作的基础。

定额交易（Flat Deals）：与按周计算或固定期限的聘用相对。编剧被聘用创作特定类型的作品（例如故事梗概或电影剧本），报酬取决于作品类型、节目时长、预算高低。制片人必须依照协会的标准向编剧分期付款。

《拟定编剧署名告知书》（*Notice of Tentative Writing Credit*，简称为NTWC）：制片人须向每一个编剧和美国编剧协会送交的表格，写明制片人打算如何安排编剧署名。如果任何编剧对暂定编剧署名有异议，该编剧可以提出异议并申请由美国编剧协会进行仲裁。

故事原创署名（Story By）：故事是区别于电影剧本（由基本叙事、创意、主题或阐释角色发展和情节的大纲组成）的素材。共享故事署名的编剧不能超过两个。

原创加改编署名（Written By）：这是编剧同时享有“故事原创署名”和“电影改编剧本署名”时所使用的银幕署名方式。

电影剧本改编署名（Screenplay By）：当剧本是根据电影剧本编剧以外的他人创作的故事改编的，或编剧有权享有“电影剧本改编署名”时，此署名方式适用。

不可减损的最低故事署名（Irreducible Story Minimum）：原创电影剧本的第一编剧应当享有不低于共享原创故事署名的署名权。

与他人合作

写作可能是一个孤独的职业。编剧必须使自己在一段时间内与世隔绝，拥有在无人监管下工作的自律性。一些编剧发现与他人合作是很有帮助的。

我认为找到一个好的编剧搭档是很困难的。两方性格必须相契合，需要都愿意暂时放下自我，做对项目最好的选择。另外，要使合作持续下去，双方必须为合作带来对方所缺乏的有价值的东西。

许多编剧带着很高的期望开始合作，但后来却发现合作并不奏效。不仅浪费了时间，还可能引起所创作的作品归属上的难题。双方之间的对立可能使悬而未决的问题难以解决。如果处于孵化期的故事所有权不明确，任何一方都不能安全地使用它。因此，编剧们最好事先签订合作协议。

合作协议的价值在于，它迫使双方在为风险项目投入大量的时间和精力之前，先协商处理好关键的争议点。如果合作无法进行，最好在一开始就能知道。

下面是作家在一本书的项目上合作的一份示例协议。

合作协议示例

本协议签订于20__年__月__日，由___（甲作者），居住地____，（以下称“甲作者”）和___（乙作者），居住地____，（以下称“乙作者”）签署。

鉴于：

双方有意按照以下条款合著一本书。

因此，考虑到本协议所包含的承诺与相互谅解，以及其他有效且有价值的对价，双方现同意如下：

1. 双方同意合著一本关于_____的非小说类书籍（以下称“本书”），暂定名为《________》。

2. 双方已经一致通过暂定大纲（复印件见附件）。在大纲中，甲作者的名字被置于某些拟定章节标题的对应位置，乙作者的名字被置于其他章节标题的对应位置。双方约定，各章节的第一稿由名字对应一方完成，并提交给另一方供其评论并提出建议。各章节的终稿应当由双方共同完成。

3. 双方预期于20__年_____前完成本书的书稿。如未能照此完成，双方可以经协商一致延长完成时间。如未完成且未延长，双方应当尽量通过协商确定各自对已收集和已创作的素材的权利，以及对项目本身的权利（即是否一方或另一方应有权单独完成或者与第三方合作完成本书，以及依照什么条件）。双方对上述问题的理解应当随即写入一份和解协议。如果双方不能达成一致，他们的权利及与之相关的条款应通过仲裁予以确认。在上述任何一种情形下，双方权利依上述方式得到确认时，本协议即终止；之后双方仅享有和承担和解协议或仲裁裁决中所列明的权利和义务。

4. 如果本书的书稿完成，双方应当尽力寻找出版商。每一方均有权以此为目的进行磋商，但双方应当互相确保对方知晓磋商的全部信息。未经双方签字，本书的任何出版协议和处分本书任何附属权利的协议都是无效的。但是，任何一方均可以授予另一方一份书面授权书，列明可以行使权利的具体条件。对于依据该授权书提供的服务，代理人不应收取任何代理费或额外报酬。

5. 本书的版权登记应以双方名义进行，版权由双方共同享有。

6. 双方应在同一行、以相同字号获得平等的作者署名，但甲作者的姓名应当在乙作者的姓名之前。

7. 从本书的出版及其附属权利的处分获得的所有收入和收益应当在双方之间平均分配。所有出版协议和出售附属权利的协议应当规定，每一方的1/2份额应当直接向该方支付。

8. 如果双方合意选择一个代理人来处理本书的出版权或处分其附属权

利，并授权该代理人为双方的账户托收，那么该代理人应当分别将每一方的1/2份额直接向该方支付。

9. 在本书的书稿完成后，非经另一方同意，任何一方不得对其中的内容做任何改动。但是，任何一方不应不合理地拒绝做出上述同意。任何对某处特定修改的书面同意均不应被视为对整体修改的授权。

10. 如果任何一方（下称“第一方”）想要向第三方转让其对于本书或其附属权利的1/2份额，他应当通过挂号信向另一方（下称“第二方”）发送书面通知，告知其上述意图。

（1）此时第二方应当享有在___天内选择以书面通知中列出的价格和条件购买第一方份额的权利。

（2）如果第二方在前述___天内没有以书面形式行使选择权，或虽行使了选择权但没有在通知中规定的期限内完成购买，第一方则可以上述通知中所述的价格和条件向第三方转让他的权利；他应当立即向第二方发送一份上述权利转让的合同副本，并声明转让已经完成。

（3）如果第一方未能完成向该第三方的转让，且希望后续向其他第三方转让，则第二方对该后续转让仍享有前述选择权。

11. 与本书有关可能合理产生的全部费用须事先经双方同意，并应由双方平均分担。

12. 本协议的任何内容不得被视为在双方之间建立合伙关系。双方是就单一作品建立的合作关系。

13. 如果本书出版，本协议应在本书的版权有效期内持续有效。否则，本协议有效期遵照第3条的规定。

14. 如果任何一方在书稿完成前死亡，另一方有权完成书稿，有权修改之前写就的文本，有权为本书的出版和任何附属权利的处分进行谈判、签约，并且一般有权就上述事项作为唯一的作者行事，但是，（1）死亡一方的名字应始终显示为合作作者；（2）生存一方应确保死亡一方应得的收益的1/2份额被划入死者的遗产，并向该遗产提供由其签订的关于本书的所有合同的真实副本。

15. 如果任何一方在书稿完成后死亡，则生存一方有权为本书的出版（若此前尚未出版）和附属权利的处分进行谈判、签约，有权在任何后续版本中做出修改，而且一般有权就上述事项作为唯一的作者行事，但仍须受到第14条第（1）款和第（2）款中条件的约束。

16. 本协议下的任何争议，应当依据本合同生效之日有效的《独立电影电视联盟国际仲裁规则》（以下简称为"《独立电影电视联盟规则》"）通过终局且有约束力的仲裁加以解决。双方放弃于其他任何法院或裁决地解决任何争议的任何权利，但《独立电影电视联盟规则》允许一方在仲裁开始前寻求临时救济的除外。仲裁将在本协议中指定的仲裁地进行，如果没有指定的，则由《独立电影电视联盟规则》确定。双方将遵守仲裁中的任何裁定，任何有管辖权的法院可以强制执行。双方服从裁决地法院对强制适用仲裁和确认仲裁裁决的管辖权。双方同意接受按照《独立电影电视联盟规则》所进行的送达。胜诉方有权要求对方支付律师费和审理费用。

17. 本协议应以双方的遗嘱执行人、管理人和受让人为受益人，且对他们有约束力。本协议签署一式两份，每份均为原件，共同构成同一文件。接受双方的传真或电子签名，并且与原始签名有同等效力，双方同意向对方提供原始签名。

18. 双方全部理解本协议。

双方就此于20__年__月__日各自签字盖章，特此证明。

____

甲作者

____

乙作者

导演

在执导一部电影之前，导演通常必须说服投资者和/或影视公司高管。对于新手导演来说，这是一个困难的任务，因为在有这么多资深导演可以聘请的情况下，几乎没有理由去聘请一个没经验的导演。首次担任导演的应征者可能会通过威胁拒绝给予其他有价值的资源来给投资者和/或影视公司高管施压。例如，一位明星可能会拒绝接受某一角色，除非允许他来执导这部电影。一位编剧可能会拒绝出售他的剧本，除非他可以执导这部电影。

一旦坐上了导演椅，新手必须拥有四个领域的专业知识才能获得成功。

第一，他必须理解讲好故事的基本原则。导演不必是编剧，但他最好能辨别出写作的优劣。一个不会选择素材的导演永远无法绽放光彩。不管摄影工作或表演多么令人印象深刻，一个糟糕的故事将不会使观众沉浸其中。

第二，导演必须有良好的视觉感。他必须理解剪接、编辑和摄影的基本知识。有人群场景、特技和特效的影片则需要特别的专业知识。

第三，导演必须能够管理一个大项目。他必须有条理、果断并能与他的合作者良好地沟通。演职人员指望着他的领导，如果他犹豫不决或不能表达他的想法，那么电影制作机器将会逐渐停止运转。

第四，导演必须懂得表演的艺术。导演不必是演员，但是他必须知道如何用演员的语言与他们沟通。演员需要理解故事和他们饰演的角色的动机。与演员谈论镜头的尺寸并不能传达给他们有用的信息。

许多导演相信，成就一个好的表演很大程度上取决于为角色选择到合适的扮演者。最好的导演会在片场创造一个支持性的氛围，以鼓励演员勇于尝试，努力给出最好的表演。

导演和编剧有着同样的忧虑，即可能会承担故事剽窃和淫秽内容的责任。导演还会担心，如果并非因他的过失导致制作超出预算，他能否免受处罚。导演合同可能会包含一个扣减条款，该条款规定如果制作超过预算，导演费用和利润分成可以被相应扣减。另一方面，导演可能要求合同约定，如果制作在预算内完成，则他们可以分享节省下来的资金。

导演需要为美国导演协会的签约公司执导一部院线电影，才能获得加入协会的资格。

导演协会会员[1]的权利

《美国导演协会基础协议》保证美国导演协会的导演享有特定的创意权利。该协议承认，导演对电影制作过程中所有的创意性元素都有所贡献。几乎

[1] 更详细的导演创意权利的总结请见美国导演协会网站：www.dga.org/~/media/Files/Contracts/DGACreativeRightsHandbook2011thru2014.ashx。

毫无例外，制片人一次只给一部电影指定一位导演。美国导演协会同样代表助理导演、副导演、舞台监督和项目制片主任。

创意决策

一旦导演被聘用，他便有权参与关于选择演员和其他创意人员的所有决策。关于前期筹备、拍摄和后期制作的任何创意决策都需要征求导演的意见，并且导演的意见和建议需要被真诚地考虑。音乐、场地、布景设计、拍摄日程、剧本等事项的选择和批准也都需要咨询导演的意见。任何导演都不可因主张其创作权利而被歧视或报复。

披露

在聘用一位导演执导一部电影之前，制片人必须给他：

（1）一份已经聘用的创意人员清单；

（2）一份对拟使用的任何已有的电影片段的描述；

（3）关于雇主或个体制片人以外的其他人所持有的剧本权利或选角批准权的一份报告；

（4）一份电影预算表；

（5）故事和剧本（如有）；

（6）所有其他创意任务的解释说明。

交易备忘录

交易备忘录必须明确谁拥有电影的最终剪辑权，也必须提到拟定的后期制作场所。

聘用剧组人员

雇主必须就任何院线电影的“制片主任”和“第二摄制组导演”的人选征

求导演的意见。导演有权选择任何院线电影和90分钟及以上非系列电视电影的“第一助理导演”。

试镜会

试镜会仅对有合理出席目的且收到导演、个体制片人或雇主邀请的人员开放。

设施

必须向导演提供一个在摄影棚内的私人办公室。这个办公室的大小必须够两人使用，有可以隔离外界的门，通风和照明良好，配有电话、桌椅。雇主必须尽最大努力为导演提供免费的合理停车位。

特技

除非导演同意，雇主不可以提升特技的难度或给剧本增加特技。

样片

必须允许导演在一个合理的时间观看样片。在动身前往一个远程地点之前，导演有权要求配备声画联动放映设备以便在现场审看样片。制片公司必须在声画同步后的24小时内（星期六、星期日和节假日除外）将这些样片运送至上述地点。

后期制作

制片公司不能更换一个执导了整个主要拍摄计划的导演，除非该导演有严重的故意不法行为。导演必须有机会去执导额外的补拍和重拍。如果一个导演执导了90%以上的主要拍摄计划，那么该导演就享有所有后期制作的创作权利，前提是他/她不是影片超预算的主要责任人。

这些创作权利包括在整个后期制作过程中始终在场的权利以及被征求意见的权利。在负片剪辑或配音之前（以发生在前者为准），导演必须有合理的机会去讨论电影的最终版本。

导演剪辑版

在剪辑师完成素材汇总后，导演监督首次剪辑。在准备导演剪辑版的过程中，导演有权指示剪辑师，并且有权做出其认为有必要的任何改动。在导演剪辑期间，任何人不得干涉剪辑。导演完成剪辑的期限如下：

院线电影：10周或每两天的计划拍摄有一天的剪辑时间，以较长者为准。对于低成本电影,6周或每两天的计划拍摄有一天的剪辑时间，以较长者为准。

电视电影：

1）不超过30分钟：在1天之内，如需修改，可以增加不超过1天的时间；

2）30至60分钟：4天；

3）60至90分钟：15天；

4）90分钟至2小时：20天；

5）每增加1小时：5天。

保护自己免遭故事剽窃的虚假索赔

编剧、导演和演员均需要保护自己免受创意小偷的侵害。他们同样需要保护自己免受他人虚假控诉自己剽窃。一般来说，一个人可以自由地从他人处借用思想、概念、主题和历史事实，无须支付报酬，因为这些是不受版权保护的。然而，如果你同意就这些材料向他人支付报酬，你可能会负有合同法上的责任。

那么要是有人未经邀请主动向你提供素材呢？你有义务向提供者支付报酬吗？下面这个案例就阐释了这个问题：

亚德科诉菲尔兹（1944）[1]

事实：1938年，亚德科（原告）给W.C.菲尔兹（被告）写了一封信，在信中他向菲尔兹提供了作为演艺人员使用的素材。菲尔兹回信表示接受上述素材，并邀请亚德科无偿地提供更多素材。菲尔兹说如果他能够使用这些素材，他“可能”与亚德科签订合同。亚德科发送了更多的素材给菲尔兹，包括为电影《不能欺骗老实人》（*You Can't Cheat an Honest Man*）创作的场景和对白。菲尔兹使用了这些素材，但是没有向亚德科支付报酬。陪审团裁决亚德科有权获得8000美元的违约赔偿金。菲尔兹上诉。

争议焦点：未经邀请主动提供创意的行为会给被提供方创设义务吗？

判决意见：不会。但是，一旦这样的创意是被邀请而提供的，便可能会产生一个默示合同。维持原判。

判决理由：当菲尔兹邀请这位作者提交文学素材以供菲尔兹考虑在其电影制作中使用的时候，可以合理地推断出一个为获取这些素材而向该作者付款的承诺。法院认为，亚德科的获酬权是基于一个默示合同而创设的，该默示合同产生于菲尔兹邀请亚德科提交素材的先前往来信件，从这些信件中可以合理推断出菲尔兹承诺在素材被使用时向亚德科付款。

影视公司使用免责协议来避免向未经邀请主动提交创意者承担责任。编剧、导演和演员在接受他人的素材时，也可以使用同样的协议来保护自己。尽管这个协议不保护故意剽窃他人作品的编剧、导演或演员，但它可以使他人更难以成功提起一个无意义的诉讼。

提交豁免协议示例

导演丹（Dan）
拉文大街1219号
加利福尼亚州，好莱坞 90088

---

[1] *Yadkoe v. Fields*，66 Cal. App. 2d 150，141 P.2d 906（1944）.

亲爱的导演先生：

我正在向你提交以下密封的素材（“该素材”）：________________，是一个原创电影剧本。美国编剧协会登记号为______。版权登记号为________。

该素材的提交以下述条件为前提：

1. 我承认，基于你在娱乐行业所处的地位，你会收到大量未经邀请主动提交的创意、节目模式、故事、建议等，而其中有很多与你自己或你的雇员所开发的或你可以通过其他方式获得的素材相似或相同。我同意，我无权因你使用上述相似或相同素材而获得任何报酬。

2. 我进一步理解，如果我不接受本协议的任一或全部条款，你不会接受和评估该素材。我保留将该素材或与之相似的素材提交给除你之外其他人的所有权利。我承认，现阶段，我们之间不存在任何信托或保密关系，并且不因本协议或我向你提交该素材的行为而产生这样的关系。

3. 我请求你以决定是否承诺购买该素材的目的来阅读并评估该素材。

4. 我声明并保证，我是该素材的作者，已经作为该素材所有作者的雇主获得了该素材的权利；我是该素材所有权利和利益的现时和唯一所有者；我有排他的、无限制的权利和权限，依照此处列出的条款和条件向你提交和/或传达该素材；无任何第三方有权就该素材的开发而收取任何款项或主张其他对价。

5. 我同意就下述事项补偿你的损失：在任何时间针对你提出的或由你遭受的与该素材或其使用有关的所有——包括但不限于因我对本协议下的保证和承诺的违反而引起的——索赔、开支、费用、损失或责任（包括但不限于合理律师费用和惩罚性赔偿金）。

6. 对于该素材的任何内容，如果依照有关剽窃的法律不能作为文学作品受到保护，或第三人可以在未收到该素材的提交且未签订以该素材为标的物之合同的情况下免费使用，或处于公共领域，则你可以使用上述内容而无须向我承担义务或支付款项。该素材中，你有权依据前文进行使用而无须向我承担义务的任何内容在下文称为“不受保护素材”。该素材中没有落入不受保护素材范围的内容在下文称为“受保护素材”。

7. 你同意，如果你使用了或使他人使用了任何受保护素材，且该等受保护素材尚未从其他来源处获取或通过其他来源独立创作出来，你将向我支付或使他人向我支付与依照惯例为相似素材支付的报酬相当的数额。

8. 我同意，在我知晓由该素材或本协议引起的任何权利主张，或知晓你违反或未履行本协议条款的60日内，或者更早，在我获知的事实足以使我注意到这类权利主张、违约或未履行的60日内，以挂号信的方式向你发送上述事项的书面通知；如果我未能照此向你发送书面通知，将视为我不可撤销地放弃在依约通知的情况下可享有的关于该等权利主张、违约或未履行的任何权利。在收到上述通知后，你有60日来尝试纠正通知所述的违约或未履行，此期间后，我可以提起仲裁请求。

9. 本协议下的任何争议，将依照本协议生效日有效的《独立电影电视联盟国际仲裁规则》（以下简称为“《独立电影电视联盟规则》”）通过终局且有约束力的仲裁解决。双方放弃于其他任何法院或裁决地解决任何争议的任何权利，但《独立电影电视联盟规则》允许一方在仲裁开始前寻求临时救济的除外。仲裁将会在本协议中指定的仲裁地进行，如果没有指定的，则依照《独立电影电视联盟规则》确定。双方将遵守仲裁中的任何裁定，任何有管辖权的法院可以强制执行。双方服从裁决地法院对强制适用仲裁和确认仲裁裁决的管辖权。双方同意接受按照《独立电影电视联盟规则》所进行的送达。胜诉方有权要求对方支付律师费和审理费用。

10. 我已保留该素材的至少一份副本，并豁免你因对在此提交给你的该素材副本的遗失或其他损害而产生的任何责任。

11. 本协议的任何一方可以转让或许可其在本协议下的权利，但是该等转让或许可不能免除该方在本协议下的义务。本协议应以双方及其继承人、权利继受人、代表、受让人和被许可人为受益人，并且该等继承人、权利继受人、代表、受让人、被许可人应被视作本协议的受益第三人。

12. 我在此承认并同意，关于该素材或任何素材，你和我之间不存在任何在先的或同时的有效口头协议（包括但不限于与我向你提交任何创意、节目模式、情节、人物等有关的协议）。我同意，其他义务皆不存在、不应存在也不会被视为存在，除非并且直至你与我双方拟订并签署了正式的书面协议，届时，你和我的权利和义务应当仅依照前述正式书面协议中的表述确定。

13. 我理解，上文中使用的所有“你”或“你的”指的是（a）你，（b）任何以共同持股或其他方式与你相关联的公司，（c）你的子公司，（d）上述关联公司的子公司，（e）你向其出租制作设备的任何合伙、自然人或法人，（f）你的子公司或关联公司的客户，（g）你的以及上述（a）—（g）提及的所有自然人和法人的管理人员、代理人、服务人员、雇员、股东、客户、继受者和受让人。如果该素材的提交者超过一人，“我”应当被视为变更成为“我们”，本协议将对所有提交该素材的人具有连带约束力。

14. 如果任何条款或任何条款的一部分无效或不能履行，该等条款或部分应当被视作删去，本协议其余部分应当保持完全的效力。

15. 本协议受适用于在加利福尼亚州签订并完全履行的协议的该州法律规范。

16. 我已经阅读并理解本协议，并且没有收到任何口头陈述，本协议阐明了我们就本协议事项的全部理解。本协议条款的任何修改或放弃必须以书面方式做出，并由双方签字。本协议签署一式两份，每份均为原件，共同构成同一文书。接受双方的传真或电子签名，并且与原始签名有同等效力，双方同意向对方提供原始签名。

此致，

____

签名

____

作家沃利（Wally）

____

地址

____

电话号码

已由：

____

导演丹（Dan）

接受并同意

_____州

_____郡

20__年__月__日，_____亲自来到本人面前，告知本人其为前述文件所述的个人及签署人，并向我正式承认，他签署了该文件。

____

公证员

淫秽内容

《第一修正案》不保护淫秽作品。创作者、法官和其他人面对的难题是对什么是淫秽内容的理解。要阐明一个实用的定义是很困难的，甚至或许是不可能的。以下是米勒诉加利福尼亚案[1]中给出的三步测试法：

1）一般人在将作品视为一个整体时，适用当代社会标准，是否认为该作品会刺激淫秽兴趣；

2）作品是否以一种明显冒犯的方式描绘或描写了可适用的州法律所明确定义的性行为；

3）作为一个整体来看，作品是否缺乏严肃的文学、艺术、政治或科学价值。

演员

在创作群体中，演员的命运最惨。人们常说，演员总是等待着被邀请参加派对。除非导演选择他们出演一个角色，否则他们无法发挥他们的才能。他们几乎无法掌控自己的职业生涯。

追求演艺职业生涯的新人必须为漫长而艰难的奋斗做好准备，并且不能保证成功。加入“美国演员工会–美国电视与广播艺人联合会”联合工会是

[1] *Miller v. California*. 413 U.S. 15（1973）.

十分重要的，因为即使是“非工会”低预算制片人也常常聘用美国演员工会（Screen Actors Guild，简称为SAG）的演员或成为联合工会的缔约方。在2012年，美国演员工会与美国电视与广播艺人联合会（American Federation of Television and Radio Artists，简称为AFTRA）合并成为一个工会。该工会代表演员、播音员、解说员、记者、舞者、流行音乐节目主持人、新闻作者、新闻编辑、节目主持人、木偶戏表演者、录音艺术家、歌手、特技表演者、旁白艺术家以及其他媒体专业人士。

加入“美国演员工会－美国电视与广播艺人联合会”联合工会

满足下列条件之一，表演者即可加入联合工会：

1）联合工会聘用证明。那些在联合工会（或美国演员工会、美国电视与广播艺人联合会）集体谈判协议覆盖的职位上工作的人，但任何通过工作获得临时演员资格的人必须作为联合工会（或美国演员工会、美国电视与广播艺人联合会）集体谈判协议规定的临时演员完成三天的工作。

2）在一个关联的工会（加拿大影视与广播艺术家联盟、演员权益协会、美国综艺艺术家协会或美国音乐艺术家协会）中有一年以上良好表现的会员，并在上述工会的管辖内担任过至少一次主演。入会费和年费浮动计算，取决于在美国演员工会或美国电视和广播艺术家联盟合同下的收入数额。请以下列方式联系联合工会以确认入会费和年费：洛杉矶，(323)549-6755；纽约，(212)944-6243。

演员职业清单

1. 在面试和试镜中倾注能量和自信，做到品貌兼优且待人友善。不要逗留太久，学会应对拒绝。

2. 为长期的等待做好准备，一夜成名的故事只是神话。找一份夜间工作或一份允许你请假去试镜的工作。在期望凭借演戏谋生之前，准备好投资五到十年的时间。即便如此，成功也是没有保证的。

3. 获取一部答录机或留言服务以接收讯息。机遇到来时，你最好能及时知道。

4. 拍一张不错的头像照，有可能的话拍一张复合照。应该是黑白照，能准确描绘出你的外貌，并在上面附上你的名字和电话。

5. 准备一份简洁且看起来专业的简历，列出你享有的署名、你所属的协会、你受过的训练以及你拥有的任何特殊能力或技能（例如骑马、钢琴）。以一页为限，不要说谎，不要用不相干的工作或教育背景胡乱地填满这份简历。如果你有经纪人，则写上你的经纪人的证件号。将简历和你的照片背靠背地钉起来。当你参加试镜或行业活动时随身携带一些。多准备一些放在你的车上。

6. 积累资历：在展现表演才能的戏剧［洛杉矶的“九十九座位剧场”（equity waiver）、纽约的“外外百老汇”］中演出。如果你不是演员权益工会的会员，就在非演员权益工会的剧中演出。在较小城市的社区和小剧院表演，如果你是学生，那就参加大学的演出。

7. 当你得到演出机会时，邀请一些经纪人去看你表演。大多数剧院会允许他们免费入场。让经纪人们知道你正在寻找代理人。在你的化妆间里，把照片和简历放在手边。邀请制片人和其他你认识的业内人士来看你的表演。

8. 考虑在非工会的项目中工作。仔细阅读所有合同，并认识到你有被剥削的风险。但是如果你的表演能获得好的评价，或许值得一试。

9. 准备一份载有你的表演合辑的录像带。如果你曾经出演过电视剧或电影，截取你的表演片段，并将它们放在一起，做成一个看起来专业的、可以提供给经纪人和选角导演的录像带。自制的录像和摆拍的影像通常不会给经纪人留下深刻印象，记住不要给出原件。

10. 加入合适的协会：

联合工会（SAG-AFTRA）：院线电影，以摄制电影手法拍摄的电视节目、广告，行业电影，直播和录播的电视节目，录制的商业广告和商业宣传片，广播，唱片。

演员权益协会（Actors' Equity Association，简称为Equity或AEA）：戏剧作品的表演者和舞台监督。

加拿大影视与广播艺术家联盟（Alliance of Canadian Cinema，Television and Radio Artists，简称为ACTRA）：加拿大英语电视、电影、广播和数字媒体中的演员、录音艺术家、喜剧演员、播音员、特技协调师、特技表演者、舞者、解说员、声音表演者、主持人、编舞、模特、歌手、临时演员、木偶戏表演者。

美国综艺艺术家协会（American Guild of Variety Artists，简称为AGVA）：夜店表演者等现场表演者。

美国音乐艺术家协会（American Guild of Musical Artists，简称为AGMA）：歌剧演唱者、古典舞蹈演员和合唱演员。依据《塔夫特–哈特莱法》（*Taft-Hartley law*），在加入一个工会之前，在你第一次参演的该工会节目中，你最多可以工作30天。在规定了工作权的州，工会不得强制你加入。

11. 艺人经纪人：找一个名声好的经纪人。挑出你的预期工作地所属协会授予许可的那些经纪人。除州法律之外，特许经纪人还必须遵守协会规则，这些协会规则给予协会会员特定的保护。经纪人获得的报酬是不确定的（在加利福尼亚佣金以10%计）。索要一笔预付费用的经纪人大多是在剥削演员，而不是在为他们寻找工作。合法经纪人的名单可以从全国或当地的协会获取。[1]你应当避开那些向有抱负的演员和模特提供海选信息和雇用机会的艺人挂牌公司。这些公司经常通过网站、照片、简历和相册集来推广演员，并收取费用。为了应对诸多陋习，加利福尼亚立法机构通过了《2009年克雷科里艺人欺诈预防法案》（*Krekorian Talent Scam Prevention Act of 2009*），规定为了试镜而向客户收取预付费用的挂牌服务是不合法的，并且要求这些公司在书面合同中以黑体字写明他们不是艺人

[1] 注意，当本书英文原版（第四版）出版时，联合工会和艺人经纪人协会（Association of Talent Agents）及东海岸的全国艺人代表协会（National Association of Talent Representatives）的经纪人之间的许可协议已经过期。更多关于艺人经纪人的信息请见第18章。

经纪机构。故意违反上述规定可能被以轻罪起诉，而被判有罪者可能坐牢长达一年并且被处以10000美元[1]的罚款。

经纪人通常不会和新人签书面合同，直到为他们找到了工作。演员可能不喜欢有一份书面协议，因为如果经纪人不能为他们找到工作，演员则可能不想被一纸合约所约束。

12. 个人经理人：在加利福尼亚和其他州，个人经理人是不需要许可、不受管理的。在你向经纪人和律师支付的费用之外，个人经理人通常收取10% ~ 15%的佣金。法律并没有允许他们为客户争取工作，尽管他们通常做的就是这样的事情。初入行者一般不需要有人为他们保驾护航或管理他们的事业，而且经理人一般也不想为初入行者工作。

不要把商业经理人和个人经理人弄混。商业经理人通常有会计背景，帮助你管理钱财，做投资决策。更多关于经理人的信息请见第18章。

13. 不要干等着你的经纪人为你找工作。抓住一切能抓住的机会和线索。将你安排的所有试镜、面试和你得到的所有工作及时通知你的经纪人。即使你得到了工作机会，也让你的经纪人去就交易进行谈判。还有一些可以帮助你搜寻角色的网站，比如演员直通车（Actors Access）、洛杉矶选角（LA Casting）和即刻选角（Now Casting）。

14. 在互联网电影资料库（IMDb.com）上创建一个档案，持续更新你的履历。这是许多业内人士所使用的重要信息来源。另外，把自己列入《演员名录》(*Players Directory*)[2]及任何当地经纪人制作的头像集中。许多选角导演会参考这个名录。

15. 慎重做出承诺。女演员金・贝辛格（Kim Basinger）就曾因违背出演电影《情碎海伦娜》(*Boxing Helena*）的许诺而被制片人卡尔・马泽科恩（Carl Mazzocone）起诉。陪审团判决马泽科恩获赔8920000美元，外加律师费用。

---

[1] 请见《加利福尼亚劳工法典》第1701–1701.20节。

[2] www.playersdirectory.com.

协会和工会

联合工会代表演员、舞者、播音员、解说员、记者、流行音乐节目主持人、新闻作者和编辑、节目主持人、木偶戏表演者、录音艺术家、歌手、特技表演者、旁白艺术家以及其他媒体专业人士。

戏剧演员和舞台监督由演员权益协会代表。

现场音乐和综艺表演者由美国音乐艺术家协会和美国综艺艺术家协会代表。

加拿大英语电视、电影、广播和数字媒体中的演员、录音艺术家、喜剧演员、播音员、特技协调师、特技表演者、舞者、解说员、声音表演者、主持人、编舞、模特、歌手、临时演员、木偶戏表演者由加拿大影视与广播艺术家联盟代表。

洛杉矶

联合工会：加利福尼亚州，洛杉矶，威尔夏大道5757号7层，90036-3600，(323) 954-1600 / 免费（855）联合工会（855）724-2387，www.sagaftra.org。

演员权益协会：加利福尼亚州，北好莱坞，图洪加大道5636号，91601，(323) 978-8080，www.actorsequity.org。

美国综艺艺术家协会：加利福尼亚州，影视城，穆尔帕克街11712号110座，91604，(818) 508-9984，www.agvausa.com。

美国独立演员协会（SAG indie）：加利福尼亚州，洛杉矶，威尔夏大道5757号7层，90036，(323) 549-6064，www.sagindie.org。

纽约

联合工会：纽约州，纽约，百老汇1900号5层，10023，(212) 944-1030，www.sagaftra.org。

演员权益协会[1]：纽约州，纽约，西46街165号，10036，(212) 869-8530，www.actorsequity.org。

---

[1] 演员权益协会在奥兰多和芝加哥也设有办公室。

美国综艺艺术家协会：纽约州，纽约，第七大道363号17层，10001-3904，（212）675-1003，www.agvausa.com。

美国音乐艺术家协会：纽约州，纽约百老汇1430号14层，（212）265-3687，www.musicalartists.org。

加拿大

加拿大影视与广播艺术家联盟[1]：加拿大，安大略省，多伦多市，教堂街625号3层，MN4Y 2G1（邮编），（416）489-1311 /（800）387-3516，www.actra.ca/main/。

著名的“联合工会”规则

演员一旦加入了联合工会，就要受到协会规章制度的约束。联合工会的会员不能为非缔约制片人工作。另外，多年来，美国演员工会的演员只能由美国演员工会特许的经纪人代理。特许经纪人需满足某一工会的特定要求，并且与该工会签署协议，该协议为工会的会员在其与特许经纪人的交易中提供额外的保护。然而，美国演员工会的特许协议在2002年终止了，很多经纪人自那时起拒绝签署特许协议。因此有许多未经美国演员工会特许的经纪人在代理演员。尽管如此，如果其所在的州对经纪人进行规制，经纪人还是需要得到州的许可。[2]

为避免疑惑，许多工会不允许演员以一个与现有会员相同或十分相近的名字加入工会（或在职业中使用该名字）。另外，会员还被要求在工作时携带他们的工会卡，并且不能将该卡转移给任何其他人持有。

制片人不能在他/她的电影制作完成后才成为联合工会的缔约方。所有缔约文件必须在长途旅行、排练，或主要拍摄开始的第一天（以其中较早时间为

[1] 加拿大影视与广播艺术家联盟在温哥华、卡尔加里、里贾纳、温尼伯、渥太华、蒙特利尔、圣约翰和哈利法克斯也设有分支机构。

[2] 关于特许争议的详细讨论请见第18章。

准）前至少三周提交给联合工会。实际上，如果一个项目没有在联合工会的缔约部门将一切办妥，演员是不允许为这个项目提供服务的。独立电影制作者常常咨询美国独立演员工会（SAG indie）[1]，以帮助他们聘用演员和理解缔约程序。美国独立演员工会允许制片人下载各种电影短片协议和低预算协议的副本。美国独立演员工会不是联合工会的一部分，但它是由“美国演员工会–制片人行业进步与合作基金”（SAG-Producers Industry Advancement & Cooperative Fund）资助的。

联合工会会员的权利[2]

最低工资

联合工会合同要求支付最低额度的工资，该最低额度根据预算水平和媒体类型的不同而有所不同。外景工作、法定节假日工作、出差、加班、缩短用餐时间、排练、特技、试装、配音、重配、重拍可能会要求支付额外的款项。对电影、电视节目和商业广告进行再使用的制片人还被要求支付复播复映报酬。联合工会也在其《电影短片协议》、《超低预算协议》和《修正低预算协议》中规定了减少报酬的特别条款。

工作条件

对于大多数项目，联合工会合同要求提供商务舱航空旅行、飞行保险、私人化妆间、进餐休息时间、优质餐食、间隔休息时间。该合同还列出了最低安全和急救标准、提供未成年人教育、要求通过仲裁解决争议和控诉，以及要求在试镜和聘用过程中推行平权措施。

养老金和健康计划

联合工会的一项主要福利就是加入养老金和健康计划。满足最低收入标准

---

[1] www.sagindie.org/about/；（323）549-6064或sagindie@sagaftra.org.

[2] 美国演员工会处提供的小册子《基本福利——为你的利益而行动》详细地描述了美国演员工会的福利。

的表演者会自动被加入到为期一年的健康计划中，该计划可以覆盖配偶和受抚养的子女。牙科福利和人寿保险同样是可以获得的。[1]

这些福利由雇主买单，他们将表演者基本工资的14.8%支付给养老和健康基金。

连续聘用

一般来讲，根据《联合工会基础协议》，制片人需要支付连续聘用报酬，这意味着，如果一个演员在星期三和星期五工作了，制片人也需要向其支付星期四的报酬。[2]在低预算协议下，则没有连续聘用报酬。然而，如果表演者在远离其居住地的外景地工作并且需要过夜，那么即使他们不是每天都工作，制片人也必须向他们支付连续天数的报酬。

《一号全球规则》

联合工会一向要求其会员根据协会合同在美国境内演出；然而，近几年越来越多的电影在美国国外制作，使得会员失去了获得福利和再次获酬的机会，个别情况下也失去安全保障。这一在海外拍摄美国电影的行动促使联合工会伸长其触角，在2002年颁布了《一号全球规则》。根据《一号全球规则》，如果一个雇主在联合工会全国集体谈判协议适用的地区未签订基础协议，则联合工会的任何会员被禁止为该雇主提供表演服务。因此，除非有活跃的组织工作正在进行之中，在没有多雇主全行业协议的区域内，该规则并不自动适用。

如果联合工会会员违反了《一号全球规则》，他/她可能会被要求出庭接受审理委员会（由其他联合工会会员组成）的审判，审理委员会有权对联合工会的会员处以惩戒、罚金，有权暂停其资格或将其逐出协会。

---

[1] 养老金和健康计划的信息请见www.sagph.org/html/bthw7.htm。

[2] 对于按天计酬的表演者和为重拍、补拍、合成摄像、预告片等而被召回的其他表演者，有一些例外规则。更多信息请见如下链接，或致电当地联合工会办公室的商务代表：www.sagaftra.org/consecutive-employment-0。

问与答

1. 导演对其电影有终剪权吗?

答:导演对后期制作的参与和权利取决于导演聘用协议的条款和可适用的《美国导演协会基础协议》条款。《美国导演协会基础协议》要求允许导演在后期制作阶段全程在场,但是没有给予导演终剪权。大多数导演没有终剪权。如果制片人或制片公司同意给你终剪权,那么你要确保该权利明确地写在你的合同里。美国导演协会的缔约制片公司则必须给予导演准备导演剪辑版本的权利。[1]

2. 谁拥有编剧的剧本的版权?

答:如果编剧独自创作了一部作品,那么他拥有该作品的一切权利。如果编剧是制片人的雇员,通常制片人拥有编剧工作成果的一切权利。剧本的版权是一项财产,并且可以被转让给他人。在版权局对剧本和所有的权利转让进行登记是可取的做法。

3. 在"联合工会新媒体"的项目制作中,制片人可以同时聘用工会和非工会表演者吗?

答:所有的主要表演者和每天前10位的临时演员必须已签署联合工会合同。如果缔约制片人需要聘用一个非工会成员来出演任何该合同中的角色,那么该制片人必须通过在该表演者首个工作日后15日内向工会提交一份"塔夫特–哈特莱"报告的形式以书面报告此类聘用。《塔夫特–哈特莱法案》是一部美国劳工法,允许缔约制片人聘用具备角色所必需的特质或特殊技艺的非工会表演者。欲获得更多关于新媒体节目制作的"塔夫特–哈特莱"报告的信息,请访问www.sagaftra.org/files/taft_hartley_info.pdf。鉴于协会的协议会发生变化,应该经常检查所有协议的最新版本。

---

[1] 美国导演协会的《创意权利手册》中有关于导演创意权利更详细的解释,可在www.dga.org/index2.php3?chg=获取。

第8章

音乐

本章探讨关于在电影、电视和新媒体节目中使用音乐的情形，[1]不包括音乐家在音乐会上演出、创作专辑、销售商品或以其他方式追求他们音乐事业时出现的问题。[2]

配乐

当需要在电影、电视或新媒体节目的音轨上置入音乐时，制片人面临一个选择：他可以取得使用现有音乐（例如一首流行歌曲）的权利，也可以委托创作一个原创配乐（即聘请一位作曲家为电影创作新的音乐）。当然，制片人可以为部分音轨获取音乐授权，为其余部分聘请一位作曲家。“音轨”指的是一部电影的音频部分。“原声专辑”指的是一个独立的且仅有音频的录音（无论是黑胶唱片、录音带、光盘还是数字文件），它源自电影，并以卖给电影粉丝们为目的。原声专辑可能包括上映电影中没有的音乐曲目，并且它们通常

---

❶ 音乐权利可能非常复杂。本书作者建议不熟悉这些问题的人聘请经验丰富的音乐律师。

❷ 对于寻求这一信息的人来说，由马克·哈罗温（Mark Halloran）主编的《音乐家商业和法律指南》（*The Musician's Business and Legal Guide*）、由唐纳德·S. 帕斯曼（Donald S.Passman）撰写的《你需要了解的全部音乐商业：第九版》（*All You Need to KnowAbout Music Business：Ninth Edition*）是很好的参考资源。

并不囊括电影中的所有音乐——只是节选。

购买现有音乐

音乐是受版权法保护的作品。确定音乐的所有权是很复杂的，因为可能会有许多人共享该版权。例如，曲作者（或她的出版商）拥有作曲的版权，作词人拥有歌词的版权，演奏者拥有他们表演的版权，而唱片公司则拥有录音的版权。因此，电影制片人必须明确在每首歌中哪些主体享有哪些所有权，然后取得相应权利的许可。

低预算的独立制片人到后期制作时往往已经耗尽了资金。一种省钱方法是使用不知名的词曲作者的音乐，这些音乐用很少的钱或免费就可以取得。初出茅庐的词曲作者经常希望通过在电影中播放他们的音乐来获得知名度和声望。制片人应该记住，在电影中使用歌曲可以为词曲作者带来可观的版税［通过美国作曲家、作家与出版商协会（American Society of Composers，Authors and Publishers，简称为ASCAP）、广播音乐联合会（Broadcast Music Incorporated，简称为BMI）或欧洲戏剧作家和作曲家协会（Society of European Stage Authors and Composers，简称为SESAC）］。因此，即使词曲作者没有从制片人那里得到直接报酬，他们也有经济上的动机愿意将他们的音乐置于电影音轨中。本章末尾有一份《电视影音同步与录音许可协议》，这是仅用于非戏剧性使用的同步许可，不包括使用录音的任何权利。对于那项权利，制片人需要一份《母带录音许可协议》。

制片人降低音乐获权成本的另一种方法是使用公共领域的音乐。首先必须确保所有权利都属于公共领域。假设一个低预算的电影制片人决定将贝多芬的《第五交响曲》放入他的音轨里。他去唱片店购买了波士顿交响乐团演奏的录音版本。虽然该作曲属于公共领域，但这一特定的录音可能不属于公共领域。电影制作人可以免费使用贝多芬的作品，但他必须找到在公共领域中的录音或聘请演奏者制作自己的录音。

为了制作新的录音，制片人必须与录音室、演奏者和/或演唱者达成协议。美国音乐家协会（American Federation of Musicians，简称为AFofM）和联合工会的集体谈判协议将适用于工会缔约方制作的电影。一位明星艺术家可能会收取20000美元或更高的费用，并根据原声专辑的零售价收取版税。如果艺术家是某一唱片公司的独家签约艺人，则需要得到唱片公司的许可。

如果制片人想要在音轨中使用已经录制好的而不属于公共领域的音乐，则需要从拥有录音的唱片公司处取得一份母带使用许可。[1]使用费从一个节选段的几百美金到一个巨星作品的数万美元不等。艺术家拥有将他/她的音乐许可给他人的批准权，在这种情况下，也必须获得艺术家的许可。如果录音是由工会成员制作的，则需要向演唱者和演奏者支付再次使用的费用。如果电影制作人制作了他/她自己的原始录音而不引用其他人的录音，则不需要取得母带使用许可。

委托创作原创配乐

制片人在聘用曲作者/作词者或词曲作者时必须谨慎。各方之间的协议可能会决定艺术家是雇员还是独立合同方，这可能会影响谁是版权法意义上的作者。配乐可能是合作作品（基于一份参与协议）。如果你使用唱片公司签约的艺术家，则也可能需要从唱片公司处获得许可。

制片人通常希望将作品视为“雇佣作品”，以便他能自始拥有版权。曲作者将有权就他的作品获得一笔费用，并有权就他音乐的非电影使用收取版税。[2]一位顶级词曲作者可能要求根据合作出版协议分享版权。录制配乐的费用由制片人承担。

对于小成本电影，曲作者可能身兼数职。[3]他/她可能写作、编曲、配器、

---

❶ 如果艺术家的唱片公司拒绝授予制片人使用其录音的许可，则已经从艺术家的出版商处获得同步和演出许可的制片人可以制作自己的与之类似的录音。也就是说，制片人可以制作听起来跟原版一样的属于他自己的录音，只要它不是从原版复制而来的。参见莱昂内尔·S.索贝尔（Lionel S. Sobel）的《原声音乐》（*Soundtrack Music*）第184A章和马修·本德尔（Mathew Bender）的《娱乐产业合同》（*Entertainment Industry Contracts*）第4卷。

❷ 曲作者从原声专辑获得的版税，通常是发行专辑的唱片公司向录音室支付的机械许可费的50%。此外，曲作者将获得代理机构美国作曲家、作家与出版商协会或广播音乐联合会机构收取的公开表演费的50%，这些费用由其代理机构直接支付给曲作者。另外，曲作者将从单曲的销售中获得版税，在某些情况下，可以因指挥和/或制作原声专辑获得版税。

❸ 曲作者没有工会。但是，美国音乐家协会代表管弦乐演奏者和指挥，这是曲作者在提供电影配乐时经常扮演的角色。

指挥和表演音乐。曲作者甚至可以同意自费制作并提交完成版的录音母带。一些制片人通过使用非工会音乐家或电子合成器来降低成本。

有时，急于进入电影作曲领域的艺术家会冒着风险进行配乐或歌曲的创作。在这种情况下，除非制片人使用该作品，否则制片人没有义务为该作品付费。

制片人也可以进行分步骤交易。预先支付一小部分预付款给词曲作者[1]创作一首歌曲，然后制片人决定是否要使用它。如果制片人使用该歌曲，他将额外支付费用。如果他不使用这首歌，作者将保留对它的所有权利。在这种情况下，如果该歌曲产生了任何收入，则制片人可以要求偿还预付款。本章末尾将提供一份曲作者聘用协议示例。

一位当红艺术家接受委托创作一首歌时，影视公司将为他/她的服务而向他/她支付创意费用。该交易即向艺术家提供一笔资金，包括所有创作和录制费用。因此，支付一笔固定费用给艺术家，由其负责提交歌曲和录音母带，并支付所有录制费用。这样的交易可以限制影视公司对录制成本的责任，并且如果费用能降到最低，则可以使艺术家获得更高的报酬。

因为许多词曲作者与出版商签署了授予其服务专有权的协议，所以涉及当红词曲作者的情况会比较复杂。出版商和有音乐出版部门的影视公司可能都想要拥有和管理为电影所作歌曲的版权。除非艺术家已经完全履行了他/她的歌曲创作合同，否则各方需要达成一个协议。

同样，一位电影配乐艺术家可能在数年间或几张专辑上只能独家地为某一唱片公司制作录音。唱片公司可能要求影视制片公司支付许可费，以换取获得在电影配乐中使用该艺术家的许可。通常，唱片公司和艺术家共享许可费。

影视公司和唱片公司的利益可能存在其他冲突。影视公司希望发行单曲以推广电影和原声专辑。而另一方面，唱片公司则希望使用该单曲来推广他们艺术家的专辑。

为推广电影而制作的音乐视频的所有权和控制权是另一个问题。影视公司希望将该视频作为电影宣传活动不可或缺的一部分，而唱片公司则希望以最能有效推广艺术家的方式发布视频。

假设已经从艺术家的唱片公司获得了所有必要的许可，《电影配乐录音协

---

[1] 词曲作者为配乐创作一首歌曲，而曲作者则创作一个完整配乐。二者的聘用协议类似。

议》将被用来聘请一位艺术家。该协议将赋予影视公司在音轨中使用该歌曲以及将其使用在原声专辑中的权利。

由于可能会有若干艺术家为电影配乐贡献素材，因此每个艺术家都希望确保他们获得与其他艺术家一样公平的交易。艺术家通常会要求“最惠国待遇”条款，以确保该艺术家获得与其他艺术家同样有利的条款。

艺术家也可以设法将影视公司对录音成本和预付款的扣除限制在该艺术家直接产生的成本范围内。因此，艺术家的版税不会因其他人产生的费用而减少。如果影视公司同意了这样的条款，它必须为每位艺术家进行独立核算。

所需音乐权利的性质

如第12章所述，版权是一个权利束，包括控制表演、复制、展示、发行（通过销售、租赁或出租）和改变作品的权利。想要在音轨中收录音乐的制片人必须获得其中几项权利的许可。

公开表演权是在公共场合朗诵、演奏、歌唱、跳舞或播放一个音乐作品的权利。音乐权利的所有者几乎总是使用像美国作曲家、作家与出版商协会以及广播音乐联合会或欧洲戏剧作家和作曲家协会这样的代理机构来授权他们的表演权。这些代理机构向使用者授予一揽子许可。

首先，音乐权利的所有者选择一个代表他的代理机构（例如广播音乐联合会）。每个机构代理数千首歌曲。电视和无线电广播、夜总会、剧院、游乐园、迪斯科舞厅和其他公开表演音乐的企业（美国的电影院除外）每年向这些代理机构支付一笔费用。这些代理机构授予一揽子许可以允许使用者使用他们所代理的任何一首歌曲，而无须一首一首地获取许可。

将从用户处收取的费用汇集在一起，然后在该机构扣除其管理成本后，将该笔钱款分配给该机构所代表的词曲作者和音乐出版商。该机构根据歌曲的热度分配该笔钱款，歌曲的热度是通过调查和随机样本确定的。因此，一位知名的词曲作者将比那些其歌曲仅在当地广播电台播放过一次的不知名词曲作者获得更多的收入。

一揽子许可对所有的相关方都很有意义。实际上，一首音乐的权利所有者无法监控他/她的音乐的每一次公开表演并且采取行动来强制付款。同样，为广播电台播放的每首歌曲的许可进行谈判，对广播电台来说也是麻烦的。

想象一下，一位电台音乐节目主持人必须与十几名律师分享一个直播间。当电台音乐节目主持人选择了一张唱片后，他/她大喊："给我拿到鲍勃·迪伦的《在风中飘荡》这首歌的许可。"此时，身穿细条纹西装的律师疯狂地拨打电话谈判以取得表演权。这样的机制会聘请很多律师，但却使电台音乐节目主持人不胜其烦。

关于一揽子许可有两个关键点需要记住。首先，它只涵盖非戏剧性或小型表演的权利。用歌曲讲述故事的音乐剧或歌剧等表演被认为是戏剧性的表演，继而人们无法为这种使用获得一揽子许可。将戏剧性与非戏剧性表演区分开来可能很难。播放歌曲的电台音乐节目主持人进行的是非戏剧性的使用，而带有道具、服装和布景的小型剧院表演则是戏剧性的使用。但是有许多介于两者之间的使用。

其次，美国的电影院放映者不能获得表演音乐的一揽子许可。[1]他们不在美国作曲家、作家与出版商协会或广播音乐联合会授予的许可范围内。因此，在电影院中（即在电影的音轨上）表演音乐的权利必须从音乐权利的所有人处获得。由于要求每个影院所有者为他们放映的每部电影中的每首歌曲去取得这些权利是非常麻烦的，故制片人或发行人将为所有可能放映这部电影的放映者获得这些权利。但是，如果音乐权利所有者拒绝许可音乐，或者当事人无法就条款达成一致，制片人/发行人便不能使用该音乐。

影音同步权是在音乐与视频或拍摄的图像同步的过程中在电影音轨上复制音乐[2]的权利，此处没有可用的一揽子许可。制片人必须与音乐权利的所有者协商。电视使用的费用很少（例如几千美元），因为音乐所有者将从一揽子表演许可中收取费用。为方便起见，通常以一次付费和一个许可的方式同时获取影音同步许可和表演许可。哈里福克斯代理公司[3]这样的组织替许多音乐所有者授予了影音同步权。

改编权允许制片人通过安排、戏仿、喜剧化使用和更改歌词来改变音乐作品。如果你想使用歌曲中的标题或故事，你可能需要获得戏剧权。如上所述，

[1] 但是，国外的电影院确实支付公开表演的费用。

[2] 为了音乐的非戏剧性使用。非戏剧性使用不讲述故事。

[3] 哈里·福克斯代理公司（The Harry Fox Agency），https：//www.harryfox.com，（212）834–0100。

戏剧性使用包括歌剧或音乐剧的电影化或电视化制作。曲作者或出版商可能保留某些权利，例如对作品进行更改的权利。

制片人也可能希望获得在其他市场使用该作品的权利，如家庭录像、非院线发行、免费电视、有线电视、订阅电视、闭路电视和航空播映。

制片人可以自己去谈判所需要的权利，或者聘请律师或音乐总监进行谈判。制片人应该在将音乐放入音轨之前获得所有必需的许可。否则，如果他/她无法获得必要的权利，则可能不得不重新混音。

音乐对价

原声专辑：大多数独立电影都没有发行原声专辑。唱片公司最感兴趣的是几大制片公司的电影原声专辑，因为这些电影被大力推广和广告宣传。因此，独立电影制作人可能选择不取得将音乐作为原声专辑发行的权利，或者约定如果发行了原声专辑，则向音乐所有者支付版税。

电影节权利：仅取得在电影节上使用音乐来展示你的电影的权利可能会在后续给你带来一些问题。如果发行电影，则音乐所有者可能要求更高的许可费。然后，电影制作人必须用更能负担得起的音乐来取代该音乐，并用新音乐重新剪辑电影，或者为使用该音乐支付大笔费用。一般来说，在电影中加入知名歌曲并不会显著地增加电影制片人将获得的收入。

一部院线电影需要的音乐权利

1）公开表演权：没有适用于电影院的一揽子许可，因此制片人必须去谈判以获得许可。

2）影音同步权：与上述公开表演权在一个许可中支付一笔费用取得。

3）母带使用许可：在电影音轨中使用既有的录音。

4）机械权利[1]：在原声专辑（如有）中使用音乐的权利。

[1] 机械权利适用于纯音频媒体，不适用于在电影、电视或多媒体等视觉媒体中对音乐的使用。大多数独立院线电影和许多影视公司电影都没有配合电影的放映而发行原声专辑。

免费或无版税音乐：有许多免费或无版税的音源，也称为买断音乐。无版税意味着你无须支付与电影发行范围相关联的持续产生的版税。此外，该等许可通常是全球且永久性的。许可费通常是预付的固定费用。但它通常不包括将音乐与电影分开使用或发行专辑的任何权利。你可能还需要提供一份音乐提示表。

在谷歌浏览器中输入“免费电影音乐”或“图书馆音乐”等字样，你可以看到一些选择，如production-trax.com，mobygratis.com，stockmusic.net。你还可以购买在激光唱片（Compact Disc，简称为CD）上的或可下载的音乐资料库（例如catovah.com）。

公共领域音乐：电影制作人可以使用公共领域音乐而无须支付任何费用。但是，重要的是要知道即便作品属于公共领域，特定的录音也可能不属于公共领域。因此，虽然莫扎特的作品属于公共领域，但纽约爱乐乐团对他作品之一的近期演奏录音可能不属于公共领域。换句话说，录音可以区别于作品而享有单独的版权。

原声专辑的发行

电影制片公司将与唱片公司就原声专辑的制作和发行事宜进行谈判。唱片公司可以从这些发行中获得可观的收入，并且会向制片公司支付版税，通常也支付预付款。唱片公司更喜欢主流艺术家和流行歌曲的配乐，而不是管弦乐表演。

虽然制片公司将支付零售价格的一部分给音乐艺术家，但版税占零售价的比例从10%至19%不等。唱片公司可能要求影视公司提供配套资金进行宣传。影视公司则希望这张专辑的发行与电影的上映时间同步。

音乐在电影和电视中的使用所产生的收入

影音同步许可费：针对在电影中使用音乐的权利，通常每首歌10000 ~ 35000美元。

母带使用许可：唱片公司可能为在原声专辑中使用他们的母带录音而收取12000 ~ 50000美元。

表演版税：针对在海外的电影院和电视上放映的电影，以及在美国电视上的播放。出版商和词曲作者通过表演权协会（如美国作曲家、作家与出版商协会，广播音乐联合会或欧洲戏剧作家和作曲家协会）以及关联的海外表演权组织获得表演权许可费。表演权组织也对广播电台、音乐厅和音乐服务商［如穆扎科（MUZAK）］进行许可。制片人或者音乐总监将准备一份“提示表”，它是对音轨中音乐的整理。它将被表演权协会用来计算版税。[1]

原声专辑版税：来源于唱片、磁带和CD的销售。

家庭录像：有许多方法可以对在家庭录像中使用音乐进行许可。一些交易是对每一个销售出去的视频收取一笔版税（如每首歌6 ~ 12美分）。然而，许多发行商要求对所有售出视频的版权支付一次性买断费，无论销售情况如何。

印刷出版物：来自授权在乐谱、作品谱集、杂志或书籍中使用歌曲或其歌词的收入。

音乐清单

对于音轨中的每一首音乐，要确定：

名称：________________________

曲作者/词曲作者：________________________

作词者：________________________

演奏者：________________________

歌手/表演者：________________________

[1] 提示表将包含每首音乐的特定信息，包括标题、持续时间、使用和权利方（作者/曲作者和出版商）。有关提示表的示例，请访问www.ascap.com/music-career/articles-advice /cue-sheets.aspx。

出版商：________________________________

唱片公司：____________________________

音乐的用途：□背景伴奏 □背景人声 □画面人声 □有声源音乐 □主题曲 □片头曲

对于每段音乐（配乐或歌曲），确定音乐是否：

□现有音乐 或者 □为电影而创作的原创音乐

现有音乐

对于现有音乐，你可能需要获得两项许可：

1）如果拟使用既有录音，则从唱片公司或所有者处取得录音使用许可。（这项许可通常不包括改变录音母带的根本特性、使用录音母带的故事或标题的任何权利。）

2）从音乐出版商处取得的影音同步许可，包括使用所涉音乐作品的权利。影音同步许可通常与表演许可通过一次付费和一次许可的方式同时取得。表演许可覆盖在电影院公开表演音乐，因为音乐表演代理机构不对此进行授权。

如果制作一个全新的录音，则需要聘请音乐家和艺术家的协议。

原创乐谱或歌曲（专为电影创作的音乐）

对于每一首音乐，你需要确定谁是或将是版权所有者。

1）制片人拥有版权：通常，电影制片人通过雇佣作品协议聘用曲作者，该协议确定版权归属制片人（即便曲作者有权获得音乐出版版税和专辑版税，并且将从美国作曲家、作家与出版商协会或者其他表演权协会直接收取公开表演费）。

2）曲作者拥有版权：曲作者是版权所有者，并且由他/她许可制片人将音乐用在音轨和原声专辑中。在这种情况下，制片人需要取得与使用与现有音乐同样的许可。

无论何种情况，检查以确保曲作者已经与该音乐的其他贡献者（如表演者、作词者、演奏者）签署了协议，该协议确定曲作者拥有所有必要的权利（曲作者应将这些权利转让给电影制片人）或者直接确定制片人拥有这些权利。

需要的权利

在全世界范围内永久地在一切已知的或将来发明的媒介（包括电影、家庭录像、电视、互联网发行以及广告）上使用音乐。应该包括编辑素材的权利，并且可能包括在原声专辑中使用音乐的权利。获得的权利应包括：

1）影音同步权，即将音乐与电影画面同步使用的权利；

2）表演权，即对于表演的权利（在非由表演权协会授权的范围内）；

3）使用既有录音时的母带使用权；

4）在原声专辑中使用音乐需要的机械权利。

电视影音同步与录音许可协议示例

1.本许可涵盖的电视节目（以下简称“节目”）是：

“【节目名称】”第_____集

2.本许可涵盖的音乐作品和录音（以下简称“音乐/录音”）是：

由【词曲作者姓名】创作，由【艺术家姓名】录制的“【音乐/录音名称】”

3.此音乐/录音的出版商和录音所有者是：

【出版公司】(【表演权协会】)(【所占百分比】%）/【录音所有者】

4.要录制的录音的类型和最长持续时间为：

【使用类型和时间】

5.本协议覆盖的管理权益和地域是：

【所占百分比】%，全球范围内

6.以【大写美元金额】($【小写美元金额】) 为对价（在此确认已经收

到），【许可方名称】，【许可方地址】（以下简称“许可方”），在此授予【被许可方名称】，【被许可方地址】（以下简称“制片方”）以下权利：

（a）在上述类型和使用中，以任何方式、媒介、形式或语言在地域内的每个国家内，与本节目同步或有时间联系地去固定或者录制上述音乐/录音的非独家权利、许可、特权和权限，以及复制用于以下媒体中发行、展览、宣传和开发（无论交付的方法或方式）的含有音乐/录音的节目负片和正片的非独家权利、许可、特权和权限：现在已知或以后发明的所有媒介（包括所有形式的影音同步的预告和推广片），但不包括影院的、单独和非连续/非线性的使用。制片方还有权根据下文规定的条款、条件和限制，将包含音乐/录音和/或其副本的节目引入到地域内的任何国家。

（b）制片方应在本节目第一次公开播出后立即向许可方提供本节目的提示表；但是，如果制片方未能这样做，不应视为违反本许可协议。

7.本许可协议的期限应始终自本节目首次电视播出之日开始。

8.通过电视播出本节目应受制于那些从许可方、美国作曲家、作家与出版商协会、广播音乐联合会或欧洲戏剧作家和作曲家协会或者其他有合法权利代表许可方发放此类表演权许可的人处获得有效许可的电视台的限制。通过未经美国作曲家、作家与出版商协会、广播音乐联合会或欧洲戏剧作家和作曲家协会许可的电视台播出本节目，须与许可方、美国作曲家、作家与出版商协会、广播音乐联合会或欧洲戏剧作家和作曲家协会或任何其他代理或代表许可方的许可人就获得表演权进行善意谈判，但前提是，在这些谈判过程中，制片方应继续有权发行和以其他方式开发本节目。双方同意，美国以外的地域的表演权协会的许可，应符合其习惯做法和惯常支付的费用，但在许可方在该等地域控制权利的限度内，许可方免费授予制片方有关该等权利的不可撤销许可。在任何情况下，除非制片方本身是音乐/录音的表演者，否则制片方无须向许可方承担本协议下的表演费用。

9.许可方声明并保证其拥有或有权控制本协议项下许可的音乐/录音，并且其拥有授予本许可和本协议所述权利的合法权利。许可方应根据可适用的集体谈判协议的要求，就制片方对录音的使用为任何“新用途”付费或支付类似的款项或费用。

10.就因制片方行使此类权利或者许可方全部或部分违反或可能违反其声明和保证而产生的任何和所有损失、损害、责任、合理的律师费和费用、诉讼或其他索赔，许可方应赔偿制片方及其继受人、受让人和被许可人，并使之免受损害。

11.本协议项下授予的所有权利均以非独家方式授予。制片方没有义务使用音乐/录音或行使本协议中音乐/录音上的任何权利。许可方保留未在本协议中明确授予制片方的所有权利。在不限制前述内容普适性的情况下，以下权利特别保留给许可方，制片方不得行使：

（a）对音乐/录音在留声机唱片、录音带上进行复制或使用以及在所有媒体（无论是现在还是以后已知或现有的）上进行任何其他类型声音复制的所有权利。在不限制前述内容通用性的前提下，制片方无权在本节目的原声唱片中使用或授权他人使用该录音或其任何部分。

（b）在其他节目或电视节目中使用音乐/录音的权利，包括与本协议授权相似的使用。

12.除非本许可协议另有明确规定，否则本许可协议没有授权或允许：

（a）在音乐/录音中做出的任何更改，但根据本协议使用其中的一个连续部分除外；

（b）使用音乐/录音（或任何与其类似的名称）的名称作为本节目的名称；

（c）使用音乐/录音中包含的故事作为本节目故事的一部分；

（d）本协议未明确授权的对音乐/录音的任何其他使用。

13.制片方有权利和权限在未经同意的情况下将本许可协议下的权利和义务转让给任何一方。本许可协议应对双方的继受人、受让人、继承人、遗嘱执行人和管理人具有约束力，并以他们为受益人。

14.如果制片方违反本许可协议的任何规定，许可方的唯一救济措施将是普通法上的损害赔偿金诉讼（如有），许可方在任何情况下都无权且不会试图禁止、干扰或约束本节目的发行、播出或开发。

15.除非许可方已向制片方发出相应的书面通知，并且制片方未在30天内解决，否则，制片方未履行本协议项下的任何义务都将不被视为对本协议的违反。

16.本协议下的所有通知与所有付款均应发送至本协议所述的双方地址或此后任何一方可能向另一方书面指定的己方其他地址。

17.本许可协议应受适用于在加利福尼亚州内签订并完全履行的协议的该州法律规范并受其约束。

特此声明，双方同意上述条款和条件自【预定首播日】起生效。

【许可方名称】

签字人：______________________________

（许可方）

【被许可方名称】

签字人：______________________________

（制片方）

低预算电影长片

曲作者协议

20__年__月__日

约翰·多伊先生

梅洛迪道

洛杉矶，加州

尊敬的多伊先生：

这封信在经你（“曲作者”）签署后，将确认我们的合意：维里独立制作公司（以下简称“制片人”）已聘请你以雇佣创作的方式提供某些服务，并且为暂定名为“_____”（“影片”）的电影提供完整的原创乐谱（“作品”）。

制片人同意，在曲作者完全且忠实地履行需要他/她履行的所有服务的前提下，向曲作者支付$______和其他有值的对价，包括一张带有乐谱的影片DVD拷贝和在影片中的署名，作为需要他/她履行的与影片相关的所有服务以及曲作者授予的所有权利的完整对价。

制片人聘用曲作者编写、作曲、编曲、表演、录制并向制片人提交适合用作影片完整背景的音乐。曲作者应承担任何演奏者费用、录音室费用或设备租金、协会或工会费用等在准备作品过程中产生的全部费用，磁带费用除外。

曲作者授予制片人永久且非独家的权利，以自行或授权他人在影片的任何宣传或开发利用中使用他的名字和肖像。

曲作者同意，制片人可以永久使用或授权他人使用此处授予的任何权利，用于与制片人或其他人制造、发布或提供的任何产品、商品或服务相关的商业广告或宣传，前提是此类广告涉及影片或制片人对曲作者的聘用。

曲作者保证，他/她在本协议期限或其任何延长期内所编写、作曲、准备或提交的所有素材均为他/她完全原创，不得全部或部分复制于任何其他作品，但由制片人作为此类素材的基础提交给曲作者的作品除外。曲作者进一步保证，所述素材不会侵犯任何人的版权、文学权利、戏剧权利或剧本权。曲作者保证并同意，就因曲作者违反或未履行任何本协议项下保证、陈述或义务而产生的任何索赔、要求、损害、债务、责任、理由、清算、义务、成本、费用、留置权、诉讼和诉因（包括由此产生的律师费和审理费用的支付），赔偿制片人及其高级职员、股东、员工、继承人并使之免受损害。

曲作者进一步同意，作品以及曲作者根据本协议编写、作曲、准备或提交的任何及所有素材，均应视为《美国法典》第17编《版权法》所指的“雇佣作品”，并且是制片人的独有财产。所有素材均由他作为制片人的雇员编写、作曲、准备和提交，而非以其他身份。如果作品不被认定为雇佣作品，曲作者应将作品或其任何部分的版权和版权展期的全部权利转让给制片人。制片人应为该版权的作者和第一个所有者，曲作者对该素材不享有任何权利、产权或利益。制片人有权获得版权、专利和/或版权和专利的其他保护。曲作者进一步同意签署、证实、确认并交付制片人认为必要或适当的任何文件，以证明、确立、维持、保护、实施或捍卫其在对上述素材或其任何部分的权利和/或所有权。制片人有权利但无义务：使用、改编、编辑、添加、删减、编排、重新编排、修改和更改所述素材或其任何部分；出售、拷贝、出版、复制、录制、传输、通过无线电和/或电视进行广播、表演、伴有或不伴有声音（包括口述作品、对白和/或同步录制的音乐）的拍摄；以及通过现在已知的或此后发明的任何方式进行传播，无论是否是公开且盈利的。

除曲作者的服务外，制片人及其继受人和受让人应永久、独家、排他地享有并且拥有上述服务和素材的所有结果和收益，包括在全世界范围内通过任何现在已知或此后发明的技术或方法进行制作、制造、录制和复制的所有权利，不论这些结果和收益是否包括文学、戏剧、音乐、电影、机械或任何其他形式的作品、主题、创意、组合、创作或产品。

曲作者将根据制片人的要求出具制片人认为必要或可取的转让文件或其他文件，以证明、确立或捍卫他/她对于作品的权利或产权。曲作者在此不可撤销地指定制片人为其真实合法的委托代理人，有权签署、证实、确认和交付曲作者未出具或拒绝出具的任何此类文书或文件。

制片人应拥有并在此被授予对于曲作者根据本协议撰写的所有或任何作品的出版的完全控制。但是，制片人同意，如果制片人自行或使第三方出版作品，则制片人（或其继受人、受让人、指定人或被许可人）应向曲作者支付以下费用：

（a）制片人或其被许可人在美国和加拿大境内印刷、出版和出售的，且制片人已经收到付款并扣除退货款后的，作品的每一钢琴版本的拷贝、作品的每一舞蹈编排，费用为5美分（0.05美元）。

（b）制片人或其被许可人在美国和加拿大境内印刷、出版和销售的，且制片人已经收到付款并扣除退货款后的，作品的每一其他编排和版本的每一印刷拷贝，费用为其批发销售价格的10%。但如果作品被全部或部分与一个或多个其他作品一同用于作品集、专辑或其他出版物中，曲作者有权获得所述版税的上述比例，上述版税为相对于可收取版税的此类作品集、专辑或其他出版物中包含的作品总数量而言该作品所对应的数额。

（c）制片人在美国实际收到的任何和所有净额（扣除收款费用）的50%，上述净额来自于制片人的被许可人在美国和加拿大对作品机械权利、电子转录和复制权利、电影和电视影音同步权利以及其他权利（印刷和公开表演的权利除外）的开发利用，无论这些被许可人是否隶属于制片人、全部或部分由制片人拥有或由制片人控制。

（d）曲作者应直接从其所属的表演权协会获得其全世界范围内的公开表演版税，并且不应向制片人主张制片人从任何直接地（或通过除出版商以外的渠道间接地）向编剧、作家和曲作者付款的表演权协会收取的任何版税。

（e）制片人因在美国和加拿大以外的国家销售、许可和以其他方式使用作品而在美国从收款代理人、被许可人、次级出版商或其他人（无论是否隶属于制片人、全部或部分由制片人拥有或受制片人控制）处扣除海外税款后实际收取的任何和所有净额（除上文（d）段中提到的公开表演的版税外）（扣除收款的费用）的50%。

（f）对于向管弦表演艺术家乐队指挥、电台节目主持人无偿分发或为广告、宣传或开发目的无偿分发的作品的专业的印刷拷贝或赠送的印刷拷贝，制片人无须为其支付任何版税。此外，对于已经托销的作品拷贝，曲作者须在货款已经支付且可以对其进行核算之后才能就其取得版税。

即使本协议中包含任何相反的内容，制片人及其承租人、被许可人以及制片人允许发行、展示或利用与本协议项下由曲作者撰写、准备或创作的任何素材的使用相关的任何影片的其他人，均有权自由且不受限制地使用任何此类素材并对其进行机械复制而无须支付任何费用。并且，在任何情况下，针对制片人及其被许可人或任何其他人（即制片人允许其使用任何此类素材或其机械复制品的人）就任何现在或未来类型的电影的展览、发行、开发或宣传收取的任何租金或其他形式的版税，曲作者都不被允许且无权参与分成；制片人也无义务向曲作者解释制片人从任何其他人处收取的关于任何电影的展览、发行、利用或宣传而出售、许可或以其他方式利用由曲作者根据本协议所撰写、创作或作曲的任何素材而产生的任何款项。在不限制前述规定的前提下，在制片人或其任何子公司、附属公司或关联公司制作的电影中使用该素材或其任何部分，曲作者无权收取任何影音同步费。

如果曲作者根据本协议的条款和条件完全且令人满意地提供他/她的服务，并且所发布的影片中包含的所有原创音乐都是曲作者服务的成果，则制片人应在本协议所述影片的正片拷贝中的一个单独或共享画幅上用短语

"配乐：约翰·多伊"或与其基本相似的短语给予曲作者署名。除前一句规定的内容外，所有其他有关署名的事宜均由制片人自行决定。

如果制片人或其继受人、被许可人或受让人行使其在本协议项下的权利以制作、发行、出售或授权他人制作、发行和出售包括电影中作品的商业唱片（包括但不限于用于声音录制的现在已知或未知的任何速度或大小的光盘、磁带、有线样带以及任何和所有其他样带），并且如果所述录音包含曲作者作为指挥的表演，则他们应自行或使其他人根据行业惯例向曲作者支付一笔合理的版税。

曲作者对任何违约行为的唯一救济措施应是主张损害赔偿金的普通法诉讼（如有）。在任何情况下，曲作者均无权撤销本协议或本协议授予的任何权利，也不得寻求或获取禁令或其他衡平法救济，以限制或禁止任何基于作品或使用作品任何部分的电影的制作、发行或开发利用。

本协议中的任何内容均不得视为要求制片人或其受让人出版、录制、复制或以其他方式使用本作品或其任何部分，无论使用是否与影片有关。

本文件是双方之间的完整协议，除非由曲作者和制片人的授权代表签署书面文件，否则不得修改。本协议在多个文本上签署。

本协议应视为在加利福尼亚州签署，并且其有效性、解释和效力应受适用于在加利福尼亚州完全履行的协议的该州法律和司法判决的规范和解释。

此致，

约翰·史密斯

维里独立制作公司之主席

接受并同意：

____

约翰·多伊

曲作者

本人特此证明，此处所附的素材由我写作，是作为维里独立制作公司的雇员根据20__年__月__日的协议在常规的聘用过程中履行我在该协议下的职责，上述维里独立制作公司是其作者，并且享有其版权，并有权作为作者自行决定对其进行更改和使用。

特此证明，我在20__年__月__日签署本文件。

____

约翰·多伊

问与答

1.如果我仅为电影节展映之目的在一部独立电影的音轨中使用艺术家的音乐，我是否需要获得版权许可？如果需要，我应该与谁联系？

答：是的，你确实需要获得许可。版权法没有针对电影节或独立电影制作人的豁免。许多音乐权利持有者可能愿意为电影节展映授予免费或象征性收费的有限许可。最好去谈判达成一个根据你最终发行的范围来付款的分步骤交易。这可能包含为取得在电影节展映的电影中使用音乐的权利而支付500美元，如果发行方在电影院、电视或家庭录像上发行，则支付更高的金额。

确定一首特定音乐的所有权的最简单方法可能是与每首歌的音乐出版商联系。如果你有这首歌的唱片或CD，标签上应该列出了唱片公司或出版商或两者兼具。你也可以聘请一个素材版权代理公司来帮助你取得这些歌曲的权利许可，例如伊万·M.格林斯潘有限公司（Evan M. Greenspan，Inc.）（http://www.clearance.com/what.htm）或无限授权有限公司（Clearance Unlimited，Inc.）（www.suzyvaughan.com）。你可以通过联系美国作曲家、作家与出版商协会（www.ascap.com）、广播音乐联合会（www.bmi.com）或欧洲戏剧作家和作曲家协会（www.sesac.com）等表演权协会来查找特定歌曲的出版商。

2.我目前正试图为一部非常低预算的短片取得两首著名歌曲的使用许可。在这种情况下，获得音乐许可的最佳方式是什么？

答：乞求。如果你与这位音乐家有私交，那可能会有所帮助。试着让他们对你的项目感兴趣。即使你不能预先支付很多费用，但当这部电影在电视播出和国外电影院上映时，他们会从公开表演代理机构处收取费用。如果这部电影很受欢迎，他们也可能从宣传中受益。歌曲的所有者没有义务让你在电影中使用他们的音乐。

3.假设一个机构想要在商业广告中使用一首著名的歌曲，但艺术家不愿意授予这些权利。他们是否可以使用“相似声音”来避免违反版权法并暗示一位知名明星的代言?

答：你应该谨慎行事。在这一点上，你应该查看贝蒂·米德勒案［*Midler v. Ford Motor Co.*，849 F.2d 460（9th Cir.1988）］和汤姆·韦茨案［*Waits v. Frito-Lay*，978 F.2d 1093（9th Cir. 1992）］。相似声音的录音可能违反不正当竞争法和公开权——即使严格来讲，它不是版权侵权。

4.音乐出版商是做什么的?

答：出版商拥有或管理由词曲作者写出的音乐作品。一些词曲作者已经建立了自己的出版公司，而另一些则与代表众多歌曲的大型出版商签约。出版商向录音艺术家、制片人、音乐总监、经理和其他人员展示歌曲来对歌曲进行营销，并以此对歌曲进行开发利用。一些出版商出资制作录音样带，向电视节目、电影和商业广告推介歌曲，颁发许可，并收取版税。

5.什么是母带使用权?

答：母带使用权是与在电影的音轨上使用既有录音（例如CD形式）相关的权利。如果制作人要将流行歌曲等既有录音加入到他的音轨中，则需要取得母带使用权。录音使用权只能从录音的所有者处获得，通常是唱片公司。制作人还可以取得一个音乐作品的许可并聘请演奏者为电影配乐制作原始录音，或取得一些既有音乐的许可，或两者兼而有之。如果制作人制作一个新的录音，则需要取得同步权。

第9章

发行

开发或制作电影有若干种方式。以一个创意或者既有文学作品（如书籍）的电影权为起点，影视公司可以聘请一位编剧来创作剧本。该影视公司的开发人员将与该编剧一起开发这个故事。但是，许多由影视公司开发的剧本永远不会被制作成电影。[1]

其他电影始于在影视公司之外开发剧本。在这种情况下，编剧自发地或者受独立制片人的聘请写作剧本。剧本完成之后，它可能会与其他制片要素（例如明星或导演）打包在一起，并呈现给影视公司以进行融资和发行。四大艺人经纪公司——创新艺人经纪公司、联合艺人经纪公司（UTA）、国际创新管理公司（ICM）和威廉·莫里斯奋进公司——负责集成许多资源组合。

其他电影的开发和制作都不是在最终发行它们的影视公司进行的。这些独立制作的项目通常依赖于捐赠者、投资者或预售发行交易（出售各种海外发行权）来为发行融资。然后制片方会和发行方就电影的上映签署获权协议，这可能是一种所谓的“负片提交交易（negative pick-up

[1] 像科学领域的研究和开发一样，电影剧本的开发并不总是成功的。许多想法虽然在概念阶段听起来很有希望，但完成的作品可能不足以令人印象深刻到可以证明投资数百万美元用于制片是合理的。

deal）”，在这种交易下，发行方不必在制作完成的电影被交付之前支付任何价款。

虽然负片提交协议的条款各有不同，但影视公司/发行方通常会支付所有发行、广告和营销费用。影视公司和制片方分享收入和利润。由于制片人承担了制片融资的风险，则他可能获得比他使用影视公司融资而制作电影所能获得的更大的收入份额。通常，发行方从总收入中扣除一笔发行佣金、收回发行费用，然后将余额交给电影制片方和投资方。当然，独立制片人承担的风险是，如果电影效果不佳，没有发行方会购买它的发行权。在这种情况下，制片人可能会遭受重大损失。

当发行方获得一部独立电影的发行权时，发行方通常会同意向制片人提供其收入份额的预付款。制片人可以用这笔钱来偿还投资方。制片人会希望获得尽可能多的预付款，因为他们知道，在交易的最后他们可能颗粒无收。

发行方希望支付尽可能少的预付款，并且通常拒绝提供超过制片成本的金额。其高管会提出：“我们将成为合作伙伴。我们会把所有的钱用于广告和推广。如果影片是成功的，我们将分享它的成功。”

这听起来不错？请记住，发行方首先要收回他们的营销成本，并且众所周知的是一些发行方采用他们自创的会计方法，因此，由于“净利润”这一术语的定义方式，利润分红方很少能看到基于他们“净利润”份额的任何回报。所以，精明的制片人会尽可能地获得更多的预付款。他们还尽力保留海外权利，并使收入免受交叉担保。[1]

独立电影制作人经常就其电影与多个发行方签订协议。一个电影制作人通常会通过和海外销售代理商签订合同的方式来对其电影进行北美之外的授权，这些海外销售代理商将电影销售给世界各地的当地发行方。在进行电影国际授权时，通常将世界分为“国内”和“海外”地区。北美（加拿大和美国）被称为国内地区，世界其他地方被称为海外地区。美国电影制作人通常会与海外销售代理商签订合同，对其电影进行海外授权。对于大多数独立电影制作人来

---

[1] “交叉担保”是指将多个市场赚来的钱款汇集起来。例如，假设你的影片在英格兰赚了100万美元，在法国赔了100万美元。如果这些地区是交叉担保的，而你有权获得净收入的一定百分比，那么你将得不到任何回报。而如果这些地区不是交叉担保的，你将获得英国收入的百分比，而发行方将承担法国的损失。不同形式的媒介也可能是交叉担保的，因此影院发行的损失可以从家庭录像收入中收回。

说，海外销售不仅仅是一个事后的想法：对于很多电影来说，更多的收入来自海外，而非在北美对影片进行的开发利用。

电影市场和电影节的区别

电影市场和电影节是不同的。一些电影制作人可能会发现其间的差异令人困惑。柏林电影节和戛纳电影节与毗邻的市场同时运作。圣丹斯电影节原本只是一个电影节，但随着发行商竞相采购一些电影的版权，一个非正式的电影市场围绕着这个电影节成长起来。

电影市场一般只针对交易开放，而参加的费用将出席人员限制在业内专业人士的范围内。普通公众通常不能在市场上买票看电影或参与其中。在市场上，电影是为买家放映的。实际上，更准确地说，这些买家是被许可方，因为他们通常不购买电影的所有权，而是购买为期数年在他们国家发行的许可。买家可能是一家德国广播公司，该公司有意收购电影以通过其有线电视服务发行。另一位买家可能是想在土耳其放映电影的院线老板。一些买家希望获得某地域内所有的媒体权利（包括院线、电视、数字和家庭录像），也可能将其中一些权利转授权给其他发行方。

市场是为全球买家提供的与电影授权方互动的一次机会。这些授权方通常是代表制片人的销售代理商。在市场中，一位买家可以和许多销售代理商交谈并观看多部电影。协议可以在市场举办期间或之后签署。市场对卖家和买家来说也是一次机会，供他们进行社交、与经常通过电子邮件或电话进行业务往来的人建立关系。

另一方面，电影节是对公众开放的。任何人都可以买到电影票，虽然在最受欢迎的电影节中，可能没有足够的电影票供应。电影节可以检验一部电影对观众的吸引力。电影节展映可能是电影制作人第一次有机会看到普通观众对这部电影的反应。当然，参加电影节的人往往比一般的观影者受教育程度更高，也更富有。然而，电影节展映确实提供了一些很好的反馈。

电影节有几个重要功能。首先，它们向发行商和媒体展示电影。在顶级电影节上获得认可，将促使许多负责电影收购的高管去看电影，要么在电影节上看，要么要求在电影节之外展映。在一个顶级电影节中获奖可能会让一部电影在发行商眼中非常抢手，并可能引发一场竞购战。

电影节也可以为一部电影做宣传，吸引公众的注意力。因此，一旦发行得到了保证，发行方可能希望在电影节上放映这部电影，以提高知名度，或许还能获得好评。如果电影节的时间接近电影上映日期，参与电影节可能有助于影片宣传。但是，如果这部电影在接下来的六个月内都不会上映，现在的宣传可能没有帮助，甚至可能是有害的。这是因为当这部电影上映时，公众会忘记之前的报道，新闻媒体可能不会再对这部电影进行评论或撰写相关文章。

国际发行

销售代理商是发行商的一种。他们鲜少拥有一家剧院、家庭录像厂牌或电视台。他们在本质上是将电影授权给当地发行方的中间商。这些被授权人通常获得的是在其国家内放映电影的权利，尽管有些可能同时获得向某一地区或若干国家授权的权利。例如，一位德国买家可能也希望同时获得向瑞士德语区发行的权利。

这些买家经常会从他们在全年各个市场遇到的销售代理商处了解电影的情况。三大电影市场分别位于戛纳、柏林和圣莫尼卡（美国电影市场），主要电视市场戛纳电视节（Mip）和戛纳秋季影视片交易会（MipCom）也在戛纳举行。戛纳电影市场通常拥有来自100多个不同国家的超过1000家销售代理商和11000个参与方，可授权的电影超过5000部。

销售代理商不仅授权其代理的电影，还通过向买家提供周边物料（包括电影和视频母带、海报、照片和预告片）来为这些电影提供服务。一个诚信且称职的销售代理商可能对电影制作者特别有益——例如，大多数电影制作者不了解土耳其的买家以及他们的惯用条款。此外，他们不知道如何在这些地区交付他们的影片并确保收到付款。

如今，全球超过90%的影院屏幕都是数字化的。[1]目前，所有票房收入的72%来自北美以外地区。（北美以外的）国际销售收入已增长至260亿美元。相比之下，北美的收入却略微下降至104亿美元。因此，虽然海外销售迅速扩大，但国内销售却增长缓慢。2015年，中国票房收入创下了67.8亿美元的纪录。

随着中国和其他快速发展的国家建设数以千计的新影院，这一趋势有望持续。实际上，对于许多独立电影制作人来说，他们90%或更多的收入通常来自海外销售。这是因为，北美市场是目前低预算独立电影最难打入的。

销售代理商通常对电影授权非常了解，而投入了所有努力学习如何制作电影的大多数电影制作人则在这个领域几乎没有经验。声誉良好的销售代理商会愿意在其与电影制作人的合同中接受保护电影制作人利益的条款。只要销售代理商履行其合同条款，大部分的此类条款不需要他们支付任何费用。

例如对于延迟付款利息的要求，只要销售代理商按时支付款项，就无须支付任何费用。这样的条款很重要，因为它会鼓励销售代理商履行其承诺，并在其违约的情况下为电影制作人提供可行的救济。虽然一个称职的销售代理商提供有价值的服务，但人们应该始终记住电影制作人提供的东西的重要性。如果没有好的电影，销售代理商就没有什么可销售的。大多数销售代理商自己制作的电影少之又少，如果有的话。

预售贷款

预售贷款是为制作融资的一种方式。在预售协议中，买方会在电影制作完成之前取得许可或者预购某一区域内的电影发行权。这种交易以如下方式进行：

电影制作人亨利或他的销售代理商与发行商胡安洽谈并签署合同，以购买亨利下一部电影的发行权。亨利给了胡安一份剧本，并告诉他主要演员的名字。

胡安过去发行过亨利的几部电影，他为在西班牙发行亨利的上一部电影支

---

[1] 美国电影协会2014年影院数据总结：96%的美国银幕是数字银幕。

付了50000美元。这部电影的表现相当不错，基于亨利过去的成绩、这次的剧本和拟用的演员，胡安有信心，亨利的下一部电影在西班牙应该也会表现得很好。在亨利的下一部电影拍出来之前，胡安就愿意购买许可，尽管他未看过电影。现在购买电影的发行权，相较于可能日后竞标的竞争对手，胡安获得了优势。此外，胡安或许可以谈到一个比在该电影公开出售时要低的许可费。所以他签了一份合同，同意购买该电影在西班牙的发行权。在电影完成并交付给他之前，胡安不需要支付许可费（除非需要押金）。

现在亨利将这份合同和与其他国家的买家签订的一打类似的合同带去银行。他要求银行借钱给他制作电影，并以发行合同作为担保。亨利正在“质押合同”。银行不会借给亨利合同的全部面值，而是会将合同额打一个折扣，借给他一笔略小的金额。举例来说，如果合同规定了累计总额为1000000美元的许可费，银行可能会借给亨利800000美元。

亨利利用银行的贷款来制作电影。电影完成后，他会将其交付给已获得许可的公司。买家反过来向亨利的银行支付许可费，以偿还亨利的贷款。银行收到偿还的贷款加上利息和费用。买家获得在其境内发行该影片的权利。亨利现在可以在未售出的地区许可这部电影。从这些收入中，亨利获得了额外的收入，甚至可能带来利润。

胡安购买这部电影的承诺必须是明确的，并且他的公司在财务方面具有偿付能力，这样银行才愿意基于胡安的承诺和支付能力而借钱给亨利。如果合同仅表明买方将审查并考虑购买电影，那么这种承诺不够有力，不足以凭其获得借款。银行想要确保，即使电影在艺术上令人失望，只要电影符合某些技术标准，买家就会接受交付。银行还希望知晓，胡安的公司财务状况良好，并且在需要支付许可费时很可能仍在运营。如果胡安的公司已经营多年，资产负债表上有大量资产并且有偿债历史，银行通常会基于该合同放贷。

在某些情况下，银行愿意贷出多于合同面值的钱。这被称为“差额融资”，由于银行承担了更高的贷款无法得以偿还的风险，因此会收取更高的费用。如果电影制作人无法达成足够的预售以覆盖贷款，那么差额融资是有帮助的。银行提供的贷款超过了预售金额，因为它认为影片在未售出地区进行许可所获得的收入将弥补差额。

银行经常坚持要求完片担保，以确保电影制作人有足够的资金来完成这部电影。银行不愿意冒太多风险。他们知道胡安购买亨利电影的承诺是以一部完整电影的交付为条件的，但如果亨利超出预算而无法完成这部电影呢？如果亨利不交付电影，胡安就没有义务为其付款，银行贷款也就不会得到偿还。

为了避免这种风险，银行希望完片担保人（一种保险公司）同意在超出预算时支付完成电影所需的任何资金。在决定担保之前，完片担保人将仔细审查拟定的预算和核心制作人员的业绩记录。除非完片担保人确信该影片可以在预算内完成，否则不会提供完片担保。

第一次制作电影的电影制作人可能会发现很难通过预售为电影融资。由于没有成功电影的记录，他们可能无法说服发行方预先购买他们的作品。发行方如何知道电影制作人能够做出他们的观众想看的东西？当然，如果其他制片要素很有力，也可能说服发行方去冒这个险。例如，即使电影制作人可能是第一次制作电影，如果剧本来自一个广受赞誉的编剧，并且几个大牌演员都承诺参与该项目，那么这个整体资源组合可能是有吸引力的。

国内发行

对于北美地区的发行，电影制作人要么与一个发行方就所有权利签订协议，要么在电影不在院线上映的情况下，与家庭录像厂牌和一个或多个电视频道分别签订协议。国内发行方通常会作为一个聚合方，将电影授权给iTunes、网飞和其他新媒体渠道。许多这些渠道都倾向于从国内发行方那里获得多部影片的许可，而不是与电影制作人单独谈判。

需要考虑电影数字发行的顺序以使收入最大化。视频点播通常依次分为三个窗口：首先，可能是一个按次付费站点（如iTunes和亚马逊即时视频）的交易型视频点播窗口，其次是订阅视频点播（例如网飞），在这里观众支付一笔费用以获取访问一批电影和节目的权限，然后是Hulu等广告支持型网站窗口，在这里观众观看的是会被广告打断的节目。[1]人们对独立电影的兴趣已经随着时间的推移而发生变化。由于网飞已经更多地制作了自己的原创节目，因此他们不再那么需要购买独立电影了，而变得更加精挑细选。

---

[1] Hulu也提供没有广告但价格更高的计划。

许多电影制作人的目标都是看到他们的电影在电影院放映。院线发行方通常会预先支付所有宣传和发行成本，对于非常理想的电影，他们可能会向制片人提供预付款或最低回报保证金。这些付款是可收回但不可退还的。这意味着发行方可以在向电影制片人支付其收入份额之前从收入中收回其预先支付的成本，但如果电影失败了，并且收入不足以让发行方收回其预付款和支出，则电影制作人不必退还已收到的预付款。如果预付款足以偿付电影制作人的投资人，那么电影制作人已经有效地将所有财务风险转移给了发行方。这种模式很理想，但已经越来越少见。

如今，许多发行方在寻求获得影片发行权时只会提供一小笔预付款或不提供预付款。发行方会争辩说，预先支付宣传和发行成本已经够他们受的了，谢谢。

愿意冒险在院线发行电影的国内发行方几乎总是坚持取得家庭录像和电视媒体的附属权利。由于大量的拷贝和广告（Prints and Advertising，简称为P&A）支出，即使对于热门电影来说，院线发行产生的收入通常也都是少于制片成本的。虽然由于大多数影院改用数码放映机，[1]使拷贝成本大幅下降，但仍有大量支出，尤其是广告支出。对于六大制片公司来说，制作和营销电影的成本从1997年的每部电影6000万美元增加到2007年的1.06亿美元，2007年是六大制片公司通过美国电影协会报告信息的最后一年。将每部电影编码成数字影院中使用的数字电影包（Digitally Controlled Potentiometers，简称为DCP）格式需要花费数千美元。对于大范围的上映，需要复制数千份副本，然后存储在硬盘上运送到各个影院，每份的成本约为50美元。虽然这明显少于每份35毫米胶片1200 ~ 1500美元的拷贝成本，但广告的成本却随着时间的推移而不断增加。影视公司经常花费4000万美元甚至更多来发行中等体量的电影。

举例来说，2014年大热的《银河护卫队》的全球票房为7.74亿美元，制片成本为1.96亿美元，发行和营销成本为1.47亿美元。迪士尼获取的全球票房收入份额为3.38亿美元，这意味着该影视公司并没有从票房中收回其成本。当然，这部电影持续变现：家庭录像销售额为2.19亿美元，按次收费电视服务（Pay-Per-View，简称为PPV）/电视交易额为5600万美元，另有1000万美元来

[1] 全球范围内93.4%的银幕已经数字化。

自商品销售。[1]该片的投资回报率估计为39.2%，这是那年最热门影片之一。

除了广泛上映，即使是在100家影院的有限上映也可能花费100万美元或更多。如果电影以数字方式上映，则拷贝成本会大幅降低，但广告支出仍然保持不变。因此，承担院线发行财务风险的发行方将坚持取得家庭录像和电视媒体权利，以抵销院线损失。这些所谓的配套媒体通常比院线发行更有利可图。一部已经通过院线放映为大众所知的影片不需要为家庭录像发行进行更多的宣传。而许可这样的电影进行电视播放是最有利可图的。当发行方将电影许可给有线频道时，它不会产生任何广告费用，因为该频道会推广自己的节目。卖方只需谈判交易并交付电影，该拷贝通常在有线电视窗口授权到期后返还。

发行窗口的顺序一直在变化。传统上，电影最初是在影院上映，几个月之后通过家庭录像发行，随后依次是付费电视、视频点播、免费电视的发行。这些窗口的排序旨在将收入最大化。但是，为发行方带来最多收入的发行不一定对放映方也是如此。发行方希望通过将影片快速发行到家庭录像市场，以利用院线放映所带来的公众认知度。缩短延迟也会抑制盗版，因为只要消费者没有合法的方式购买电影，非法销售就更有生长空间。

一些发行方甚至更进一步，尝试在影院和家庭中同步发行。然而，影院所有者强烈反对这种发行和对窗口时间差的任何缩短，他们认为，如果观众知道在院线放映之后不久就可以在家以更便宜的价格看到的话，就不太可能购买电影票了。从院线放映结束到家庭录像发行开始的时间差已经在逐渐缩短，现在大约是90天。

2011年，环球影业公司试图在院线首映三周后，通过康卡斯特（Comcast）的视频点播发布电影《高楼大劫案》（*Tower Heist*）。帝王（Regal）和AMC院线提出反对，并且第三大院线喜满客（Cinemark）表示，如果影片在首映后这么短的时间内就出现在视频点播上，那么他们将拒绝订购该影片。最终，环球影业妥协，取消了视频点播发行。

如前所述，放映方和发行方有利益冲突。放映方和发行方签订一份冗长而复杂的协议，其中规定了他们如何分配收入。该协议可能要求放映方为取得影片向发行方提供某些预付款或保证。此外，放映方可能同意影片的最短放映周

---

[1] https：//weminoredinfilm.com/2015/03/16/the-12-most-profitable-blockbusters-of- 2014-those-prints-advertising-costs-are-killing-them/.

数。在过去，发行方发行一部主流电影会按比例来分配收入，按照90/10的比例在影院所有人扣减其管理成本后分配最初几周的收入。发行方获得90%的收入，而放映方获得10%的收入。在随后的几周内，分账将更有利于放映方，变成70/30、60/40或50/50。

这种浮动比例模式为放映方提供了长期放映影片的动力。随着时间的推移，放映方的份额将会增加。当然，对于几大制片公司的电影，收入往往在最初几周后急剧下降。因此，在以后的周数内为放映方提供更大的收入份额是有道理的，因为发行方希望鼓励影院所有者尽可能长时间地放映电影。

然而，几大制片公司现在采用了一种新的模式与放映方分享收入。收入根据整个国内票房的量级进行分配。发行方收到48%至63%的票房收入，票房收入越多，发行方分得的百分比越大。平均来说，几大制片公司获得53%的票房收入。对于艺术电影院的票房，发行方获取的平均比例约45%。放映方不再有同样的动力去持续放映影片，而影片往往发行面更广、回报更快。对于几大制片公司的电影，80%的票房收入通常在影片放映的前两周产生。

关于电影放映有一件事没有改变：放映方保留影院卖品部收入的100%，这是影院的主要盈利点；可以说，影院所有者真正做的是快餐生意。他们出售的糖果和爆米花有很大的利润空间。[1]但是，没有人是为了食物去影院的。所以，影院所有者有用很多电影观众填满影院的动力，即使他们只赚取相对少部分的票价。这就是为什么他们更喜欢为大众消费而创作的几大制片公司电影，而不是为艺术电影院票房而创作的吸引特定观众的电影。

另一个正在进行的斗争是：电影在提供数字下载前是否应先以DVD形式发行。几大制片公司发现数字下载非常有利可图，因为它们避免了所有制造和运输成本。二十世纪福克斯公司在2012年9月18日提供了雷德利·斯科特（Ridley Scott）的科幻恐怖电影《普罗米修斯》的高清下载，这比DVD版本的发行时间早了三周。这部电影是通过亚马逊、iTunes、Vudu、Xbox和电影在线（CinemaNow）提供下载的。索尼和温斯坦（Weinstein）公司也尝试过前期数字发行。

独立电影的经济学变得越来越复杂。由于独立电影数量越来越多，授权费

---

[1] 据估计，影院85%的利润来自在卖品部高价出售的苏打水、糖果和爆米花。http：//business.time.com/2012/03/19/ man-sues-movie-theater-for-charging-too-much-for-fountain-sodas/。

已经下降，许多专门发行方消失了。电影制作人再也不能期望在圣丹斯或多伦多将他们的电影拍卖给最高出价者；这种情况只会偶尔发生在一部具有突破性的电影中，但即使对于在顶级电影节上展出的电影，这也不是常态。因此，许多电影制作人最终选择了“权利分割”的交易方式，而不是与一家国内发行方交易全部权利。电影制作人并不是与一家控制北美所有媒体的国内发行方达成一个交易，而是和不同的发行方达成一系列协议，授予每个发行方有限的权利。这对电影制作人是有利的，因为有数家发行方，就不会存在费用与收入的交叉担保了。因此，如果家庭录像发行有所损失，家庭录像发行方也无法从其他公司控制的电视销售中收回这些损失。

服务交易

虽然院线发行是有风险的，但为了获得知名度和声望，电影制作人有时会将他们的电影直接预订到影院。“租赁发行方”（rent-a-distributor）或“服务”（service）交易的安排中，由制作人承担电影院线发行营销成本。传统上，发行方承担这些成本，包括他们取得授权的电影和他们自己投资的电影。按照服务交易，制片人实质上租用发行设备并支付所有发行成本。发行方愿意收取较低的发行费——可能是传统35%发行佣金的一半——作为其无须预支发行成本的回报。制片人承担所有财务风险。我的一位客户最近在80块屏幕上自行发布了一部纪录片，费用为600000美元。虽然它没有单从院线发行中收回全部发行成本，但这部电影成为亚马逊上最畅销的纪录片，并从网飞和其他销售渠道获得了大量的许可费。

对于发行方而言，如果其发布日程中有空当，这样的交易就是有意义的。许多发行和营销人员都有全职和固定职位，即使发行方持续一个月没有电影发行，工作人员也必须要得到报酬。为什么制片人会愿意承担院线发行电影的财务风险？通常，这是因为没有其他选择，因为没有发行方愿意承担以传统方式发行电影的成本。值得注意的是，现在能够在院线发行的独立电影相对较少。实际上，许多独立电影无法在任何媒体上发行。

电影制作人希望在院线发行的另一个原因是，与将影片直接发行到家庭录像和电视相比，它会吸引更多的关注。许多出版物不会去评论一部电影，除非它在当地上映。因此，即使院线发行本身无利可图，它也可以提高电视和家庭录像的收入。有一些自行发行的惊人成功案例，例如梅尔·吉布森的《耶稣受难记》。这部影片的制作成本为3000万美元，营销成本为1500万美元，收入超过6亿美元。据报道，这部电影在第一个周末就在美国赚了8300万美元。

包厅放映

另一种将影片引入影院的方法被称为“包厅”放映（four wall release），这是电影制作人和影院所有者之间绕过发行方的一种安排。在这里，电影制作人从放映方那里租用影院，并承担通常由发行方和放映方承担的财务风险。电影制作人转而保留所有的票房收入。如果卖出很多电影票，则电影制作人可能收益颇丰。然而，如果电影票销售惨淡，电影制作人可能遭受灾难性的损失，因为电影制作人要为影院付费，以及承担所有拷贝和广告费用。

自行发行不仅需要金钱，还需要大量的时间和精力。大多数成功的宣传活动要求电影制作人接受媒体采访、开发一个丰富的网站、研究并接触观众，直到电影上映。某些电影制作人会通过演讲费和其网站上的销售赚取额外收入。

院线发行虽然价格昂贵且难以实现，但可以极大地帮助电影制作人开展事业。通过一部电影获得的曝光可以吸引投资者或影视公司投资他的下一个项目。

新媒体发行

当下有许多新的方式可以用来发行内容，包括通过互联网、移动设备、虚拟世界和博客，这些方法直到最近才出现。“新媒体”也被称为“数字媒体”，它提供了随时随地在许多不同设备上按需访问内容的可能性，以及在创造性参与的用户之间实现交互的能力。

有了新媒体，任何人都可以制作内容。如今，通过数码相机甚至苹果手机，可以在全球范围内创作、上传和发布内容。媒体内容创作、发布、传播和消费的“平民化”（democratization）改变了观看习惯，尤其是对于习惯在他们的笔记本电脑而不是电视屏幕上观看内容的年轻观众来说。

新媒体还包括广播电视网在网络上提供节目，供观众在方便时观看。通过互联网进行首次播出的剧集内容通常被称为“网络剧集”。YouTube与内容所有者分享收入，所有者还可以获得55%的广告费。iTunes为内容所有者提供70/30的销售利润分配比例，但iTunes通常只接受来自内容聚合商的内容。Hulu为内容所有者提供50/50的广告收入分配比例。亚马逊通过其姐妹公司创意空间（Create Space）提供50/50的分账比例。脸书对视频收取45%的佣金。像网飞这样的新公司现在花费大量资金为他们的订阅者创作原创内容。

精心策划发行交易

我可以为寻求发行的电影制作人提供的最重要的建议是：“在完成发行之前，不要透漏你在制作电影上花费了多少钱。”你尽可理所应当地为仅花费40万美元就拍出一部很好看的影片而感到自豪。但如果发行方知道了这就是你所有花费的总额，那么你将很难得到超过这个金额的预付款。更明智的做法是不要披露你的投资，要知道通过观看电影是很难看出制作成本的。请记住，发行方无权检查你的会计账簿。❶

获权协议的谈判可以在制片之前、期间或之后。通常，发行方在电影节上观看电影并观察了观众的反应后，才会对电影产生兴趣。所有影视公司和独立发行方都有一名或多名负责采购的工作人员，这些采购高管的工作就是找到好的电影。

如果你的电影有成功的希望，那么让采购高管去观看你的电影并没有那么困难。如果有一到两位知名演员在你的电影中不仅仅是客串，那么这部电影将比演员全部没有知名度的影片更容易发行。由于低成本独立电影制作量的攀升，使用有名的演员变得十分重要。一旦宣布制作开始，如果有采购人员开始给你打电话，请不要感到惊讶。他们将跟踪你的电影的进展，希望可以在电影完成后立即看到它——在他们的竞争对手看到之前。

❶ 假设发行方并没有对电影进行投资，那么电影花费了多少只有你、你的投资人和国税局知道。

院线电影国内院线发行现金流
（50/50净额交易）

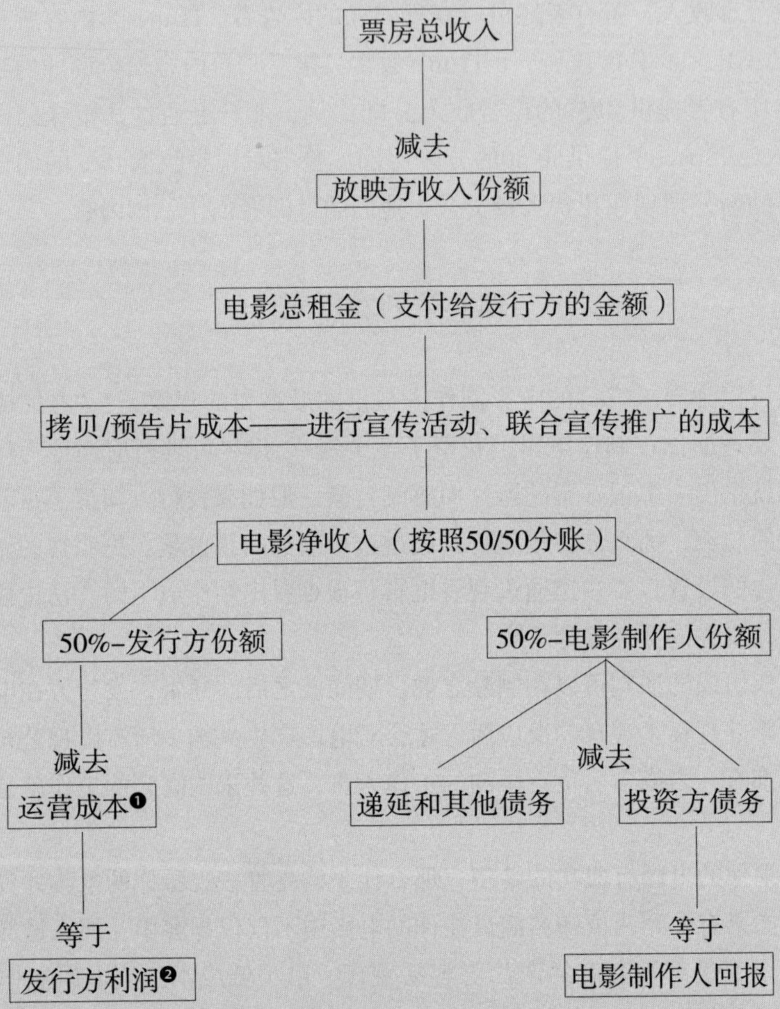

❶ 每个发行方的固定费用和管理费用有所不同。来源：Independent Feature Project，Orion Classics & Off–Hollywood。

❷ 同上。

从电影制作人的角度来看，如果有多个发行方竞相购买你的电影，你将会得到更好的发行协议。这样你就可以一个接一个地谈判，以获得最有利的条款。但是，如果发行方先发制人，开出50万美元的预付款，而你只有24小时来决定呢？如果你不同意，你可能无法在以后获得更好的交易条款——甚至可能根本无法签订任何协议。另一方面，如果你接受了此邀约，那么你可能会失去之后提供给你的、一个更有利可图和更优惠的协议。因此，为了最大限度地获得有利条款，精心策划向所有的潜在发行方同时展示你的电影是很重要的。

精心策划放映

1）电影要保密：在电影完成之前不要去展示。高管们可能会要求看粗剪。他们会说："别担心。我们是专业人士；我们可以通过声音和字幕来推断和想象这部电影的样子。"不要相信他们。大多数人推断不出来。他们会看你未完成的电影，并认为它是业余的。第一印象即是最终印象。

在电影完成前就展示的唯一理由是你不顾一切地想要筹集资金以完成这部电影。在这种情况下，你所能得到的条件通常比完片时所给的条件要少。如果你必须要展示正在进行中的作品，将其在声画剪辑机或平面剪辑台上展示。人们在剪辑操控台上看电影时的期望值比在影院放映时要低。

2）安排一场看片会：邀请高管来参加放映会；如果你认为你能让他们在电影院看电影，就不要给他们寄DVD。如果你给一位忙碌的高管寄送一张DVD，他会把它放进他的DVD播放机或录像机里。十分钟后，电话响了，他按了暂停键。然后他又看了十分钟，直到被他的秘书打断。在被打扰了十次之后，他因为你的电影"太支离破碎了"而把它放弃了。嗯，有这么多干扰它当然会支离破碎了。

你想要让高管在黑暗的房间里，远离娱乐活动，和现场观众一起看你的电影，最好是会做出积极反应的观众。所以，你应该在高管们习惯于放映电影的地方租一间放映室，[1]尽可能邀请所有的采购高管，把影院的其他地方都“塞满”你的亲朋好友，尤其是笑声富有感染力的叔叔。

3）让买家相互竞争：为所有发行商同时放映影片。一些高管会试图提前看到影片，这是他们的工作。你的工作是让他们保持好奇心，直到电影完成为止。你可以承诺，“一旦完成”，你就会让他们看到。他们可能会因为到电影院看到竞争对手而生气，但这将使他们保持竞争活力。他们会知道，如果他们希望得到这部电影，他们最好尽快给出一个体面的报价。

4）找一位经验丰富的顾问：聘请一位经验丰富的制片人代表、经纪人或娱乐法律师来替你谈判。电影制作人了解电影，发行商了解发行——不要欺骗自己而相信你能在他们的竞技场上获胜。有许多陷阱需要避免，你需要找一位有经验的向导来保护你的利益。任何一位像样的谈判者通常都能使发行商的初始报价提高，足以超过其服务成本。

5）调查发行商：务必检查潜在发行商的业绩记录和经验。作为一名代表许多独立电影制片人的娱乐法律师，我发现自己经常能够让不择手段的发行商履行合同。令我惊讶的是，许多发行商拒绝遵守他们自己的发行协议的明确条款。我从拒绝支付电影制作人已到期款项的发行商手中赢得过数百万美元的赔偿金。

我在这里说的不单单是几大制片公司。虽然他们可能通过按照对自己有利的方式解释模棱两可的条款来采用自创的会计方法，但他们常常感到有义务遵守合同条款。我指的是许多小的独立发行商，他们公然违反合同，昧着良心占没有经验的制片人的便宜。他们的态度似乎是，为了得到这部电影什么都答应，然后肆意地欺骗、欺骗、再欺骗。如果受害者敢抱怨，发行商通常会撒谎，声称影片质量不佳，因此义务终止，或者提出以10美分的价格和解。

精明的电影制片人会打电话给与潜在的发行商签约的制片人，仔细调

[1] 有关纽约和洛杉矶放映室的列表，请访问www.marklitwak.com/resources.html。

查他们。最近，我读了一篇标准普尔（Standard & Poor）关于一家发行商的报告，震惊地发现该公司拖欠版税高达230万美元。你还可以查看洛杉矶高等法院的诉讼事件表，看看一家公司是否被起诉了。《独立电影电视联盟国际仲裁规则》仲裁裁决的摘要现在也可以在网上找到。[1]

[1] www.ifta-online.org/recent-awards.

给电影制作者的自我保护建议

我曾为一位与一家小发行公司签订了协议的电影制作人做代理人。该电影制作人有权获得预付款，分四期支付。但第二期付款后，该公司易手，新主直接拒绝付款。毫无疑问，这家公司欠我客户的钱，我的客户已经履行了他的所有义务，发行方声称他们遇到了“财务问题”。我们提出可以接受按月付款的方式以解决债务，对方答应了但从未付款。直到我向法院申请，行政司法官查封了发行方的电影库，他们才把钱掏出来。

低预算电影的发行商知道，所涉金额通常不足够让电影制作人聘请律师。因此，电影制作人应在合同中加入仲裁条款。该条款规定，如果发生争议，该事项将通过具有约束力的仲裁程序而不是诉讼来解决。仲裁条款和程序将在第17章中讨论。

根据我与发行商之间沟通的经验，电影制作人在签订发行协议时需要非常小心。经验丰富的电影制作人会设法给合同添加鼓励发行方履行其条款的奖励和/或惩罚。我尝试加入一个条款，说如果发行方违反任何承诺，我的客户可以获赔全部应当支付给他的钱并重新获得他的电影的所有权利。

有一个案件是关于与家庭录像发行方的争议。电影制作人与发行方达成了口头协议并交付了他的电影，发行方开始广告宣传并推广影片。六周之后，在签署书面文件之前，发行公司却反悔，强迫电影制作人重新谈判这笔交易并给予更好的条款。

为了保护自己免遭这种伎俩的伤害，你要确保所有承诺都以书面形式做出。在签约之前，不要让别人拿到你的原始版材料。如果是在胶片上拍摄，尽量保留电影负片，给发行方一份洗印厂授权信，让洗印厂直接向你汇报为发行方制作了多少个副本。另外，确保你的协议中约定的用于宣传的金额是最低的。

经验丰富的谈判者仅仅通过提出要求就能获得许多重要的条款。不要签署那种发行方提供给粗心制片人的“傻瓜合同”。请记住，拟议合同的条款是可以协商的。

本章末尾的协议之一是通过国际发行方（即海外销售代理商）发行独立制作电影的例子。

选择发行方的检查清单

1.任何预付款或最低保证金。

2.转让的权利范围。国内和/或海外？包含附属权利吗？有任何市场交叉担保吗？

3.是否存在有保证的营销承诺？

4.在顶级市场，制片人是否对海报和影院的选择有任何参与或否决权？

5.发行方的业绩记录、财务状况和声誉。

6.是否要求每月或每季度的会计报表？

7.发行方计划在多大程度上让电影制作人参与推广？

8.营销策略：目标市场人口统计、地推活动、电影节等。

9.收入分账和利润核算：发行佣金有多少？管理费用有多少？

10.发行方对放映方的影响力。发行方能够收回欠款吗？

11.发行方经手了任何竞争性影片吗？有利益冲突吗？

12.如果发行方在早期就停止发行，制片人是否有权重新获得发行权？

13.制片人和发行方高管之间的个人关系。

交付清单

电影名称：________________

拍摄该电影的摄影机：______________________

数字电影可能不要求交付胶片相关的素材。

合成正片拷贝；

中间负片；

D-2格式视频；

高清母带（HDCAM SR或者 PROFES 444 16*9 OAR）；

片头和片尾字幕；

静态照片（数量多少，彩色或者黑白）；

静态反转片（数量多少，彩色或者黑白）；

对白连续列表；

银幕和付费广告署名要求以及肖像限制；

音乐提示表；

版权证明；

音乐许可；

署名表；

权利链报告；

版权检索；

品质控制（Quality control，简称为QC）报告；

片名检索和报告；

错误和疏忽保险；

音乐和音效（music and effect，简称为M&E）音轨；

美国电影协会等级证明；

洗印厂授权信；

宣传物料：

艺术海报

宣传单页
宣传资料包：
简历
梗概
预告片

权利链

许多电影制作人对权利链（chain of title）这个术语的理解是模糊的。他们通常直到电影制作完成并且发行方表达了对电影的兴趣后，才关注这个词语。很快他们发现必须获得错误和疏忽保险才能将影片交付给发行方，而此时如果权利链没有理清，他们就无法获得此类保险。那么，究竟什么是权利链呢？

权利链之所以令人困惑的一个原因是它不是单个文件而是许多文件。此外，每部电影都包含不同的文件构成权利链。权利链实质上是表明电影制作人拥有自己的电影，并且已获得发行电影所有必要权利所需的所有文件。如果制片人不拥有必要权利，就不能将这些权利授予发行方。发行方可能对电影非常有热情，但如果他们认为，由于电影制作人没有获得权利，而使得发行电影会让他们遭受诉讼，那么这种热情就会迅速消散。而且，即使发行方没有做错任何事，发行方也可能对电影制作人的过失承担责任。

人们常说版权是“无限可分”的，这意味着你可以通过多种方式分割版权。例如，你可以按时间分割权利：一方可以拥有一年的权利，接着另一方拥有之后的权利。你还可以通过授权一方在比利时而另一方在加拿大发行电影的方式来在地理上分配权利。同样，你可以按照媒体类型分割权利：一家公司有权在影院放映电影，而另一家公司有权在电视上播放电影。换句话说，你可以将你受版权保护的作品放在切菜机中，并以无数种不同的方式对其进行分割，每一份都可以由不同的主体拥有。

因此，如果电影制作人想要将一部小说改编成电影，那么权利链则需要包含赋予电影制作人对小说的电影改编权的文件。但是，如果剧本是原创作品而不是基于小说，则不需要这样的文件。

在检查权利链时，必须确定授予哪些权利，保留哪些权利。授予将一本小说改编为电影的权利可以是制作单个电影，也可以是无限数量的电影；可能包括根据本书制作电视连续剧的权利，也可能不包括。作者授予电影改编权时通常会保留广播权、电视直播权和戏剧权（将小说改编成戏剧的权利）。作者还可以保留续写权利，这将允许作者使用原书中的相同人物续写。同时，制片人有权制作续集电影。因此，权利分配可能变得很复杂。此外，如果合同文本没有准确描述授予哪些权利，这种模糊性可能会在以后引发问题。

为了获得一个理清的权利链，电影制作人还需要取得为电影做出创意性贡献的演员和剧组人员所完成的全部工作的版权。通常，可以通过与制片人、导演、编剧、演员和其他剧组人员达成聘用协议来实现。这些协议应该有明确的“雇佣作品”条款，该条款规定制作公司拥有雇员创造的工作成果的全部版权。仅仅是电影制作人付费给演员，并不意味着存在一个授予制片人在电影或相关作品（如预告片和广告）中使用演员形象的权利的可执行协议。

有些电影是基于真实事件改编的，对于那些在电影中被塑造的人物，有必要获取人生故事权利。然而，人生故事权利并不总是需要去获取的，因为《第一修正案》通常允许电影制作人像记者一样在没有许可的情况下写作或塑造人物形象。另外，对于那些在电影中无法被观影者辨识出来的人，可能也没有必要去获取该项权利。另一方面，当电影制作人对真实的故事进行自由创作，并为戏剧目的改变事实和场景时，通常有必要获得人生故事权利。然而，如果被塑造的人物已经逝世或是公众人物，则可能不需要。

许多电影的音轨中都有音乐，使用音乐的权利可以通过不同方式获得。制片人可以根据将所有权归于制片人的“雇佣作品”聘用协议来聘请作曲家创作原创配乐。又或者，制片人可以从唱片公司或者出版商处获得现有音乐的授权。在电影音轨中使用音乐所需的权利包括将音乐与拍摄的影像同步的权利，如果使用现有的录音，则还包括使用录音母带的权利。

权利链包括使用电影中包含的静态照片、资料镜头或图片的许可。电影的片名在确定之前也需要确保其权利清晰。应该对其进行检索以查看是否有其他电影片名相似，尽管相似的片名不一定妨碍该片名的使用。

即使是制作自己所写剧本的电影制作人，也会需要某些文件。如果电影制作人已经成立了股份有限公司或有限责任公司来制作电影，那么即使电影制作人是唯一的所有者，他也需要向其公司转让权利，该公司被视为独立于电影制作人的法律实体。

权利链中不能有任何缺口，所有文件都应签名，需要展现出从一方到另一方的连续不间断的权利转让。所有权利的转让都需要以书面形式进行。根据美国的版权法，不能口头转让受版权保护的作品的专有权利。转让文件应在美国版权局登记。

对于某些内容，你可能不需要获得授权。根据版权法，明确属于公共领域或被视为合理使用的任何材料均可在未经许可的情况下使用。但还是那句话，某内容是否属于公共领域或者版权作品的摘录是否被视为合理使用并不总是明确的。

在此，我建议电影制作人在制作前和制作过程中注意去获取将会组成其权利链的文件。如果你制作了一部精彩的电影，赢得了各种奖项和赞誉，那么会有众多发行方争相购买你电影的权利，但如果此时缺少重要的文件，你可能无法达成交易。如果一个未签署聘用协议的女演员找不到了，你的影片可能永远不会上映。

一旦电影制作完成，你应立即向美国版权局登记一份拷贝，以确保你被确认为版权所有人，并且有资格在发生侵权时获得法定损害赔偿并获赔律师费。

家庭录像发行

家庭录像交易有很多模式，但大多数都属于以下三种。

第一种类型的交易允许发行方保留毛收入（gross receipts）的百分比作为发行佣金，并从电影收入中收回特定的营销费用，剩余的金额（如果有的话）支付给电影制作人。我将这个模式称为标准发行交易（standard distribution deal），尽管除了以毛收入的一定百分比计算发行佣金以外，这一模式没有任何标准之处。

第二种类型的交易，有时被称为50/50净额交易（50-50 net deal），这种模式允许发行方首先从毛收入中收回其支出，然后与电影制作人以50/50分享剩余的金额。

第三种类型的交易被称为特许权使用费交易（royalty deal），通过该交易，电影制作人获得每张DVD销售批发价格的一定百分比。该百分比是可协商的，但通常在20%~25%的范围内。这种类型下产生的所有费用与统计电影制作人所占有的份额无关，因为其由发行方承担。

哪种交易对电影制作人最有利？这取决于产生多少收入、支出的金额和它们是否有上限，以及发行佣金的量级。让我们考虑三种不同的情景。

首先，假设销售和租赁DVD的毛收入为100万美元。家庭录像媒介的毛收入通常被定义为收到的批发收入减去所有退货金额。如果DVD的建议零售价是20美元，那么批发价格大约是这个数字的一半，即10美元。然而，价格是可以谈判的，众所周知，沃尔玛发起了一次强硬的价格谈判，并为DVD少付了很多钱。

根据25%发行佣金、10万美元发行费用扣除的标准发行交易，电影制作人将获得65万美元。根据50/50净额交易模式，在相同的毛收入和最高可扣除费用下，电影制作人将获得45万美元。根据版税为20%的特许权使用费交易，电影制作人将获得20万美元。显然，标准发行协议似乎是更好的选择。

但是，假设这部电影的毛收入为17.5万美元。在相同的发行佣金和费用下，电影制作人根据标准发行交易将获得31250美元，在50/50净额交易下可以获得37500美元，在特许权使用费交易下可以获得35000美元。那么在这种情况下，50/50净额交易模式为电影制作人带来了最多的收入。

现在考虑第三种情况，如果毛收入仅为10万美元，发行佣金和费用依然相同。在这种情况下，电影制作人在标准发行交易或50/50净额交易中所能获得的是零。然而，在特许权使用费交易下，电影制作人可以收到20000美元。在特许权使用费交易中，发行佣金和费用超过毛收入这一事实无关紧要，因为无论发生的佣金和费用是多少，电影制作人都可以获得批发价的20%。此外，根据特许权使用费交易，发行方几乎没有采用自创会计方法的空间。一旦你确定已售出的数量并确定其单位价格，经过简单计算就会显示电影制作人的应得数额。许多自创会计方法的争议与费用的扣除有关，而这些费用不会在特许权使用费交易中被扣除。

因此，电影制作人的最佳选择取决于许多因素，尤其是产生收入的多少。当然，在谈判协议时，这是未知的。由于不能说哪一种交易模式是最好的，因此对于电影制作人来说，在确定他们想要的模式之前草算出数字是很重要的。大多数交易更为复杂，因为涵盖多种发行媒介，而发行方的佣金因发行媒介而异（院线为35%，广播电视为25%）。此外，国内发行方通常坚持在发行媒介之间对费用交叉担保。因此，如果院线发行时有损失但电视上有净收益，收入和费用就合并了。这使得发行方能够从电视收入中收回其院线发行的损失。如果家庭录像的发行安排是不允许扣除费用的特许权使用费交易，则必须特别小心。这些特许权使用费不应被其他发行媒介上产生的费用抵消。

DVD是通过托销方式出售的，意味着买家可以退回任何产品并获得100%的退款，有时会有大量的DVD退货。因此，大多数发行方坚持要保留一些收入作为备用金，以确保他们不会向电影制作人支付被退货的那部分收入份额。DVD销售主要由沃尔玛（Wal-Mart）、百思买（Best Buy）和塔吉特（Target）等大型商超主导。但是只有几家公司和沃尔玛有直接联系，其他发行方则必须通过安德森（Anderson Merchandisers）等中间商。

虽然家庭录像销售一直在下降，但视频点播的销售却在增长。一些家庭录像公司生产有限数量的或根本不生产DVD，而专注于通过网飞、亚马逊、Hulu和其他销售商以数字方式发行电影。没有了制造成本，这些交易可能非常有利可图。但是，必须在授权过程中小心，以避免发生冲突并实现收入的最大化。电影制作人可能只想授予非独家的视频点播权利。电影制片人通常与家庭录像公司谈判，以保留从他们自己的网站直接向公众出售电影的权利。

简短版协议

电影制作人应该避免在签订长版合同前签署一份简短版本的交易备忘录。签署简短版合同后，你与发行方之间就存在一个具有约束力的合同。在签订完整版合同之前，如果你不喜欢某些条款，你可能会面临大问题。如果发行方拒绝进行你想要的更改，你们仍会达成协议，但不是按照你想要的条款。你面对的选项都不太好，你不能轻易推翻交易备忘录，但你也不希望在没有完整版合同中某些条款的情况下继续此项交易。简短版的交易备忘录之所以短，是因为许多条款被省略了。同意简短的形式，就相当于在没有获知所有条款的情况下同意了一项交易。因此，你应该坚持直接签订完整版合同。如果你们无法达成令你满意的所有条款，那么你可以毫无权利负担地离开。

许多发行方试图让电影制作人对简短版的交易备忘录做出承诺，因为它更容易谈判。但是，在签订完整版合同之前，电影制作人就不能一走了之。简短版本通常不包括详细的审计和会计条款。如果电影制作人和发行方之间发生纠纷，法官不会插入他/她认为公平的条款——合同内容仅限于当事人约定的条款。

家庭录像发行协议示例

本协议于20___年8月31日由总部位于______的制片人保罗有限责任公司（以下简称“制片人”）和总部位于纽约州纽约市______________的XYZ家庭录像股份有限公司（以下简称“XYZ公司”）之间签订。

鉴于本协议中所包含的双方之间相互承诺及其他有效且有值对价（双方在此承认已经收到），双方同意如下内容：

1.定义：本协议包含的术语应具有以下含义：

（a）“视听录像制品（videogram）”：任何可以将听觉和视觉信号组合在一起的，用于家庭回放使用目的的格式，包括盒式录像带、盒式录音带、DVD、录音制品、磁带、影碟、激光盘，或用于非广播家庭播放使用目的的任何其他现在已知或以后发现的视觉、光学或数字设备的格式，如视频点播、按交易付费和电子零售。

（b）“视频点播权利（VOD rights）”：“视频点播”（video-on-demand）格式，包括但不限于通过授权传输渠道对影片临时拷贝向消费者进行定向协议传输，以供消费者在其居所进行非商业用途观看为目的，每个节目均向消费者收取费用，消费者可在其指定的时间选择要观看的电影。

（c）“按交易付费（PPT）”：“按交易付费（pay-per-transaction）”格式，包括但不限于通过授权传输渠道对影片临时拷贝向消费者进行定向协议传输，每个节目均向消费者收取费用，消费者可在其指定的时间选择要观看的电影。

（d）“电子零售（EST）”：即通过授权传输渠道向设备传输影片永久拷贝的“电子零售权（electronic sell-through rights）”，该方式以消费者在回放设备上的非商业性私人观看为目的，每次授权传输都收取费用。

（e）“永久拷贝”：电影的任何视听复制件，其制作经许可人及其授权的被许可人授权，以允许终端用户在无须支付额外对价的情况下在将来无限制地从设备中获取和观看电影。

（f）“设备”：现在已知或以后发明的所有形式和类型的电子、机械、磁性或光学设备（所有格式和尺寸），包括但不限于在其上编码、存储、复制或刻录任何电影永久拷贝的普通和高清格式的录像卡带、DVD、视频高密光盘（video compact disc，简称为VCD）、光学光盘、硬盘驱动器、个人视频播放器（personal video players，简称为PVPs）、个人视频录像机（personal videorecorders，简称为PVRs）、数字视频录像机（digital video recorders，简称为DVRs）和个人视频录像机和数字视频录像机等效物、光盘刻录机和录制机或其等效物、记忆棒、盒带和半导体芯片。

（g）“回放设备”：现在已知或以后发明的任何电子、机械、磁性或光学装置，（i）能够由消费者（A）直接在其居所和/或公共场所临时操作的，包括但不限于录像卡带播放器、光盘播放器、机顶盒、计算机硬盘驱动器、随机存取（random access memory，简称为RAM）设备（例如“闪存”或“记忆棒”卡），个人视频录像机及其等效物；和/或（B）在其他任何地方操作的为便携和私人使用而设计的装备，例如笔记本电脑、便携式DVD播放器、个人数字助理（personal digital assistants，简称为PDA）、个人娱乐设备（personal entertainmentdevices，简称为PED）、个人视频播放器、手机和其他无线设备；（ii）使电影直接在回放设备或相关显示设备（包括但不限于电视接收器、电视监视器、电脑型显示器、个人数字助理、个人娱乐设备、个人视频播放器、无线终端、移动媒体设备）上显示，以使最终用户可感知、可见和/或可听。

（h）“地域”：除加拿大法语区外的北美洲。

（i）“期限”：从电影的指定“发售日期”开始直至此后7年，但所有电视权利的期限为自本协议签订之日起18个月。

（j）“向XYZ公司交付”：见下文第3款。

（k）“向XYZ公司交付”：以令XYZ公司满意的形式，向其交付全部剪辑完成的电影的音频/视频母带（定义详见下文），并随之交付能够使其根据本协议制造和商业利用电影视听录像制品的全部同意和许可。电影的版权仍是制片人的财产。交付给XYZ公司的所有材料将在期限届满后60天内退还给制片人。

2.对电影的描述：双方承认，现有一部由制片人拥有的“独立电影”，目前由制片人和/或其指定人员制作成一部89分钟的视听录像制品（以下称“电影”）。

3.实物材料的交付：

（a）尽快，但不得迟于本协议生效后的30天。

（b）制片人应使XYZ公司能够复制和使用制片人可能拥有的或其能访问且XYZ公司希望在实现其在本协议项下权利时使用的此种材料。具体要求如下：

（i）美国国家电视系统委员会（National Television System Committee，简称为NTSC）制式 Digi-Beta Feature 母带。

（ii）NTSC制式 Beta SP预告片：首选Beta SP；如果不能提供Beta SP，XYZ公司可接受Digi-Beta。

（iii）如果可以，请提供DVD补充材料，如幕后花絮、删减的场景和评论音轨。

（iv）剧照、国内外广告材料、经过认可的署名表、媒体宣传手册、包装和其他推广材料。

4.权利授予：

（a）除本分段另有规定外，制片人特此授予XYZ公司在本协议约定的期限与地域内独家的权利、许可和特权，为所有的用途（包括付费电视、免费电视、有线电视、按次付费或为广播开发的任何其他形式）开发视听播放格式，包括但不限于以下权利。

（b）开发电影的视听播放格式，并出售、出租、许可、租借、发行、表演、广播、宣传和以其他方式营销和展示该等视听录像制品或授权他人从事上述行为。

（c）制作西班牙语字幕版的电影并在地域内发行和销售视听录像制品。

（d）制片人保留所有其他权利，包括但不限于翻拍、续集、衍生剧集、印刷和电子出版、无线电广播、戏剧和原声带音乐出版权。

（e）XYZ公司的权利包括在地域内为互联网展示而发行和利用电影的权利；但是XYZ公司需要确保电影不能够在地域之外的地方通过互联网观看，除非有权通过互联网发行电影的所有授权人均同意：在互联网展示超出地域限制的情况下，使制片人免遭来自享有地域外电影发行权的发行方和授权人的索赔。

5.程序：

（a）XYZ公司应使电影在本协议签署后的9个月内在全国范围内发行。

（b）XYZ公司有权使用制片人提供的广告、包装和宣传材料来推广电影。

（c）XYZ公司有权在电影的片头字幕之前置入其名称、商标和/或标识，以及XYZ公司即将上映影片的预告片。

（d）在制片人事先书面同意的情况下，XYZ公司有权修改片名以提高发行的商业性。

（e）XYZ公司应通过其个人账户、授权商、分销商和供应商的关系网，对所有会影响电影定价、发行、开发、制造和营销的事项负责。所有关于这些问题的善意决定均应对制片人具有约束力并且是决定性的。

（f）制片人可以免费获取和使用所有推广、广告和宣传材料，包括XYZ公司创作的海报。制片人将自付费用以复制其要求的资料。

6.制造、推广和广告：

（a）所有成本，包括制造、推广、第三方费用、营销和运输费将由XYZ公司提前支付，并在分配收入前不加价地收回。

（b）不含制造费和运输费的其他所有成本上限为35000美元。

（c）运输费是向XYZ公司开票并由XYZ公司支付的实际运输费用数额。

（d）4000美元的固定合作费用将从制片人的账户收取，以支付参加贸易展览、维护公共关系和杂项所产生的全部额外花销。可收回的费用应仅限于实付费用，而不应包括任何办公室、管理、员工、法律费用。

7.毛收入的使用：毛收入应被定义为根据本协议的规定销售和发行视听播放文件所赚取、收取或应当支付给XYZ公司的款项的100%，所有XYZ公司收到或者给予的折扣、回扣和回报也需要算入其中。

（a）毛收入应首先用于收回XYZ公司为制造、广告、推广和运输第6款所规定的视听录像制品所产生且实际支付的所有直接成本和费用。扣除上述费用后余额的50%，将计入制片人的版税账户。

（b）次级发行方的指定：XYZ公司不得通过次级发行方进行电影的家庭录像发行，而应直接与批发商和零售商交易。对于其他媒介，如果XYZ公司使用次级发行方，则每个次级发行方的指定都应采用书面形式，其条款和条件中对于次级发行方的限制性至少应和本协议中对于XYZ公司的限制性一致。XYZ公司应负责确保任何次级发行方的作为或不作为均不以任何方式与本协议的任何条款或条件相冲突。支付给次级发行方的佣金应从XYZ公司的收入份额中支付，以免减少制片人收到的收入。

（c）打包收入的分配：如果制片人的电影与其他影片打包，一起许可给第三方，或者与多部影片一起打包组合出售或出租，那么电影的价格应根据打包组合中电影的商业价值在合理分配收入的基础上予以分配。当电影作为打包组合的一部分出售时，XYZ公司应披露分配给每部电影的授权费用或对价。

8.会计：

（a）直至期限届满并在其后的5年，XYZ公司应在其纽约州纽约市办公室制作和保管完整详细、永久、真实、准确的与电影发行和放映有关的账簿和记录，包括但不限于由此产生的详细毛收入回款、详细账单、在电影的开发利用回款中扣除的费用的详细记录，以及影片拷贝、预告片、辅助材料和其他与电影有关的材料的去向。记录应当根据一般公认的会计原则来制作。XYZ公司应当在电影发行日期之后的第一季度开始按季度计算应当支付给制片人的金额，并以报表形式向制片人报告。XYZ公司按照上文第7条的规定收取的且在XYZ公司根据上文第6款规定扣除费用和预付款后应向制片人支付的款项，应在每个日历季度结束后30天内支付给制片人。

（b）即使本协议中有任何相反的规定，在XYZ公司实际取得某笔视听录像制品销售收入之前，XYZ公司无义务向制片人支付该等销售收入。

（c）根据本协议所有到期应付给制片人的款项应以支票形式支付给“________”，寄送给许可人的律师至____________，同时提交相关对账单。对账单和付款支票应发送至____________律师事务所。

（d）XYZ公司有权保留每张发票金额中不超过10%作为准备金。该准备金将在发票日期起12个月内清算。对于所有应付给制片人的款项，付款时间是实质性要求。如果在收到本协议规定的违约和补救通知后仍未付款，则XYZ公司在本协议下的权利自始无效，XYZ公司将立即失去发行电影的权利。

9.制片人的保证和陈述：

制片人保证、声明并同意，据其所知：

（a）制片人是根据其所在司法管辖区的法律有效存续且信誉良好的法人；其拥有签订本协议，履行本协议条款，根据本协议授予XYZ公司专有权利、许可和特权的全部权利、权力、法定资格和权限。

（b）电影及其任何内容，以及制片人根据本协议交付或提供的任何其他材料——包括但不限于由制片人提供和挑选的故事、剧本素材、音乐内容和文学内容，以及其中所含的艺人和其他表演者的表演、姓名、肖像和传记材料，或任何商标、服务标志、版权或其他无论是有形还是无形的知识产权——均不会在任何时候构成对任何人或任何一方的版权、文学、戏剧、影片、隐私、公开权、商标、服务标志或任何其他权利的侵犯，或构成对任何个人或实体的不正当竞争或诽谤。

（c）现在以及在本协议期限内，不存在可能对本协议条款、本协议中制片人的陈述和保证、XYZ公司对本协议授权（包括但不限于在整个地域内制造和销售视听录像制品的独家权利）的享有构成冲突或妨碍、限制、贬损、不一致或其他影响的留置权、权利要求、权利负担、法律程序、限制、协议或谅解。

（d）制片人目前并且应在本协议期限内不受任何约束、限制、权利负担地享有，本协议授予XYZ公司的电影中所有文学、戏剧、音乐素材的表演、放映、广告以及所有其他权利，制片人已获得为XYZ公司无限制地完全行使和享有本协议授予其的全部权利所需的全部必要授权和许可。XYZ公司将在整个期限内拥有、占有和享有此类权利，不受任何个人、公司或实体的阻碍。

（e）一经要求，制片人应向XYZ公司提供所有可取得的授权、许可或其他前述的文件或有关本分段中声明所需的文件之副本。

（f）与电影制作有关的所有个人和其他实体，以及名字、声音、照片、肖像、作品、服务和材料在电影中或其开发利用中被使用的所有其他人，均已经授权在整个期限内将他们的名字、声音、照片、肖像、表演和传记资料用于电影的广告、推广和开发。

（g）电影的视听录像制品权利此前在该地域内未被出售、许可或交易过。

（h）有关电影及其制作的所有义务，包括但不限于所有薪金、特许使用费、许可费、服务费、洗印费等，均已经或将全部支付。XYZ公司对过去、现在或将来的制片费用、洗印费或类似付款不承担义务（XYZ公司要求的或XYZ公司为其自身直接产生的洗印费或服务费除外）。但是，双方理解并同意，为实现向XYZ公司交付电影音频母带/视频母带所产生的费用（包括所有剪辑和制作费用）均由制片人承担。与电影视听播放格式使用相关的所有费用、付款、成本、收费全部由制片人承担，包括但不限于因XYZ公司行使其被授予的权利而产生的所有费用、付款、成本或应支付给任何制片人、导演、编剧、演员、作曲家、音乐家或任何其他为电影提供服务或素材的人或者任何协会、工会、表演权利社团、出版商或者母带所有人的款项。制片人进一步保证，所有与电影相关的费用和付款（包括未来对任何协会或社团的付款）均已经或将会被全额支付，且在任何情况下都不应由XYZ公司负责。

（i）在电影制作过程中，每个国家、州、市或其他有管辖权的政治实体的所有法律、立法、法令、条例和规定，以及任何有管辖权的工会或协会的所有条例、规定和要求，都已经或将被遵守。

（j）电影不属于公共领域内容，并且在地域内有效地受到版权保护。在本协议期限届满之前，电影不得在地域内的任何地方进入公有领域。所交付的电影将包含美国版权法或世界版权公约要求或允许的所有适当的版权声明。

10.XYZ公司的保证和陈述：

（a）XYZ公司保证、声明并同意XYZ家庭录像有限公司是根据其所在司法辖区的法律有效存续且信誉良好的法人；其拥有签订本协议、履行本协议条款、根据本协议授予制片人权利和利益的全部权利、权力、法定资格和权限。

（b）XYZ公司进一步声明：

（i）其有权签订本协议，并且在尽其所知和所信的范围内，不论根据普通法或衡平法，在任何联邦、州、县、市或其他国内或国外的政府机构或权力机构中，不存在任何不利于或影响其在本协议下履行义务能力的未决的或有先兆的索赔、诉讼、仲裁或其他程序或调查。

（ii）其是并将持续在期限和授权地域内作为电影发行方进行工作。XYZ公司有能力在正常业务中支付账单，不处于无力偿债的状况或破产危险之中。

（iii）来自批发商、零售商和其他被许可方的所有付款将通过支票、电汇、信用证或汇票支付到XYZ公司名下。

（iv）其将获得为推广电影而制作的任何广告和营销材料所需的全部许可，并应当在整个授权地域内大力推广和许可电影。

（v）由XYZ公司或经其要求制造、复制的所有家庭录像、子带和其他材料的质量标准应为高品质。

（vi）XYZ公司不得以任何可能使制片人陷入纠纷或诽谤任何人的方式自行或授权第三方使用电影。

（vii）未经制片人事先书面许可，XYZ公司不得对电影或其片名进行任何编辑、剪辑、更改或重新安排。

11.补偿：

（a）制片人应自费或由责任方支付费用，就因制片人违反本协议中保证、声明或者协定或因对制片人的保证、声明和协定的信赖而产生或承受的所有索赔、要求、诉因、义务、责任、损失、损害、成本和费用（包括合理的律师费），赔偿XYZ公司及其继受人、被许可人、受让人、代理人、代表和附属机构，并使之免受损害。在XYZ公司不放弃对制片人可能拥有的任何权利或救济措施的情况下，任何此类违约或被指控的违约所产生的任何责任、损失、损害、成本或费用可由XYZ公司从制片人的许可使用费中收回。如果任何个人或实体提出任何索赔或提起任何诉讼或法律程序，并且如果其所主张的事实是真实的，将构成制片人对本协议保证、声明或协定的违反，XYZ公司应立即发出书面通知将情况完整通知与制片人，制片人应自付成本和费用或由责任方承担成本和费用来应诉，并应提供胜任且经验丰富的律师进行辩护。XYZ公司可以自行自费聘请律师来处理相关诉讼和程序。

（b）XYZ公司应自费或由责任方支付费用，就因XYZ公司违反或被指控违反本协议中保证、声明或者协定或XYZ公司在电影的营销、发行和开发利用中的责任，而产生或承受的所有索赔、要求、诉因、义务、责任、损失、损害、成本和费用（包括合理的律师费），赔偿制片人及其继受人、被许可人、受让人、代理人、代表和附属机构，并使之免受损害。在制片人不放弃对XYZ公司可能拥有的任何权利或救济措施的情况下，任何此类违约或被指控违约所产生的任何责任、损失、损害、成本或费用可由制片人从XYZ公司处收回。如果任何个人或实体提出任何索赔或提起任何诉讼或法律程序，并且如果其所主张的事实是真实的，将构成XYZ公司对本协议保证、声明或协定的违反，制片人应立即发出书面通知将情况完整通知与XYZ公司，XYZ公司应自付成本和费用或由责任方承担成本和费用来应诉，并应提供胜任且经验丰富的律师进行辩护。制片人可以自行自费聘请律师来处理相关诉讼和程序。

12.期限届满时材料的处置：

在期限或其延期届满后，XYZ公司应停止继续复制视听录像制品，并向制片人提供目前手头上所有产品的账目。此外，XYZ公司在本协议期限届满时享有6个月的窗口期，以出清库存。此时，XYZ公司应将所有母带返还给制片人。

13.不可抗力：如果火灾、洪水、地震、公害、罢工、劳工纠纷、骚乱、不可避免的事故、电气或音响设备故障、任何洗印厂或供应商未履行或延迟履行、运输延误或缺乏、禁运、暴动、战争、起义或内乱、任何天灾（包括严重的恶劣天气）、任何合法成立的当局的行为、无法获得充足的材料、劳动力、运输、动力或任何其他不在XYZ公司或者制片人控制范围内的条件或情况，导致XYZ公司或制片人被阻止或不能遵守本协议的部分条款和条件，则本协议的其余部分不受此类情况影响，并继续具有完全效力。

14.违约条款：任何一方所指控违反本协议的行为均不得被视为实质性违约，除非被指违约的一方未能在收到对方明确其违约行为且包含合理细节的通知书后的30天内弥补、纠正或补救被指的违反或违约行为。

【其他可选的条款】

美国电影协会：制片人承认，获得美国电影协会评级符合电影的最佳利益。如果美国电影协会要求对电影进行剪辑或更改以满足“PG-13”或“R”的评级，则制片人同意尽最大努力取得该等剪辑以满足美国电影协会的要求。制片人为使用工作室等支出的、经XYZ公司批准的任何款项，将由XYZ公司预先和美国电影协会费用一起支付，这些费用将计入电影的开支。

错误和疏忽保险：XYZ公司应代表制片人投保错误和疏忽保险，该保险的费用也应视为（上文第6款所指的）可扣除的费用。与电影有关的错误和疏忽保险的保单将在本协议签署时生效，单次保额不低于100万美元，总计保额不低于300万美元，并且应在该等保单中添加XYZ公司作为被保险人。

15.其他：

（a）本协议中的任何内容均不在双方之间构成合伙或联营。任何一方对本协议任何违约行为的弃权均不得视为对此前或此后的任何违约行为的弃权。如果本协议的任何条款、句子、段落或部分或者上述内容对任何个人、公司或法人的适用，被有管辖权的法院判为无效，则该判决不应影响本协议其余部分，其余部分继续具有完全效力。

（b）在提前不少于30个工作日向XYZ公司发出书面通知的前提下，制片人有权在正常营业时间内，通过国家认可的独立公立注册会计师事务所，每年一次在XYZ公司的主要营业地点检查和审计XYZ公司与电影相关的账簿和记录。如果在该等审计的过程中，经证实的误差对制片人有利且在10%或以上，XYZ公司应支付该等审计的成本。

（c）根据本协议要求送达给对方的所有通知，应当送至本协议首部所列的地址，或者任何一方此后以书面通知指定给对方的其他地址。所有此类通知均应采用书面形式，除特许权使用费对账单外，所有此类通知应通过挂号信或保证邮件发送并附收件回执。通过邮寄发出的通知，通知日期为发送日期；作为交付日期显示在收件回执上的日期且不晚于邮寄之日后10日的，应视为送达日期。

（d）本协议应根据加利福尼亚州（适用于在其境内完全履行的协议的）法律解释。除非双方签署书面文件，否则本协议不得被修改。本协议下的任何争议将依据在本协议生效日期有效的《独立电影电视联盟国际仲裁规则》（以下简称为《独立电影电视联盟规则》）通过终局、有约束力的仲裁解决。各方放弃在任何其他法院或裁判地解决任何争议的权利，但一方可根据《独立电影电视联盟规则》的允许在仲裁开始前寻求临时救济。双方将遵守仲裁中的任何裁决，任何有管辖权的法院均可对其强制执行。双方同意按照《独立电影电视联盟规则》接受送达。胜诉方有权获赔律师费和审理费用。

（e）如果发生以下任何一种情况，本协议将被视为无效，本协议授予的权利将归复于制片人：

（i）XYZ公司提交破产申请。

（ii）XYZ公司提交债权人和解协议。

（iii）XYZ公司违反本协议的任何重要约定，并在制片人通知XYZ公司后的30天内未能补救。

（f）为宣传目的，制片人可以根据需要获取尽可能多的预览（screener），并在XYZ公司对电影DVD进行商业发售时免费获得20份。

（g）制片人可直接从XYZ公司处以1.5美元/件的价格额外购买有完整零售包装的电影DVD，并可在制片人的网站上转售。制片人销售的产品价格应与互联网上销售电影的其他账户的销售价格一致。

本文件阐述了双方对本协议标的事项的完整理解，除非经负担加重一方签署的书面文件确认，否则本协议的任何修改、变更、弃权、终止或解除均不具有约束力。本协议中约定的和/或普通法或衡平法中规定的所有权利和救济应是叠加性的，对其中一项的行使不妨碍对其他项的行使。

特此，双方于本协议首部所示日期签署本协议。

XYZ家庭录像股份有限公司

签字：________________________日期：_____________________

制片人保罗有限责任公司

签字：________________________日期：_____________________

国际购买/发行协议示例[1]

20__年__月__日，

制片人影业股份有限公司

联系人：萨利（制片人）

____

____

关于：(【电影片名】)

本协议由发行股份有限公司（位于日落大道___，西好莱坞，加州90069，以下简称“发行方”）和制片人影业股份有限公司（在加利福尼亚州注册成立，位于________，以下简称“制片人”）于20__年__月__日达成并签订。鉴于双方各自的承诺、保证、声明及其他有效且有值对价，发行方和制片人特此同意以下内容：

1.影片：制片人将根据附件A“交付时间表”所列内容，向发行方交付暂定名为《_____》(“影片”）的文件、广告和实体材料（“物料”)。

2.授权权利：

（a）制片人特此授予发行方在该地域（如下文所定义）内，发行影片及其声音和音乐的不可撤销的权利、所有权和利益，包括但不限于在制片人的版权和其他权利范围内，在该期限（如下文定义）和地域（如下文所定义）内，通过院线、所有形式的家庭录像、所有形式的电视媒体以及有

[1] 关于发行协议的更多信息，请参照我的另一本书《高风险业务：独立电影的融资与发行》(*Risky Business: Financing and Distributing Independent Film*)，汉普斯特德出版社（Hampstead Enterprises），第2版，2009。

限的网络发行权，发行、授权以及以其他方式开发利用影片及其图像声音和音乐的独家、排他、不可撤销的权利和特权。

该等权利不包括制作其他电影、续集、其他衍生品、翻拍影片以及制作电视连续剧、迷你剧或电视节目或其他所谓的衍生节目的权利，亦不包括任何制片人保留的权利（以下称“保留权利”）。在不限制前述内容的普适性、亦不限制本协议中授予发行方的其他权利的情况下，制片人在此授予发行方以下权利：

（i）院线权利：在地域和期限内，在室内影院、露天影院或者任何其他场所，通过并与任何尺寸和种类（含35mm和16mm）的正片拷贝中所载的视觉图像的投射有关，制造、发行、放映、营销和以其他方式开发利用影片及其声音和音乐的所有权利（以下称为“院线权利”）。

（ii）家庭录像权利：通过任何形式的录像带、影碟、盒带、磁带、DVD或其他现在已知或日后发明的、为使视觉图像（无论是否有同步的声音）在电视接收器（或任何现有或日后发明的类似设备，包括DVD）的荧屏上可见而与复制装置配合使用而设计的类似设备（“视听录像制品”），对影片及其声音和音乐进行制造、发行、利用以及非院线且无门票的免费家用放映（不论是通过出售或者出租）的所有权利（“家庭录像权利”或“视频权利”）。

（iii）免费电视权利：通过除上述第2（a）段所述途径外的免费电视使用方式（包括但不限于免费电视、通过电视网或者通过超高频或甚高频的音画同步广播），对影片及其声音和音乐进行发行、放映、营销和以其他方式开发利用的所有权利（“免费电视权利”）。

（iv）付费电视/按次付费：通过基于订阅、按次付费、许可、出租、售卖或其他方式的“付费电视”（以该表述在电影行业内通常的理解为准），包括但不限于有线传输、金属丝或任何材料的纤维传输、“无线支付”、所有形式的常规或偶尔的加扰广播、共用天线电视、多信道多点分发、卫星传输和无线广播（仅供同时联播），对影片及其声音和音乐进行发行、放映、营销和以其他方式开发利用的所有权利（“付费电视权利”）。

（v）互联网：发行方的权利包括在该地域内为互联网播出而发行和利用影片的权利，但前提是：第一，发行方只可向获得了其他权利（例如院线权利、电视权利和/或视频权利）的被许可人许可互联网权利；第二，发行方的被许可人仅有权在互联网上播出授权给该方的外语语种配音版本的影片；第三，如果英语是相应被许可人的当地语言，则未经制片人书面许可，不得向该等被许可人授予互联网权利，除非该被许可人能够确保无法通过互联网在美国看到影片，且如果该等互联网播出进入美国，对于享有影片互联网发行权的美国发行方提出的索赔，该被许可人同意赔偿许可人。

（b）宣传：在期限和地域内，发行方应拥有通过任何手段、媒体和途径（包括通过发行、放映、广播和电视播出影片预告片，发行方或其他方准备的影片节选）来宣传和推广（或者由其次级发行方宣传和推广）影片的独家权利，但须遵守与影片制作相关的合同中所规定的对该等权利的惯常限制和义务。

（c）片名：发行方应有权使用影片的现有片名。被许可人可以为在其地域内的发行而更改和/或翻译该片名。除此之外，未经制片人书面批准，不得对片名进行其他更改。

（d）编辑：

（i）发行方有权酌情决定是否在影片的片头和/或片尾字幕和预告片的前后、所有宣传和推广材料中（具体的方式、位置、形式、内容可以由发行方选择）加入发行方的商标、标志、声明以及将发行方指定为影片发行方。发行方对署名顺序进行任何重新编辑将由其自担费用。

（ii）发行方根据本协议所享有的编辑权利，明确排除对发行方享有洗印授权（仅为复制之目的，且在本协议有效期内不可撤销）的影片原始负片和/或视频母带进行任何改动的权利。除了为满足政府审查规则所需的变更，或为插入电视广告和满足广播标准、操作指引所做的变更外，未经制片人事先书面同意，发行方不得对影片进行任何更改。

（iii）发行方将赔偿制片人因发行方编辑、添加或更改影片中的素材所引起的责任而导致的任何损失（包括合理的律师费）。

（e）许可：发行方有权在授权地域内的任何国家，向一个或多个第三方授予行使本协议规定的任何或全部所述权利或特权的许可和其他授权。发行方授予任何许可的最长期限为12年，但在德国进行开发利用的被许可人可获得最长15年的期限。如果发行方在授权地域内指定了一个或多个次级发行方，则每次指定应以书面形式进行，其条款和条件对于次级发行方的限制至少应当与本协议对于发行方的限制保持一致。发行方应负责确保所有次级发行方不以任何与本协议的任何条款或条件相冲突的方式作为或不作为。支付给次级发行方的佣金应从发行方的报酬中支付，以免减少制片人获得的收入。

（f）地域最低限额：制片人和发行方一致同意了每个地域内的最低保证金额（以下简称“地域最低限额”）。本协议或地域最低限额表中的任何内容均不应被视为要求发行方实际获得该等地域最低限额。本协议双方的意图是：在未经制片人批准的前提下，发行方不得以低于相应地域最低限额的金额签订协议。影片的地域最低限额在本协议附件B中列出。

（g）无其他权利：未经发行方授权的情况下，对于在授权地域内自行使用或授权他人使用影片和授予给发行方的权利，本协议不赋予制片人该等权利，但是制片人有权在电影节上、业内展映、非盈利和/或教育目的展映活动中放映影片。

3.保留权利：制片人保留所有未在本协议中明确授予的其他权利，包括但不限于电子出版、印刷出版、音乐出版、电视直播、无线广播和戏剧权利。

4.地域：授予发行方行使权利的地域（本协议中称“地域”）为（所有语言和所有形式下的）全世界，但美国及其领土、占领区和军事基地以及加拿大英语区除外。

5.期限：根据本协议授予发行方的权利将自本协议签订之日开始，并在此后继续持续两年（初始期限）。如果发行方在初始期限内向制片人支付了80万美元或以上，则发行方应自动有权将该期限延长两年（第一延长期限）。在第一个延长期限及其他延长期限（如有）内，如果满足以下条件，则发行方应有权选择将期限再延长两年（总期限最长不超过十年）：

（a）第一延长期限：如果在初始和第一延长期限内向制片人的付款已经累计达到140万美元，则发行方可以将该期限再延长两年（第二延长期限）。

（b）第二延长期限：如果在初始、第一和第二延长期限内向制片人的付款已经累计达到180万美元，则发行方可以将期限再延长两年（第三延长期限）。

（c）第三延长期限：如果在初始、第一至第三延长期限内向制片人的付款已经累计达到220万美元，则发行方可将期限再延长两年（第四延长期限）。

（d）第四延长期限：如果在初始、第一至第四延长期限内向制片人的付款已经累计达到260万美元，则发行方可将该期限再延长两年（第五延长期限）。

为延长期限，发行方应在当前期限届满前至少30天以书面形式通知制片人其意向。

6.广告/宣传：在委托创作任何海报和营销活动开始之前，发行方将就营销计划与制片人善意地进行协商。制片人将向发行方提供附件A中所列的所有广告和营销材料。除非经制片人批准，否则发行方不会传播制片人的任何照片或简历。如果发行方为影片创作其自己的海报和预告片，则这些材料的所有权应归属制片人，制片人有权随时为地域外的影片发行以及在本协议期限届满后于全球任何地方使用上述物料。发行方委托他人创作任何海报或其他受版权保护的素材，均应在素材被创作前签署书面合同，该书面合同应规定该作品为雇佣作品并且制片人是全部权利的所有者。

7.版权：制片人声明并保证影片在整个期限内受版权保护。影片的每份拷贝都将包含符合美国《版权法》不时修订的要求的版权声明。

8.制片成本：除本协议另有约定外，在制片人和发行方之间，制片人负责支付或将支付与影片和/或影片材料有关的所有制作成本、税款和费用。本协议所称“制片成本”将包括与影片和影片材料的制作相关的所有成本（包括向编剧、制片人、导演、艺术家以及其他为影片和/或材料提供了服务的所有人的付款）、为取得在影片使用音乐的权利而发生的成本和费用（包括影音同步、表演、机械复制费用以及工会的复播复映报酬）。

9.制片人陈述并保证：制片人在尽其所知和所信的范围内，在此向发行方声明和保证如下内容：

（a）制片人拥有全部权利、权力和权限签署和履行本协议，并授予发行方本协议所授予的和双方约定即将授予的所有权利。

（b）制片人已经或者即将在影片根据本协议交付之前，获得并将在期限内持续拥有影片所依据的或其中所使用的文学和音乐素材的所有权利，以及任何其他以本协议允许的方式开发利用影片所必需和必要的其他权利。

（c）在制片人所知和所信的范围内，影片、影片素材或其任何部分，任何文学、戏剧、音乐作品或任何其他包含其中、与之同步的内容，或者对任何本协议所授予权利、许可、特权的行使，在现在和将来均不会违反或侵犯任何自然人、公司、法人或团体的商标、商号、合同、协议、（普通法或成文法上的）版权、专利以及文学的、艺术的、戏剧的、人身的、私人的、民事的权利或财产权、隐私权、作者的精神权利、任何法律法规或其他权利，不会构成口头诽谤或书面诽谤。

（d）制片人未曾也不会向任何第三方出售、让与、转让或转移影片或其任何部分以及作为影片基础的、不利于或贬损或会妨碍授予发行方的权利的戏剧、音乐或者文学素材的任何权利、产权或者利益，亦未曾也不会授权任何其他方行使任何权利或采取任何行动而违背本协议授予或者声称将要授予发行方的权利。

（e）在整个地域和期限内，为本协议中所约定之目的，制片人将取得并持有影片和/或影片素材的制作、展示、表演、发行、营销和开发利用（包括但不限于其中所含所有音乐的同步和表演）所必要的一切许可。制片人进一步声明并保证，在制片人和发行方之间，影片和/或影片素材中所含所有音乐作品的表演权将在本协议目的所要求的限度内由制片人控制，并且发行方在影片素材中、电视上和载有影片的视听录像制品中使用这些音乐，不必向第三方付费，但是协会要求支付的复播复映报酬除外（或者，如果要求支付此类音乐款项，将由制片人单独负责）。

（f）制片人声明并保证，制片人已经或者即将根据相应协议向所有艺术家、演员、音乐家和其他为影片或素材的制作提供服务的人员如数付款，并且任何可适用的养老金或者类似信托所要求支付的款项将由制片人如数、恰当且按时地支付。

（g）双方知晓制片人尚未获得错误和疏忽保险。但是，如果次级被许可人/发行方提出要求，需要上述错误和疏忽保险证书，发行方将预付这笔费用并从毛收入中优先扣除该费用。在任何错误和疏忽保险保单上，制片人应被添加为被保险人。

（h）影片是在____胶片上拍摄的。影片和电视/航空公司版本（如有）的片长为__分钟，影片应获得的美国电影协会评级限制程度不得严于“R”级。双方知晓，影片尚未收到或申请美国电影协会评级。如果当有必要获得美国电影协会评级时，制片人应及时进行所需的额外剪辑以确保可以取得前述美国电影协会评级。获取该等评级的费用应由发行方预付，并从毛收入中扣除。

（i）在影片交付给发行方时，除了电影节或业内展映外，影片尚未在地域内的任何地方为任何商业目的而被放映。

10.发行方保证：

（a）发行方有权签订本协议，并且尽其所知和所信的范围内，其在普通法或衡平法下，在国内或国外的任何联邦、州、县、市或其他政府机构和权力机构中，不存在亦将不会有任何未决的或威胁或影响发行方履行其在本协议项下义务的能力的索赔、行动、诉讼、仲裁或其他程序或调查。

（b）发行方将在授权地域和期限内持续作为影片的发行方进行工作。发行方有能力支付日常的业务账单，有能力偿还债务且不处于破产危险之中。

（c）批发商、零售商和其他被许可人的所有付款将通过支票、电汇、信用证或汇票支付到发行方名下。如果接受现金，将向制片人发送包含付款金额的许可协议副本。发行方进一步保证，除非经制片人批准，发行方不会接受来自次级发行方或返点发行方的任何形式的对价（无论是给予现金、给予发行其他影片的折扣、其他任何形式的好处或对价）。被许可人支付的金额应分为发行权的许可费和因向被许可人为交付所产生的任何复制和制作费用的补偿。复制和制作费用应限于发行方为被许可人制作交付材料而产生的直接现付费用。这些费用不应加价，且这些费用的补偿不包括在毛收入中。

（d）发行方将获得为推广影片而制作的任何广告和营销素材所需的任何许可，并且将会雇用艺术家和设计师以雇佣作品性质创作这些素材，并指定制片人为雇佣者和该等素材的版权所有者。

（e）发行方应勤勉地在整个授权地域内推广和许可影片。

（f）由发行方或应发行方要求制造、复制的所有视听录像制品、子带（sub-masters）和其他材料的质量标准应为高品质。

（g）发行方不得以任何可能有损制片人名誉或对任何人造成诽谤的方式使用影片或授权他人使用影片。

（h）未经制片人事先书面许可，发行方不得对上映的影片进行任何编辑、剪辑、更改或重新安排。

11.赔偿损失：双方同意，就因赔偿方违反本协议项下的任何承诺、陈述或保证和/或因任何和所有（经证实将构成此类违反的）第三方的主张而产生的或与之相关的任何和所有索赔、责任、损害、成本和费用（包括合理的律师费和法院费用），赔偿并使另一方（及其关联公司，其各自的继受人、受让人、发行方、高级职员、董事、员工和代表）免受损害。

双方同意，将以书面形式将适用该等赔偿方式的任何和所有索赔通知另一方，并使赔偿方有机会使用经受赔偿方批准（不得无理拒绝）的律师为此类索赔抗辩，但受赔偿方有权自费参与此抗辩。在任何情况下，任何此类索赔均不得以未经受偿方事先书面同意、对受偿方对影片的权利产生不利影响的方式解决；但是，制片人特此同意在下列情况下达成的解决方案：（i）相应的承保人同意该解决方案；（ii）解决方案涉及要求禁令救济且已经处于未决状态达30天或以上（否则会影响发行方根据本协议对影片的发行）；或（iii）解决方案所涉及的金额不超过1万美元。本协议双方的全部权利和救济是可叠加的，不会干扰或妨碍双方对可能获得的任何其他权利或救济的行使。

12.交付物料：影片将按如下方式交付：

（a）在20__年__月__日或之前，制片人将向发行方交付附件A中指定的材料，并附上完整且已生效的洗印厂授权书（在期限内不可撤销）以供获取母带材料。洗印厂授权书应规定，在制片人的要求下，洗印厂将向制片人披露洗印厂向发行方履行的所有订单的完整清单，包括所订材料的描述、工作的价格以及每个订单的收货人。

（b）完整交付是指发行方接受本协议附件A中列出的所有项目。收到每项交付后，发行方应有3周的时间，来审核收到的每个交付项目并做出认可或不认可的决定。如果发行方未在上述3周内以书面方式（该书面必须指明发行方主张的全部缺陷）不认可某一项目，则该项目应视为已被认可。如果发行方向任何第三方被许可人交付（并且该第三方被许可人接受了该等材料），则实际交付给上述第三方被许可人的该等物料应视为制片人对其的交付已被发行方接受。如果发行方不认可某一交付的项目，则制片人应有3周的时间来纠正任何缺陷并重新提交该项目，此时发行方应有另外3周的时间来审核每个交付项目。如果发行方不认可重新交付的项目，则发行方可以选择根据下文内容及时且按时地（但不迟于30天）补救缺陷，然后在补救后支付预付款，或者选择终止本协议期限并将所有的物料返还给制片人。为使本协议明确，在交付日期之前或之后，发行方做出的接受少于其所要求的所有交付项目的，不应被解释为发行方放弃对制片人主张交付任何本协议项下发行方所要求项目之义务。在任何情况下，除非发行方以书面通知形式向制片人指明特定交付项目无须由制片人向发行方交付，或除非交付已根据本协议的约定被视为接受，否则制片人不得被免除在交付日期之前交付附件A所要求的所有材料和文件的义务，且发行方不得被视为已放弃对任何上述交付要求。如果制片人未在交付日期前向发行方提供附件A中要求的任何项目，或未及时（不迟于收到缺陷通知后3周）补救之前交付给发行方项目的缺陷，那么，如果可能的话，发行方可以（但没有义务）自行制作该项目，并可以按照本协议的规定收回其为此直接现付的费用。

（c）制片人将在交付材料的同时，向发行方交付一份为影片提供服务或者素材的人员宣传署名的合同要求清单以及一份限制清单。

（d）交付给发行方的所有材料应在期限届满后30天内返还给制片人。

（e）如果发行方自己为影片创作了海报和预告片，则这些素材的所有权归属于制片人，制片人有权随时在地域外以及在本协议期限届满后于全世界任何地方使用上述素材。发行方委托他人创作任何海报或其他受版权保护的素材，均应在素材被创作前签署书面合同，该书面合同应规定该作品为雇佣作品并且制片人是全部权利的所有人。

13.预付款/保证金：发行方应预先支付$ ________，该金额不可退还，但可从毛收入中收回。这笔预付款的付款时间是实质性要求。如果直至

__________尚未付款，则本协议下的发行方权利即归于自始无效，发行方即时失去发行该影片的权利。[1]

14.毛收入的分配：对于因发行方利用第2条中所列权利而产生的全部收入，毛收入将按照如下方式分配：

（a）就发行方对院线、电视、家庭录像和任何其他授权权利的利用，发行方应扣除并保留毛收入的20%。从剩余收入中，发行方可以收回与影片的拷贝、营销、广告和销售相关的所有可收回费用。净收入应支付给制片人。

（b）毛收入：本协议中所称"毛收入"一词，系指由发行方实际收到和应当归其所有的全部款项减去任何退款、返利、税款、收款成本和制造或复制成本。发行方可能会收到来自发行方向次级发行方许可的或以其他方式利用影片的个人或公司的预付款、保函、保证金以及其他类似付款（该等款项应存入为影片设立的收款账户）。尽管已收到此类款项（如有），并且即使本协议中有任何相反的规定，除非且直到该等款项已经被实际赚取或被视为没收，或者已经成为不可退回的款项，否则此类款项不会被视为本协议项下的毛收入。

（c）毛收入的扣除应按以下顺序进行：

（i）20%的发行佣金（20%）。

（ii）收回发行方产生的任何可收回交付费用。

（iii）收回发行方产生的任何预付款和可收回的营销和推广费用。

（iv）应向制片人支付净收入。

15.可收回费用：本协议所使用的费用和/或可收回费用，应为发行方为影片所支付的所有实际费用，限于如下项目：

（a）电影市场费用：这些费用包括参加美国电影市场、戛纳和柏林

---

[1] 如果发行方不愿意支付预付款，替代方法是让发行方同意在约定的时间范围内（通常是发行的第一年左右）向制片人支付最低回报保证金。另一种选择是50/50担保，其规定发行方同意延迟收回其发行费用和收取其发行佣金，以便每个会计期间内至少有50%的毛收入支付给制片人。换句话说，无论发行方的可收回费用及其发行佣金的金额如何，所有毛收入的至少50%将支付给制片人。发行方可以从未来的毛收入中收回应付给发行方的未付清金额。例如，如果发行方收到的毛收入为10万美元，并且如果发行方应收取的发行费用和发行佣金总计为6万美元，则发行方将从毛收入的第一个10万美元中仅收取5万美元。未向发行方付清的1万美元可以从接下来的2万美元毛收入（如有）中收回。

等电影市场的所有直接现付费用。这些费用包括为参加电影市场产生的机票、酒店、船票、电话和人员费用。此类费用仅在发行的第一年可收回，并且仅适用于发行方积极参与的电影市场（即发行方出席、租赁展位并积极销售影片）。发行方参加的每个电影市场总共可收回3500美元，且每年电影市场费用的总限额为10000美元。发行方同意在发行的第一年内参加不少于3个电影市场。如果发行期限延长超过一年，则除非双方另行书面同意，否则在第二年及随后的年度中不得收回任何电影市场费用。

（b）推广费用：这些费用包括准备海报、宣传单页、预告片和广告的费用。发行方同意花费不低于25000美元且不超过40000美元在推广费用上。这些费用仅限于为影片实际支出的直接现付费用。根据制片人的要求，发行方应提供每笔费用的收据或者放弃收回相应费用。可收回的推广费用不包括发行方的任何办公室费用、管理费用、法律或人员费用或任何上述电影市场费用。如果制片人没有提供预告片、海报、宣传单页、DVD和常用的宣传材料，发行方同意花费最低必要的费用来充分推广影片，包括准备上述材料。发行方将尽最大努力推广影片，并以不逊于推广发行方发行的任何其他电影的方式来推广影片。

（c）交付费用：交付费用是指发行方为制造任何制片人未提供的胶片或录像交付物（如附件A所列）所产生的直接现付费用。交付费用还包括在因在各电影市场之间运输、复制、向海外买家交付营销材料（即预览版）、使用电话和传真所产生的直接现付费用。根据制片人的要求，发行方应提供每笔费用的收据或者放弃收回相应费用。可收回的交付费用不包括任何发行方的办公室费用、管理费用、法律或人员费用或任何上述推广费用或电影市场费用。

（d）毛收入指持续计算的以下项目的总金额：

（i）未经扣减的、由发行方（包括任何次级发行方、代理商或关联方）从租赁、许可、出租、放映、表演或其他对于影片之授权权利的行使中收到、使用或者应当归其所有的全部金钱或其他任何形式的对价（包括所有来自预付款、保函、保证金、奖励、补贴和其他津贴的金额）。

（ii）作为第三方侵犯影片任何授权权利的赔偿，而由发行方和关联方收到、使用或者应当归其所有的全部金钱和其他任何形式的对价。

（iii）发行方和关联方从被授权的对支持影片上映的预告片、影片拷贝、海报或者宣传品的交易中收到、使用或者应当归其所有的全部金钱和其他任何形式的对价。

（iv）可收回费用是指由发行方为开发利用影片在和第三方的公平交易中所实际支付的所有直接、可审计、现付、合理和必要的费用（不包括薪资和管理费用），且减去任何折扣、返款、回扣或类似补贴，所有这些费用将由发行方先行支付并根据本协议收回。

（v）在任何情况下，任何项目都不得被扣除超过一次。上述定义未明确涵盖的所有费用将由发行方自行承担。

（vi）批发模式指视听播放文件被直接运送至零售商以供最终出售或出租给付费公众这一视听录像制品（或DVD）发行模式。如果此类发行由发行方的母公司、子公司或关联公司进行，则包括在制造商和零售商之间的中间发行层级（例如供应超级市场的批发商等），这种情况也可能存在于发行方参与中间发行的收益分红的条件下（但中间发行层级的存在仅限于发行方参与收益分红的范围）。

（vii）消费者直购模式指将视听录像制品直接出售或出租给付费公众这一视听录像制品（或DVD）发行模式，包括通过零售店、邮购、视频俱乐部和类似渠道销售或租赁视听录像制品。如果商业视频权利被授予，则还包括根据商业视频授权进行的对视听录像制品的授权公开表演、放映或传播。除非此类发行由发行方的母公司、子公司或关联公司进行，或者除非发行方参与此类发行的收益分红（但仅限于参与的范围），否则发行方不会被视为在消费者直购模式中从事发行。

（viii）免费电视或付费电视毛收入是指持续计算的每部影片下列收入的总金额：未经扣减的，由发行方或发行方的子公司、母公司或关联公司、授权的次级发行方或代理商从行使影片的免费电视或付费电视授权权利中收到、使用或者应当归发行方所有的全部毛收入或其他任何形式的对价；以及作为第三方侵犯影片的免费电视或付费电视授权权利的赔偿，而由发行方和关联方收到、使用或者应当归其所有的全部毛收入和其他任何形式的对价，仅减去由发行方在取得该等赔偿过程中实际支付的合理费用。

（e）收款账户指因利用影片而取得的所有收入应由地域内的每个被许可人直接支付到收款代理人持有的独立账户，并且所有收入必须根据发行方、制片人和收款代理人签订的收款账户管理协议（收款账户协议）的条款或者根据制片人和发行方另行达成的协议，直接支付到收款账户。发行方将在与影片有关的所有转授权协议中纳入此项要求。如果发行方收到与影片有关的任何收益，发行方将立即将此类款项转至收款账户。如果本协议中关于毛收入的条款和收款账户协议之间存在任何冲突，则以收款账户协议的条款为准。

（f）对他人不收取费用：发行方的子公司、母公司或关联公司以及经授权的次级发行方或代理商，在计算所有应付给制片人的款项数额时，不得从毛收入中扣除或收取任何费用。本条款的意图是，为了确定制片人在毛收入中的份额，所有毛收入均从“源头”计算。

作为澄清，院线或非院线的毛收入将根据公映影片的当地放映方所支付的款项计算。家庭录像或商业视频的毛收入将根据相应的批发模式或消费者直购模式计算，免费电视或付费电视的毛收入将根据影片的当地电视播放方所支付的款项计算。

16.合同：发行方将排他地使用《独立电影电视联盟国际仲裁规则》交易备忘录和示范合同。发行方将在签署后的14天内向制片人提供所有交易备忘录和合同的副本。

17.打包销售：影片可以被包含在发行方的电影组合包中，但前提是发行方应对组合包中的每部电影进行公平合理的价格分配，并且分配给制片人影片的价格应至少为所附表A中规定的最低金额。

18.迟延付款/留置：制片人应对影片的毛收入和发行合同享有留置权和担保权益。所有应当支付给制片人的金额都应按照本协议支付。发行方迟延30天向制片人付款的，则应当向制片人就迟延的款项支付利息，利率为（a）每年10%或（b）最高法定利率，以二者中较少的为准。对于应付制片人的所有款项，付款时间是实质性要求。

19.担保权益：作为支付制片人毛收入份额的担保，根据本协议之条款，发行方特此授予并转让给制片人对发行方就以下内容所享有的全部权利、所有权、利益的留置权和担保权益：（i）授予发行方的所有影片及其基础素材的权利；（ii）发行方会在开发利用影片过程中使用的、来自发行方对影片开发利用的所有电影元素、录像带、声音元素及任何种类的实体材料；或者（iii）所有由发行方从影片的开发利用中取得的、根据本协议制片人有权就其获得毛收入份额的收益。对于上述担保权益，制片人应享有《加利福尼亚统一商法典》及其不时进行的修订所规定的被担保方的全部权利、权力和特权。发行方同意向制片人签署并交付，制片人提交、登记和/或公示该等担保权益可能在法律上必要的所有相关融资声明和其他文件。

20.违约/终止：

（a）发行方违约：如果发行方违反本协议规定的义务被发现并被证明，经制片人通知该事实后，发行方将有30天的时间来补救该违约。如果在规定的期限内没有妥善补救违约问题，制片人将有权提起仲裁。

（b）制片人违约：发行方应以书面形式通知制片人发行方根据本协议所主张的任何违约。在发行方有权提起仲裁之前，制片人应有30天的时间来纠正发行方主张的违约行为。

（c）终止权利：除非非违约方已向违约方发出其未履行本协议的书面通知，且此通知发出后的30个工作日内此类违约行为仍未被纠正，否则任何一方未履行本协议规定的任何义务均不得被视为实质性违反本协议。如果发生未被补救的实质性违约，任何一方均有权通过书面通知另一方的方式终止本协议（可仲裁），有权获得金钱赔偿和其他适当的救济，如果是制片人发出通知，则其有权重新获得影片的所有权利，但受与影片有关的现有的未完全履行的合同和授权的约束。

如果发行方根据《破产法》第11章提交了破产申请、同意了强制破产申请或同意了任何重组，则制片人应有权书面通知发行方终止本协议，并使本协议中转让给发行方的所有权利归复至制片人所有（就这些权利而言，制片人应被视为发行方的所有影片权利的受让人），但受限于与第三方之间转让影片权利的协议。尽管前一句中可能包含任何相反的规定，但如果发行方根据《破产法》第11章提交了破产申请、同意了强制破产申请或同意了任何重组，则如果此后存在以下情形，制片人应无权终止本协议：（1）发行方将其收到的与影片有关的、属于制片人份额的款项单独隔离出来，并将该部分款项放入了一个单独的信托账户，并且该等款项不与发行方的其他资产混同，制片人对这些款项的份额将在发行方收款之后就立即成为制片人的财产；并且（2）该操作过程经破产法院批准。与前述内容相关联，发行方特此授予制片人对影片的担保权益以及收取影片开发利用收入的权利（担保权益）。当且仅当发行方根据《破产法》第11章提交了破产申请、同意了强制破产申请或同意了任何重组并且根据本协议的其他规定制片人有权终止本协议时，制片人可以书面通知发行方对其行使担保权益。

21.会计：

（a）在授权期限内，发行方将在其届时的财务会计期结束后的45天内向制片人及其律师自行或安排他人提交季度会计报表（制片人报告）。根据本协议所有到期并应付给制片人的款项应与此类报表的提交同步支付。报表和付款应发送至：制片人影业股份有限公司，地址：____________________，并向____________发送一份报表副本。付款的收款方应为“制片人影业股份有限公司”。

（b）制片人将被视为已同意发行方或其受让人或继承人提供的所有会计信息，并且所有此类报表将对制片人具有约束力，除非制片人在收到每份制片人报告后的36个月内，以书面形式提出了具体异议并说明其依据。

（c）直至期限届满并在其后的5年，发行方应在其加州洛杉矶郡办公室制作和保管完整详细、永久、真实、准确的与影片发行和放映有关的账簿和记录，包括但不限于不同国家和/或买家详细的回款和销售情况、相应的详细账单、详细的上映期、从影片开发利用所得回款中被扣除的详细费用记录，以及影片拷贝、预告片、辅助材料和其他与影片有关的材料的去向。记录应按照一般公认会计原则进行制作。制片人有权在正常经营时间内检查发行方有关影片的账簿和记录，并有权在提前10个工作日书面通知发行方后审计发行方有关影片的账簿和记录，但每个日历年度内每12个月不得超过一次审计，并且，该审计一旦开始，其持续时间不得超过10个工作日且不得影响发行方的正常经营。在审计完成后的30天内，制片人将向发行方提供前述审计的副本。如果审计显示少付了5000美元或以上给制片人，则发行方应向制片人补偿所有审计费用。否则，所有审计费用应由制片人承担。

（d）双方之间的关系：发行方将以信托形式为制片人保管毛收入中制片人的份额。本协议不构成发行方与制片人之间的合伙或联营，且双方均不会因另一方的任何陈述、作为或不作为而受到约束或承担责任。

22.债务承担协议：发行方同意签署适用于影片的任何工会/协会协议所要求的通用的债务承担协议。[1]

23.通知：所有通知、联络、书面文件和声明均应转发至以下地址和号码：制片人影业股份有限公司，地址__________________，传真号码______________，副本发送给___________________，地址__________________，传真号码______________；发行股份有限公司，地址__________________，传真号码______________，副本发送给__________________，地址________________，传真号码______________。除非另有约定，否则传真接收应被视为对所有通知、书面文件和声明的可接受的接收方式。在所有情况下，纸质版本将会在所有电话或传真的随后送达。双方保留以书面形式通知接收方的方式随时更改通信地址的权利。

24.转让：本协议将对本协议双方及其各自的继受人和被认可受让人具有约束力，并将使他们受益。制片人可以转让其收取款项的权利。未经制片人事先书面同意，发行方不得转让其权利，但本协议的任何内容均不会妨碍发行方将其权利转让给可能因发行方合并、被收购或与其他公司合作而产生的继受公司。

25.仲裁和管辖：本协议应根据（适用于在其境内完全履行的协议的）加利福尼亚州法律解释。本协议的任何争议将依据在本协议生效之日有效的《独立电影电视联盟国际仲裁规则》（以下简称为《独立电影电视联盟规则》）通过终局且有约束力的仲裁予以解决。双方放弃在任何其他法院或裁判地解决任何争议的权利，但一方可根据《独立电影电视联盟规则》的允许在仲裁开始前寻求临时救济。仲裁将在本协议指定的裁决地进行，如果没有指定，则由《独立电影电视联盟规则》确定。双方将遵守仲裁中的任何裁决，并且任何有管辖权的法院均可强制执行该裁

[1] 请注意，许多独立发行方将拒绝签署债务承担协议，并且不希望向任何工会支付复播复映报酬。

决。双方服从裁决地法院对强制适用仲裁和确认仲裁裁决的管辖权。双方同意按照《独立电影电视联盟规则》接受送达。胜诉方有权获赔律师费和审理费用。

26.完整协议：双方旨在将本协议作为双方就本协议标的内容达成的协议和理解的最终表达，并作为本协议条款的完整且唯一的陈述（除非被双方书面修改），并将取代双方此前和此时的所有理解和协议。本协议将被理解为在各方面均服从加利福尼亚州法律和美利坚合众国法律。双方同意，由于本协议的特殊利益涉及娱乐，因此将对任何仲裁裁决和任何其他法律问题的确认提交至加利福尼亚中心区的联邦地方法院或者洛杉矶“郡”高等法院管辖，符合缔约双方的利益。双方放弃将这些诉讼转移到任何其他司法管辖区的权利，并将受该等法院所做裁决的约束。

如果当事人之间发生任何冲突或诉讼，胜诉方有权从非胜诉方处收回其合理的律师费和诉讼费用和开支。

本协议中的段落标题仅为方便之目的，将不得用于理解或解释本协议的条款。

特此声明，双方于本协议约定之日期签订本协议。

发行股份有限公司

签字人：____________________

职位：____________________

接受并同意：

____

制片人萨利女士，代表

制片人电影股份有限公司

附件A

交付要求[1]

影片的交付应包括制片人自担费用向发行方或制片人指定的一家洗印

[1] 这些项目是针对胶片电影的。以数字形式拍摄的电影素材有所不同，数字电影的交付清单在本合同后提供。

厂（并给发行方一份洗印厂授权书）交付下列所有项目。

A.胶片材料和视频材料：

1.影片原始负片：在期限内对35毫米影片原始负片不可撤销的访问权，如可提供（没有划痕或缺陷），负片应当是完全剪辑、编辑并合成的，含有演职员表、片头片尾字幕、所有描述性字幕，以及在所有方面都符合认可的校正拷贝的要求，并且在所有方面都已经准备完毕并且适合制作保护性中间正片。

2.光学音轨负片：如可提供，是电影的一个完全混声和录制的原始35毫米光学音轨负片，具有可以和原始负片在拷贝中实现完美同步的技术上可接受的品质，并且在各方面都符合发行方认可的校正拷贝。注意：如果原始音轨是以5：1分离数字混音制作的，则所有信息必须包含在光学音轨负片中，以便能够以5：1分离数字格式回放。注意：如果影片的任何部分使用英语以外的语言，则需要叠加英文字幕或带有定位列表的ASCII盘。注意：为不受限制的全球院线发行（包括美国国内院线发行），所有可用的环绕声格式（即5：1分离数字、SRD、SDDS和DTS）的所有适当许可必须全额付款。为澄清和避免疑义，此第2款中规定（以及本附件A的所有其他段落中所述）的“如可提供”应视为，除非制片人拥有该项目或者该项目处于其控制之下，否则相应段落所提到的交付项目不应当视为必须交付的项目。

3.彩色中间正片保护性母带：如可提供，此为影片的一个35毫米色彩校正完成且完整的中间正片母带，为保护性目的，在各方面都符合校正拷贝，没有划痕或缺陷。

4.彩色中间负片/反转片：如可提供，此为一个从彩色中间正片保护性母带制造而来的35毫米中间负片，适合制造在全世界商业上均可被接受的35毫米合成发行拷贝，纵横比为1：85或者2：35，没有任何性质的划痕或缺陷（包括但不限于不可接受的像素点），并在聚酯基材料上制造。如果影片有字幕，则字幕必须在中间负片上。

5.字幕/无文字背景：如可提供，此为一个35毫米无文字（即没有任何叠加的文字）片头片尾字幕背景的光学原始负片、一个35毫米无文字（即没有任何叠加的文字）片头片尾字幕背景的中间正片保护性母带，以及一个在各方面都符合原始影片负片背景的叙述性（表面上是无文字背景）和描述性字幕的中间正片母带。

6.终混发行母带：对原始双轨和/或六轨立体声终混发行母带（如可提供，还有作为光学音轨负片制作依据并与数字视频母带——即下文第13款完全同步的5.1数字终混发行母带）的访问权，并交付一份载有上述终混发行母带的数字克隆的DA-88带。

7.音乐和音效混合：授权访问原始的已合成的混合音轨和100%完全填充音效的音轨并交付载有上述内容的6轨或8轨DA-88带，音效音轨包含所有音效，包括任何录制在对白音轨上的音效。该音乐和音效音轨应还包括单独的对白导轨。除歌曲中的英文歌词外，音乐和音效音轨中不应有英语对白。如果任何对白被视为或用作声音效果，则要使用一个包含该对白的额外频道。如果影片需要以数字声音来放映，则需要额外交付一个100%完全填充的多频道音乐和音效音轨（除去任何英文对白或者旁白），以便重新制作合适的数字格式。该音乐和音效音轨将与数字视频母带（下文第12款）完全同步运行。

8.对白、音乐和音效分支：交付将与数字视频母带（下文第12款）完全同步运行的载有对白分支、音乐分支以及声音效果分支的6轨DA-88磁带，并授权访问原始带。

9. 数字音频带（digital audio tape，简称为DAT）/ CD音乐音轨：交付发行方可以用来制作影片宣传片或者其他录制品的原声画内音乐的一个数字音频带或者CD拷贝，并授权访问原始文件。

10.删剪内容：在授权期限内，授权访问所有35毫米影片负片的删减内容、修剪下来的片头尾、重录、未使用的片段，以及CD、数字音频带或者AVID备份上的相应音轨删剪内容（包括样片音轨、录制的对话、独立音轨、音效音轨、音乐音轨），还有为了让影片更适合电视播放而拍摄的内容。

11.预告片要素（如可提供）：

a. 预告片负片：完整预告片的一个完全剪辑、编辑和合成的35毫米负片（没有划痕或缺陷）。

b. 预告片中间正片：预告片的一个35毫米色彩校正过且完整的中间正

片母带，在各方面都符合以保护性为目的的校正拷贝，并且没有划痕或缺陷。

c. 预告片中间负片：一个从彩色中间正片保护性母带制造而来的35毫米中间负片，适合制造在全世界商业上均可被接受的35毫米合成预告片发行拷贝，纵横比为1：85或者2：35，没有任何性质的划痕或缺陷（包括但不限于不可接受的像素点），并在聚酯基材料上制造。

d. 预告片光学音轨负片：完整预告片的一个完全混声和录制的原始35毫米光学音轨负片，以备制作与预告片负片完美同步的拷贝。

e. 数字音频（digital audio，简称为DA）预告片音轨：一个包含了已完整录制的、可以与预告片负片实现几乎完美同步的独立对话、音乐和100%填充音效的DA-88带（或者数字等效物）。

f. 预告片校正拷贝：完整预告片的一个一流水准的35毫米合成正片拷贝样片，时间和色彩已充分校正，由预告片负片和预告片光学音轨负片制造而来，其上的音轨可以与画面动作和（发行方决定的）发行方识别标志完美同步，在各方面均已完备且适合发行和展示。

g. 预告片叠加文本：用于在完整预告片中叠加字幕的文本的一个35毫米负片，完全剪辑以匹配预告片负片。

h. 预告片音轨：授权访问并交付单独对话音轨、音效音轨、旁白音轨和音乐音轨的DA-88带，每个音轨都在35毫米磁轨上，原始预告片磁轨由这些35毫米磁轨制作而来。

i. 预告片无文字背景：完整预告片的一个35毫米无文字（即没有任何叠加的文字）背景负片，在各方面都符合预告片负片的背景。

12.数字视频母带：用以下NTSC制式单独制作（仅高清母带的下行转换是可接受的，所有其他转换都不可接受）的两个影片数字测试版视频母带：（a）4×3标准电视全画面的裁剪显示模式，以及（b）1.85或2.35宽银幕显示模式有顶底黑边的16×9格式，与影院版初剪拷贝的纵横比相匹配。以及用以下逐行倒相（phase alteration line，简称为PAL）制式单独制作的两个数字测试视频母带（不接受转换）：（a）4×3标准电视全画面的裁剪显示模式，以及（b）1.85或2.35宽银幕显示模式有顶底黑边的16×9格式，与影院版初剪拷贝的纵横比相匹配。每一个视频母带均应从电影的中间正片或高清母带制作而来。转换母带需要立体声音频。频道3和4应包含立体声音乐和音效。无文字背景应附在视频母带的尾部。当复制纯白、灰或黑色场景时，从胶片到录像带的转换过程不应引起任何着色。对于全画幅或裁剪纵横比的版本，从宽银幕或者图像变形的电影素材到录像带的已完成的所有转换都必须裁剪纵横比，以使其达到电视画幅可接受的比例。对于1.85：1或1.66：1的素材，影片中的框线（宽银幕显示模式下的）是不可接受的。（黑色区域中的白色或彩色字幕不需要抹去。）片头和片尾署名必须在字幕安全区域内。另外，未经发行方事先书面批准，除了标准色彩校正之外，篡改视频母带（即加速、减速、压缩等）是不可接受的。

13.数字预告片视频母带：如可提供，两个（一个以NTSC制式，一个以PAL制式、单独制作（仅高清母带的下行转换是可接受的，所有其他转换都不可接受）的预告片数字测试视频母带。预告片的两个制式以下列形式处于各自的数字测试带上：（a）4×3标准电视全画面的裁剪显示模式，以及（b）1.85或2.35宽银幕显示模式有顶底黑边的16×9格式，与影院版初剪拷贝的纵横比相匹配。合成的音频、音乐和音效在频道1上，音乐和音效在频道2上。无文字背景将会以相应纵横比加在每个制式的预告片尾部。

B.宣传材料：

1.彩色幻灯片：影片制作的100张数字格式的彩色照片［不得以只读光盘（compact disc read - only memory，简称为CD-ROM）交付，除非经发行方事先批准］，该等照片描绘了影片中的关键场景并有演员（包括主要演员）出现，尤其不包括剧组职员或制片设备的照片。在授权期限内，发行方应不可撤销地有权访问所有原始照片。在交付这些照片之前，将取得使用上述照片时可能需要的任何和所有批准或其他授权。

2.广告/宣传材料：如果可以，需要提供至少一份制作人或任何与影片有关的其他方准备的所有广告、纸质辅助材料和其他广告材料的纸质版，包括单页海报和单独的广告宣传图材料的样本，以及为上述内容制作校样所需要的投影片。在可能的时候，这种材料也将在只读光盘上以分层式文件的形式予以提供。

3.署名区：将被用于影片付费广告、经批准的最终署名区的两份副本。一份以纸质版提供，另一份将刻录在只读光盘上，且必须包含所有需要的标识。

4.媒体资料包：含一页梗概、制片笔记、主要演员和剧组成员的履历、完整的演职人员名单、片长和版权声明的两份媒体资料包。一份以纸质版提供，另一份以IBM Word兼容磁盘的形式提供。

5.销售预告片：为了制作销售宣传片，需要和前述第A8项目一同提供一份NTSC制式（4 × 3标准电视全画面裁剪显示模式）的影片数字测试版。

6.电子媒体资料包：如果可以，需要提供一份使用35毫米胶片或广播质量录像带所创建的电子媒体资料包（Electronic Press Kit，简称为EPK）。电子媒体资料包应包含对主要演员、导演和制片人的采访以及幕后花絮和制作花絮。电子媒体资料包应具有4轨离散音频，画外音和/或旁白、对话、音乐、音效分别在单独的音轨上。在交付电子媒体资料包之前，应取得使用电子媒体资料包时可能需要的任何和所有批准以及其他授权。

C.文件：

1.洗印厂授权书：以发行方可接受的形式授予发行方在期限内对所有交付项目的不可撤销访问权的洗印厂授权书。

2.对白连续列表和位置符列表：一份详细且最终整合了对白和情节的英文版分连续列表，含有影片中出现的所有片头字幕和完整片尾署名（以纸质版和IBM Word兼容磁盘提供）。一份英文版位置符列表（以纸质版和IBM Word兼容磁盘提供），其中包含所有标明位置的影片中出现的对白、旁白、人声、所有片头字幕和完整片尾署名，以及对最终形式的影片的情节的逐个镜头的描述——带有每行对白的开始时间、结束时间以及持续总时长。

3.分镜剧本：影片的最终拍摄剧本，以纸质版和IBM Word兼容磁盘提供。

4.合同义务和限制：以发行方指定的形式，用纸质版和IBM Word兼容磁盘提供一份总结以下合同署名义务和限制的说明：

a. 片头片尾字幕；

b. 付费广告署名；

c. 将任一位演员的声音以另一种语言配音；

d. 在任何广告、推广等活动中使用任何艺人的肖像；

e. 艺人差旅；

f. 编辑和后期制作（影片调速、视频转录、电视编辑等）。

该说明还应包括所有艺人对剧照、艺术演绎、履历、署名、商业营销和捆绑销售以及任何相关事宜的批准权。如果没有给予署名的合同义务，但在署名区已经给予了署名，则“义务”应表述为“制片人的决定权”。

5.演员/艺人/人员协议：编剧、导演、制片人、作曲、主要演员、所有其他演员、艺人和在银幕片头字幕或官方海报下方署名区域享有署名的人员所完全签署的协议副本。

6.宣誓书：由制作公司的管理人员出具的宣誓书，其声明所有制片成本已经支付，并且截至出具该宣誓书之日不存在任何留置权产权负担或权利主张。

7.豁免书：所有未签署合同但在影片中通过姓名或肖像可被识别出来的人员签署的豁免书。

8.其他协议：所有的产品植入协议和片段许可。查看可能被合理要求的与影片有关的所有其他协议和文件（聘用协议、许可、豁免、外景拍摄场地协议以及与之相关的完整付款证明）的权利。

9. 音乐提示表：三份音乐提示表，记录了影片中每个音乐的名称、曲作者、出版商、版权所有人、使用方式和表演权组织，以及所用于的电影片段和播放时间。

10.音乐授权：完全签署的全世界范围内、全媒体买断的影音同步和母带使用授权协议，包括影片中每首授权音乐的永久广告和宣传权；每个伴奏曲作者完全签署的全媒体买断（例如没有任何未来付款义务）协议；按每个影音同步和母带使用授权协议和曲作者协议付款的证据。

11.制片人的错误和疏忽保险：一份保单的副本，以及一份以独立保单为依据的标准制片人错误和疏忽责任保险的证明书，其中单项索赔的最低保额为100万美元，总计保额为300万美元，且没有任何额外限制，可扣除额不超过1万美元，将发行方及其母公司、子公司、相关实体、其发行方、被许可人、次级发行方、关联公司和受让人及其各自的高级职员、董事、股东、雇员以及上述人员的代理人作为额外的被保险人置于保险覆盖范围内，且同时提供证据证明该保单的保费已自交付之日起三年内全额支付，并提供承诺书保证如果发生保单被取消或者保单内容有任何实质性变化，将提前至少60天发出书面通知。为避免疑义，不接受所谓的“权利背书的保单”。向上述保单的承保人发一封信，授权发行方在必要时预订证明书和背书——指定其被授权人和被指定人作为额外被保险人，发行方不必支付任何费用。

12.权利链：向美国国会图书馆备案的完整权利链材料，需合理适用于向发行方的承保人和/或主要贷款人证明：制片人享有所有权、制片人获得影片和所有所述财产之所有权的每一步，以及制片人进行本协议下授权的权利、所有权和权限。权利链文件应包含一个总结权利链的封面，其中包括权利链中每个文件的名称和重要性。

13.作者声明：一份作者声明原件。

14.原属国证明：五份经公证的原属国证明原件，证明该影片是在美国制作的且是美国原属国电影，根据本协议中的定义，发行方是授权地域内影片的独家发行方。

15.版权登记证书：剧本的已备案的美国版权登记证书/表演艺术表格（performing artsform，简称为FormPA）一份，影片的已备案的美国版权登记的证书/表演艺术表格一份。如果证书（表演艺术表格）原件尚未返回，则制片人应交付一份证书（表演艺术表格）复印件和一份同证书（表演艺术表格）一并交给版权局的附信和支票的复印件。制片人同意，在收到每份版权登记证书时均向发行方交付一份复印件。

16.片名报告：一份片名报告，其日期不迟于校正拷贝交付给发行方后的30天，其有来自公认机构［例如丹尼斯·安吉尔（Dennis Angel）或汤姆森·汤姆森（Thomson & Thomson）］检索相同或类似片名在先使用情况的审查法律意见，表明影片的片名可用且不侵犯任何其他个人或实体的权利。如果影片的片名在保险范围内，那么向制片人的承保人提交一份片名报告的复印件即可。

17.版权检索报告：一份来自公认机构（例如汤姆森&汤姆森）的版权检索报告，其日期不迟于校正拷贝交付给发行方后的30天，其内容表明制片人对影片及全部所涉权利拥有充分且完全的产权。

18.杜比或超立体声许可：如果使用杜比声或超立体声的话，需要提供使用杜比声或超立体声的许可协议（该协议在许可期限内为不受限制的发行之目的具有完全的法律效力）的签署版副本，以及付款证明。

19.编剧确认书：经过公证的编剧确认书，证明相关编剧（们）的服务费用已经被完全支付，并且无权针对故事、剧本或影片提出任何形式权利主张，该确认书已由编剧（们）签字。

20.导演确认书：经过公证的导演确认书，证明相关导演（们）的服务费用已经被完全支付，并且无权针对故事、剧本或影片提出任何形式权利主张，该确认书已由导演（们）签字。

21. 美国导演协会信函：如果影片受美国导演协会管辖，那么需要一份来自美国导演协会的批准片头片尾字幕的信函复印件，一份美国导演协会为支付复播复映报酬而要求的全部文件的复印件，以及全部美国导演协会交易备忘录的复印件。如果影片不受美国导演协会管辖，则制片人需要出具一封信函说明这部电影不受美国导演协会管辖。

22. 美国编剧协会信函：如果影片受美国编剧协会管辖，那么需要一份来自美国编剧协会的批准片头片尾字幕的信函复印件。如果影片不受美国编剧协会管辖，则制片人需要出具一封信函说明这部电影不受美国编剧协会管辖。

23. 联合工会信函：如果影片受联合工会管辖，那么需要最终联合工会演员表以及全部联合工会交易备忘录。如果影片不受联合工会管辖，则制片人需要出具一封信函说明这部电影不受联合工会管辖。

24. 国际戏剧雇员联盟（International Alliance of Theatrical Stage Employees，简称为IATSE）信函：如果影片受国际戏剧雇员联盟管辖，那么需要一份影片的国际戏剧雇员联盟协议复印件，以及来自制片人确认已经满足国际戏剧雇员联盟的全部要求的信函。如果影片不受国际戏剧雇员联盟管辖，则制片人需要出具一封信函说明这部电影不受国际戏剧雇员联盟管辖。

25.署名：影片字幕区最终片头片尾署名的纸质版复印件一份。

26.演职人员名单：最终参与制片的演职人员名单。

27.作曲协议：与影片有关的所有作曲协议的复印件。

28.品质控制要求：发行方可以自行选择并自付费用，对制片人提供的每个素材进行一次品质控制检测。对因不符合发行方的技术品质要求而被替换的全部素材进行初次品质控制检测后，制片人应承担所有品质控制检测的费用。

附件B

地域最低限额

地域	要价(US$)	可接受的最低价格
英语地区		
澳大利亚/新西兰	$700,000	$560,000
非洲东/西部	$150,000	$125,000
南非	$175,000	$140,000
英国	$1,500,000	$1,000,000
欧洲		
比荷卢经济联盟(比利时、荷兰、卢森堡)	$625,000	$350,000
法国	$1,550,000	$980,000
德国	$2,500,000	$2,000,000
希腊	$180,000	$140,000
冰岛		
意大利	$1,650,000	$980,000
葡萄牙	$140,000	$100,000
斯堪的纳维亚	$600,000	$490,000
西班牙	$900,000	$700,000
东亚		
中国	$200,000	$150,000
中国香港	$100,000	$70,000
印度	$180,000	$150,000
印度尼西亚	$60,000	$40,000

续表

地域	要价（US$）	可接受的最低价格
日本	$2,000,000	$1,400,000
韩国	$600,000	$400,000
马来西亚	$90,000	$70,000
巴基斯坦	$80,000	$60,000
菲律宾	$100,000	$70,000
新加坡	$120,000	$70,000
中国台湾	$350,000	$250,000
泰国	$90,000	$70,000
拉丁美洲		
阿根廷/巴拉圭/乌拉圭	$137,500	$100,000
巴西	$600,000	$425,000
中美洲	$30,000	$25,000
智利	$140,000	$100,000
哥伦比亚	$90,000	$70,000
多米尼加共和国	$35,000	$25,000
厄瓜多尔	$40,000	$25,000
墨西哥	$175,000	$125,000
秘鲁/玻利维亚	$75,000	$50,000
委内瑞拉	$90,000	$75,000
西印度群岛	$60,000	$50,000
中东		
土耳其	$140,000	$70,000
中东（土耳其和以色列除外）	$100,000	$70,000
以色列	$80,000	$50,000
东欧		
保加利亚	$12,500	$7,500
独立国家联合体（Commonwealth of Independence States，简称为CIS）	$200,000	$100,000

续表

地域	要价（US$）	可接受的最低价格
捷克共和国	$90,000	$50,000
匈牙利	$125,000	$60,000
波兰	$170,500	$140,000
罗马尼亚		
前南斯拉夫	$50,000	$32,500
所有的全球其他地域	$412,500	$287,500
海外地区总计	$17,493,000	$12,302,500
北美		
总计（不含美国和加拿大）	$17,493,000	$12,302,500

注：根据被授权电影类型的不同，这些预估金额将会有很大差别。

对于以数字方式拍摄和交付的电影，交付清单的示例如下所示：

数字交付项目

授权方应交付下列所有标注星号的交付物料。权衡是否交付以下列出的交付物料应仅以“如可提供”为依据。

此处列出的所有物料均应具有一流的技术品质，并通过了确保其能适用于广播和一级视频点播平台（iTunes、网飞等）的专业品质控制（quality control，简称为QC）评估。品质控制评估只能由发行方（“发行方”）批准的机构进行。未经发行方事先书面同意，不得偏离以下要求：所有字幕（片头、片尾、翻译、地域显示、日期等）在银幕的位置必须足够高，能允许在字幕出现的同时为任何对白/旁白留出两行字幕的空间。此外，当影片在电视上播出时，字幕的字均应出现在16：9“安全字幕区域”之内。

夹层文件必须包含原始语言立体声全混音，立体声完全填充音乐音效（或立体声MMN）和作为分离线性PCM的 5.1混音（如可提供），48Khz音轨（16或

24数位）。AAC音频不应在ProRes母带中提供。需要提供无文字的素材（包括片头和片尾署名、底部字幕条以及任何字幕对白），并且应附在正片的末尾或作为单独文件交付。

制片人有责任保留所有交付给发行方的材料的副本，包括正片、预告片和担保资产。发行方不对电影资产的唯一副本的存储或丢失负责。如果你希望交付的硬盘退回给你，请务必向数字运营部总监提供你的快递账号和收货地址，这样材料将会退还给你。发行方将在首次交付后的六个月内免费保存交付硬盘。在此之后，它们将被销毁或回收。

夹层（硬盘）母带

以下夹层资产应通过Aspera或Signiant或带有USB 3.0或eSata接口（不接受USB 2.0和FW400）的外接硬盘来交付。不接受没有外壳包裹的内置硬盘。所有硬盘及其包含的所有文件必须清楚且适当地列清单和贴标签。

i. *高清（1080)(正片和预告片）

4∶3（如可提供）和16∶9 的1920 × 1080 Quicktime ProRes 422（HQ）.MOV文件。经过放大、升频转换或“提升分辨率”到1080的文件将不被接受。除非和422子带一起，否则不应交付Quicktime ProRes 4444文件。未经发行方事先许可，不接受29.97fps母带。在交付隔行扫描的素材之前，请先和发行方确认。发行方的动画标志应放在正片的开头，先于任何制片人标志。

ii. 超高清（4K)(正片和预告片)，仅适用于原生4K电影：

交付4K Quicktime ProRes 4444.MOV文件。不接受从低分辨率经过放大、升频转换或者“提升分辨率”升级到4K的文件。

iii. 标准清晰度（NTSC制式或PAL制式)(正片和预告片)，仅适用于原生标准清晰度电影：

4∶3（如可提供）和16∶9 的Quicktime ProRes 422（HQ）.MOV文件。文件应为720 × 576（如果是PAL制式）或720 × 480（如果是NTSC制式）。只有当电影没有以高清晰度拍摄或压制母带时（即电影为原生标准清晰度），才应交付标准清晰度母带。

iv. *营销版本

1.预告片：一份预告片的1280 × 720 H.264.MOV文件（为高带宽流媒体编

码，视频比特率2200Kb/s，AAC立体声音频）。预告片不应加水印。

2.正片：一份1280×720 H264.MOV的预览版，文件大小不超过5GB。视频比特率不应高于5Mbps，AAC音频比特率为320Kbps。该预览版应该带有“仅用于预览”的水印，在画面的底部字幕条处以50%的透明度持续（即不是间歇的）且显著地显示。请联系数字运营部门获取更多说明和指导。

v. *隐藏式字幕：

符合并匹配所交付正片版本的SCC格式英文隐藏字幕文件。隐藏式字幕必须与对白中的口语相匹配，并尽可能地传达背景音和其他声音。隐藏式字幕必须与其相应的口头语言和声音一致，并且必须以可由观众阅读的速度显示在屏幕上。隐藏式字幕不应遮挡屏幕上的其他重要视觉内容，彼此相互重叠或超过视频屏幕的边缘。不应对隐藏式字幕进行删节或消音。有关内容和调速的进一步说明，请与数字运营部门联系。

*品质控制（不可放弃）

交付所有母带、子带和转换带（包括视频以及所有音频频道）的同时，必须提供一份令人满意的100%填写的书面品控报告，表明该等素材没有任何人工处理的痕迹、密度偏移、音频过度调制或失真、音频丢失、腐蚀、黑帧、丢帧、冻结帧、节奏错误、亮度或颜色异常、音频和视频丢失、数字或模拟曝光点、边线、不正确的帧等。此类报告应出自以发行方可接受的常规方式进行品控的声誉良好的洗印厂或者后期机构，并由其进行认证。请咨询数字运营部总监，以获取首选和批准的机构列表。记录报告或交付报告不被视为品控报告，因此将不会通过。如果没有向发行方提供令人满意的品控报告，则制片人或许可方应对发行方要求的所有品质控制评估的全部费用承担责任，包括任何相应的加急、运输或进一步处理的费用。

清单和标签

所有材料必须正确列清单和贴标签。所有硬盘应该正确贴上标签。所有标签和清单应（至少）包含片名、时长、纵横比、帧速率、标准/版本信息、音频配置、无文本材料位置、洗印厂名称和创建日期。如果需要退回硬盘，请确保交付时附有退回地址和预付费标签或快递账号。交付的硬盘将由发行方在首次交付后六个月内免费保存；在此之后，它们将被销毁或回收。

音频材料

所有音频材料应该是未压缩的PCM，是连续的（即长时间播放，不分本），且不低于48Khz、16bit。不可交付AAC或AC3音频。音频文件应该是独立的，而不是交叉的。

i. * 5.1环绕声混音：交付可用于5.1环绕声（L，R，C，LFE，Ls，Rs）的最高采样率和比特率的WAV或AIFF格式文件。

ii. *立体声混音：交付可用于环绕声混音（L，R）的最高采样率和比特率的WAV或AIFF格式文件。

iii. 5.1环绕音乐和音效音轨：交付可用于5.1环绕声（L，R，C，LFE，Ls，Rs）的完全填充和混音的音乐和音效音轨的最高采样率和比特率的WAV或AIFF格式文件。音乐和音效音轨应当包含任何和全部最初录制在对白音轨中的音效，音效应当是完全录制的、均衡的、并与图像同步，并且音乐和音效音轨不应包含任何可辨别的对白。

iv. *立体声音乐和音效音轨：交付可用于完全填充的音乐和音效音轨的最高采样率和比特率的WAV或AIFF格式文件。该等音轨应当包含任何和全部最初录制在对白音轨中的音效，音效应当是完全录制的、均衡的、并与图像同步，并且该等音轨不应包含任何可辨别的对白。

v. 5.1环绕声对白、音乐和音效音轨：交付可用于5.1环绕声（L，R，C，LFE，Ls，Rs）的完全填充对白、音乐和音效的音轨（dialogue，musicand effects，DME）的最高采样率和比特率的WAV或AIFF格式文件。

vi. 立体声对白、音乐和音效音轨：交付可用于完全填充对白、音乐和音效音轨的最高采样率和比特率的WAV或AIFF格式文件。

*预告片

如上所列，需要提供影片的一个或多个完成的预告片。所有预告片母带均应是预告片的最终色彩校正版本，包含最终混音音频，完全填充的立体声和5.1音乐和音效，并以与影片相同的格式和纵横比录制[例如，16∶9（1.78）1920 × 1080 23.98 p]。预告片的无文本制式也应作为单独的夹层文件交付。预告片的营销版本不需要包含音乐音效和无文本文件。

额外/奖励内容（如可提供）

交付所有最终DVD额外材料——包括但不限于访谈、评论（与WAV或AIFF格式文件内容一致）以及幕后花絮——的Quicktime ProRes 422（HQ）文件。提供给发行方的所有项目应被完全清除权利负担和障碍，以便可以永久用于全世界范围内现在已知或以后发明的所有媒介。

宣传和广告材料

a. *一个有授权的、带水印的预售版DVD（无菜单），其中在正片之前应当有预告片。

b. *MS Word格式的概要（一页、一段、一行）。

c. 可提供的PDF格式的商业评论和新闻文章（不应发送网页链接）。

d. 宣传义务和限制的总结性声明。

e. *至少35张数字高分辨率精选剧照（300dpi或更高）。所有交付的剧照应被认为已经由许可方/制片人“批准”，其使用不受任何限制。

f. 以PSD或其他高分辨率图像（JPEG或TIFF）等数字格式呈现的分层主视觉海报文件。

g. *包含在所有宣传海报和广告中的所有标识的高分辨率或矢量图形文件。

h. 可提供的媒体宣传手册和制片笔记（以PDF或Word文档形式交付）。

i. *元数据电子表格，包括关键信息（如导演姓名、制片人姓名、主要演员及其角色、此前上映日期、版权声明、片长、类型、原属国、公司及其作用等）。请联系marketing @ visionfilm.net获取模板。

法律文件

a. *英语对白连续脚本或合成的英语对白和位置符连续列表。其中应至少包含角色名称和时间码（小时、分钟、秒和帧，而不是本和格），适合添加配音和字幕。还应包含所有屏幕上文字的列表，包括底部字幕以及片头片尾字幕。

b. *最终批准的正片和预告片中的音乐提示表，以及所有相关的许可和协议。

c. *最终批准的正片和预告片中的视频片段提示表，以及所有相关的许可和协议。

d. 最终影片的美国版权登记证书（或备案证明）。

e. *经过批准的最终署名区安排，包括其中任何标识（以及提供的标识图像文件）以及相应的版权声明。

f. 片头片尾字幕（以Word文档形式）。

g. *完整的权利链文件（以及经过认证和签署的摘要），包括版权登记（或备案证明）的副本、任何和所有转让文件、视频片段和音乐许可协议，编剧、作曲家、导演、关键艺人以及影片片头字幕或署名区列出的任何其他人的协议。

*错误和疏忽保险将发行方股份有限公司以及任何直接或间接的母公司、子公司和关联公司，上述各公司的继受人、被许可人、受让人和客户，以及上述各公司的高级职员、董事、代理人、律师和雇员列为额外的被保险人；保险标的包括片名、音乐和媒体。最低保额应为单次300万美元，累计500万美元，扣除额不超过2.5万美元，至少为期三年。

问与答

1.如果我正在为制作一部由知名演员出演的电影融资，获得了400万美元的投资，我能找到一个美国发行方为购买权利而提供整个预算并支付一些预付保证金吗？这样无论是否有利润，投资者都会看到回款。

答：虽然有这种可能性，但你不太可能会从国内发行方那里回本并赚到钱。但是，当然，一切都取决于电影的质量以及导演拍摄相关电影的过往记录。但如果看一下大多数独立电影在国内盈利的情况，你就知道这不太可能。美国市场约占全球电影市场收入的三分之一。你应该尽量减少预算，尽可能多地投入在银幕上，并事先与经验丰富的发行方商讨以确定演员阵容在国内外市场上的吸引力。

2. 我通过投资者和朋友为我的作品筹集资金。我可以从朋友和当地企业中获取少量资金（每次100至500美元）赠予，而无须遵守证券法吗？

答：给你赠予的人没有问题，在银幕上为赠予的人署名或鸣谢某人也是没有问题的。赠予和借款不是投资，因此不是“有价证券”；因此，证券法不适用。然而，就从投资者处获取资金而言，如果这些投资者是消极投资者，也就是说，他们没有积极参与制作电影，那么应该确保遵守州和联邦的证券法。在大多数情况下，在你向他们提供书面的有限发行备忘录或私募融资备忘录（private placement memorandum，简称为PPM）之前，你不应从投资者那里获取资金。这应该由了解娱乐和证券法的律师准备——这不仅仅是一个商业计划。

经过长期研究，证券交易委员会（Securities And Exchange Commission，简称为SEC）终于通过了允许公司通过众筹来提供和出售证券的规则。新的众筹法规将遵照2012年4月5日颁布的《促进创业企业融资法案》（*Jumpstart Our Business Startups Act*，简称为JOBS Act）的要求。“众筹”是指通过众多小捐赠者筹集资金以资助某一项目或业务的过程，众筹经常使用在线平台或融资门户来吸引投资。投资电影是一项冒险的活动，在许多小投资者中分散风险会大大增加独立电影可获得的融资金额。

从本质上讲，新规则将允许像Kickstarter和Indiegogo这样的公司，向那些贡献资金的人提供不仅限于他们现在因捐赠获得的海报、T恤衫以及其他小物件的回报。发起人将首次在项目中获得收益分红。

3. 我正在与一家影视公司谈判，以获得几年前制作的一部电影的家庭录像国内发行权的付款。该影视公司每年从这些权利中赚得约25000至30000美元。这种电影的发行版税平均价格范围是什么？

答：电影制片人通常会获得已售家庭录像批发价格20%～25%的版税，但一部电影产生的收入金额与另一部电影能产生的收入无关。许多影视公司将他们的电影许可给他们自己的家庭录像子公司。这些子公司可以向母公司支付特许权使用费，母公司又与制片人分享收入。所以首先要确定你提到的金额是母公司还是子公司收到的金额，准确确定他们使用的权利，并保留其他权利。然后尝试获得至少20%的批发价作为版税，还有其他一些与制片人分享收入的模式，例如50/50净额交易，先扣除成本，然后余额平分。

4.什么是电子零售?

答：电子零售（EST，通常称为“下载并获取（download to own）”或DTO）是通过互联网、移动电话或有线电视永久下载电影的数字销售，一次付费便可无限制地观看。消费者不是在商店购买DVD，而是通过互联网下载电影。苹果的iTunes商店目前是电子零售大部分收入的来源。将此技术与通过互联网观看电影的流媒体相比较的话，二者都是在计算机或手持设备上进行观看，但是后者不允许制作数字拷贝。

第10章

谈判技巧和策略[1]

好莱坞顶级交易者有时被称为“玩家”。这些经纪人、律师、影视公司高管和制片人彼此之间常有业务往来，并遵守着不成文的行为准则。尽管玩家们因其强硬和精明而受人钦佩，但不诚实是得不到尊重的。

对于一个以尔虞我诈闻名的行业来说，行外人可能会惊讶地发现，许多玩家以言而有信为傲。他们相互之间达成口头协议，这些就成为他们客户的信赖基础。经纪人或经理人可能承诺让其客户参加一个项目，但可能直到该项目完成，演员和制片公司或影视公司才会签署书面的合同。

玩家之间的诚信守则允许一定程度的炒作和夸大。经纪人在谈论他们客户的时候会强调长处并回避短处。也可以使用其他伎俩，尽管这些策略可能只对经验欠缺的新人有用。

举例来说，“吊筑高台”（bigb-balling）策略是指为了让自己在谈判中处于有利地位而故意要高价或者采取极端立场的做法。如果一个演员的合理片酬是8万美元，那么18万美元的要价就会留下很大的谈判空间，并且最后依然能达成一个划算的交易。但如果另一方以不合理的低价进行反击，那么这个阶段的谈判将旷日持久。

---

[1] 本章的部分内容源自作者先前的著作《新好莱坞的影响力和成功之争》（*Reel Power: the Struggle for Influence and Success in the New Hollywood*）。

“抛放低球”（low-balling）策略是开出一个不合理的低价。在试图说服一家影视公司制作影片时，制片人可能会给出一个较低的预算估值。制片人可能想的是，一旦影视公司决定制作影片并投入大量资金后，即使超出预算，也不愿意叫停这个项目。然而，如果制片人同意了“扣减条款”，那么影视公司可能才是笑到最后的一方。扣减条款规定，如果电影超出预算，则制片人的利润和/或费用就会被相应扣减掉。

“吊筑高台”和“抛放低球”策略对经验丰富的谈判者是没用的，因为他们知道如何设定薪酬。一项不成文的规则是每个人都有权在他们上一次交易薪酬的基础上获得适量的加薪。薪酬信息很难保密，所以可谈判的空间非常小。除非这位艺术家最近获得了奥斯卡奖或主演了一部卖座大片，否则他/她通常无法获得可观的报酬增长。

制造困惑是某些交易者会使用的一项技巧。如果一方不理解正在讨论的内容，并且羞于问询，该方就很难保护自己的利益。有些人会通过冗长拖沓或模棱两可来制造困惑。另一方面，有些交易本身足够复杂，所以无须增加额外的困惑。各方应始终仔细阅读每一份合同稿，以确保已经做出了协商一致的修改。出于礼貌，草拟合同的律师通常会发送一份体现对前一稿变动之处的“修订版本”（redlined copy）。

胁迫可以成为另一个策略。只有当交易对手迫切需要达成某一交易继而屈服时，强硬手腕策略才会奏效。玩家之间通常避免使用这种技巧，因为他们经常相互交易。“如果我利用手段并置某人于绝境，明天他就会置我于绝境，”律师埃里克·韦斯曼（Eric Weissmann）说，“过去，谈判中有更多的装腔作势。还有更多的咆哮、怒吼、尖叫、禁入和互殴。如今，人们试着彼此讲道理。”

疯狂甚至也是有用的，因为与精神失常的人谈判是很困难的。“如果一个人是疯子，那么就无法在逻辑上与他进行沟通，这样另一个迫切想要与他交易的人就已经处于不利地位了，”韦斯曼如是说。他还补充，鉴于这事很难假装，这种方法在一方真的是疯子的时候效果最好。

非理性行为的爆发可能会有用。“当你和某人谈判时，没有什么比对方做出一些完全出乎意料的事情更令人不安的了，”韦斯曼说，“当我还是名年轻律师的时候，我在一家影视公司与其法务部负责人进行谈判，他打给秘书，让她打电话叫公司警卫把我赶出去，并要永远禁止我踏入这家影视公司。好吧，我当时就决定，其实我对那个争议点也没有那么的在意。”

最后这两种方法的变体可以被称为“我的老板疯了”。谈判者会承认对手的立场是合理的，但又表示他/她不能同意，因为他/她的雇主精神不正常。与那些同意你并声讨他所代表的人去争论是很难的。

沉默甚至可能成为一种谈判策略。如果沉默让对方感到不舒服，那对方可能会说服自己放弃立场。与之相似的一个被动技巧是，谈判者绝不提出解决方案，而是通过操纵对话来让对方提出来。

最好的谈判者是多才多艺的，他们能采用适合具体情形和对手性格的技巧。第一次碰面通常是相互试探的时间。但是，经常互相交易的各方之间不会玩太多的花招。

杰出的交易者不一定是那些提出最苛刻要求的人。一名律师可能会因为其谈判手腕强硬而出名，但这往往是以客户的交易告吹为代价。以客户的最佳利益为核心的律师将尽力获得在当时谈判情况下可获得的最佳交易，除非客户需要，否则该律师不会毁掉一个交易。

促使影视公司达成交易的技巧

有一些可以用来吸引影视公司达成开发或制作交易的策略。考虑到这些技巧已经存在的时间之久，它们仍然有效实在是令人惊讶。人们会认为，在某一时刻，每个人都会对其中的门道恍然大悟。

当一家影视公司的高管知道其他买家对一个项目感兴趣时，他/她的兴趣通常会成指数地增长。如果福克斯的高管正在积极地找你合作，那么索尼的高管了解这一情况后很可能认为你一定是有商业价值的。很快就会有几个追逐者争夺你，这可能会带来一笔丰厚的交易。

当然，你不能直接告诉索尼的高管福克斯对你的项目感兴趣。索尼的高管可能会问：“如果福克斯对这个项目如此感兴趣，你为什么还来这里和我们谈，而不是在福克斯拍这部电影呢？”

因此，精通这种技巧的人利用业界报纸和小道消息来散播他们有一个热门项目的消息。他们试图用虚假消息、小道传闻和含沙射影制造出一种他们有一些好东西的假象。他们的目标是让几个买家陷入疯狂的争夺，并把这个项目卖给出价最高的人。

另一种策略利用了影视公司高管希望“最先看到一个项目”的心理。每个人都想是最先看到或至少是前几个看到项目的。所以，如果你的剧本已经辗转了好几年，而且看起来有点破破烂烂的，那么你最好再印一本新的。如果你的剧本看起来像是已经处处被拒，那么买家可能会认为它根本一无是处。

记住，对剧本的评估是主观性的，但有些人不相信自己的直觉。一个常见的现象是，为了进入这个行业，新编剧多年来到处向别人提交其剧本。然后，这位编剧把他/她的第六个剧本卖给了史蒂芬·斯皮尔伯格或其他有名望的买家。突然之间，编剧的老剧本就像刚出锅的蛋糕一样畅销了。书架上那些旧的剧本像美酒一样随着年岁的增长而变得越来越好了吗？当然没有。是将剧本卖给斯皮尔伯格这件事使这位作家获得了成功，买家们现在以不同的眼光看待他/她的作品。一个不言而喻的假设是，“如果斯皮尔伯格从这个家伙那里买了一个剧本，他一定不错”。六个月前被拒绝的同一个剧本，现在却被热情地接受了。

每个人都喜欢“划算”的东西，包括影视公司的高管。明星们有时会为其最喜欢的项目而同意接受浮动工资。这类电影通常是低成本、有希望赢得奥斯卡奖的好口碑电影。对身份地位充满渴望的高管们也喜欢这些项目。

高管们经常被“热门话题”所吸引。报纸头版的故事或“每个人都在谈论”的主题可能更容易营销，因为公众已经对其有所认知。然而，如果电影公司认为电视制作将首先抢占这个主题，则电影公司将会避开话题性的故事。电视电影可以在不到一年的时间内制作出来，而院线电影通常需要几年的时间来开发和制作。没有哪个电影公司会愿意投资很多钱来开发一个可能会首先出现在电视上的故事。

那么，人们如何区分适合电视的故事和应该成为院线电影的故事呢？涉及性或暴力的题材可能会使电视网不去抢占某些故事。然而，最重要的区别在于预算。电视电影一般花费几百万美元，而院线电影通常要花费超过5000万美元。任何涉及大量取景地、昂贵布景、特效、野生动物、高价服装或大量临时演员的故事，都可能是电视制作无法负担的。

建立人际关系：精明的交易者知道，影视公司与他们的高管有着不同的动机。影视公司希望以尽可能少的钱制作卖座的电影。在某种程度上，影视公司的高管们也希望如此。然而，高管们知道自己的任期有限，希望为下一份工作做好准备。他们的下一份工作通常是独立制片人，有时隶属于他们曾经服务的那家影视公司。对这些高管来说，什么是重要的？他们想要与重量级的演员、导演和编剧建立关系。正如一位高管告诉我的："一名影视公司高管的工作就像是去制片人学校上学。"

因此，聪明的交易者知道，一种可以让项目吸引影视公司高管的方法是，将其作为一个与一位大有前途的明星发展人际关系的机会呈现给高管。这位高管可能想要开发这个项目，仅仅是因为这个项目提供了一个与艺人进行几次会面并建立牢固关系的机会。

同样，影视公司可能开发或制作一个项目，只是为了安抚一个与该公司有重要关系的明星。如果能让一个大明星高兴，并为其公司赚来数百万美元的收入，那么几十万美元的开发费用又算得了什么呢？

最后，请记住，经验丰富的交易者总是对自己的项目表现出热情，但他们决不希望自己看上去急于达成交易。最好的态度是有一颗坚定的决心。你或许想要与影视公司合作，但是如果他们毙掉了你的项目，就去其他地方寻求合作。欲擒故纵有时是有用的。当一位高管要求阅读剧本而制片人却试图保密时，这位高管的胃口可能就会被吊起来。

问与答

1. 我很快将要向制作公司和电视网推销一部电视连续剧，但我没有经纪人。聘请一位娱乐法律师是明智的吗？选一个娱乐法律师有多重要？真的有律师能帮忙找到经纪人和影视公司吗？

答：当你去推销你的电视连续剧时，并不需要律师陪着你。这是一次有关创作事宜的会面。只有在对方说他们想要达成交易的时候，聘请一个律师在交易的商业方面来给你提供建议才是重要的。如果你不熟悉这样的交易，最好不要独自就协议内容与对方进行谈判。当影视公司或电视网说他们想要达成交易时，商务部门的工作人员会联系你的律师或经纪人。下面回答你的第二个问题：是的，虽然这是你聘请娱乐法律师的唯一目的，他们中的许多人可能会不愿意做你的代理人，但他们可以帮你联系到经纪人和影视公司。

2. 假如我写的一个剧本被拍成了电影，五年后我决定再写一个，它包含了第一个剧本中的一个配角。我是否需要在出售剧本时签合同保留对这些角色的权利？我可以在现在的剧本中使用我已卖出的第一个剧本中的配角吗？

答：如果你在出售第一个剧本时保留了作者的续写权，那么你可以在后续的作品中使用这些角色。你需要仔细检查协议以确定你保留了哪些权利。

如果你把剧本的全部版权都卖掉了，那么新的所有者现在就拥有了剧本所有的权利，直到它进入公共领域。这些权利包括在作品中对角色的使用（在该等角色被版权保护的范围内）。精心描绘出来的角色——特别是那些有视觉元素的角色（如漫画角色）——受版权法的保护。同样，有名字的角色（如“詹姆斯·邦德”）可以根据不正当竞争相关的法律被保护。但是一般的角色和特征（比如“冷酷的私家侦探”）是不受版权保护的，并且可以免费供所有作家使用。不同的作者可以创作出许多冷酷的私家侦探角色。因此，即使你的角色现在由别人所有，你也可以创造一个全新且不同的角色，该角色可以与你之前创作的一些角色有着一些相同的特征。

当作家自行创作原创剧本的时候（即不是为他人创作的雇佣作品），他们通常可以在出售剧本电影权或选择权时保留剧本的某些权利。这些被保留的权利可能包括戏剧、广播、电视直播、印刷出版物和作者的续写权。此外，如果作家在购买协议中有一个归复权条款，它可能规定，如果买家在一定时间内（例如五年）没有根据该剧本制作出电影，则所有的权利都会归复给该作家。最后，如果一位作家是编剧协会的成员，那么他/她可能有权通过协会和其签约公司之间签署的集体谈判协议来获得某些“分割的权利”。

第11章

自创的会计方法

阿尔特·巴克沃德诉派拉蒙[1]

阿尔特·巴克沃德很生气。这位曾获普利策奖的专栏作家在玛莎葡萄园岛度假的时候刚好看到了《来到美国》（*Coming to America*）这部电影。这部派拉蒙电影讲述的是由艾迪·墨菲（Eddie Murphy）扮演的非洲王子来到美国寻找新娘的故事。这部电影似乎与几年前巴克沃德向派拉蒙出售选择权的一个故事相似，是该影视公司为艾迪·墨菲开发的一个项目。

巴克沃德的故事《五日京兆》（*King for a Day*）——正如他在三页的故事梗概中所写的那样——讲的是一位来自盛产石油的非洲国家的富有、傲慢、奢侈、专制的君主到了华盛顿，在他缺席的一场政变中失去了他的王位和财富，之后滞留此地。这位国王必须应付贫民区的生活，在那里他有一份卑微的工作，并爱上了一位前中央情报局应召女郎。最终，他得以夺回王位，重返家园，并让这位前应召女郎成为他的王后。

根据巴克沃德与派拉蒙的协议，他有权获得65000美元的

---

[1] *Art Buchwald v. Paramount*.No. 706083，1992 WL 1462910（Cal. Superior Ct. March 16，1992）.

固定费用，外加净利润的1.5%（如果改编自他的故事的电影被制作出来）。阿连·伯恩海姆（Alain Bernheim）与该影视公司签订了一份类似的协议来制作这个项目，并约定他收取200000美元的费用和净利润的17.5%。在故事由派拉蒙开发的两年时间里，巴克沃德和伯恩海姆获得了42500美元的收入。

《来到美国》上映那一年的票房收入超过了1.28亿美元，使其成为1988年票房第三的电影。然而，巴克沃德和伯恩海姆都没有得到任何进一步的报酬，而且巴克沃德也没有获得银幕署名，因为艾迪·墨菲声称是他构思了这个故事。

墨菲凭借在电影中扮演的角色赚取了800万美元以及派拉蒙从这部电影所获毛收入的15%——相较于其他演员的总工资906000美元，这是一个天文数字。该电影上映后，墨菲的片酬已升至每部电影900万美元。尽管如此，据报道，他对他在派拉蒙的五部电影合约并不满意。

1987年，伯恩海姆与派拉蒙公司的首席制片主管内德·坦宁（Ned Tanen）在公司食堂共进午餐，并指责派拉蒙剽窃了巴克沃德的故事。这一谈话很快演变成为一场激烈的争论，从那以后，二人就再也没有讲过话。巴克沃德和伯恩海姆讨论了这个问题，并决定他们可能不得不提起诉讼。

然而，巴克沃德首先告诉了他的朋友——派拉蒙通信公司董事长马丁·戴维斯（Martin Davis）——所发生的情况以及他打算起诉该公司的意图。戴维斯给巴克沃德送了一瓶香槟和一首名为《起诉我》（*Sue Me*）的歌曲唱片以作回应。巴克沃德的确起诉了，然后立即在《拉里金脱口秀》（*Larry King Show*）中谴责了这部电影。

这次审判让外行人得以难得地一窥影视公司决策的最高层。巴克沃德和伯恩海姆向法院要求500万美元的违约赔偿以及未指明金额的惩罚性赔偿。派拉蒙回应说，《来到美国》并非根据巴克沃德的故事而改编。此外，该公司还表示，即使这部电影是以该故事为基础的，根据巴克沃德与该影视公司之间的合同，巴克沃德也无权获得电影的任何“净利润”。截至那时，这部电影已经创造了大约3.5亿美元的收入，并且是那十年中票房最高的20部电影之一。

好莱坞编剧和其他净利润分成方长久以来抱怨影视公司采用自创的会计方法，欺骗他们以使他们无法参与“利润”分配。但是，大多数编剧只是抱怨，因为他们没有足够的财力来展开一场旷日持久的法律争斗，而律师们往往不愿意以风险代理的收费方式来接手这样的案件。此外，许多作家担心，煽动这样的诉讼可能会让他们找不到工作。

然而，巴克沃德是一位给全国多家报刊企业供稿的专栏作家，是一个不需要凭借电影行业谋生的富人。这些年来，他写了20部电影的故事梗概，没有一部被制作出来，但这无关紧要，因为写电影对他来说只是一个消遣。他可以代表所有作家去挑战影视公司。

其他影视公司的高管们私下抱怨说，派拉蒙公司拒绝和解这一诉讼可能会导致一个新的法律判例的产生，该判例可能会对这个行业产生灾难性的影响。业内人士猜测，派拉蒙本身会倾向于私下和解这个案子。但因为担心与艾迪·墨菲的关系疏远，所以显然使得该影视公司走向了审判阶段。

虽然墨菲并不是这个诉讼的当事人，但他的证词是有相关性的。这位明星宣称，他和他的脱口秀主持人朋友阿塞尼奥·霍尔（Arsenio Hall）构思了《来到美国》的故事。然而，墨菲的经理人鲍勃·瓦克斯（Bob Wachs）所写的信件显示，他知道派拉蒙公司正在为墨菲开发巴克沃德的故事。

通过披露获得的其他文件显示，在获得巴克沃德的故事的选择权后的几个月内，派拉蒙便开始为墨菲开发这个故事。在一封印有“机密”的信件中，时任派拉蒙制片总监的杰弗瑞·卡森伯格（Jeffrey Katzenberg）给约翰·兰迪斯（John Landis）发了一份列有13个正在开发的项目清单，以供他考虑执导。《五日京兆》在这份清单上，它被描述为给艾迪·墨菲的政治讽刺片，灵感来自阿尔特·巴克沃德。

派拉蒙花费了大约50万美元聘请电影编剧塔姆·墨菲（Tab Murphy）和弗朗西斯·维伯（Francis Veber），将巴克沃德的故事开发成了电影剧本。但当派拉蒙的管理层在1985年发生变动时，新的掌权者任凭巴克沃德故事的选择权过期。而后，伯恩海姆把这个故事卖给了华纳兄弟，剧本名是《我和国王》（*Me and the King*）。华纳公司花了20多万美元开发这一概念。当他们得知派拉蒙也有类似主题的电影正在制作时，他们放弃了这个项目。

该审判由公认的电影爱好者哈维·施奈德（Harvey Schneider）法官主持，在双方都放弃了陪审团审判后，他认定了所有事实争议焦点。在审查了证据之后，施奈德裁定《来到美国》是以巴克沃德的故事为基础的。然而，派拉蒙还是获得了部分胜利，因为法官裁定原告无权获得惩罚性赔偿。施奈德认为，该公司未能履行与巴克沃德和伯恩海姆的合同并不是出于恶意或欺诈的意图。这一裁定并没有解决所有争议，因为现在法院必须认定净利润中原告的份额值多少钱。如果真如派拉蒙所主张的那样，不存在任何的净利润，那么巴克沃德和他的律师赢得的将会是一场皮洛士式的胜利，因为由此产生的法律费用超过了从派拉蒙处获得的赔偿。[1]

在审判的第二部分，巴克沃德的律师皮尔斯·奥唐纳（Pierce O'Donnell）要求法院认定派拉蒙对净利润的定义无效，因为它是显失公平的。根据奥唐纳的说法，派拉蒙和其他主流电影制片公司利用它们合同中的模糊地带以损害利润分成方的利益。他说，他们滥用了自己"令人生畏的权力"，将使公司获得"隐藏利润"并收取"高额利息"的条款强加给艺人。

主流制片公司的辩护者们指出，电影制片公司承担了制作电影的所有金融风险，因此，他们理应分得大部分收入。派拉蒙指责巴克沃德试图在事后重写他的协议。该影视公司抗议说，公司几乎没有利用作家的弱势和无经验，在谈判中巴克沃德由威廉·莫里斯经纪公司的一名高管作为代理人。

根据派拉蒙的计算，这部电影的成本超过了5800万美元。巴克沃德称，该公司在这部影片上仅花费229万美元。他声称，某些支出不应该被计入制作预算，比如墨菲随行人员的100万美元、90万美元的过多附加福利，以及统一的15%管理费。根据巴克沃德的说法，800万美元的管理费中有165万美元"仅是为了给艾迪·墨菲和导演约翰·兰迪斯开具毛收入分红的支票"。

巴克沃德在审判层面赢得了他的官司，但只获得了90万美元的赔偿金——这远远不足以覆盖他的律师所在的律师事务所累计产生的400万美元律师费。派拉蒙上诉，随后在上诉法院做出裁决之前和解了此案。

术语

每家影视公司都可以按照自己喜欢的方式定义其协议中所使用的术语。对于"毛额"、"调整后毛额"和"净额"交易，没有统一的行业定义。一家影视公司所称的调整后毛额交易，另一家公司则称之为净额交

[1] 因为巴克沃德的律师以风险代理的方式接手了这个案子，所以律师事务所将会是最大的输家。

易。在你为获得了“毛额”交易而庆祝之前，先检查一下协议文本，看看这个术语是如何定义的。

一般来说，行业术语定义如下：

调整后毛额分成（adjusted gross participation）：毛收入额分红减去某些成本，如宣传成本和电影拷贝制作的成本。

预付款（advances）：预先支付的可以抵充未来某个时间可能需要支付的钱款的款项。不可抵扣的预付款是指不可退还的款项，即使未来没有产生任何需要支付的钱款。

票房收入（box-office receipt）：影院所有者在售票处向顾客销售门票所获得的收入。

发行费用（distribution expenses）：包括税款、协会费用、同业公会会费、转换/传输费用、收款费用、审核费用、广告和宣传费用、重新剪辑费用、拷贝费、外语版本费用、交通和运输费用、版权费用、版权侵权费用、保险、版税、索赔和诉讼。

双重发行佣金（double distribution fee）：指发行商使用次级发行商向某一地域销售的情况。如果所有的发行商都可以扣除他们的标准佣金，那电影制作者可能一个子儿都见不到了。

电影租金（film rental）：影院所有者为获取电影放映权而向发行方支付的款项。

毛额分成（gross participation）：未扣除任何发行佣金、发行费用或制作成本的毛收入的一部分。但审核和收款的费用、复播复映报酬和税款通常是要扣除的。

毛收入（gross receipts）：来自所有媒介（包括电影租金、电视销售、商品化、配套市场销售）的所有收入。而家庭录像销售所贡献的收入额通常只占全部销售额的20%。

影院经常费用（house nut）：在影院所有者支付电影租金之前，可以从票房收入中扣减的影院所有者的管理费。

核定许可费（imputed license fee）：当发行方向其关联方授权一部

电影时所商定的数额。

修正的调整后毛收入（modified adjusted gross receipts）：毛额分红减去某些扣除项，例如发行佣金和费用、递延费用、融资费用、制作成本和管理费。

净收益（net proceeds）：与净利润（见下文）相同，影视公司现在通常更倾向于使用这个术语，它并不像人们通常理解的那样意味着此项计算与盈利能力相关。

净利润（net profit）：在所有可扣除的款项扣除后所剩余的钱款——如果还有剩余的话。这部分的数额通常为零。尽管是从制片人的份额中支付（例如从他的50%份额中支付），但通常还是表示为净利润的100%。

电视发行佣金（television distribution fee）：一般来说，电视网播放为10%，国内离网发行为35%～40%，海外发行为45%～50%。许多电影制作人认为这些佣金过高，因为影视公司并没有为电视发行花费很多。还存在非常小一部分的拷贝制作费用（即影视公司给买家发送一份视频拷贝）。

院线发行佣金（theatrical distribution fees）：通常是毛收入的30%到40%。

《来到美国》[1]

利润分红报表，1990年6月23日（单位：美元）

毛收入：	$140,566,278
减去未收账款	300,300
减去影视公司发行佣金	47,137,610
减去发行费用	38,233,946

[1] 《来到美国》和《三个奶爸一个娃》(*Three Men and a Baby*) 的财务信息，均来自大卫·罗博（David Robb）发表在《好莱坞报道》(*The Hollywood Reporter*)（1992年8月17日至9月4日重印系列）上的文章《净利润》(*Net Profits*)。

结余	$54,894,422
减去负片成本	62,717,606
负片成本利息	7,165,859
结余（净亏损）	14,989,043

发行方义务

一些法院判决认为，发行方对制片人负有诚实信用和公平交易的义务。在塞拉多国际有限公司诉迪士尼公司案[1]中，法院认为，当一方对一项业务的利润享有一定利益时，管理该业务的人必须履行上述义务来保护利润分成方的利益。塞拉多公司创办并执行制作了一档名为《谁想成为百万富翁》（*Who Wants to Be a Millionaire*）的节目，在英国非常成功。塞拉多后来与美国广播公司和博伟电视公司（Buena Vista Television）（都是迪士尼旗下的子公司）签订了一份协议，以制作该系列节目供北美地区发行的版本。

根据双方谈判达成的协议，塞拉多公司有权获得50%的利润分红。塞拉多公司称，迪士尼违反了其“诚实信用和公平交易”的默示合同条款，因为迪士尼将该节目的制作工作交给了迪士尼的子公司谷峰制作（Valleycrest Productions）有限公司，而不是从第三方制作方那里寻求竞争性的交易。根据塞拉多的说法，“……美国广播公司口头同意以‘相当于谷峰每集制作成本数额的核定许可费’对该系列节目进行许可。因此，在从毛收入中扣除制作成本、发行佣金、发行成本、管理费用、利息等之后，该系列节目的电视播出将永远无法获得利润”[2]。结果，该系列从未为塞拉多带来任何利润，而迪士尼却以节省成本的形式获利，并增加了其关联公司的利润。

---

[1] *Celador Int’l, Ltd. v. Walt Disney Co.*, 347 F. Supp. 2d 846（C.D.Cal., 2004）, affirmed on appeal, 499 Fed. Appx. 721（9th Cir.2012）.

[2] Id. at 850.

由于有了像塞拉多案这样的判决，电影制作者们经常试图限制发行商与关联公司或次级发行商进行交易，除非该等协议是按照与无关第三方的交易相类似的条款善意地谈判的，或者电影制作人同意这样的安排。

主流影视公司使用他们在其净利润定义中所明确的特殊会计规则来确定要分给分成方的利润，明白这一点至关重要。会计行业普遍公认的规则，称为“一般公认会计原则”（Generally Accepted Accounting Principles，简称为GAAP）。还有一套针对电影行业的特别指南，称为《财务会计标准公报53》（*Financial Accounting Standards Bulletin 53*，简称为FASB 53）。这些规则规定的内容之一就是会计的应计方法。依照这种方法，收入是在赚取的时候认列的，费用是在发生的时候认列的。

然而，发行方不一定遵循这些规则。当他们向股东解释或向银行经理人报告时，他们可能会使用一般公认会计原则和《财务会计标准公报53》，但他们计算供分红的净利润时，则经常会诉诸他们自己爱丽丝漫游仙境般的规则。他们可能只有在实际收到款项的时候才会认列收入，而在费用产生的时候就认列支出。因此，如果发行方将一部电影授权给一个电视网，那么发行方在实际收到许可费之前可能不会将许可费计到收入中。即使他们收到了不可退还的预付款，也可能直到播出时才把它计到收入中。与此同时，他们会立即将费用入账，即使他们还没支出这些费用。这种收入和费用的错配使得发行方可以延迟向分成方分红，还使得发行方就其向制片人发放的用来制作电影而尚未偿还“贷款”向制片人收取更长时间的利息。

审计

在发行或许可协议中写入一项允许对发行方的账簿和记录进行审计的条款是很重要的。以下是示例条款：

审计。被许可人应当始终保存真实且完整的会计记录和会计账簿，以及与所涉节目、本协议条款、被许可人遵守本协议条款相关的所有其他信息。在本协议期间内或届满后的任何时间，一经向被许可人发出合理书面通知，许可人或其指定人员即有权在办公时间于被许可人的主要营业地，就被许可人对本协议条款的遵守、被许可人依照本协议提交给许可人的报表和报告的准确性、依据本协议到期或应付的许可费数额，对被许可人的账簿和记录（包括相关电子数据和系统数据）进行审计、审核和复制，并有权确保对《基础电视许可协议》的遵守。此外，被许可人应使其关联机构（以及关联系统）允许许可人在这些主体各自的主要营业地就被许可人向许可人提交的报表和报告的准确性对他们的账簿和记录进行审计、审核和复制。如果上述审计揭示了任何与到期或应向许可人支付的许可费相关事项的错误，被许可人应当重新计算并立即支付依本协议约定已到期的许可费和自该等费用首次到期并应当支付之日起的利息，并以下列标准中较低者按月计算复利：（1）最优惠利率的110%；和（2）法律允许的最高利率。另外，如果某一段时间本协议下的实际到期许可费比被许可人报告的该段时间到期许可费多5%或以上，被许可人除应当立即支付额外的到期许可费和依照前款计算的利息外，还应当向许可人支付：（1）许可人为审查和审计上述期间的账目而支出的所有成本和费用；（2）许可人为收取上述款项而支出的律师费。许可人在任意时间对任何审核、复制或审计权利的行使，或许可人对任何报表或付款的接受，应当无损于许可人的任何权利或救济，且应当不构成许可人此后质疑此等付款或报表之准确性的障碍，被许可人应当始终对本协议项下任何到期未付的款项负全责。

自创的会计方法——交易的花招

自创会计方法的问题在这个行业中普遍存在。大多数电影以任何标准来看都是不盈利的，所以利润分成方不必为审计费心。对于那些确实能带来可观收入的电影，审计总是为自己买单。审计通常花费至少2万至3万美元。

审计能揭示出两种类型的错误。第一种是书写错误。例如，一位影视公司的会计错添了一行数字，或者扣除了两次费用。出于某种神秘的原因，这些错误通常都是对影视公司有利的。当利润分成方指出这些错误时，影视公司通常会从善如流地改正。

另一种错误产生于合同解释。大多数影视公司的逻辑是："存疑时，以对我们有利的方案来解决，如果事后出现争议，我们再一决雌雄"，"尽管律师们非常谨慎地起草合同，但新的模糊地带总是会出现"。

当净利润分成方感到被欺骗时，自创的会计方法的争议就会出现。从毛利润中分得一份的毛利润分成方通常不会遇到问题，这是因为，由于允许扣除的项目很少，毛收入的确定相当简单。

为了理解"净额"和"毛额"交易的区别，让我们回顾一下从电影票销售到利润分成方的资金流动。"票房收入"是指影院所有人（放映方）从售票处的电影票销售中获得的钱款。影院所有人有权保留这些收入中的一部分，以支付成本并有望从中获利。

放映方/发行方协议规定了将电影许可给放映方的条件。例如，放映方可能会同意放映该电影至少八周，并支付一笔有保证的预付款。该协议还确定了放映方在票房收入中的份额。传统上，如果发行方正在上映一部很受欢迎的电影，那么最初几周内的收入可能会按照90/10的比例[1]分配：发行方获得90%的收入，放映方获得10%。在接下来的几周，分配比例可能会变为70/30、60/40、或50/50。[2]然而，正如在"发行"一章（第9章）提到的，大多数的主流制片公司现在都采取了一种新的算法来与放映方分配收入。一般来说，发行方会取得48% ~ 63%的票房收入，收入额越高，发行方分得的比例越大。

浮动比例能够激励放映方尽可能长期地放映该电影。从发行方的角度来看，只要电影在影院放映，就有人买票去看。一旦电影不再在影院放映，就无法从这个市场获得收入。

在收入分配之前，放映方可以扣除某些费用或影院经常费用。该费用的数额应该代表放映方的管理费用。这个数字是通过与发行方协商得出的，往往大于实际的管理费用。在这种情况下，这个数字有一些水分。放映方保留影院卖品部100%的收入，这是放映方的主要盈利核心。

放映方根据发行/放映合同扣除影院经常费用并分配收入之后，就向发行

---

[1] 在分配之前，放映方通常会从中扣除其"影院经常费用"或管理费。

[2] 这些分配可能不会扣除影院经常费用。

方支付其份额。这笔款项被称为电影租金。一般来说，放映方会保留大约一半的影院收入，将另一半作为租金支付。

发行方的毛收入包括所有放映方支付的租金，以及来自电视、海外销售、有线电视、家庭录像和商品化等其他市场的收入。尽管允许扣除税收等少数项目，毛额分成方能够分享毛收入。只有顶尖的明星和导演才有获得毛额分成的影响力。影视公司不喜欢毛额交易，因为即使影视公司没有收回其投资，毛利润分成方也能分享电影的收入。

假设一家影视公司给了保罗·纽曼（Paul Newman）一部电影毛收入10%的份额。如果这部电影所有来源的毛收入是5000万美元，制作、营销和发行成本总共是5000万美元，那么发行方就实现了收支平衡。但是，除了预付费用之外，还应该向纽曼支付500万美元。所以影视公司在赔钱，而纽曼却赚得盆满钵满。为了避免这种情况，影视公司更倾向于在至少收回一些费用（如广告和拷贝制作费用）后才向分成方付钱。这种安排就是调整后或修正后的毛额交易。

电影制作人和影视公司为这些交易设计出了各种各样的变体。例如，一个分成方的毛额分红可能要到电影毛收入达到其负片成本的两到三倍时才支付。各方还可以同意将一些市场（如家庭录像）分入单独的利润池，并将这些市场的部分毛收入支付给分成方。

从利润分成方的角度来看，最不可取的交易是净利润[1]交易。在这种交易中，允许扣除的项目是如此之多，以至于剩下的往往是零或所剩无几。虽然净利润分成方可能看不到任何钱或利润分成，但影视公司却可能会获得“利润”，因为它将获得毛收入的30%到40%作为发行佣金。这项佣金通常远远超过影视公司发行一部电影的实际成本。因此，一部影片的上映对影视公司来说可能是非常有利可图的，尽管从技术上讲，分成方无“利润”可分。

如果有净利润的话，通常是在影视公司和制片人之间平分。净利润分成方通常从制片人的那一半中分得他们的那部分利润。然而，净利润通常是以整体（100%）来定义的。我们说编剧有权获得100%净利润中的5%。这意味着编剧有权获得所有净利润的5%，尽管他的分成是来自制片人的那一半。我们这样定义净利润是为了避免模棱两可。如果合同只是简单地说编剧有权获得5%的

[1] “净利润”交易不代表任何人在经济学上对净利润的定义，而只是一个由合同算法决定的数额。

净利润，那么问题就来了，他/她应该得到制片人那一半的5%（相当于50%的5%）还是整体的5%？

当一个分成方有权分享净利润时，会存在更多的争议空间，因为影视公司可以扣除各种费用以及利息、发行佣金和管理费。在向净利润分成方付款之前，任何支付给毛利润分成方的款项也是可扣除的。因此，即使没有自创的会计方法，如果影视公司有义务向毛利润分成方付款，那么净利润分成方就不太可能看到任何利润。

不当的扣除会引起其他问题。例如，影视公司可能会试图扣除用来推广另一部电影的广告费用。另有一些扣除可能看上去有失公允，但根据发行协议的条款是合规的。

在审查影视公司的账目时要注意以下方面的问题：

1）超额账单：如果影视公司使用其附属的胶片洗印厂，那么胶片加工费用是按市场价格收取的吗？如果影视公司在拍摄中使用了自己的车辆，那么他们在这一项目中收取赫兹租车公司可能收取的最高日租金是公平的吗？

2）返利：如果一家影视公司拿年终返利，那么是否所有的电影都分得了公平的份额？

3）管理费：即使一部电影不是在影视公司棚内拍摄的，也可能会收取影视公司管理费。这笔费用是为了补偿影视公司的制作运营固定成本和影视公司所发挥的协调职能。发行方还可能收取10%的宣传管理费，以补偿影视公司用来运营营销部门的固定成本。但如果所有的宣传工作都外包了呢？收取管理费还是合理的吗？合同又是怎么约定的？

4）利息：影视公司对每部电影的制作款收取利息。他们经常提高利率。例如，他们可能以最优惠利率借钱，然后在最优惠利率上增加两个点作为向你收取利息的利率。合同允许这样做吗？此外，来自放映方的预付款通常不抵扣利息。因此，影视公司能收取预付款产生的利息，但拒绝将这些利息与向制片人收取的利息进行抵扣。

5）费用的不当分配：为了避免向利润分成方分红，将费用算到成功的电影头上是符合影视公司的利益的。不成功的电影在任何情况下都无法获得足够的收入来向分成方分红。因此，豪华轿车、午餐、行政差旅和其他因失败影片而产生的费用可能算在热门影片的头上。

《三个奶爸一个娃》[1]

利润分红报表，1991年9月30日（单位：美元）

电影收入	
国内院线	$80,990,413
海外院线	32,559,620
免费电视	8,779,571
付费电视	14,615,518
家庭录像	13,242,932
非院线	2,451,131
其他来源	12,445
总收入	$152,651,630
减去应收账款，可获得	41,421
毛收入：	$152,610,209
发行佣金：	$49,798,213
宣传和发布	35,125,096
核算和收款	428,316
其他版本	621,920
复播复映报酬	2,990,426
行业协会费	50,000
税金、许可、保险	2,289,052
拷贝	4,617,978
交通	696,350
杂务	172,405

[1] 《来到美国》和《三个奶爸一个娃》的财务信息，均来自大卫·罗博发表在《好莱坞报道》（1992年8月17日至9月4日重印系列）上的文章《净利润》。

发行成本和费用扣除后净收入	$55,820,453
负片成本	
导演成本	$13,241,723
管理费@15%	1,986,258
利息	1,291,866
毛收入分成方	1,983,750
总负片成本	18,503,597
结余	$37,316,856
减去其他分红和递延款项	10,284,593
净利润	$27,032,263

6）收入的不当分配：如果影视公司将其电影打包出售给电视台，收入是如何分配的？如果一部电影是热门影片，而其他都失败了，那么将收入平均分配给这些电影是否公平？影视公司更喜欢把收入分配给那些没有盈利机会的影片，而不向利润分成方分红。

7）家庭录像：许多影视公司都有家庭录像子公司。这些子公司通常会向影视公司支付批发价的20%作为获权在家庭录像市场上发行电影的版税。然后，这笔版税将被添加到影视公司的毛收入中，并扣除一笔发行佣金。影视公司仅以20%的价格将作品授权给自己的子公司公平吗？子公司和母公司都从家庭录像发行中获利是公平的吗？

8）广告和商品化收入：影视公司可以通过在其DVD上植入可口可乐的广告来赚取一笔费用，制造商也可以通过付费让其产品出现在影片中。影视公司可以授权制造商生产衍生玩具和商品。影视公司是否将这些收入入账了呢？

9）外语配音：这部电影被配音成一种外国语言了吗？收费合理吗？当地的惯例是怎样的？例如，在日本上映的影片是配有字幕而不配音的。

10）税金：有些政府对于汇出本国的钱征收汇出税。美国政府允许在发行方的美国纳税申报表中扣除这些税款。如果这个税目实际上并没有让影视公司付出任何成本，那么它应该是可扣除的吗？

11）利息的计算：影视公司可能会对非实付开支款项收取利息。影视公司收取的是单利还是复利？收取利息的期限是多久？影视公司是以每年360天计算利息吗？如果利率与最优惠利率挂钩，它的计算是否恰当？合同是怎么说的？

12）向毛额分成方分红：这些付款工作被当作负片成本的一部分吗？管理费计算在负片成本中吗？假设这些毛利润分成方赚了500万美元。影视公司可以因其填写和邮寄支票的工作而扣除一笔75万美元的管理费。

13）超预算罚款：即使影视公司要对超出预算的电影负责，这种罚款也可能被加到负片成本里。或许那个预算从一开始就是不现实的。

鉴于业内出现的诸多自创会计方法的争议，顶尖创作人员会要求大笔的预付款或从毛收入中分得一杯羹。他们知道，他们不太可能从净利润中获得任何东西。因此，预算会不断增加，以适应高额的预付款，而创作人员也没有什么动力去控制制作成本，因为这不会影响他们的收入。

记住，不是所有关于自创会计方法的抱怨都是合理的。有时影视公司根据合同条款记账。这一合同可能偏向影视公司的利益，但艺人和其经纪人从未费心去审看合同。电影大获成功后，他们不明白为什么没能分享这些财富。这不是自创会计方法造成的，而是影视公司利用其影响力竭力谈判并强行适用有利条款的例子。

没有法律要求发行方与任何人分享他们的利润。事实上，在大多数行业中，劳动者并不会分享他们雇主的利润。此外，当一家大型影视公司上映的电影失败时，损失不是共担的，而是由该影视公司独自承担。

第12章

版权

你正在写《伟大的美国电影剧本》。在完成了120页剧本的119页后，晚上你放下工作，离开你所住的编剧阁楼去吃晚饭，却忘关了窗户。

当天晚些时候，一个窃贼通过窗户进来了。他是一个文学小偷，他不拿钱，不拿立体声音响，而是窃取你将要完成的手稿。这个剧本尚未在版权局注册，而且你也没有在上面添加版权标识。

该小偷将剧本带到附近的电影公司，这家公司立即看出了它的价值。不久之后，这部电影制作完成了，它取得了票房成功，小偷在谈话节目中接受了关于“他的”新作品的采访。

你可以起诉该小偷侵犯版权吗？答案是可以。你在创作作品时便获得了作品的版权。你没有在稿件上添加标识，没有在版权局注册均无所谓。另外，小偷可能要承担入室盗窃、非法侵入和侵占的责任。

人们普遍存在一种误解，即版权登记是版权保护的必要条件。

此时，你可能想知道在这种情况下如何证明是你创作了这个剧本。这是一个证据问题。争议双方都将提出证据，然后陪审团将决定相信谁。你的律师将有机会对小偷进行交叉盘问，以降低那个人主张其作者身份的可信性。你可以让你的配偶作证，即他/她阅读了作品的早期草稿。当然，配偶可能没有像公正的第三方那么高的可信度。这就是为什么在版权局或编剧协会登记你的稿件是个好主意。[1]

保护你的版权和权利作品

编剧和电影制作人会希望采取措施全面保护他们的作品。虽然版权法保护未登记的作品，但在版权局登记会带来额外的好处和保护。正如我将要解释的，电影制作人可以通过其他法学原理来保护作品，例如，援引合同法作为有人盗窃其作品的救济途径。

权利作品受到州和联邦的不正当竞争法和商标法的保护，也受到合同法保护，通常是在美国电影协会登记的前提下。[2]

版权基础知识

什么是版权?

版权是知识产权的一种形式。它是版权所有人对特定思想产物拥有的一系列权利。版权法保护作品，如文学作品、音乐作品、绘画和摄影。版权所有人可以阻止他人复制、发行、表演和展览作品，以及创作演绎作品。

其他形式的知识产权包括商标和专利。商标是识别和区分商品或服务的文字、符号和标志；专利保护发明。所有这些创造物都是财产形式，即使是一种不寻常的财产形式，因为它们不是来自木材、钢铁或其他有形材料，而是来自人类的思想。然而，与其他形式的财产一样，知识产权可以出售和转让。因此，知识产权是人们创造的“事物”，但不具有人格的属性。思想的产物不应与人们拥有的以保护对其姓名、肖像（公开权）、隐私（隐私权）或者名誉

---

[1] 如何登记详见第7章。

[2] 权利作品登记：米切尔·施瓦茨（Mitchell Schwartz），美国电影协会权利作品登记主管，地址：加利福尼亚州，谢尔曼奥克斯，文图拉大道15301号E座，邮编：91403，电话：（818）995-6600，传真：（818）285-4403，网址：Mitch_Schwartz@mpaa.org。

（防止诽谤）的使用的人格权相混淆。

版权本质上是无形的。将版权与有形产品——例如汽车（个人财产）或土地（不动产）做比较。人们经常对版权的性质感到困惑，因为虽然版权是无形的，但它可以用有形的形式表达（比如，书中的故事或画布上的绘画）。实际上，只有当版权被固定在有形的表达媒介上时，它才会受到法律的保护。但是，表达版权的媒介必须与版权本身区分开来。媒介可以在不转让版权的情况下出售。

换句话说，一个人在一件作品中可能拥有不同层次的权利。有对实体作品（比如一幅画）的所有权。一幅画的所有人可以在他/她的家中展示并将它出售给另一个人。但是，除非这幅画的所有人也拥有版权，否则其不能复制这幅画。版权允许其所有人复制、分发和创作演绎作品（如绘有该画作图像的T恤）。画作实体的所有人与其版权的所有人是不一样的。因此，一幅画的版权所有人可以授权印刷1000份海报形式的复制品。每个购买者都拥有他/她自己的海报，但他们都不拥有其中的版权。同样，如果你购买一张电影《泰坦尼克号》的DVD拷贝，你将拥有拷贝的所有权，但不会获得这一电影作品的任何权利。如果你试图复制拷贝或基于它创作演绎作品，那么你会侵犯版权所有人的权利。

作者可能就他/她的作品拥有精神权利。这些权利与画的所有权及其版权是分开的，而且是不同的。如果一位画家就他/她的作品享有精神权利，那么他/她可以出售作品、转让版权，并且仍然可以主张他/她的精神权利以防止他人将他/她的姓名从作品上删除或改变它。在美国，精神权利通常仅限于绘画和雕塑。

版权法的渊源

美国宪法赋予国会颁布版权法规以保护作者财产权的权力。作者的定义广泛，涵盖了符合版权保护条件的所有作品的创作者，包括摄影师、画家、音乐家、雕塑家、动画家和程序员。

根据宪法，国会颁布了多种版权法律。这些联邦法律适用于所有州的居民。曾经一度，州和联邦政府都有影响版权的法律。在这种版权保护的双重体制下，根据州法律保护未发表的作品（通常称为普通法版权），而发表的作品则根据联邦法律进行保护。1976年版权法通过联邦法“优先于”（preempts）州法的原则废除了这种版权保护二分体制。因此，州法律在版权上作用甚微。留给各州规制的唯一领域是不处于联邦法律范围内的作品。因此，各州可以就联邦法律下不受版权保护的作品（例如，对思想的保护，或对非有形形式作品的保护）制定法律。

版权法的国际适用

美国加入了多个国际版权协议，以保护美国作品免受外国的侵权。这些协议基本上规定了外国人待遇的互惠。例如，法国同意在法国保护美国作者的作品。作为回报，美国同意在美国保护法国作者的作品。

这意味着美国将在本国以与保护美国作者相同的方式和程度保护法国作者。但是，这并不意味着法国作者在美国拥有与他们根据法国法律享有的相同权利。因此，人们常说，版权法在其适用上具有地域性。法国法律在法国适用，美国法律在美国适用。这种适用可能会产生预料之外的结果，因为美国版权法和法国版权法有显著的不同。

例如，美国法律承认雇佣作品原则，即一个作品的作者可以是艺术家的雇主，而不是这位艺术家本人。许多国家都不承认这一原则。另一方面，一些国家的原则在美国法律中并不存在。法国明确承认作者就其作品享有的精神权利（法文“droitmoral”）。而美国版权法只在绘画和雕塑领域承认精神权利。精神权利可以防止他人改变作者的作品（即保护作品完整权），或者将作者的名字从其上删除（即表明身份权），即使作者已经出售了作品实体和版权。[1]

根据法国法律，保护作品完整权和表明身份权是永久的、可继承的、不可转让的和不受时效限制的。[2]因此，艺术家的继承人可以反对其他人使用他们祖先的作品，即使该作品的版权已经过期。在休斯顿诉特纳娱乐公司（*Huston*

---

[1] 法国法律赋予作者决定何时向公众发表作品的有限权利（the right of divulgation）以及从公共场合移除作品的权利（the right of retraction）。

[2] 安德烈·R.伯特兰（Andr é R. Bertrand），《多媒体：欧洲作者权利边界的延伸》（*Multimedia*：*Stretching the Limits of Author' s Rights in Europe*），“7.财产权利”，1995年11月，第4页。

v.Turner Entertainment）一案[1]中，法国法院判定美国已故导演约翰·休斯顿（John Huston）为美国电影《夜阑人未静》（*The Asphalt Jungle*）的作者。根据美国法律，休斯顿的雇主被视为作者。

因此，没有“国际版权”这样的东西可以在全世界自动地保护作者的作品。在特定国家，对作品的保护以免受未经授权的使用取决于该国的国家法律以及可能适用的任何国际条约。

版权保护的标准

并非每个作品都可以受版权保护。要获得版权保护，作品必须符合四项标准：

1）必须是原创的。

2）必须是“作者的表达”。

3）必须是非实用性的。

4）必须在一个固定的、有形的表达媒介上。

一个作品必须同时符合四项标准，符合四个中的三个是不够的。

如果作品同时符合以上四项标准，则其创作者自动拥有其作品的版权。版权在作品被创作出来时就已存在。创作者无须向版权局发送任何表格，亦不用做任何特定表示或为特定行为以获得版权法保护。版权声明对于版权的获得来说不是必需的。[2]

也许了解版权法的最简单方法是将其视为一个三个层次的制度。首先，作者在创作了作品的时候便获得了作品的版权（前提是它符合四个标准）。第二，在1989年之前，如果作者选择发表作品，则有义务添加版权声明（“版权”字样或缩写或使用符号©，加上版权所有人的姓名和发表年份）。第三，如果作者登记了作品，他/她将有资格获得一些额外的超级实惠，例如律师费的偿付和在版权侵权诉讼中获赔法定损害赔偿金。但如果作者没有发表或登记

---

[1] *Huston v. Turner Entertainment*, French Court of Cassation, 1991, cited in article “International Copyright Litigation in U.S. Courts: Jurisdiction, Damages, and Choice of Law,” by Lionel S. Sobel, *Emerging Issues in Intellectual Property Practice*, CEB Program Handbook, p. 83, April 1994, California Continuing Education of the Bar.

[2] 尽管在1989年3月1日之前，如果你发表作品，未在其上添加版权声明可能会导致版权的丧失。

作品，他/她仍受版权法保护。

请注意，自1989年美国加入伯尔尼国际版权公约以来，[1]版权声明不再是保护版权的必需。如今，发表作品但没有附上版权声明的美国作者无论如何都会受到保护。但是，例行地在你的作品上添加版权声明依然是一种很好的做法，这样没有人可以声称他们不知道这是受版权保护的材料。在作品上添加版权声明不需要版权局的许可。

什么受版权保护?

文学作品	雕塑
音乐作品	电影
戏剧作品	录音
哑剧	编舞
摄影	计算机程序
平面设计	

什么不受版权保护?

发明
思想
主题
工业设计
字体设计
标题
历史事件
公共领域的任何对象

请注意，这个范围很宽，而且相互重叠。歌曲的歌词可以归入文学作品类别或音乐作品类别。哑剧和编舞有时可以一起成为戏剧作品。

[1] 1988年《伯尔尼公约实施法案》使美国与另外25个国家建立了版权关系。对1989年3月1日之后发表的作品，版权声明的要求被取消。记录一个受版权保护的作品的权益，不再是提起侵权诉讼的必要先决条件。

四项标准

1）作品必须是原创的

为了使作品符合原创性要求，它必须是通过作者的独立工作被创造出来的。创作者不能抄袭他人的作品。

作品不需要有任何价值。版权局的人不会为了确定艺术或文学价值而审查版权登记申请。你可以登记写得差的小说或孩子的手指画，也可以登记一篇精彩的科学文章或《国家询问报》。也就是说，版权保护不需要符合审美或学术上的标准。作品必须是原创的，但不必是好的。况且，艺术价值是主观的。一个人认为是伟大的艺术，另一个人可能认为是垃圾。

原创性要求到什么程度呢？比如，你能用布朗尼傻瓜相机拍摄一张普通白墙的照片，并就你的作品获得版权保护吗？可以，因为原创性程度的要求很低。在这里，创作者选择了如何构图以及如何打光。你可能会认为这张照片无趣或者没什么价值，但它的原创程度足以获得版权保护。

作品的分类

作品的分类会影响到作者可以享有什么权利。例如，录音的版权所有人不享有表演权。只有非戏剧性的音乐作品才受制于复制的强制许可。相较于其他类别的作品，图书馆对于文学和戏剧作品的复制权要宽得多。提交正确的表格以获得适当的版权非常重要。版权分类体系有四大登记类别：

TX类：非戏剧文学作品

PA类：表演艺术

VA类：视觉艺术

SR类：录音

2）作品必须是作者的表达

思想、主题和标题永远不受版权保护。另一方面，书籍、戏剧和电影是受版权保护的。前者不被视为作者的表达，而后者是。

版权法保护作者加工素材的技艺、方法和技巧。但是作者永远不能对思想进行版权保护，无论它是融入了一个句子还是一本400页的书中，并且不能阻止其他人根据相同的思想创作作品。

换句话说，思想和空气一样免费，没有人能拥有它们。如果你想写一本关于乔治·华盛顿的书，你可以写，并受版权法保护。但是，只要后来的作者没有抄袭你的作品，你就不能阻止他们写自己的关于乔治·华盛顿的书。[1]

有时很难区分思想和作者的表达。我相信每个人都会同意一本500页的书是作者的表达。但是一本250页的书呢？一本100页的书呢？一本10页的书呢？一本一页的书呢？一页只有一个字母的书呢？我们称之为“字母书系列”。第一本书只包含字母“A”。

如果这本书受版权保护，那么我可以阻止其他人在写作中使用字母“A”吗？当然不能。你不能就一个字母或一个单词获得版权保护。但是当你把单词串在一起达到一定程度时，如果有人复制你的表达，你会受到保护。那么达到什么样的程度这才会发生呢？这不清楚，因为很难确切地确定思想何时被修饰充分而成为作者的个人表达。即使作品是作者的表达，基础的思想也不受保护。

要理解为什么国会只保护作者的表达，必须理解版权法背后的竞争政策考量。一方面，国会希望保护作者的作品，以鼓励他们创作新作品。如果任何拥有印刷机的人都可以自由地复制、出售、与作者竞争，那么作者就无法收获他们全部的劳动成果。作者就没有动力投入时间和精力来创作新作品。因为国会希望鼓励作者为社会的利益创作新作品，所以国会赋予作者对其作品使用的特定专有权利——即所谓的版权。

但是，国会还认为，在一个开放和民主的社会中，人们应该能够自由地交换思想并根据他人的思想创作新作品。所以版权不是绝对的。该权利在几个方面受到限制。

---

[1] 除非他们可以根据本章后面讨论的合理使用原则借用你书籍的一小部分，他们可以利用历史事实，因为历史事实属于公共领域。

首先，它受到时间限制。创作者（或创作者的雇主，如果是雇佣作品）在有限的期限内拥有他/她的作品的版权。在1978年以前，作品的作者就其作品拥有28年的版权，可以再续展28年，共有56年的版权保护。[1]根据现行法律，在1978年1月1日或之后创作的作品，其版权保护期持续作者的一生再加上70年。但是，如果作品是"雇佣作品"（work-for-hire），则雇主拥有版权，版权保护期限持续到发表后95年或创作后120年，以较短者为准。[2]一旦版权保护期届满，作品将进入公共领域，任何人都可以使用。其次，国会通过将版权限定在作者的表达的范围内来限制它。单纯的思想、标题和主题不受保护。[3]

3）作品必须是非实用性的

实用性作品不能受到版权保护。例如，普通的灯具不能受版权保护。分类记账簿或谷物盒侧面的竞赛规则是实用性形式的文字。如果没有或只有很少的其他方式来表达某些东西，那么这种文字将被视为是实用性的。

请注意，巧妙设计的作品虽然是实用性的，但可能有资格获得专利保护。[4]专利和版权法之间存在一些重叠，有些作品可以同时受到两者的保护。

由于灯具不能受到版权保护，而雕塑是一种可以受版权保护的美学作品，如果你将灯具安装在一尊雕塑的顶部，会怎么样呢？换句话说，你将雕塑作为灯的底座。你能就这一混合作品获得版权保护吗？好吧，你保留了底座的版权，但你没有获得灯具的版权。

另一方面，如果一位前卫艺术家将200个旧灯具焊接成为一个复杂的设计呢？虽然灯具通常不受版权保护，但在这里它们被以非实用性的方式使用，因此作品应受版权保护。

4）作品必须在一个固定的、有形的表达媒介上

作品必须通过一个固定的、有形的形式表达，这种形式是相对稳定且永久的。纸、录像带、录音带、颜料、黏土、胶片和金属等媒介符合这一要求。仅

---

[1] 在法律变更时处于第二个保护期内的作品，获得额外19年的延展期，总共75年。

[2] 由于雇主可能是一个不会死亡或未必会解散的公司，因此需要一个不同的期限。否则，公司将获得不正当的优势，可以无限期地保留其版权。

[3] 但是，在某些情况下，可以根据合同、商标或不正当竞争法获得保护。

[4] 专利保护技术信息，这种保护来自政府的授权。版权保护表达的信息，并且在创作时自动产生——假设已满足版权要求的所有标准。商标保护符号信息（例如，产品标记和标识），并且这种保护源于使用行为。

由即兴演讲或未录制的现场表演构成的作品或以冰雕或沙雕呈现的作品不受版权法保护。

必须由作者或他/她授权的人使作品处于有形的形式。聆听即兴爵士乐表演的观众的录制不构成版权保护目的下的固定。

在公开表演之前进行固定更为可取。但是在作品表演的同时固定呢？版权法保护同时录制的现场直播。

要求将受版权保护的材料呈现为有形形式是有实际原因的。如若不然，法官如何确定一个虚无缥缈的作品的版权范围呢？

编舞受版权保护吗？是的，如果把它呈现为固定的形式。书面的舞台指示或表演的录像都足以。当然，编舞必须符合版权保护的其他标准。你无法对单个舞步进行版权保护，因为这不会被视为作者的表达。

版权声明

恰当的版权声明包含三个要素：

1）版权一词、其缩写或者符号©

2）版权所有人的名称

3）首次发表的年份

上述要素的顺序并不重要。作者还可以添加短语“保留所有权利”（All rights reserved），这可以在外国司法管辖地提供额外的保护。

在带有文字内容的图片、图形或雕塑作品被复制在贺卡、明信片、信纸、珠宝、玩偶或玩具或任何实用性物品之中或其上时，可以省略日期。不需要版权所有人的全名。

声明放置的方式应该能让人注意到。如果在未经版权所有人授权的情况下删除作品上的声明，版权不受影响。

1976年《版权法》发表的重要性降低了，因为现在联邦版权始于作品被创作出来之时。对于在1978年至1989年3月1日期间创作的作品，1976年法案保留了声明的要求，尽管可以通过采取某些步骤来解决声明遗漏的问题。直到1988年修正案颁布，美国都是世界上唯一要求遵守声明形式的国家。1989年3月1日之后，声明便是非强制性的了。

1988年修正案的规定不具追溯力，因此由于未遵守声明规定而进入公共领域的作品仍属于公共领域。

版权声明仍然很重要，因为第405（b）节限制了针对因缺少版权声明而受误导的善意侵权人的救济。善意侵权人不必赔偿实际损害金和法定损害金。此限制将持续到侵权人收到主张版权的通知为止。

对版权声明要求的总结

对于1978年以前发表的作品，适用1909年法案的严格声明规定。

对于1978年至1989年3月1日期间发表的作品，适用1976年法案中相对不严格的声明条款。

对于1989年3月1日之后发表的作品，适用非强制的声明要求。

版权持有者的权利

当你拥有版权时，你拥有一系列权利：控制你的作品的复制的权利；控制创作演绎作品的权利；通过出售、出租或租赁向公众分发作品副本的权利；公开表演作品的权利；[1]以及公开展出作品的权利。[2]但是，图形、图画、雕塑作品和录音不享有与文学、音乐和戏剧作品一样的全部专属权利。例如，录音的版权所有人无法控制作品表演和展示的权利。此外，图形、图画或雕塑作品不享有表演权。[3]

此外，版权受到各种强制许可的限制，这时必须向符合法定要求（即支付特许权使用费）的所有人提供许可。[4]

还有其他限制。发行权受“首次销售原则”（first sale doctrine）的限制，该原则允许副本的所有人对该复制品进行出售或出租。该原则允许视频零售商

---

❶ 在家人和朋友圈子之外的大量人员聚集的任何地方表演都属于公开表演。因此，在浴缸里唱歌不是公开表演。租一部电影并在你的房子里向朋友展示也不是公开表演。

❷ 这些权利受《版权法》第107—118节的限制。

❸ 此外，第106节限制了对公开表演和展示进行表演和展示的专有权利。

❹ 目前有六种强制许可：1）有线电视许可；2）机械录音许可和数字音频传输许可；3）录音的数字音频传输许可；4）公共广播许可；5）卫星转播许可；6）数字音频带设备许可。许可由版权裁判所（一个行政机构）管理。

从电影公司购买DVD并将其重复出租给客户。副本的所有人可以在物理上处置它，可以转售它、出租它、赠送它并重新装订它。但是，他/她不能复制或公开表演。然而，唱片店不能这样做，因为它们属于“首次销售原则”的例外，该例外禁止出租录音。[1]

“发表”的一贯重要性

1）交存要求：该要求针对的是有《伯尔尼公约》的交存要求以来发表的作品。你有三个月的时间去向国会图书馆交存副本，否则可能被处刑事罚款。

2）作为提起诉讼和获得特定有利条件的前提，需要在发表后登记。

此外，登记作品有以下优势：

A）发表后五年内登记，可初步证明版权的有效性。换句话说，如果对方没有反驳或抗辩，它将创造足够的证据来证明版权权属。

B）只有在作品被侵权之前已经登记，或者作品在发表后三个月内登记，才能获赔法定损害赔偿金和律师费。

3）国际版权的影响：在《伯尔尼公约》和普遍惯例下，发表这一行为都是重要的。首次在成员国发表或由成员国国民发表的作品，在每一个其他国家必须与在该国领土内首次发表的作品受到同样的保护。

4）对保护期限的影响：发表日期决定了某些作品类别的版权保护期限。根据1976年的法案及其修正案，匿名和笔名作品及雇佣作品的保护期限，从首次发表之日起计算95年，或从创作之日起计算120年，两者以较短者为准。

---

[1] 见《版权法》第109（b）节。1984年的《录音出租修正案》禁止包含音乐作品录音的唱片的所有人将其出租给公众，以获得直接或间接的商业利益。它不适用于转售或其他转让，且仅针对商业机构（即不适用于图书馆和教育机构）。

版权的限制

有时人们可以通过获得包括许多作品的许可（一揽子许可）来利用受版权保护的作品，或者他们有权根据法律以固定费用获得许可（强制许可），或者他们被允许未经许可借用少量素材，因为这种使用符合公共利益（合理使用原则）。

一揽子许可

在一揽子许可下，用户可以支付一笔费用而获得使用许多不同作品的许可。例如，广播电台可以从美国作曲家、作家与出版商协会获得一揽子许可，以取得公开表演美国作曲家、作家与出版商协会目录中音乐的权利，该目录包括了数千名艺术家的音乐。美国作曲家、作家与出版商协会和广播音乐联合会以及欧洲戏剧作家和作曲家协会等其他团体是担任许可其成员作品的代理人的表演权利协会。

让这些协会对其音乐进行许可是有好处的。这种安排对艺术家和被许可人来说，在管理上都很方便。你能想象逐一去取得想播放的每首歌的许可会给一个广播音乐节目主持人带来多大的负担吗？每次使用付款都不多，但管理上的负担却很大。

强制许可

强制许可允许任何人在非戏剧音乐作品的唱片向公众发行后，就该作品制作自己的录音。这意味着任何人都可以聘请一群音乐家独立录制一首歌，然后将其发行给公众。这些被许可人获得所谓的机械权利。这种权利在几个方面受到限制。该许可仅适用于非戏剧的音乐作品，一个人无法获得歌剧、百老汇音乐剧、芭蕾舞剧或电影音轨的此种许可。在制作录音时，强制许可的被许可人对作品基本旋律或基本特征的改变，不能超出使该音乐作品符合被许可人表演者的范围和风格所必需的范围。

要获得强制许可，进行歌曲独立录音的一方必须通过提交意向通知来通知版权所有人。此通知必须在唱片发行之前提交，或在录制新录音后的30天内提交。强制许可的被许可人必须每月支付法定特许权使用费，被称为机械特许权使用费。这个要求很麻烦，这就是为什么大多数被许可人更愿意从音乐版权所有人那里获得这些权利的原因。通常，该许可是通过一家代理商（即哈利·福克斯[1]）来获得的，该代理商专门从事机械权利许可。许可费用通常低于法定费率。

合理使用

在某些情况下，不需要许可就可以借用受版权保护的作品。法律保护公众根据合理使用原则利用受版权保护的作品去创作其他作品的权利。这些使用包括公允的评论和批评、戏仿、新闻报道、教学、学术和研究。因此，电影或文学评论家引用被评论作品的少量引文不需要许可。作家有时会说，如果你大量借用某人的作品，你就是文学小偷；但如果你从数千个作品中分别借用一点儿，你就是学者。当然，学者通过综合先前作品中的信息并创造新的东西，从而增加价值。

在确定对受版权保护作品的使用是否构成合理使用时，法院会权衡四个因素：

1）作品的目的和特点：非营利的教育性使用比商业使用更有可能被视为合理使用。商业用途是指赚取利润的使用。

2）受版权保护作品的性质：相较于借用娱乐作品，允许借用科学、传记和历史作品，因为其能产生更大的公共利益。

3）相比于受版权保护的作品整体，借用部分的数量和实质性：从一本500页的书中拿一句话比从10行诗中拿一句话更有可能被认为是合理使用。

4）对受版权保护作品的市场和价值的潜在不利影响：如果从受版权保护作品中的借用会损害其市场，则该使用不太可能被视为合理使用。借用小说中的一句话并将其融入另一种完全不同的作品中（例如学术作品），不太可能对小说的销售产生任何影响。同样，借用已绝版图书的内容也不太可能对其销售产生负面影响。

在将这些因素应用于特定的事实情况时，通常很难预测某一使用是否属于

---

[1] 2015年7月，哈利·福克斯被欧洲戏剧作家和作曲家协会收购。

该原则的范畴。一般来说，可以从非虚构作品中借用的材料数量大于可以从虚构作品中借用的数量。显然，作者可以从以前的作品中借用历史事实，而不会侵犯第一个作者的版权。此外，由于与小说作品不同，事实作品或许只能够以相对较少的方式表达，所以只有逐字复制或非常接近的套用才属于侵权。[1]

作家在借鉴小说和其他虚构作品时应该谨慎。在一个案例中，《欢迎来到双峰：关于人和物的完整指南》（*Welcome to Twin Peaks*：*A Complete Guide to Who's Who and What's What*）一书的作者被发现侵犯了电视连续剧《双峰》（*Twin Peaks*）的版权。该书包含详细的情节摘要和至少89行对话的大量直接引用。[2]

在适用合理使用原则时会遇到很多灰色地带。可以肯定地说，如果一名教师复印一篇《新闻周刊》的文章并在其班级里分发，她会受到合理使用的保护。但是，如果这个教师复制整本教科书并分发给她的学生，以节省他们购买自己文本的费用，这将不是合理使用的行为。但是有很多事实情形介于这两个极端之间，在这些情况下，很难预测合理使用原则是否是一个很好的抗辩理由。合理使用不仅限于教育事项。

许多作家和电影制作人对合理使用原则以及他们是否需要获得许可以借用受版权保护的作品感到困惑。纪录片制作人经常不确定他们是否可以借用，以及他们在没有许可的情况下可以借用多少内容在他们的电影中。显然，一个准备揭露或评论一个对象的电影制片人，不能指望该对象给予他/她许可。罗伯特·格林沃尔德（Robert Greenwald）要将福克斯电视网的电视片段纳入他的电影《解密福克斯：鲁伯特·默多克的新闻界战争》（*Outfoxed*：*Rupert Murdoch's War on Journalism*）中，他不会得到也不用费心去请求福克斯电视网的许可。

如果适用合理使用原则，则不需要许可就能借用受版权保护作品的内容。它赋予公众有限的权利，可以利用受版权保护的作品来创作其他作品。这些用途包括公允的评论和批评、戏仿、新闻报道、教学、学术和研究。因此，电影或文学评论家引用被评论作品的少量引文不需要许可。

由媒体和社会影响中心（www.cmsimpact.org/fair-use）出版并可免费下

---

[1] *Apple Computer*，*Inc. v. Microsoft Corp.*，821 F. Supp. 616（N.D. Cal. 1993）[citing *Landsberg v. Scrabble Crossword Game Players*，*Inc.*，736 F.2d 485（9th Cir. 1984）].

[2] *Twin Peaks Prod's*，*Inc. v. Publications Int'l*，*Ltd.*，996 F.2d 1366（2d Cir. 1993）.

载的《纪录片制作人合理使用最佳实践的报告》(*Documentary Filmmakers' Statement of Best Practices in Fair Use*)对于纪录片制作人来说是一个很好的参考资料。该报告解决了电影制作人面临的常见情况，例如，他们什么时候可以在未经许可的情况下引用流行文化作品，以及什么时候在电视上偶然使用背景音乐或视觉资料被视为合理使用。帮助确定合理使用的另一个好的依据是美国版权局官方网站上的《合理使用索引》，[1]其中编汇了各种司法判决，它是什么被视为合理使用或不被视为合理使用的指南。

最近第九巡回上诉法院的判决为希望利用合理使用原则的电影制作人提供了指导。该案件关于一位在YouTube上发布了一段29秒业余视频的母亲斯蒂芬妮·伦兹(Stephanie Lenz)，视频中她的孩子们在厨房里随着普林斯(Prince)的歌曲《让我们疯狂》(*Let's Go Crazy*)在跳舞。这首歌可以听到大约20秒钟，而伦兹并没有尝试获得使用该音乐的许可。

普林斯的出版商环球音乐集团看到该视频后，根据《千禧年数字版权法案》向YouTube发送了删除通知，声称该视频侵犯了普林斯的版权。YouTube删除了该视频，并通知伦兹其视频被删除以及被称侵犯了普林斯歌曲的版权。伦兹随后向YouTube发送了反通知，其中包括根据作伪受罚(penalty of perjury)原则做出的陈述，她坚信该材料被错误地删除了。她声称将歌曲放在她的视频中是合理使用，并要求将其重新上载到YouTube上。

六周后，YouTube重新发布了伦兹的跳舞宝贝视频。几个月后，为了“在互联网上重申其艺术作品主权”，普林斯发表了一份声明，威胁要以侵犯版权为由起诉几家互联网服务提供商。环球公司随后就删除伦兹的视频向美国广播公司新闻频道发布了声明，“普林斯认为，YouTube或任何其他用户生成网站在未经他的合法许可的情况下使用他的音乐都是错误的……他有权要求删除他的音乐。我们支持他和这个重要的原则。这就是为什么在过去的几个月里，我们要求YouTube删除数千个未经普林斯许可使用其音乐的不同视频”。

电子前沿基金会(Electronic Frontier Foundation，简称为EFF)[2]是一个捍卫数字世界公民自由的非营利组织，该组织决定对这种做法提出异议并对环球

---

[1] www.copyright.gov/fair-use.

[2] www.eff.org.

公司提起诉讼，他们认为不考虑是否存在合理使用就发出删除通知是权利滥用的行为并侵犯了斯蒂芬妮·伦兹的言论自由权。电子前沿基金会提出环球公司在发送删除通知时是恶意的，它应该知道该视频不是侵权使用。

根据《千禧年数字版权法案》，如果YouTube等服务提供商是无意中允许侵权材料发布在他们的网站上，则他们不承担任何责任。YouTube拥有超过10亿用户，每分钟有300个小时的节目上传。在节目被上传之前，YouTube不可能仔细审查所有的材料。为避免责任，YouTube只需遵守《千禧年数字版权法案》的要求，其中包括及时响应删除通知。但是，如果版权所有人在材料不侵权时误称其侵权，则他们可能要承担包括律师费和诉讼费在内的损害赔偿金。

法院认为，《千禧年数字版权法案》要求版权所有人在发送删除通知之前考虑合理使用的情况，并且不这样做会引发一个可裁判的问题——版权所有人是否在主观上善意地相信该使用未经法律授权。环球如果故意在删除通知中虚伪地表示其善意地确信该视频未经法律授权，则可能要承担赔偿责任。电子前沿基金会的律师科琳·麦克雪莉（Corynne McSherry）说，这一决定“传达了一个强有力的信息，即版权法并没有授权对合法言论进行轻率的审查”。

该案件遵循了其他几个最近的判决，这些判决表达了对合理使用原则的扩大适用。在福克纳文学权利公司诉索尼经典影业公司一案[1]中，法院裁定，伍迪·艾伦在电影《午夜巴黎》中对威廉·福克纳《修女安魂曲》的简短引用（“过去并未死！实际上，它甚至还没有过去”）是合理使用。在塞泽尔诉绿日一案[2]中，第九巡回法院裁定，流行乐队绿日未经授权使用街头艺术家的作品作为其舞台表演的视频背景并未侵犯艺术家的权利。然而，没有明确的界限表明人们可以安全地借用多少，并受到合理使用的保护。一个上诉法院的判决认为，使用两秒钟的小样是对录音的侵权。[3]

版权的权属

一个人根据对其的雇用而创作的作品是雇佣作品。由多位作者共同努力创

---

[1] *Faulkner Literary Rights, LLC v. Sony Pictures Classics, Inc.*. 953 F. Supp. 2d 701（N.D. Miss. 2013）.

[2] *Seltzer v. Green Day, Inc.*. 725 F.3d 1170（9th Cir. 2013）.

[3] *Bridgeport Music v. Dimension Films*, 410 F.3d 792（6th Cir. 2004）.

作的作品可能是合作作品。与其他财产一样，版权可以被出售和转让。[1]

雇佣作品

雇主被视为雇佣作品的版权所有人。雇员没有任何所有权。

如何确定作品是否为雇佣作品？首先，雇员在其受雇范围内创作的所有作品均被推定为雇佣作品，除非各方在其签署的书面文书中另有明确约定。

其次，如果各方以书面形式明确同意，则由独立合同方特别制作或委托的特定作品[2]被视为雇佣作品。协议必须由双方签署，并且必须包含明确的措辞，即该作品是一项雇佣作品。[3]

合作作品

合作作品是由两位或多位作者创作的，旨在将他们的创作成果合并为一个统一整体中不可分割或相互依存的部分。

确定是否构成一个合作作品的关键是，这些作者在创作作品时是否有意将其整合成为一个作品。只要作者做出的不只是微不足道的（微小的）贡献，并且意图让他/她的作品成为合作作品的一部分，即使各个作者的贡献是不等的，也可以创作出合作作品。

当版权所有人将版权转让给一个以上的主体时，或者当版权通过遗嘱或法定继承传递给两个或以上的主体时，或者当作品受到州共同财产法的约束时，也可以产生合作作品。因此，合作作品可以广义地定义为两个或以上的主体拥有其中不可分割份额的版权的作品。

在电影等合作作品中，由哪些主体共享权属的问题可能难以解决，尤其是当他们之间没有书面协议时。在一起案件中，法院认定一名在电影中出现五秒钟的女演员因其短暂的表演而对电影享有版权利益。这位女演员从未签署过将她的

---

[1] 在某些情况下，1978年以后的授权可以通过发出书面通知并在授权之日起35年内（如果授权包括发表权，则在发表之日起35年内或授权之日起40年内，以较早到者为准）向版权局提交通知的方式终止。雇佣作品和遗嘱处分不能终止。参见《版权法》第203节。

[2] 如集体作品的组成部分、电影或其他视听作品的一部分、翻译、补充作品、汇编、教学文本、测试、测试答案材料或地图集。参见美国《版权法》第101节。

[3] 1909年法令的推定有所不同，该法令规定，除非当事人有相反的意图，否则推定委托方为作者。1976年法令改变了这一推定。

权利转让给制片人的书面协议。这一决定在独立电影界引起了轩然大波，因为它改变了先例并且似乎改写了基本的版权法。根据这一原理，如果制片人没有就其演员的表演获得权利，任何一个演员都可以声称拥有其表演上的版权，并阻止电影的发行，这会给制片人造成巨大损失。在改变先前判决时，第九巡回法院解释说，获得某人作品的版权的基本要求之一是必须将其作品置于一个固定且有形的表达媒介中。上述“固定”必须“由作者或在作者的授权下”进行；换言之，必须由声称拥有版权的人或在其指示下的某人将作品置于固定媒介中。[1]

演绎作品

演绎作品[2]是以一个或多个已经存在的作品为基础的任何作品。包括翻译、音乐编排、戏剧化、小说化、电影版本、录音、节选或压缩等。此外，由编辑性修改、注释、阐述或其他修改组成的、作为一个整体呈现出一个原创作品的作品，是演绎作品。

演绎作品侵犯了原作的版权。为避免侵权，必须基于公共领域材料或经原作版权所有人许可方可创作。

版权保护期

所有作品要么受版权保护，要么属于公共领域。二者之间没有过渡地带。[3]在1909年版权法于1976年被修改（1978年生效）之前，版权保护期为28年，并且可以再被延长28年。对于1978年以前发表的作品，1909年法案的两个28年保护期模式继续适用。[4]第一个保护期自发表之日起计算。

---

❶ 参见*Garcia v. Google, Inc.*, 766 F.3D 929（9th Cir. 2014）, and on rehearing *en banc Garcia v. Google, Inc.*, 786 F.3d 733，742（9th Cir. 2015）.

❷ 请注意，在最低工资、工作条件、复播复映报酬等方面，美国编剧协会和美国导演协会等工会对“演绎作品”可能有不同的定义。如果你正在制作一个工会项目，那么你应确定你的作品是否被视为每个集体谈判协议约定的“演绎作品”。

❸ 请注意，根据1994年《乌拉圭回合协议法案》(URAA)，那些最初出版未带版权声明的外国作品的版权已被恢复。更多信息请参见版权局通函38b。

❹ 在第27至28年间提交续展申请后，版权保护期自动续展。如果未遵守上述规定，将导致版权丧失。1976年法案对1978年前的版权作品保留了这个制度，第二个保护期从28年延长到了47年。此外，在1976年12月31日至1977年12月31日期间处于续展期的作品，第二个保护期额外增加19年，总版权保护期为75年。

自1978年以来创作的作品的版权保护期，将持续作者的一生另加上70年。[1]对于匿名作品和雇佣作品，版权通常从首次发表开始持续95年，或者自创作起持续120年，以先到期者为准。

联邦政府创作的作品不受版权保护。[2]此限制适用于美国政府及其代理人或雇员在其工作范围内作为其公务职责的一部分而制作的出版物。但是，美国政府可以购买并持有第三方创作的作品的版权。

终止版权转让

在现行版权法通过之前，如果在初始保护期的第28年提交续展申请，则版权归复至作者或其受益人所有。但是，现在，如果作者在特定时限内向受让人提供书面通知，则可以在进行某一授权35年后终止授权，而不再需要申请续展。

1909 年版权法和 1976 年版权法的差异

根据1909年版权法，在发表之前，作品（根据州普通法版权法）享有永久保护。随后，这项作品受到联邦保护，将版权保护限制在两个28年的期限内。每份副本都必须附上版权声明，如果不这样做，可能会将作品置于公共领域。因此，发表剥夺了普通法权利。1976年法案则降低了发表的重要性，因为现在的联邦版权保护是从作品创作之时开始。

版权登记和交存

其他国家没有类似美国这样精心设计的版权登记制度。我们系统的优势在于它通过确定作者身份的优先次序来保护所有人，并提供版权有效性的证据。它还促进受版权保护作品的移转、转让和许可，因为未来的受让人对已登记版

---

[1] 对于在1978年以前创作但未受版权保护或未发表的作品，版权保护期在2002年12月31日终止。如果在上述截至日前发表，版权保护将持续到2027年12月31日。这些作品通常是从未出售或公开发行的信件、日记和其他手稿。

[2] 《美国法典》第17编第105节。

权的有效性比对未登记版权的有效性更有信心。

然而，登记系统有几个缺点。搜索版权档案可能是无益的或有误导性的，因为在档案中未提及某一作品并不意味着它不受保护。登记是自愿的，许多版权所有人选择不登记。[1]

此外，档案中的信息可能是不准确的或不完整的。版权局推定所有提交的信息都是准确的。不会进行独立调查。因此，对版权档案的搜索结果很少是确定性的。

登记的好处

登记版权的人可以获得许多好处。这些好处是：

1）公开记录：登记建立了版权声明的公开记录。

2）起诉的权利：对于起源国为美国的作品，登记确保了提起侵权诉讼的权利。

1976年版权法起初要求将登记作为提起诉讼的先决条件。自1989年3月1日起，登记仅对起源国为美国的作品是必要的。[2]如果已经登记，则可以对登记前后发生的所有侵权行为提起诉讼。

起源国为《伯尔尼公约》缔约国的作品不需要登记。作品是否是在伯尔尼国家发表取决于发表的地点，而不是作者的国籍。

3）推定：登记确立了版权的初步有效性（如果登记发生在发表后的五年内）。因此，除非有相反证据证明，版权将被推定为是真实的。

4）更广泛的救济措施：登记使得在侵权诉讼中可以获得的救济措施更为广泛。如果在未发表的作品被侵权之前进行登记，或者在首次发表后的三个月内进行登记，则允许对法定损害赔偿金和律师费的救济。法定损害赔偿金通常是版权所有人唯一可行的救济措施。

根据版权法的规定，法院可以判决不低于750美元不超过30000美元的法定

---

[1] 自愿登记的唯一例外是1978年之前受版权保护的作品（发表时附有版权声明），这时版权所有人必须提交续展登记以申请第二个保护期。对于未发表的作品，版权保护是永久性的。同样根据1976年法案，如果在发表的大量副本上遗漏了相应的版权声明，则需要登记以保护版权。

[2] 《美国法典》第17编第411（A）节，经1988年《伯尔尼公约实施法案》修改。

损害赔偿金。[1]但是，在某些情况下，法院有权自由裁量判决赔偿多于或少于版权法规定的金额。例如，如果版权所有人证明了明知的和故意的侵权，法院有权判赔高达150000美元。[2]或者，如果侵权人证明他或她不知道侵权行为，或者没有理由知道这些行为是侵权的，赔偿可能会降至200美元。[3]

5）转让记录：只有在登记后，版权局的记录文件才会给出针对转让的正当通知。[4]1976版权法允许在版权局记录一切版权权属文件，无论是转让文件、独家许可协议或非独家许可协议。[5]

记录很重要，因为它在法律上通知全世界你的版权的存在。[6]记录还确定了相互冲突的版权转让之间的所有权优先次序。

应填写表演艺术表格来登记已发表或未发表的表演艺术作品。这个类别包括直接在观众面前进行表演或通过任何设备或过程间接进行表演的作品。表演艺术作品包括音乐作品、戏剧作品（包括任何伴奏音乐）、哑剧和舞蹈作品，以及电影和其他视听作品。

版权登记

表演艺术

表演艺术表格是用来登记已发表或未发表的表演艺术作品的版权申请。这个类别包括直接在观众面前进行或通过任何设备或过程间接进行表演的作品。表演艺术作品包括音乐作品、戏剧作品（包括任何伴奏音

---

❶ 同上，第540（C)(1）节，经1988年《伯尔尼公约实施法案》修改。

❷ 同上，第540（C)(2）节，经1988年《伯尔尼公约实施法案》修改。

❸ 同上。

❹ 《版权法》规定，版权局的文件记录可以向所有人提供有关记录文件中所述事实的推定通知，但前提是满足以下两个条件：附在作品上的文件或材料明确指明它所涉及的作品，以便在文件被版权登记处编入索引之后，能够通过合理的搜索显示在作品的名称或注册号下；该作品已经进行了登记。版权局可以拒绝录入看起来与版权主张没有任何直接或间接关系的文件。

❺ 对于1989年3月1日之前发生的诉因，记录是提起侵犯版权之诉的前提条件。

❻ 与实际通知相比，推定通知是根据法律推断的通知。换句话说，版权记录会给每个人提供法律上的通知，即使他们实际上并不知道该版权的存在。

乐）、哑剧和舞蹈作品，以及电影和其他视听作品。

但是，版权局更希望你通过电子版权局系统（eCO系统）在线登记你的作品，现在这是用于登记作品的主要方法。例如，如果你的电影已经完成，你应该使用在线系统在线上登记，尽管你也可以邮寄附有完成片拷贝[1]以及描述电影的概要的表演艺术表格。但是，传统的纸质文件登记中处理时间会显著地延迟。

如果你仍处于剧本阶段，你可以先登记你的剧本，之后当电影完成时再登记电影。无论哪种情况，严格遵循表演艺术表格的指示。如果你使用电子版权局网站，你可以上传文件，在登记程序的最后，你可以打印一个运单，将电影拷贝邮寄到版权局。

在线系统的优势包括：申请费较低（一个基础申请35美元[2]）、处理时间更快、在线状态追踪、通过信用卡或电子方式安全付款以及能够将特定交存文件以电子文件的形式直接上传到该系统。对于那些需要硬拷贝交存文件的作品，可以通过电子版权局系统提交一份申请，在线付款，然后通过邮寄或速递向版权局发送拷贝。任何硬拷贝交存文件都应以能够提供追踪号的方式寄送。

对于电影的登记，还有另外两种办法。现在有种新的填入式版权局表格。通过使用二维码扫描技术，版权局处理这些表格比处理手写完成的纸质表格更快且更有效率。只需在你的个人计算机上填写版权局表格，打印出来，然后将其与支票或汇票及交存文件一起邮寄。请访问版权局网站并点击“表格”以获取版权局表格。

以下指南可以解决申请人在登记剧本或电影时经常会感到困惑的部分。请记住填写表格的所有相应部分，而不仅仅是下面讨论的部分。在填写表格时，你应该仅在对应情形下采纳这些建议。

---

❶ 按优先顺序降序：70mm，35mm，16mm胶片打印，Betacam SP，Digibeta，DVD，VHS。

❷ 这个费用针对一位作者的一个申请，即同样的申请人的一个作品，并且不是雇佣作品。否则，费用为55美元。

登记剧本

在第1项中，作品的性质，可以填写“电影剧本”。[1]

在第2项中，“作者姓名”，请注意，如果剧本是为你或你的公司创作的（即你聘请了一位作家来创作剧本），那么它可能是一份雇佣作品。在这种情况下，你或你的公司是版权所有人，并且应该列在“作者姓名”项下。另一方面，如果作家自行创作了剧本，然后他/她将其出售给你，作家将是作者。如果该作者已经在版权局登记了该剧本，则不应再次登记，而只是记录对你的版权转让（让与协议）。版权应当通过一份书面合同和一个在版权局记录的简短转让协议转让给你或你的公司。

在“创作性质”一栏中，你应该简要描述作者对作品的贡献。如果作者创作了整个剧本，可以写“整篇文本”。如果你主张的版权不是针对整个剧本，请描述你的贡献：例如，“编辑修订”。

然后输入完成作品创作的年份和版权申请人（作者或合法获得版权的人）。

在第5项中，如果剧本的早期版本已经登记了，则在第一个问题中回答“是”，并勾选表明登记原因的框，添加先前登记资料的登记号和年份。如果作品的任何部分都没有登记过，则请在第一个问题中写上“否”，并将其余部分留空。作为一般规则，特定作品的同一版本只能进行一次基础版权登记。

在第6A项中，“演绎作品或汇编”下，如果合适，你可以写“以前登记过的剧本”。

在第6B项中，“这一作品中添加的材料”，你可以写下“额外的对话和文字”。

登记已制作完成的电影

第1项中，“作品性质”写“电影”。

第2项中，“作者姓名”：通常这是制作公司或者聘用了制作电影的人的

[1] 对于其他作品的类型，可以填：“音乐”“歌词”“词曲”“戏剧”“音乐剧”“编舞”“哑剧”“电影”或者“视听作品”。

实体的名称。如果这个项目完全是一个雇佣作品，请在“作品是否为雇佣作品”中选择“是”。在“创作性质”下，填写“剧本并改编为电影”。

如果这部电影根本不是雇佣作品，请填写制作电影的人的姓名，并在“作品是否为雇佣作品”下选择“否”。在“创作性质”下，填写“剧本并改编为电影”。

如果这部电影部分是雇佣作品，部分不是，你需要为每个部分进行填写。例如，如果你的制作公司将电影作为雇佣作品制作，但是从其作者手里购买了完整剧本，那么你要填写两处空格：

在一处空格中，你可以填写该作家的姓名作为作者，在“该作品是否为雇佣作品”的问题上选择“否”，并在“创作性质”一栏中填写“电影剧本”或“电影脚本”。

在另一处空格中，你可以填写制作公司的名称，选择“是”以表明它是“雇佣作品”，并在“创作性质”下填写“所有其他电影资料”。

在第5项下，如果电影中包含大量以前登记过的材料，请对第一个问题回答“是”并选中表明登记原因的方框。填写先前登记资料的登记号和年份。

只有当作品中有大量以前登记过的、以前发表的或属于公共领域的材料时，才填写第6A & B项。

在第6A项下，“演绎作品或汇编”，可以填写“以前登记过的剧本”。

在第6B项下，“添加到这一作品中的材料”，填“电影”。

你需要在电影发表后三个月内交存一个电影拷贝。如果不这样做，可能会受到罚款和处罚。[1]

通用项

完成第4项“版权申请人”，即使申请人就是作者。申请人就是在法律上取得版权的人或公司，它是作者或者受让版权的实体。当申请人不是作者时，你需要描述申请人是如何通过“转让”获得版权的。比如，可以

[1] www.copyright.gov/circs/circ07d.pdf.

写，“通过书面转让协议”。

不要忘记在你发送登记表格时附上你的剧本或电影的一个副本。

你需要在表演艺术表格上签字，并将它与一张支付给版权登记处的85美元支票一起发出。或者，正如上述讨论的，可以在电子版权局系统在线提交作品。应该保留你向版权局提交的一切材料的复印件，包括完成的表演艺术表格、支票以及说明信。最好使用挂号信或者有追踪号和签收证明的其他方式发送包裹。

如果你想在“通信”一栏中填入律师的姓名，以便他/她能够回答版权局可能提出的任何问题，便可以这么做。在此种情况下，你应该向律师发送这个表格和说明信的复印件，以便他/她能对你提交的材料有一个记录。

邮寄至：

国会图书馆

版权局

南卡罗莱纳州 独立大街101号

华盛顿特区 20559-6000

版权通函和表格可从“表格与出版物热线”（202）707-9100（请留下索要邮寄文件的录音信息）或版权局网站www.copyright.gov上获取。该网站还提供广泛的版权信息。“通函45”（见www.copyright.gov/circus/cir45.pdf）专门解释电影版权登记的问题。与信息专家交谈，请致电（202）707-3000。

如上所述，使用电子版权局系统通常是登记版权的最佳方法。在线申请的优势包括申请费较低、处理更快、在线状态跟踪以及通过信用卡或借记卡、电子支票或版权局存款账户进行支付更方便。某些类型的交存文件可以直接以电子文件上传。

即使你通过发送硬拷文件进行文件交存，你仍然可以在线登记并节省费用。系统将提示你指定是要提交电子版的还是硬拷版的交存文件，并提供指引。要访问电子版权局系统，请访问版权局网站www.copyright.gov，点击“登记版权”，然后点击“登录电子版权局系统”。

预登记

版权局已对某些有发表前侵权历史的类型作品设置了预登记程序，例如电影和计算机程序。该程序不能代替登记，其目的是允许在授权商业发行作品和完整登记之前提起侵权诉讼，并在完整登记后使版权所有人能够在侵权诉讼中获得法定损害赔偿和律师费。为了保留预登记的法律利益，已经进行版权预登记的版权所有人必须在发现侵权后一个月内登记此类作品，且不得迟于首次发表后三个月。如果未在上述规定的时间内完成登记，法院必须驳回在首次发表之前或之后的两个月内发生的版权侵权诉讼。要预先登记作品，需要提交在线申请，其中包括该作品将以商业方式发行的合理预期证明，以及140美元申请费，该费用不可退还。

《伯尔尼公约实施法案》之后的登记

对于1989年3月1日以后发生的诉因，《伯尔尼公约实施法案》已经终止了将登记作为对非美国作品侵权诉讼的先决条件的要求。但登记仍然很重要，因为它可以为一个人的版权提供推定性的对世权声明。如果一项版权利益的两宗转让之间发生冲突，则此声明可能是至关重要的。

发表后的登记要求

你无须发表你的作品。但是，如果你确实发表了该作品，则需要在发表后的三个月内交存作品的两份副本。[1]如果没有交存副本，你可能会被罚款，但不会因此丧失版权。[2]

要求交存有两个目的，将作品的一个副本收藏到国会图书馆中，并且通过版权登记确认作品。

---

[1] 美国《版权法》第407节。本要求不适用于没有版权声明的已发表作品，以及在国外发表的作品。

[2] 根据1909年法案，经版权登记处要求而未能遵守交存和登记要求将对申请人处以罚款并使其版权无效。

版权利益的转让

版权由一系列权利组成，1976年版权法明确承认版权的可分割性：权利的任何细分部分均可以单独转让和拥有。

每个受让人享有版权所有人的全部权利，并且每个受让人都有起诉权。相比之下，根据1909年法案，被许可人不被视为版权所有人，并被强制加入版权所有人的诉讼。

版权转让必须采用书面形式并由版权所有人签字才有效。该要求不适用于非排他许可。

海明威的继承人诉兰登书屋（1966）[1]

事实：霍契勒（Hotchner）写了一本名为《爸爸海明威》（*Papa Hemingway*）的著作。它引用了作者与欧内斯特·海明威之间的长对话。13年来他们一直是亲密的朋友，并一起喝酒和旅行。霍契勒做了笔记并发表了几篇引用他们对话的文章。海明威喜欢这些文章。海明威的继承人起诉霍契勒，请求禁止该书的发行，并要求获得侵犯普通法版权的损害赔偿金。

争议焦点：海明威的谈话是否受普通法版权保护？

判决结果：否。

判决理由：我们推定，在一般的谈话中，当事人不保留任何权利。在本案中，海明威的行为未表明他有意保留权利，而且事实上，似乎他同意霍契勒引用他的话。

除非以有形的形式存在，否则不能对临时对话进行版权保护。如果双方之间没有明示或默示的协议，原告就没有任何法律救济。

普通法版权是指作者在未经发表的作品中拥有的由州法院判决保护的权利。自1976年版权法案起，联邦版权法在已发表作品之外又延及至未发表的作品。因此，该领域现在已大部分被联邦成文法所取代。

---

[1] *Estate of Hemingway v. Random House, Inc.*. 268 N.Y.S.2d 531（N.Y. Spec. Term 1966）.

谢尔登诉米高梅电影公司（1936）[1]

事实：米高梅试图取得爱德华·谢尔登（Edward Sheldon）受版权保护的戏剧《蒙羞的女士》(*Dishonored Lady*）的电影权利。该剧部分地改编自真实故事。当米高梅无法从谢尔登手里获得电影权利时，该影视公司根据同一历史事件制作了电影《情重身轻》(*Letty Lynton*)。尽管这部电影的大部分内容都是原创的，但某些细节和事件顺序与谢尔登的戏剧中所表达的相同。下级法院支持了米高梅，理由是米高梅使用谢尔登戏剧的部分只涉及一般主题或创意。谢尔登上诉。

争议焦点：米高梅是否侵犯了谢尔登的版权？

判决结果：是。

判决理由：米高梅的作品在与基础真实故事无关的细节和事件序列上与谢尔登的作品完全相同，而不仅仅是挪用创意或主题。剽窃的材料仅占整个电影的一小部分，但这一点并不重要。只剽窃一点儿也是不行的。

谢尔登根据历史事件写了一部戏剧。历史事件属于公共领域，任何人（包括米高梅）都可以免费使用它们。

米高梅希望把谢尔登的戏剧拍成电影，双方无法就条款达成一致。于是米高梅决定根据谢尔登戏剧中的基础历史事件制作自己的电影。米高梅聘请了一位编剧写剧本，然后电影制作完成。电影中的一些事件和事件序列与谢尔登的戏剧类似，而且这些相似之处并非基于历史记录。换句话说，谢尔登根据历史事件和另一些他想象的事件写了一部戏剧。一些谢尔登想象出来的素材出现在了米高梅的电影中。

虽然米高梅完全有权制作一部关于谢尔登戏剧中历史事件的电影，但如果谢尔登创造的材料受版权保护——换言之，如果该材料不仅仅只是一个创意，那么米高梅则无权借用这些材料。这里，法院认为米高梅编剧借用的不仅仅是一个创意。

米高梅本应在聘用编剧上更加谨慎，本应拒绝聘请曾读过谢尔登戏剧的编

---

[1] *Sheldon v. Metro-Goldwyn Pictures Corp.*, 81 F.2d 49（2nd Cir.1936）

剧。在聘用编剧后，应立即告诉编剧不要阅读谢尔登的戏剧，以确保不会出现任何无意的抄袭。

莫斯托诉梅耶（1977）[1]

事实：原告在医学期刊上发表了一篇题为《可卡因研究：夏洛克·福尔摩斯和西格蒙德·弗洛伊德》（*A Study in Cocaine*：*Sherlock Holmes and Sigmund Freud*）的文章。文章关注19世纪欧洲的可卡因使用历史，并推测福尔摩斯是一个可卡因重度使用者，这使他相信莫里亚蒂教授在跟踪他。作者还推测，福尔摩斯之所以离奇失踪是由于他去找弗洛伊德治疗他的可卡因成瘾。

尼古拉斯·梅耶（Nicholas Meyer）后来写了一本名为《百分之七的溶液》（*The Seven Percent Solution*）的书。书中华生骗福尔摩斯去找弗洛伊德治疗可卡因成瘾，弗洛伊德治愈了福尔摩斯，之后他们二人都开始了一段福尔摩斯式的冒险。环球影业根据这本书制作了一部电影。原告起诉，声称该书和电影侵犯了他受版权保护的文章。

争议焦点：原告的版权是否受到侵犯？

判决结果：否。

判决理由：除了福尔摩斯沉迷于可卡因以及这种瘾被弗洛伊德治愈之外，这本书与文章并不相似。就对读者的吸引力、情节的塑造、人物的描绘或文学技巧而言，它们并不相似。

尼古拉斯·梅耶并没有否认他读过原告的文章。实际上，他在书中给了原告署名。

梅耶的书与原告的文章类似，因为两者都是基于福尔摩斯找弗洛伊德治疗可卡因成瘾这一前提。夏洛克·福尔摩斯是一个虚构角色，是亚瑟·柯南·道尔爵士的创造，他的作品版权早已到期。因此，夏洛克·福尔摩斯属于公共领域，每个人都可以使用。弗洛伊德是一个真实的人，很明显，福尔摩斯和弗洛伊德之间的这次会面从未发生过，而是原告想象力的产物。无论是虚构的还是

[1] *Musto v. Meyer*，434 F. Supp. 32（S.D.N.Y. 1977）.

非虚构的文章，都是受版权保护的。

尼古拉斯·梅耶胜诉了，因为法院认为他只是借用了一个创意，借用创意是被允许的。本案的事实与谢尔顿案没有太大区别。然而，在谢尔登案中，法院认定了侵权行为是因为借用人使用了“某些细节和事件序列”，而梅耶所借用的仅仅是一个创意。因为有时并不容易知道是否仅借用了一个创意，因此律师在为顾客提供咨询时往往是保守的。

华纳兄弟诉美国广播公司（1983）[1]

事实：原告华纳兄弟，拥有各种包含超人角色的作品的版权，并在各种媒介中开发其权利，包括电影《超人》和两部续集。在这些作品中，超人是一个勇敢无畏的英雄，拥有超人类的力量。基于超人电影在商业上的成功，被告美国广播公司欲获得根据超人的早期冒险经历制作名为《超级男孩》的电影的许可。华纳兄弟计划制作自己的续集和演绎作品，于是拒绝许可美国广播公司推进其提案项目。

随后，美国广播公司要求斯蒂芬·J.康奈尔（Stephen J. Cannell）为一部关于超级英雄的电视剧制作试播节目。《最强美国英雄》（*The Greatest American Hero*）这个节目聚焦于“当一个普通人变成超人时所发生的事”。它的主角拉夫·欣克利（Ralph Hinkley）是一个普通人。他是一名年轻的高中老师，正努力应对最近发生的离婚、对儿子监护权的争议以及他与女友的关系等一系列问题。

尽管他很有魅力，但并没有体格上的气势。他从一套神奇的斗篷套装（一件带有束腰外衣的红色紧身衣、黑色斗篷，没有靴子）中获得了超人力量，这是来自星际访客的礼物。然而，他弄丢了说明书，并且笨拙而恐惧地使用着他的力量，经常发生意外。

美国广播公司的节目中包含的一些视觉效果和台词使人不可避免地想到华纳兄弟的《超人》，有时是通过提到超人或作品中的另一个角色，以及幽默地模仿或讽刺地扭曲超人的名句。比如，当欣克利第一次在镜子中看自己时，他说：“这是一只鸟……这是一架飞机……这是拉夫·欣

[1] *Warner Bros. v. American Broadcasting Companies*, 720 F.2d 231（2nd Cir.1983）.

克利。”

争议焦点：美国广播公司是否侵犯了华纳兄弟的超人角色的版权？

判决结果：否。

判决理由：欣克利角色的总体感觉与超人角色的总体感觉并不是实质相似的。超人被描绘成一个勇敢而自豪的英雄。欣克利则是一个胆小且不情愿的英雄，他勉强接受了他的使命，并以笨拙、滑稽的方式使用他的力量。在超级英雄的类型上，欣克利追随超人，就像警员克鲁索（Clouseau）追随夏洛克·福尔摩斯。

至于超人的名句和对其在剧中的提及，不是侵权行为。这些台词是用于突出与超人的差异，往往是为了喜剧的效果。被告正在打趣而不是抄袭受版权保护的作品。

虽然华纳兄弟拥有超人角色的版权，但他们对超人英雄的创意没有版权，也无法阻止他人创造自己的超人角色。

角色可能是受版权保护的，尤其是具有绘画元素或视觉元素的角色（如漫画角色）。对于未在视觉上呈现的文学角色的保护可能取决于对角色描述的精细程度。例如，人们无法就一个被简单定义为“一位冷血的私家侦探”的角色获得任何权利。其他作者可以自由地使用这些人格特征。请注意，根据不正当竞争和商标法，角色的名称可能受到保护。

马丁·路德·金的继承人诉哥伦比亚广播公司[1]

事实：1963年，马丁·路德·金博士（原告）在华盛顿举行的民权游行中向成千上万的人发表了他的演讲《我有一个梦想》。新闻媒体广泛报道了这次演讲，他们得到了这篇演讲稿的试印本。1994年，被告哥伦比亚广播公司（被告）制作了一部名为《迈克·华莱士讲述20世纪》（*The 20th Century with Mike Wallace*）的历史纪录片，其中包括了金博士的演讲内容的约60%，并未经原告（的继承人）的许可。于是原告以侵犯版权为由起诉，而被告则辩称，进行演讲属于公开发表，这使其丧失了普通法版权。

[1] *Estate of Martin Luther King, Jr., Inc. v. CBS, Inc.*.13 F.Supp.2d 1347（N.D. Ga. 1998）.

争议焦点：当一篇演讲以口头形式向广大听众传达时，或其文本被分发给新闻界时，是否构成公开发表？

判决结果：是。

判决理由：虽然口头传达并不构成对全体民众的致辞，但金博士的演讲被广泛传播使得大多数公众成员都能够获得，并且不论他们是谁或他们会用该演讲做什么，因此口头传达构成公开发表并将其推向公共领域。

在普通法中，未发表的作品有一项财产权（即“普通法版权”）。发表后，普通法版权就不存在了，作品只有符合成文法版权（即联邦版权）的标准才能受到保护。

通常，作品的公开表演不被视为发表。请注意，自本案判决以来，版权法已经发生变化。先是版权法进行了修订，为没有提供适当版权声明的公开发表提供了解决方法，因此发表行为丧失了某些重要性。后来，版权声明成为可选择的。

格罗斯诉塞利格曼（1914）[1]

事实：艺术家罗奇利兹（Rochlitz）让模特摆出裸体造型，并制作了一张命名为《年轻一族》（*Race of Youth*）的照片。他将该受版权保护的照片卖给了格罗斯（原告）。两年后，罗奇利兹让同一个模特摆出了一样的姿势，但是那个女人笑着并且用牙齿夹着樱桃茎。这张名为《樱桃熟了》（*Cherry Ripe*）的照片由塞利格曼（Seligman）（被告）发表。原告主张新照片侵犯了他对第一张照片的版权。

争议焦点：当艺术家将作品的全部权利出售给其他人，然后又创作了一个只是略有不同的类似作品时，后续作品是否侵权？

判决结果：是。

判决理由：如果作者将全部权利授予他人，然后尝试以微小的差异复制相同的作品，则后续作品侵犯了所有人的版权。但如果后续作品是在没有参考先前作品的情况下独立创作的，即使实质相似，情况也会不同。

---

[1] *Gross v. Seligman*, 212 F. 930（2nd Cir.1914）.

判断侵权有两步。在侵权人接触过原始作品并且后续作品与原始作品实质相似的情况下，则存在抄袭。接触不一定是故意的或恶意的，并且可以基于间接证据推断出来。

版权要件

1）独创的作品

2）作者的表达

3）非实用性

4）固定在有形的表达媒介上

版权声明

1）“版权”文字、缩写或者符号©

2）版权所有人的姓名

3）首次发表的日期

供选择：“保留所有权利”的语句可以在外国法域受到更多的保护。

版权所有人享有哪些权利？

1）复制权（制作副本）

2）创作演绎作品的权利（如电影剧本）

3）通过销售、出租或租赁向公众分发副本的权利

4）公开表演作品的权利

5）公开展示作品的权利

艺术家的精神权利

某些国家承认专属于作者的道德权利（精神权利）。它们独立于作者的版权。

这些权利包括：

1）表明作者身份的权利；

2）防止他人错误地将其作者身份归属至非其所著作品的权利；

3）防止他人歪曲作品的权利；

4）如果该作品不再代表作者的观点，从发行环节撤回已发表作品的权利；

5）防止他人以对作者专业地位产生不利影响的方式使用作品或作者姓名的权利。

美国的版权法没有明确包含精神权利，一些联邦和州的判决指出，精神权利在美国并未得到承认。然而，1990年的《视觉艺术家权利法案》赋予了创作某些绘画和雕塑作品的艺术家有限度的精神权利。此外，美国法律通过其他法律原理（如不公平竞争、诽谤、侵犯隐私和违约）对某些精神权利给予保护。

美国签署的《伯尔尼公约》明确承认精神权利。但是，该公约不是自动生效的，这意味着不经美国立法实施，该公约的条款就没有约束力。然而，美国的实施法禁止使用伯尔尼作为承认更多精神权利的基础，同时重申现行美国法律所赋予的保护。

吉列姆诉美国广播公司（1976）[1]

事实：英国广播公司（British Broadcasting Corporation，简称为BBC）将巨蟒剧团（Monty Pythons）（原告）的剧本制作为电视节目，巨蟒剧团保留了剧本的版权。虽然英国广播公司保留了最终修改权，但原告主控剧本，在未经协商的情况下只允许英国广播公司进行微小的修改。协议中不允许英国广播公司在录制后更改剧本。英国广播公司拥有已录制节目的版权。

英国广播公司将美国发行权出售给了时代生活电影公司（Time-Life

---

[1] *Gilliam v. American Broadcasting Companies*，538 F.2d 14（2nd Cir.，1976）.

Films），并赋予该电影公司编辑节目和添加商业广告的权利。美国广播公司从时代生活电影公司获得了播放两个90分钟特别节目的权利，每个节目包括三个30分钟的节目。经过广告剪辑后，原来的90分钟缩短了24分钟。美国广播公司删除了一些素材，因为它们是淫秽或令人反感的内容。

原告声称，呈现一个被删减和歪曲的版本是对其作品版权完整性的损害，并导致该节目失去了其开创性的精神。原告寻求禁令以阻止继续播放。

争议焦点：法院是否应该批准禁令？

判决结果：是。

判决理由：作者保留了其作品的版权。授予英国广播公司的许可并未赋予其播放删减版本的权利。英国广播公司不可以给予美国广播公司超出英国广播公司所拥有的权利。

此外，将歪曲版本作为原告的作品传播是对作品来源的虚假陈述，属于不公平竞争行为。

虽然美国没有明确承认精神权利的原则（绘画和雕塑作品除外），但在不公平竞争等其他法律原理中，往往可以找到法律救济的办法。

在这一案例中，美国广播公司向公众表示他们的节目是原告的作品，但其在形式上显著偏离了原作品。《兰哈姆法》能防止通过引起对产品来源的错误印象而可能损害他人商誉或名誉的虚假陈述。因此，其他国家根据作者精神权利原则所承认的保护在美国也有法律依据。

美国编剧协会的登记

在美国编剧协会登记作品与在版权局登记作品具有不同的法律效力。虽然美国编剧协会登记比版权局登记更简单，并且可以带来一些好处，但是版权局登记可以提供许多额外的好处，包括能够在版权纠纷中获得法定损害赔偿和律师费的赔付。

美国编剧协会登记是在抄袭纠纷中可以使用的证据。这种诉讼的结果可能取决于哪一方能说服陪审团相信是他/她首先创作了这个故事。第一位作家将被推定为原创者，而第二位将被假定为抄袭者。[1]

如何证明是你首先创作了这个故事？你可以带一位朋友到法庭作证，证明他读了早期版本的手稿。或者你可以将手稿的副本邮寄给自己，通过挂号信，信封密封并加盖邮戳。但朋友不是公正的证人，信封可以被蒸汽拆封并改变内容。最好的证据是中立的第三方保管人签署的声明——宣誓他/她在某个日期收到了你的手稿，并且此后一直保密。在编剧协会登记能够达到这样的效果。

一旦写好了故事，请立即向版权局或编剧协会登记。你无须成为美国编剧协会的成员即可向其东海岸或西海岸办事处登记剧本。版权登记还能证明你在某个时间创作了作品。因此，如果你向版权局登记了你的作品，则不需要再向美国编剧协会登记。

问与答

1.如果我写了一个剧本，我是否需要向版权局登记每一稿？

答：每个作品只有一个版权。你可以在原始申请的基础上提交补充文件，以保护对已登记稿的任何增加内容。如果后续稿与早期稿没有实质性的区别，你不必提交补充申请。如果你计划进行大量修改，你不必登记早期稿，并且不要向任何人展示这一作品。因为在这种情况下，版权侵权的风险很小。

2.在乘坐公共汽车时，我无意中听到两个人进行了一次有趣的谈话。我可以在我的剧本中加入他们的谈话片段吗？

答：可以。说话者对一般的谈话内容没有任何权利，因为谈话没有以有形形式固定下来。假设你没有指明此人身份、没有侵犯任何隐私权利也没有诽谤他们，并且没有签署不准引用他们话语的协议，那么你可以自由地将他们的对

[1] 如果第二位作者可以证明他独立创作了一个相同的故事，而没有抄袭第一位作者，他将有权获得第二个故事的版权，就像第一个作者拥有第一个故事的版权一样。因此，两位作家都将拥有他们作品的版权，尽管它们有相似之处。当然，如果这两个来源非常相似，那么他们之间不太可能不存在抄袭。

话加入到你的剧本中。

但是，如果你随后发现说话者进行的并不是普通的对话，而是演员在排练一部剧，那么你将无权借用对话的任何内容（假设该剧是受版权保护的）。

3.作品何时开始受到保护？

答：在创作完成时并以能够被直接或借助机器设备感知的有形形式固定下来时，作品便受版权保护。

4.是否必须登记版权才能受到保护？

答：不是的。一般来说，登记是自愿的。版权从作品创作完成之时就存在。但是，如果你想提起侵犯美国作品版权的诉讼，你必须登记。然而，登记还有其他好处，因此在传播之前登记你的作品终究是可取的做法。

5.美国公民的版权在其他国家是否有效？

答：美国与大多数国家有版权关系，尊重彼此公民的版权。但是，美国并不是与每一个国家都有这种版权关系。有关国家的列表及其与美国的版权关系性质，请参阅第38a号通函《美国国际版权关系》，网址为www.copyright.gov/circs/circ38a.pdf。

6.如果作品没有版权声明，这是否意味着没有可实施的版权？

答：不是。没有版权声明并不意味着没有版权。版权保护始于有形固定形式上创作完成时就存在。保护版权不再需要版权声明，尽管使用声明通常是有益的。

7.外国人可以在美国登记他们的作品吗？

答：任何受美国版权法保护的作品都可以在版权局登记，包括外国作品。所有未发表的作品（不论作者的国籍）在美国都受到保护。在美国或在与美国签订版权条约的国家/地区首次发表的作品，或者由与美国签订版权条约的国家/地区的公民或居民创作的作品，均受保护并可以在美国版权局登记。有关详细信息，请参见通函38a（见上文）。

第 13 章

《第一修正案》和公开权

公开权是个人所拥有的控制其姓名和肖像[1]在商业环境中使用的权利。你不能不经允许就在你的意大利面酱料包装上使用他人的照片。公开权通常为名人所利用，他们通过为产品代言而赚得大笔费用。

公开权类似于侵犯隐私权中的“盗用”。主要区别在于公开权旨在确保个人能因其姓名或肖像的商业价值而获得报酬，而隐私权旨在补偿个人或因上述公开而遭受的情感伤害或窘迫。

名人可能在证明侵犯隐私权上面临困难，因为他们往往没有养成独处和获取隐私的习惯。在为阿迪达斯、海恩斯&莫里斯（H&M）和三星做广告的同时，大卫·贝克汉姆怎么能声称一款产品未经授权使用他的肖像，让他感到尴尬和难堪呢？将自己置于公众视野的同时，名人们也在很大程度上放弃了隐私权。另一方面，名人对于其姓名和肖像拥有尤其宝贵的财产权利，为此他们常常获得不菲的收入。

根据公开权或隐私权的说法，被使用对象可以就未经允许对其姓名和肖像的使用而获得赔偿。但是，当一个人的公开/隐私权与另一个人的《第一修正案》权利发生冲突的时

---

[1] 声音和签名同样受保护。

候，问题就出现了。假设一名报纸出版商想要在其报纸首页刊登一张金·卡戴珊的照片，必须要得到她的允许吗？如果《60分钟》（*60 Minutes*）想要播出一个曝光腐败政客的节目呢？如果基蒂·凯利（Kitty Kelly）想为法兰克·辛纳屈（Frank Sinatra）写一本评论性传记呢？

在上述案例中，个人的名字和肖像都被使用在销售给消费者的“产品”上。但是，书籍、电影、戏剧一类的产品同时也是《第一修正案》所保护的表达形式。《第一修正案》允许记者和作家在不经他人同意的情况下自由地写作关于他们的内容。如若不然，被写作的对象便可以阻止任何对其活动的评论性报道。当一个人的公开权与另一个人的《第一修正案》权利发生冲突时，通常是《第一修正案》权利优先。

但是，当个人的姓名或肖像被用在咖啡杯、T恤衫或海报上时，就不存在值得保护的表达了。这些产品的销售者并不是在做出陈述或表达观点。他/她只是试图通过利用他人的姓名和肖像来赚钱。由于不存在与宪法《第一修正案》冲突的问题，公开权将阻止对个人姓名和肖像的未授权使用。因此，法律对包含和不包含受保护表达的产品进行了区分。

法院一直在努力解决公开权能否由其继承人继承这一问题。换句话说，当一个名人死亡时，他/她的继承人是否继承了他/她的公开权？该继承人是否拥有继续控制该名人姓名和形象使用的权利，还是任何人可以不经允许进行使用？

联邦法律中并没有规定公开权。[1]相反，该权利是各州法律上的问题，且各州关于该权利的法律规定并不一致。约38个州通过司法判例、22个州以某种形式的成文法承认了这项权利。其他州则还没有考虑过这个问题。在决定哪个州的法律适用于死者的权利时，多数法院适用了死者死亡时居住地的法律。

一些法院认为公开权是一项不能继承的人格权。这些法院认为此权利类似于隐私权和保护名誉的权利（诽谤）。当一个人死亡时，继承人不能继承这些权利。假设你是乔治·华盛顿的后代，一个无良的作家出版了一部诽谤性的传记称乔治有盗窃癖，并揭露了他的日记内容。你不能以诽谤或侵犯隐私为由起

---

[1] 但是，一些联邦成文法授予了类似性质的保护。《兰哈姆法》第1052节第c条禁止不经允许将生者的姓名、肖像或签名注册为联邦商标。《兰哈姆法》第8131节规定，当生者的姓名未经其同意被注册为域名时，此人可以提起诉讼撤销这个域名，或将其转让给本人。

诉。可能这就是很多诽谤性的传记等到主人公去世时才出版的原因。

在加利福尼亚州，法院曾经认为公开权是不能继承的人格权。[1]然而，在1984年，加利福尼亚州立法机关修改了这项法律。《加利福尼亚民法典》第3344.1节规定，产品、商品、货物上的公开权可以继承，但书籍、戏剧、电视、电影上的公开权不能继承。这项保护在死后延续70年。《加利福尼亚民法典》第3344节禁止未经允许在产品上使用生者的姓名和肖像，新闻和公共事务上的使用除外。这两个法条都试图在《第一修正案》权利和公开权、隐私权之间取得平衡。

在其他州，公开权是可以继承的。但是，当受保护的表达受到威胁时，继承人的权利可能会被其他人的《第一修正案》权利所取代。

印第安纳州拥有全国最广泛的公开权法规之一，其承认死后100年的该权利，它不仅保护通常的姓名、形象、肖像，还保护签名、照片、姿态、与众不同的外貌和特殊习惯。但是，关于这项权利的很多案例都是根据纽约州或加利福尼亚州的法律提起的。各州法律概览请见www.rightofpublicity.com。

加利福尼亚州州务卿负责登记已故人士利益继受人的权利要求。第3344.1节允许任何声称其是已故人士利益继受人的人登记他们的权利要求。尽管这不是一个强制性的申请，但它允许任何声称自己是第3344.1节规定的已故人士利益继受人的人在州务卿办公室登记。利益继受人在州务卿处的权利要求登记包括名人的名字、死亡日期、申请人的姓名和地址以及所要求的利益。这些信息可以通过www.sos.ca.gov/business/sf/sf_siisearch.htm在线提交。内达华州、俄克拉荷马州和德克萨斯州也为继受人和继承人提供登记。

公开权是十分有价值的。2015年，迈克尔·乔丹从一家侵犯了其公开权的连锁杂货店处获得了890万美金的赔偿金，该连锁杂货店未经他的允许，在《体育画报》上登载的平面广告中使用了他的姓名。

希克斯诉卡萨布兰卡唱片公司（1978）[2]

事实：卡萨布兰卡唱片公司（Casablanca Records）启动拍摄了一部名

---

[1] *Lugosi v. Universal Pictures*, 25 Cal. 3d at 819（Cal. 1979）.

[2] *Hicks v. Casablanca Records*, 464 F. Supp 426（S.D.N.Y. 1978）.

为《阿加莎》(*Agatha*)的电影，讲述关于知名悬疑作家阿加莎·克里斯蒂(Agatha Christie)的故事。该故事虚构性地讲述了克里斯蒂在1926年消失的11天。电影将克里斯蒂刻画为一个情绪不稳定的女人，正阴险地图谋杀害她丈夫的情妇。克里斯蒂的遗产继承人提起诉讼，以禁止卡萨布兰卡发行该电影，并主张阿加莎·克里斯蒂的公开权受到了侵犯。

争议焦点：卡萨布兰卡能否不经阿加莎·克里斯蒂遗产继承人的允许而使用其姓名和肖像?

判决结果：可以。尽管公开权可以继承，但卡萨布兰卡的《第一修正案》权利优先于遗产继承人的权利。

判决理由：《第一修正案》之所以优先于公开权，是因为对象是一个公众人物，而所描绘的事件是明显虚构的。

这里涉及的是将真人置于虚构情节中的电影。换句话说，阿加莎·克里斯蒂是一个著名的悬疑作家，但是这部电影中呈现的故事是虚构的。

值得注意的是，尽管电影将克里斯蒂刻画为一个罪犯，但克里斯蒂的遗产继承人并不能赢得诽谤诉讼。诽谤诉讼的不可行之处在于保护个人名誉的权利是一项不能继承的人格权。

尽管在此法域中公开权可以继承，但是克里斯蒂的遗产继承人还是输掉了官司。法院认为卡萨布兰卡的《第一修正案》权利比其遗产继承人控制克里斯蒂姓名和肖像的权利更重要。

查西尼诉斯克里普斯霍华德广播公司[1]

事实：在一个乡村集市上，人称“人肉炮弹”的查西尼(Zacchini)将加农炮射入了一个200英尺远的网中。一位新闻记者在未征得查西尼允许的情况下对其整个15秒的射击过程进行了录像。这条短片在当晚11点的新闻节目中播出。查西尼提起诉讼要求获得赔偿金，诉称该记者非法侵犯了他的公开权。该记者则主张新闻报道受《第一修正案》的保护。

争议焦点：该新闻记者是否有权不经查西尼的允许而播送其表演?

---

[1] *Zacchini v. Scripps–Howard Broadcasting Co.*, 433 U.S. 562 (1977).

判决结果：没有。查西尼胜诉。

判决理由：《第一修正案》并没有豁免新闻界侵犯公开权的责任。通过播送整个片段，媒体威胁到了查西尼表演的经济价值。

这里，查西尼的公开权被认为比新闻记者的《第一修正案》权利更为重要。由此看来，《第一修正案》权利也并不总是至高无上的权利。

法院引用以下三个因素来支持其立场：

1）新闻记者知道查西尼反对将他的整个表演都搬上电视；

2）整个表演都被播送了[1]；

3）查西尼并不寻求禁止新闻播送，他只是想获得他的表演的报酬。[2]

莫申巴赫诉雷诺兹烟草公司[3]

事实：莫申巴赫（Motschenbacher）（原告）是一位国际知名赛车手，其因代言商业产品而从制造商处获得报酬。自1966年以来，他的车喷成了红色，带有独特的窄白色细条纹和椭圆形白色背景上的数字11。

1970年，雷诺兹烟草公司（Reynolds Tobacco）（被告）制作并在电视上播放了一条烟草广告。该广告描绘了几辆在赛车道上的汽车，其中一辆看起来是属于原告的。这辆车的号码改为了71，并装有扰流板设备，有着与原告的汽车相同的白色细花纹、椭圆形标牌和红色外观。几个看过这个广告的人立即认出这是原告的车，并相信温斯顿（Winston）正在赞助这辆车。

争议焦点：原告对其身份享有的利益是否受法律保护？

判决结果：是。这些标志为原告的车辆所独有，它们让一些人误认为这辆车是原告的并且推测开车的人是原告。

---

[1] 如果新闻记者站在表演台之外，并且仅仅告诉观众查西尼表演的性质，结果将会不同。同样，如果查西尼的表演仅仅被播送了一部分，法院的观点可能也会不同。

[2] 法院不愿意去发布禁令以阻止人们表达自我。他们通常更愿意允许被告表达自我，然后以金钱赔偿金的方式为其过错对原告进行补偿。

[3] *Motschenbacher v. R.J. Reynolds Tobacco Co.*，498 F.2d 821（9th Cir. 1974）.

在另一个案例中，贝蒂・米德勒（Bette Midler）成功起诉了福特汽车公司及其广告代理人。[1]他们雇了一位歌手模仿米德勒的独特嗓音。米德勒的案件曾在本书的第3章中讨论过。

然而，名人对于其身份享有的利益常常屈从于合理使用抗辩，包括新闻、评论和娱乐，也包括广告。例如，在卡多恩斯诉美国职棒大联盟球员协会[2]一案中，俄克拉荷马州的地区法院认为被告的集换卡（trading cards）受《第一修正案》的保护。集换卡上对职业体育的戏仿性评论被认为是受保护的言论。另外，在莱波维兹诉派拉蒙影业[3]一案中，知名职业摄影师安妮・莱波维兹（Annie Leibovitz）发表了一张黛米・摩尔（DemiMoore）怀孕七个月时的照片。这张照片发表在《名利场》杂志的封面上，名声大噪的同时恶评一片。派拉蒙电影公司选择在其电影《白头神探3：终极侮辱》（*Naked Gun 33 1/3：The Final Insult*）的推介活动上对其进行戏仿。广告突出地将莱斯利・尼尔森（Leslie Nielsen）的脸嫁接在一个孕妇的身体上，以拍摄手法和数字化处理来模仿莱波维兹给黛米・摩尔拍摄的照片。派拉蒙在全国范围传播这支广告，莱波维兹提起了版权侵权诉讼。尽管这支广告是在推广一个商业产品，但是它强烈的戏仿性质让法院认为存在着合理使用。

这些冲突的结果通常取决于对名人的姓名和肖像的使用是否是“转换性的”（transformative）。当艺术表达以文字描写或模仿名人的形式进行，并以获得商业利益为目的，而没有添加任何新的表达，公开权很可能会被认定为更重要的权利。另一方面，当一个作品包含显著的创造性元素时，它更有可能被认定为值得受到《第一修正案》的保护，而不易被认定为妨碍了公开权所保护的经济利益。

换句话说，要考虑的问题是名人的肖像是否是合成原创作品的“原材料”之一，或者说对名人的刻画或模仿是不是涉案作品的全部和实质。如果含有名人肖像的产品被转换以至于其已成为新的、原创的东西，而且更多是被告自己的表达的产物而非名人肖像的产物，那么它将被认定为是受保护的表达。

---

[1] *Bette Midler v. Ford Motor Company*，849 F.2d 460（9th Cir. 1988）.

[2] *Cardtoons，L.C. v. Major League Baseball Players Association*，868 F. Supp. 1266（N.D.Okla.1994）.

[3] *Leibovitz v. Paramount Pictures Corp.*，948 F. Supp. 1214（S.D.N.Y. 1996）.

在一个案例中[1]，一位艺术家的画作《三个臭皮匠》(*Three Stooges*)几乎原样复制了这三人的肖像，并作为平板印刷物印制在T恤衫上销售，这一画作就没有获得《第一修正案》的保护。在另一个案例中[2]，法院认为，漫画书的插画将音乐家约翰尼·温特(Johnny Winter)和埃德加·温特(EdgarWinter)兄弟描绘为半人半虫具有足够的转换性，因而能够获得《第一修正案》的保护。

在瑞克·罗斯(Rick Ross)案[3]中，加利福尼亚州上诉法院认定说唱歌手威廉姆·罗伯茨二世(William Roberts II)用瑞克·罗斯的名字创造了一个名人身份。他创作的音乐来自毒品交易和其他事迹的虚构故事，其中一些事迹与真人毒品交易者瑞克·罗斯(也被称为"高速公路"瑞克·罗斯)有关。但是，法院认为罗伯茨不只是一个想要从真人瑞克·罗斯的姓名和名声中牟利的冒名顶替者。

尽管初审法院以罗斯的主张被诉讼时效和懈怠原则所禁止为由，批准了罗伯茨申请简易判决的动议，但上诉法院并不认为初审法院的裁决是正确的，而是基于《第一修正案》抗辩支持了罗伯茨。上诉法院的结论是："他(罗伯茨)使用非知名罪犯的姓名和特定生活细节作为基本元素，创造了原创的艺术作品。"[4]法院进一步解释："如果一部作品添加了'新的表达'，那么它就是转换性的……罗伯茨卖出的CD和录音带的数量在很大程度上反映了其作品的经济价值。可以推断，当人们购买音乐时，通常是为了听他们喜欢的音乐。这就让'罗伯茨的成功主要是基于对原告姓名和身份的盗用，而非基于他(和其他被告)创造的音乐和职业身份'这一说法失去了可信性"[5]。

总而言之，法院认为罗伯茨的音乐和身份远远不止是对真人瑞克·罗斯的原样照搬，因此受《第一修正案》的保护。

---

[1] *Comedy III Productions, Inc. v. Gary Saderup, Inc.*, et al., 25 Cal.4th 387 (Cal. 2001).

[2] *Winter v. DC Comics*, 30 Cal.4th 881, 890 - 891 (Cal. 2003).

[3] *Ricky D. Ross v. William L. Roberts II*, et al., 222 Cal.App.4th 677 (Cal. Ct. App. 2013).

[4] 同上，688–89。

[5] 同上，689。

问与答

1.如果我摄制一部纪录电影，并在未取得书面授权的情况下采访了一个对象，我有可能被认定为有责吗?

答:《第一修正案》很可能会保护纪录片里的这种使用。另外，坐在那里接受采访的对象可能已经默示同意了对其姓名和肖像的使用。但是，取得一份签字授权书总归是没有坏处的。你应当在任何可能的情况下取得书面授权，并使之成为惯例。并且，如果你计划将这些镜头用于其他目的（例如用在一支商业广告或其他广告中），你就毫无疑问地应当取得授权。

2.公开权与版权有哪些不同?

答：你可以为所著的作品取得版权，比如书、剧本或其他文学艺术作品。你不能为你的人格、姓名或肖像本身取得版权。简单来说，版权法保护人们创造的东西，而公开权保护个人形象的经济价值。版权是财产权的一种形式，通常被称为“知识产权”。像其他财产一样，它可以被转让或由他人继承（直至版权过期或者相关材料进入公共领域）。

第 14 章

对文学作品所描写人物的诽谤

诽谤是一种损害他人名誉以致降低其社会评价或阻止第三人与其交往或打交道的言论。比如，将他人暴露在憎恶、嘲笑、轻蔑之下或负面地反映其个人道德或品格的那些言论，就是诽谤性的。被诽谤者可能会遭受难堪和羞耻，以及失去工作或谋生能力等经济损失。

宪法的限制

关于诽谤的法律可能十分令人困惑。这是因为历经几个世纪发展形成的普通法[1]规则受到了宪法的限制。为确定是否有责，必须要根据各种宪法原则去解读关于诽谤的州法律。例如，美国最高法院的裁决对公职人员和公众人物赢得诽谤诉讼的能力施加了很大的限制。如果一个州的法律与宪法原则不一致，那么该州法律就是无效的。

诽谤的类型

诽谤分为两种类型。书面诽谤是通过书面或印制文字的

[1] 普通法是判例法，这些判例来自于法院曾经裁决的案件。另一种法律是成文法，或者说是由国会等立法机构制定的法律。

诽谤，或以某种有形形式体现的诽谤。口头诽谤就是口头上的诽谤。

这样的区分具有历史原因。书面诽谤被认为是损害性更强的诽谤形式。印制出来的诽谤通常比口头的诽谤更具有持久性，且能够触及更多的人。这至少是几百年前——麦克风、扩音器和广播出现之前的时期的论证理由。然而，今天的口头评论能够为数百万人所听到。毫无疑问，在一个全国流行的脱口秀节目上发表的诽谤性评论会比印在一本不知名学术期刊上的诽谤性评论触及更多的人。

考虑到诽谤性广播可能造成的损害，加利福尼亚州将所有广播均视为书面诽谤。[1]为什么书面诽谤和口头诽谤之间的区别如此重要？原因在于归责标准不同。要赢得口头诽谤的诉讼，原告需要证明更多内容。他们必须证明存在特定损害。特定损害是具体且可认定的经济损失，比如损失的工资。对名誉的一般损害是不足够的。

但是，有一种形式的口头诽谤，即使不存在特定损害，也是可诉的。这就是自成口头诽谤，它出现在诽谤性评论传递以下领域之一的污名之时：

1）犯罪行为；

2）令人厌恶的疾病；

3）与原告在商业、贸易、职业或官职上的正当操守不相适宜的事项；

4）性行为不检。

公开

原告要想赢得诽谤诉讼，他必须证明该事项已经被“公开”。公开是一个法律术语。当一项陈述被传播给原告以外的至少一人时，该陈述即被公开。该陈述不必是书面的或印刷的。

比如说，假设我和你单独在一间屋子里，然后我说：“你这个下流堕落的偷车贼。”除非这间屋子里有其他人，否则不能说我诽谤你。这是因为，除非第三方听到这个评论，否则就没有公开。

当你明白诽谤诉讼的核心是损害他人的名誉时，这一限制的原因便讲得通

---

[1] 《加利福尼亚民法典》第46节。

了。人们并不掌控自己的名誉，你的名誉握在公众手中。如果诽谤性评论没有暴露给公众，你的名誉就不可能遭受损害。

抗辩与特权

有许多针对诽谤的抗辩和特权。换句话说，有时一个人可以公开一个诽谤性评论，却未受惩罚。为什么？因为保护个人名誉并不是我们在民主社会中所珍视的唯一价值。当保护个人名誉的权利与一项更重要的权利相冲突时，被诽谤的人可能无法就其名誉所受的损害获得赔偿。

从电影制作者的角度来看，最重要的特权就是事实真相。如果你的评论损害了某人的名誉，但你的陈述是真实的，你就享有绝对特权。一项绝对特权不因恶意或滥用而丧失。因此即使你恶意地诽谤他人，只要该陈述是真实的，你就享有特权。[1]事实真相是一项绝对特权，社会对真相的重视超过对个人名誉保护的重视。

要牢记的是，尽管事实真相是一项绝对抗辩，但是被告有时需承担对事实真相的证明责任。因此如果你做出了诽谤性的陈述，你应当准备好去证明它是事实，而这可能并不是一件容易的事情。

另一项绝对特权涵盖审判、立法和行政程序中发生的言论。在法庭上做出的陈述享有绝对特权。[2]为什么？法院也认为，作为一项公共政策，让证人自由、坦白地发言而不惧被诉，比保护他人名誉更为重要。同样，在国会听证会或在行政程序中做出的陈述也享有特权。

丈夫和妻子之间的对话也享有特权。换句话说，所有的枕边话都是受保护的。如果你劳累一天回到家中，对着你的妻子说了贬损你老板的话，你不会因诽谤而被诉。这一原则鼓励配偶之间坦率地交流。但是这一特权不能延伸到婚姻之外。所以，如果你的配偶第二天对一个朋友讲了这一贬损性评论，则这一陈述将不受特权保护。

还有一种关于合理评价/评论的附条件普通法特权。这项特权适用于关于

---

[1] 但是事实真相不是可以对抗侵犯隐私权的特权。

[2] 前提是评论与该等程序相关。

有新闻价值的人或事件的言论。附条件特权可能因恶意或滥用而丧失。而在很大程度上，发表关于公职人员和公众人物言论的宪法特权取代了这种特权。

关于诽谤的法律是如何影响编剧、导演和制片人的？

在此提供一些方法避免责任：

1）在描绘在世的非公职人员和公众人物，要尤其小心。

2）确保你能证明任何诽谤性陈述都是真实的。用你的信息来源为你的剧本做好注释，以便于你可以记录下事实真相，并且能够证明你的行为没有“实际恶意”。

3）在任何可能的情况下获取授权。即使法律没有要求，取得授权也总是没有坏处的。最好能够取得一项授权，豁免电影制作者因编辑和改变一个人的外貌而可能承担的责任。

4）在开始制作之前，让律师仔细检查你的剧本是否有可能引发法律责任。如果你能改变主人公的姓名和设定而不减损故事的戏剧价值，那么请这样做。

5）确保该制作项目投保错误和疏忽保险，并将你和你的公司列为记名被保险人。

6）编剧应当在合同中淡化保证和陈述条款，仅保证他们的作品“据其所知和所信”不对任何人构成诽谤，而不是做出一个绝对的保证。

公众人物和公职人员

名人等公众人物[1]或公职人员（一名参议员）要想赢得诽谤诉讼，则必须承担更重的负担。他们必须证明被告的行为出自“实际恶意”。实际恶意是一个法律术语，意味着被告故意诽谤他人或在行为时罔顾事实。

[1] 公众人物分为两种：1）声名远扬或臭名昭著的人，比如体育名人；2）自愿将自己置于特定公众争议之下，并在该特定范围的问题上成为公众人物的人。

原告发现，要证明被告的行为出自实际恶意是十分困难的。这就是为什么起诉《国家询问报》的名人如此之少。《国家询问报》只需证明它的行为不是出自恶意，就能成功为自己辩护。换句话说，它可以在法庭承认他的报道是虚假的、诽谤的，是草率和疏忽调查的结果。但是，除非该名人能够证明《国家询问报》的行为出自实际恶意，法庭有义务驳回该案。单单是过失并不足以产生法律责任。

大众媒体还享有一项宪法特权。最高法院曾表示，绝对不会对大众媒体适用无过错责任。即使是普通人，亦需要证明大众媒体至少是存在过失的，才有可能在诽谤诉讼中获得赔偿。法院论证说，这是因为我们必须允许大众媒体享有一定的呼吸空间以行使其《第一修正案》权利。如果《纽约时报》需为其犯下的任何错误承担严格责任，那么该报将无法参与为至关重要的民主政治所必需的激烈辩论。

诽谤

定义：一种损害他人名誉以至于降低其社会评价或阻止第三人与其交往或打交道的言论。

诽谤的类型

书面诽谤：以书写或印制的话语公开。

口头诽谤：口头的言语和短暂的手势。

自成口头诽谤

如果不能证明存在特定损害，就无法在口头诽谤诉讼中获得赔偿，除非口头诽谤的诽谤性评论传达以下领域之一的污名：

1）犯罪行为；

2）令人厌恶的疾病；

3）与原告在商业、贸易、职业或官职上的正当操守不相适宜的事项；

4）性行为不检。

抗辩与特权[1]

1）事实真相；

2）司法、立法和行政程序；

3）夫妻之间的对话；

4）合理评价和评论的附条件普通法特权；

5）宪法特权：公职人员和公众人物必须证明实际恶意。

尤瑟波夫诉米高梅（1934）[2]

事实：米高梅公司制作了一部电影，影片中一个名为娜塔莎（Natasha）公主的角色与现实中的俄罗斯公主伊莲娜·尤瑟波夫（Irina Youssoupoff）相像。在电影中，这位公主被一个卑鄙的角色拉斯普京（Rasputin）所蹂躏、诱奸。拉斯普京被几个男人谋杀，这几人中包括公主本想要与之结婚的王子。

公主伊莲娜提起书面诽谤之诉，称因为这部电影，公众已经认定她是一位名声不佳的女人。在电影发行之前，伊莲娜的丈夫出版了一本书讨论他参与谋杀拉斯普京一事。由此，观众很可能会认为电影中契戈迪耶夫（Chegodieff）王子这一角色就是尤瑟波夫王子，而娜塔莎就是伊莲娜。

尽管这部电影是一个虚构性的故事，但米高梅声称它是真实的，并且一些主要角色仍然在世。陪审团的结论是，一般理性人会认为娜塔莎公主就是伊莲娜公主。

争议焦点：一个人是否在未被点名的情况下被非故意地诽谤了？

判决结果：是。

判决理由：如果一般理性人能够根据事实和环境辨认出被诽谤者，你根本不必指明其姓名。

[1] 此列表并不全面，还有其他特权。

[2] *Youssoupoff v. MGM*，50 T.L.R. 581（C.A. 1934）.

伊莲娜公主主张，尽管电影中没有提及她的姓名，她还是被诽谤了。她声称观众认为娜塔莎公主这个角色刻画了她本人，因此认为她曾与拉斯普京发生性关系。这一推断是有可能的，因为她的丈夫出版了一本书，讲述了他在拉斯普京之死中扮演的角色。

法院认为，尽管米高梅的电影从未提及伊莲娜公主的姓名，但是观众会合理地得出结论，认为这部电影与她人生中的事件有关。鉴于米高梅标榜这部电影是一个真实故事，并且声称一些相关的人仍然在世，这个推断是有可能的。

因此，电影制作者不能仅仅通过改变电影中所描绘人物的名字就使其免于诽谤之责。如果所描绘的人物能够通过环境被辨认出来，就可能会引起责任。同样，如果观众相信电影是在刻画一个真实人物，字幕中诸如“与生者或死者的任何相似之处纯属巧合……”之类的免责声明也不能保护电影制作者。

假设一位作家出版了一部小说，讲述一位在达拉斯访问时被暗杀的美国总统的遗孀，这位遗孀后来嫁给了一位希腊船王。这本书被明确地标记为小说，并且在扉页上有显著的免责声明，说书中的一切都是虚构的。尽管如此，读者相信这本书揭示了杰奎琳·肯尼迪生命中的真实事件，并将免责声明作为保护作者免遭诉讼的一种手段而不予理会。在这样的情况下，免责声明不足以使作者免受诽谤之诉。[1]

最近的一起诽谤诉讼是关于电影《华尔街之狼》的。[2]安德鲁·格林（Andrew Greene）声称他是尼基·“鲁格拉特”·科斯科夫（Nicky “Rugrat” Koskoff）这一角色的原型，并且向派拉蒙影业和这部奥斯卡提名电影的制片人提起了2500万美金的诉讼。这部由马丁·斯科塞斯（Martin Scorsese）执导的电影是关于莱昂纳多·迪卡普里奥（Leonardo DiCaprio）所饰演的臭名昭著的股票经纪人乔丹·贝尔福特（Jordan Belfort）的。这部电影改编自贝尔福特于2007年撰写的回忆录，全球票房超过3.87亿美元，并获得五项奥斯卡金像奖提名，其中包括最佳影片提名。格林声称他在电影中被塑造成一个绰号为鲁格拉特的角色，一个戴着劣质假发的背德律师和吸毒者。他的起诉包括了诽谤的指控和违反《纽约民事权利法》第50节和51节的指控，该法禁止对个人形象的

---

[1] 但是，由于名誉权是一项不能由继承人继承的人格权，而杰奎琳·肯尼迪已经过世，因此被告拥有另一项抗辩。

[2] 请见https：//casetext.com/case/greene-v-paramount-pictures-corp-2。

无授权使用。格林是电影中描写的斯特拉顿·奥克蒙德（Stratton Oakmont）公司的财务主管。斯特拉顿·奥克蒙德是一家以操纵市场而臭名昭著的经纪公司，他们通过买空某一公司的股票，抬升其股价，然后将其转手给那些将遭受巨大损失的毫无戒心的投资者。

贝尔福特的回忆录中提及了格林的真名和绰号“维格沃姆”。尽管制片人没有在电影中披露格林的真名，但格林认为，从种种情况来看，公众会将他认作那个戴着一顶蹩脚假发的角色。

影视公司通常会添加免责声明，称所有角色和事件都是虚构的。甚至在片头字幕声称电影改编自真实故事的情况下，我也见到过这样的免责声明。在此案中，派拉蒙提供了如下声明：

> 尽管本故事改编自真实事件，但是特定角色、性格、事件、地点和对话是为戏剧性目的而虚构或创造的。上述的虚构和创造如果与任何在世或逝世的人物的姓名、实际性格或历史，或与任何作品、实体或真实事件有任何相似，纯属为戏剧性之目的，无意影射任何真实人物、历史、作品或实体。

派拉蒙声称，尽管故事改编自真实事件，但一些人物和其他材料都是编造的。当然，可能对大部分常看电影的人来说，故事的哪些方面是真实的，哪些方面是创造的，不是很明显。但是，对于派拉蒙来说，这一免责声明远比米高梅在尤瑟波夫案中使用的免责声明要好，后者在部分故事不真实的情况下声称其是真实的。

派拉蒙申请驳回诉讼，理由是隶属于该公司且戴劣质假发的高管有两位，这本书的读者会理解，鲁格拉特是一个复合人物。并且，对那些没有读过这本书的人来说，他们没有理由相信格林是鲁格拉特。

格林还指控电影对其形象和肖像未经授权的使用。但是，他的真名和实际形象并没有出现在电影中——只出现了饰演他声称代表他的人物的一位演员的形象。纽约州的隐私权仅仅以成文法为依据，具体是指《纽约民事权利法》第50节和51节。法院已经认定，在纽约州没有保护个人形象不受商业性不当使用的普通法权利。成文法禁止将个人的姓名、照片或肖像用于广告或交易目的。

这种禁止不适用于与报道有新闻价值的事件和事关公共利益的问题有关的使用，因为这样的使用不视为以广告或交易为目的，而且这种禁止会侵犯《第一修正案》的言论自由权利。

或许格林需要攻克的最大难题是证明他的名誉受到了损害。在书中，他的真名被使用了，而且他被描绘成一个吸食数千卷大麻、向贝尔福特提供安眠药、在标准成绩考试（SATs）中作弊的人。他被塑造成一个不择手段的律师和证券业务上的外行。另外，派拉蒙在其案件驳回申请中提到，格林此前未能成功地反对一项要求他承担218万美元证券欺诈责任的仲裁裁决。

1994年，为了解决一起民事证券欺诈案件，斯特拉顿·奥克蒙德公司同意向美国证券交易委员会支付250万美金的罚款，贝尔福特和另外两个合伙人每人各支付10万美金。随后贝尔福特因证券欺诈和洗钱被逮捕。在与联邦调查局合作并提供有关其朋友的信息后，他被判有罪，被判处四年刑期并向受害者赔偿基金偿还1.1亿美元。格林并未因其在斯特拉顿·奥克蒙德的活动被判犯有任何罪行，但是看起来他有一个足够波折的过去，以至于他可能会发现要使陪审团相信他的名誉受到了电影的伤害是很困难的。比起名誉好的人，名誉不佳的人在证明损害上更加困难。

2015年9月30日，该案法官驳回了所有诉求，但允许格林将其书面诽谤指控修改为主张重大过失。但是，由于该事件涉及公众合理关切的问题，格林不太可能会胜诉。

在这样的案件中，如果诽谤性问题不是明确与原告相关，法院通常拒绝判被告有责。举例来说，在克拉克诉兰登书屋案件中，图书馆工作人员达利亚·卡特·克拉克（Daria Carter-Clark）因畅销小说《风起云涌》（*Primary Colors*）的作者乔·克莱恩（Joe Klein）及其出版商损害了她的名誉而对他们提起诉讼。这本书是根据1991年比尔·克林顿的总统初选活动而改编的，尽管书中竞选人的名字是斯坦顿州长。卡特·克拉克的起诉基于小说中的一个场景，在该场景中，虚构的斯坦顿州长衣衫不整地和一个被称作鲍姆女士的人物从一家旅馆房间出来。卡特·克拉克声称，读过这本小说的人误认为她是鲍姆女士并且认为她和克林顿有过恋爱关系。在现实生活中，克林顿曾在她工作过的图书馆里露面，但两人之间并没有亲密接触。

法院指出，卡特·克拉克和鲍姆这一角色之间“任何所谓的相似之处”——比如都在图书馆工作——都是“表面的”，因此卡特·克拉克所反对的小说场景并不是真正“关于”她的。卡特·克拉克主张出版商因没有调查事实而存在过失，法院对此回应指出，因为这本书是虚构的，出版商没有义务进行这样的调查。

电影制作者可以通过以下方式保护自己免于担责：

1）改变名字和环境，以使所描绘的人无法被确认身份；

2）从所描绘的人那里获得一项描绘授权；

3）删除任何可能构成诽谤的材料。

当然，电影制作人可以通过提出一项或多项的抗辩或特权用于在诽谤诉讼中进行辩护，比如事实真相。但是，证明其陈述真实性的责任可能由电影制作人承担。

《纽约时报》诉沙利文（1964）[1]

事实：沙利文（Sullivan）是亚拉巴马州蒙哥马利市三名民选市政专员中的一员。他的职责包括监督警察部门。

1960年，一群黑人神职人员在《纽约时报》上刊登了整版广告，讨论参与民权运动的黑人学生的困境。这则广告声称，这些学生曾被蒙哥马利警察恐吓。它描述了各种各样的暴行，其中一些是从未发生过的。

沙利文认为，蒙哥马利的居民会认为这些声明反映了他作为警察局局长的糟糕表现。他以书面诽谤为由起诉。

争议焦点：那些发布广告的神职人员应承担书面诽谤的责任吗？《纽约时报》应承担书面诽谤的责任吗？

判决结果：判决支持《纽约时报》。

判决理由：你不会因为对一个公职人员职务行为所做出的言论而对其构成诽谤，除非这些言论是带有实际恶意的（即明知虚假或者罔顾事实）。本案中，《纽约时报》只是在没有发现错误陈述这一点上存在过失。但是，证据不足以证明这一言论的做出是“关于”沙利文的。

---

[1] *New York Times Co. v. Sullivan*，376 U.S. 254（1964）.

这是一个具有里程碑意义的裁决，它确立了在公职人员诽谤诉讼中所要求的实际恶意标准。之后的案件则将《纽约时报》诉沙利文案的规则扩大适用到公众人物。

法院之所以做出对沙利文不利的判决，还因为诽谤性的言论并不是“关于”沙利文的。换句话说，沙利文本人并没有被诽谤，只有他所监督的警员被诽谤了。法院认为这不够直接，不具有可诉性。类似地，如果有人说“纽约洋基队水平太臭了”，一个铁杆纽约球迷并不能因为这样的言论对他产生负面反应而提起诉讼。

格茨诉罗伯特·韦尔奇（1974）[1]

事实：在1968年，一名芝加哥警察开枪打死了一个青年。该警察后来被判二级谋杀罪。在对警察提起的民事诉讼中，被杀害男孩的家人雇用律师格茨（Gertz）(原告）代表他们。

由韦尔奇（Welch）(被告）发行的一本约翰·伯奇协会的出版物描述格茨曾陷害涉事警察，根据伊利诺伊州法律，这些言论构成了自成口头诽谤，原告获得了5万美元的陪审团裁决赔偿。然而，地区法院推翻了陪审团的裁决，并做出了有利于被告的判决，因为原告本来应该被要求满足《纽约时报》诉沙利文案标准所要求的对实际恶意的证明。

争议焦点：《纽约时报》案的标准是否适用？

判决结果：不适用。针对非公职人员、非公众人物的个人发布诽谤性虚假陈述的报纸或广播公司，不能主张宪法特权来对抗这些言论所导致的损害。

判决理由：公众人物凭借其公众地位更有可能消解虚假陈述的影响。

这一案例具有指导意义，原因有三。第一，它确认了参与重大案件的律师并不必然是公众人物。一个人的身份地位往往很难确定。另一个最高法院案例[2]认为，一个卷入著名离婚官司、拥有显赫社会地位的人并不是一位公众

---

[1] *Gertz v. Robert Welch, Inc.*, 418 U.S. 323（1974）.

[2] *Time, Inc. v. Firestone*, 424 U.S. 448, 96 S. Ct. 958（1976）.

人物。

第二，格茨的案例表明，原告必须证明实际恶意，才能获得多于实际损失的赔偿。因此，如果被告的责任是基于过失而认定的，原告一般不能获得推定或惩罚性损害赔偿。[1]

第三，受理格茨案的法院认为，永远不能让大众媒体对诽谤承担严格责任。如果一家报纸对任何错误的陈述都要承担严格责任，那么该报纸对其《第一修正案》言论自由权利的行使将被极大地抑制。

斯特里特诉国家广播公司（1981）[2]

事实：1931年，九名黑人青年被指控在乘坐货运列车时强奸了两名年轻的白人妇女。随即这些青年在亚拉巴马州的斯科茨伯勒接受审判，被认定有罪，并被判处死刑。该案件成为媒体广泛报道的对象。

在推翻判决的过程中，美国最高法院表示，被告被剥夺了获得律师辩护权。在审判地发生变化后，被告被分别重新审判。在霍顿法官审理的一次庭审中，陪审团认定被告帕特森（Patterson）有罪并判处他死刑。霍顿法官随后驳回了该裁决。重审时，帕特森和其他几名被告被判有罪并被送进了监狱。

针对斯科茨伯勒被告的案件是以白人妇女维多利亚·普莱斯（Victoria Price）的证词为基础的。她当时接受了一些媒体采访，但随后就从公众视线中消失了。

在这起案件发生40年后，国家广播公司（National Broadcasting Company，简称为NBC）电视台播放了一部名为《霍顿法官和斯科茨伯勒男孩》(*Judge Horton and the Scottsboro Boys*）的历史剧。这部电影是根据一位历史学家的一本书改编的，该历史学家以一种贬损的眼光来描写普莱斯。她被描写成一个伪证犯，一个品质不好的女人，一个明知道判决可能会将斯科茨伯勒男孩送上电椅而依然诬赖他们强奸的人。证实普莱斯所述事实的证人在电影中被略去了。审判中显示她是一个伪证犯和滥交女性的

---

[1] 当不涉及公共问题时会出现例外情况。见*Dun & Bradstreet, Inc. v. Greenmoss Builders, Inc.*, 472 U.S. 749（1985）。

[2] *Street v. NBC*，645 F.2d 1227（6th Cir. 1981）.

部分则被强调。国家广播公司在电影中错误地声称她已经不在人世了。在第一次放映后，普莱斯知会国家广播公司她还活着，并且提起诉讼。国家广播公司在重播这一戏剧化作品时去掉了“她已不在人世”的声明。

争议焦点：普莱斯是公众人物吗？

判决结果：是的。

判决理由：尽管时间流逝，普莱斯仍然保持公众人物的身份。

被告国家广播公司之所以获胜，是因为适用了《纽约时报》案的标准，而普莱斯也无法证明国家广播公司的行为出自实际恶意。没有证据表明国家广播公司知道它对普莱斯的描写是错误的，或者国家广播公司罔顾事实。这部历史剧的作者和这部电影的制片人可能弄错了事实，但是法律并不会惩罚他们，除非他们的行为出自实际恶意。

问与答

1.如果一个人正在写一个关于历史事件的电影剧本，那么电影制作人是否需要从每个在世的人那里取得授权，以便在故事中使用他们的名字？

答：不一定。未经授权的传记和电影是根据《第一修正案》对言论自由的保障被制作和保护的。如果主人公是公众人物或公职人员，你就不会因诽谤担责，除非你肆无忌惮地发表诽谤性的内容。你还需要确保不泄露任何会被认为是侵犯隐私的主人公生活细节，并且不超出合理使用允许的范围借用更多受版权保护的材料。如果你正写的是一个普通人，而不是公职人员或公众人物，你应该更加谨慎，因为普通人可能只需要证明你的行为存在过失就能够获得赔偿金。在开始制作之前，你应该将剧本提交给一位经验丰富的娱乐法律师，让他来审查其中是否存在任何法律问题。通常来说，通过简单地更改角色名称、地点和添加免责声明便可以避免潜在的责任。

2.为什么需要取得某人的人生故事权?

答：从本质上讲，人生故事权的购买者是在获取一份豁免，使其免受基于诽谤、侵犯隐私或公开权的诉讼之扰。此外，这样的豁免可能会使买方获得合作的机会并接触到其本无法接触到的信息。当主人公去世时，就没必要去获取人生故事权利了，因为关于诽谤和侵犯隐私的权利是人身性的，不能由继承人继承。

3.在自己的博客中复述了一个他人做出的诽谤性言论会怎样?

答：通常来讲，如果你复述或重新发布别人的诽谤言论，而你有理由知道其具有诽谤性的话，你就会和最初的发言者负有一样的责任。但是，国会颁布了《通信规范法》(*Communications Decency Act*) 第230节[1]，该条款为重新发布他人言论的互联网“中介方”提供保护。其规定，“任何交互式计算机服务的提供者或使用者，不应被视为其他信息内容提供者所提供的任何信息的发布者或发言者”。这似乎也为博客博主提供了保护，使其不必因读者留下的评论而承担责任。

---

[1] 《美国法典》第47编第230节。

第15章

隐私权

美国宪法没有提及隐私权。但是，根据美国最高法院所言，这种权利暗含于宪法和《权利法案》中。

隐私权被定义为隐居生活的权利，不受未经批准的和不被希望的公开。换句话说，这是一项独处的权利。

与诽谤一样的是，隐私权也受到宪法的限制。例如，新闻媒体不需对那些具有新闻价值的诽谤性言论承担责任，除非这些言论是在明知或罔顾事实的情况下做出的（即实际恶意）。与诽谤不同的是，侵犯隐私的诉由并不要求一个人的名誉受损。

假设你在后院晒日光浴。院子被坚固的木栅栏包围着，以防路人看到你。突然，《国家询问报》的一名摄影师跃过栅栏并拍下了你的照片。很快，这张照片被刊登在全国各地超市收银台边上的新闻小报上。你能够以诽谤为由起诉吗？

不能，因为你确实在裸体晒日光浴，事实真相是对诽谤之诉的绝对抗辩。你能以侵犯隐私为由提起诉讼吗？可以。在你封闭的后院里，你有权保护隐私。

假设你在前廊裸体晒日光浴，处于开放的公众视野中，你能以侵犯隐私为由提起诉讼吗？不能，因为在这种情况下你无权保护隐私。因此，侵犯你隐私的行为是否可诉取决于你是否有权保护隐私。

许多对诽谤的抗辩都适用于侵犯隐私，但事实真相不是一种抗辩。披露公开记录中的事项不能成为提起侵犯隐私之诉的依据。明示和默示的同意是有效的抗辩。如果你自愿向他人披露私人信息，你就无法获得侵犯隐私的补偿。

侵犯隐私行为通常可以分为四种事实模式。[1]

侵扰他人的私人事务

这一类别包括窃听和无正当理由监视这类活动。这种侵扰必须是高度冒犯性的，是否具有高度冒犯性取决于其发生的情境。当人们发现偷窥者通过卧室窗户偷窥他们的时候，大多数人会有被冒犯的感觉。另一方面，推销员在晚餐时间敲门可能会令人不快，但其行为不具有足够的冒犯性，不成为一个诉因。

公开披露令人尴尬的隐私事实

公开属于下述类别的有关他人私生活的事项，应承担侵犯隐私的责任：

1）对一个理性人来说具有高度冒犯性；

2）与公众的合理关切无关，即不具有新闻价值。

此类侵犯隐私行为的一个例子是，有人挖出了他人的一些丑闻，并将其公之于众，而这些信息与公众的合法权益无关。

作家/电影制作人如何进行调研

进入私人领地

想要进入私人领地的作家和电影制作人需要得到许可。并不存在允许入侵私有财产的《第一修正案》权利。此外，如果超出了给予同意的范围，该同意可能就不起作用了。某人让你进入他家的客厅并不意味着你可

[1] 但侵犯隐私行为不一定非要属于这四种分类之一才可诉。

以去翻他们的书桌抽屉。

从内部来源获取私人文件

一般来说，如果一个人没有参与、鼓励或暗示任何不法行为以获得财产，而仅仅是被动接受者，则其不需承担侵犯隐私的责任。即使这个人知道文件是被偷来的，也依然如此。

给通话录音

联邦

《联邦刑事法令》(《美国法典》第18编）第2511节禁止窃听行为。但是，该法不禁止通话一方不出于非法目的而对电话交谈进行的录音。[1]

联邦法律只管辖州际通话。

州

各州的法律规定有所不同，许多州要求征得通话各方的同意。

《加州刑法典》第632节禁止在未征得通话各方同意的情况下对电话进行录音，但非保密性的谈话除外。

同意应以书面或录音形式取得。

获取政府信息

根据州或联邦的《信息自由法案》(Federal Freedom of Information Acts，简称为FOIA)，一般来说公民有权查阅政府记录。

联邦《信息自由法案》[2]

例外领域：

1）国家安全——涉外事务

2）政府机构内部惯例

---

[1] *U.S. v. Wright*，573 F.2d 681（1st Cir. 1978）.

[2] 《美国法典》第5编第552节，有关联邦《信息自由法案》的更多信息，请访问《信息自由法案》网站www.foia.gov。

3）政府机构间备忘录

4）调查档案

5）交易或商业秘密

6）人事和医疗档案

7）金融机构管理报告

8）地理数据

9）其他法律明确排除披露的数据

加利福尼亚《信息自由法案》的例外在《加利福尼亚政府法典》第6254节中列明，这些例外会不时被修改。

盗用

以盗用他人姓名或肖像为由的诉讼，类似于侵犯他人公开权的诉讼。前者旨在补偿原告由于名字或肖像被使用在产品上而可能引起的情感痛苦、窘迫和情感伤害。后者则是为了补偿原告因名字和肖像被利用而损失的商业价值。

就像公开权一样，一个人不能总是控制他人对其名字和肖像的使用。虽然你可以阻止别人把你的脸用在他们的煎饼粉上，但你不能阻止《时代周刊》把你的脸放在封面上。因此，将某人的姓名或肖像作为新闻事件的一部分使用是不可诉的。

错误曝光

如果相关描述极具冒犯性，那么将原告置于公众误解之中的公开行为将是可诉的。这种隐私侵犯的行为类似于诽谤，但是不要求对名誉造成损害。错误曝光侵犯隐私的例子可能包含政治上的肮脏伎俩，比如把一位知名共和党人的名字写在民主党捐款者的名单上。虽然这个人的名誉可能未受到损害，但他/她被置于公众的误解之中。

梅尔文诉里德（1931）[1]

事实：1925年，里德（Reid）（被告）发行了一部名为《红色和服》（*The Red Kimono*）的电影。这部电影讲述了关于梅尔文（Melvin）（原告）生活中不愉快事件的真实故事。这部电影把梅尔文描绘成一个妓女，在1918年因谋杀罪名被审判并被判无罪。这部电影使用了梅尔文真实的婚前姓氏，后来她改过自新、结婚并在上流社会中占有一席之地，并结交了许多对她之前的作为毫不知情的朋友。她以侵犯隐私为由起诉了里德。

争议焦点：里德侵犯了梅尔文的隐私吗？

判决结果：是的。原告胜诉。

判决理由：在她改过自新后，公开过去不愉快的事件，并使用她的真实姓名，是对隐私的侵犯。这一事件已不再具有新闻价值。

虽然公众对梅尔文的非法活动有合法利益，但这些事件发生在一段时间以前，现在没有充分的理由揭露她的身份。不使用她的真实姓名也可以讲述这个故事。如果制片人改变了角色的姓名，法院的判决可能会有所不同。因此，变换角色的身份有时可以使电影制作人免于承担责任。

请注意，从法庭记录中获取的资料是受特权保护的。然而，这位电影制作人的使用超过了公共记录的范围。编剧们通常很难在不超出公共记录范围的条件下讲述真实的故事，因为很少有主人公的生活被如此完整地记录下来。当然，如果一个人呈现了一出仅限于庭审记录内容的法庭剧，那么这些材料将是完全享有特权的。

原告为什么不提起诽谤诉讼呢？因为这些事件是真实的，而事实真相是对诽谤的绝对抗辩。

伯恩斯坦诉国家广播公司（1955）[2]

事实：1919年，伯恩斯坦（Bernstein）（原告）被判抢劫银行罪，并被

---

[1] *Melvin v. Reid*，112 Cal. App. 285（Cal. Ct. App. 1931）.

[2] *Bernstein v. NBC*，129 F. Supp. 817（D.D.C. 1955）.

判入狱40年。服刑9年之后，他被假释并被特赦。1933年，伯恩斯坦以另一个名字受审判，被判一级谋杀罪，并被判处死刑。后来，这一判决被减为无期徒刑。1940年，伯恩斯坦获得了有条件释放，并在1945年获得总统特赦。在那之后，伯恩斯坦过着一种典型的安静、私人的生活，避开公众的关注。

1952年，全国广播公司（被告）在电视上播出了一部有关伯恩斯坦的定罪和赦免的虚构化戏剧作品。这部电影没有提及伯恩斯坦的真实姓名。然而，伯恩斯坦声称，扮演他的演员身形与他相似，他的言行被复制，这塑造了一个他的朋友们所能辨认的形象，并在公众的印象中显明了他的身份。他声称，该节目是对其隐私权蓄意且恶意的侵犯。

争议焦点：国家广播公司侵犯伯恩斯坦的隐私权了吗？

判决结果：没有。

判决理由：公众已经从先前的公开报道中了解了这些事件。时间的流逝不足以使它们成为隐私的事实。此外，该节目没有透露伯恩斯坦的身份。伯恩斯坦承认，只有那些已经知道这个故事的人才会认出他来。

这个案例的事实和梅尔文诉里德案没有太大的不同。然而，在这里，被告国家广播公司虚构了伯恩斯坦的名字，并将事件发生地从明尼阿波利斯搬到了华盛顿特区。

为什么伯恩斯坦不以诽谤为由提起诉讼？首先，这个故事是真实的。其次，他的声誉并没有受损。电影以同情的笔触将他描绘成一个被冤枉有罪的人。值得注意的是，这部电影把大部分注意力集中在一名坚持不懈证明伯恩斯坦清白的新闻记者身上。这名记者找到了一位透露伯恩斯坦并不是凶手的目击者。记者还推断，那位对伯恩斯坦不利的证人不可能目击了这起谋杀，因为每年的那个时候，树上的叶子会挡住他的视线。

吉尔诉赫斯特出版公司（1953）[1]

事实：赫斯特（Hearst）（被告）在《女士家庭杂志》（*Ladies' Home*

---

[1] *Gill v. Hearst Publishing*, 40 Cal.2d 224（Cal. 1953）.

Journal）上发表了一张未经吉尔夫妇（Mr. and Mrs. Gill）（原告）允许拍摄的照片，作为一篇题为《爱》的文章的一部分。这张照片抓拍到了吉尔夫妇在他们所经营的一个洛杉矶农贸市场糖果冰淇淋店里摆出的深情的姿势。

争议焦点：在未征得拍摄对象同意的情况下发表照片属于侵犯隐私吗？

判决结果：不属于。

判决理由：任何人都没有绝对的法律权利来阻止未经其允许而对其拍摄的照片的发表。如果每个人都有这样的权利，任何街头场景或游行的照片都将无法发表。只有在照片的发表对普通人造成冒犯的情况下，才会存在法律责任。在这里，吉尔夫妇自愿在公共场所摆出这个姿势，这张照片仅仅是允许其他人看到他们公开展示自己时的样子。

吉尔夫妇并不是这篇《女士家庭杂志》文章的主题。该杂志没有采访他们，也没有提到他们的名字。该杂志只是从某日碰巧拍下他们照片的摄影师手中买下了一张他们的照片。这张照片是在吉尔家的商店里、在公开环境下拍摄的。

这个案件体现的原则是：人们没有绝对权利控制对其名字和肖像的使用。电视新闻记者可以在未经允许的情况下播放某人的镜头。然而，取得授权以防讼累总是一个好主意。

如果吉尔夫妇在一个他们有权保护隐私的地方被拍照，比如他们的卧室，或者他们的照片被用在商业产品上，则判决结论就会有所不同。

斯帕恩诉朱利安·梅思娜（1967）[1]

事实：著名棒球运动员斯帕恩（Spahn），起诉一本未经授权而出版的传记，声称他依据纽约州盗用（隐私）法案而享有的权利被侵犯。在涉案的传记中，作者使用了大量文学技巧，将事件戏剧化，编造对话，篡改时间，赋予斯帕恩思想和感情，以及虚构事件。这些虚构的材料描绘了原告

[1] *Spahn v. Julian Messner, Inc.*, N.Y.2d 124（N.Y. 1967）.

的童年、他与父亲的关系、对他妻子的求爱、他们婚姻中的重要事件以及他的从军经历。

被告认为，他所使用的文学技巧对于青少年读物来说是惯例。被告从未采访过斯帕恩及其他的家人，或任何认识他的棒球运动员。作者的研究内容是由报纸和杂志的片段组成的，而他几乎从未去证实过这些材料的真实性。

争议焦点：被告侵犯了原告的隐私吗？

判决结果：是的。

判决理由：只要作品的发表是出于对歪曲事实的明知或对事实真相不计后果的漠视（即实际恶意），纽约州的隐私法案就保护公众人物免受虚构出版物的侵害。在糅入如此之多的虚构和虚假材料的过程中，被告至少是在不计后果地漠视事实真相。

对新闻人物和事件的事实报道符合公众利益，并受到保护。但虚构的报道并非如此。原告并不寻求对其传记无授权出版的禁令和赔偿，他只是想约束那些号称是其传记的出版物。

纽约州颁布了一项保护其公民隐私的法案。[1]由于斯帕恩是一个公众人物，因此法院认为，在证明存在实际恶意的情况下，该法案是符合宪法的。由于被告作家虚构了书中的大量内容，他显然知道他的讲述不是真实的。斯帕恩无法仅仅因为不喜欢一本直言不讳的传记的内容就阻止它的出版。

利奥波德诉莱文（1970）[2]

事实：1924年，内森·利奥波德（Nathan Leopold）（原告）和他的一个伙伴承认绑架并谋杀了一个年轻男孩。由于该罪行骇人听闻，该案件在国际上臭名昭著，并且这种恶名并没有随着时间的推移而淡去。1958年，被假释的利奥波德出版了一本大肆宣传的自传。

1956年，莱文（Levin）（被告）写了一本小说《朱门孽种》（*Compulsion*），

---

[1] 《纽约民事权利法》第50、51节。

[2] *Leopold v. Levin*，45 Ill.2d 434（Ill. 1970）.

小说的基本框架是利奥波德的案件，但利奥波德的名字没有出现在其中。这本书号称是对利奥波德谋杀案的虚构描述。一部改编自这本书的电影也上映了，其中有与案件真实人物相似的虚构角色。宣传材料提到了这一犯罪，但同时也明确指出这个故事是改编自该案件的一部虚构作品。利奥波德以侵犯隐私为由提起诉讼。

争议焦点：一个长期受到公众关注的人，在从事了公众视线之下的活动后，是否就这一活动的虚构描述或其姓名在对这一描述的推广中的使用享有隐私权？

判决结果：不享有。

判决理由：书籍、杂志、报纸和电影都是受《第一修正案》保护的公众表达形式，即使它们是为了盈利而出售的。虽然该书和电影“改编自”利奥波德的罪行，但它们显然是虚构的、戏剧化的作品。小说和电影的核心是利奥波德被置于公众视野中的生活的一部分。而虚构的方面冒犯性很低，并且从其所依据的事实记录中可以合理地想象出来。同时，在广告材料中对原告的提及与他臭名昭著的罪行有关。他对犯罪的参与是一个公共历史记录的问题，因此他的行为并不能受益于隐私权的庇护。

法院指出，对利奥波德案件的书面描述将受到宪法的保护。此外，如果更改了像事发地点这样的事项，并且在推广中没有明确原告的身份，那么一个受该案启发的纯虚构作品也将受到保护。

问与答

1. 我最近完成了一部纪录片，其中包含了可能不希望被摄入到电影中的人的特写镜头，而其中一些人的行为相当不雅。所有内容都是在户外摄制的，处于公众视野之下。我是否应该考虑侵犯隐私的问题？

答：一般来说，在公共场合的任何行为都应当是允许他人拍摄或观察的。

当你公开向别人展示自己时，你就放弃了隐私权。即使一些被拍摄对象对他们在纪录片中的形象并不满意，这部纪录片也会受到《第一修正案》的保护。当史蒂夫・克鲁夫特（Steve Kroft）为《60分钟》节目进行调查时，他并没有从诈骗犯那里得到授权。但是，如果你想在产品、商品上或者在娱乐节目中使用他人的名字或形象，就应当去获取授权，不应该歪曲所展示对象的本质。因此，尽管你可以把一个人走在大街上的镜头摄入影片，但这并不意味着你可以在他没有从事犯罪行为的情况下，让一位幕后叙述者评论说这个人正在犯罪。

2. 我写了一部关于一名最近去世的名人的传记剧本，我是否需要获得其继承人的许可才能继续写下去？剧本中提及的仍然在世的人（的授权）又应该怎样处理呢？

答：诸如隐私权和保护名誉的权利（诽谤）等一些权利，是人身权利，当某人死亡时，这些权利就会终止。对于你剧本中其他在世的人，如果你侵犯了他们的权利，他们或许能够以侵犯隐私或诽谤为由提起诉讼。你或许能够将一些辅助角色虚构化，如果这些人的身份是不可识别的，则他们很难证明受到了损害。“本故事纯属虚构”的免责声明也会给你一些保护。某些可能为商品化衍生品开发所需的权利——比如公开权——不会在死亡时终止。各州法律在这个问题上的规定各不相同。

第16章

商标与不正当竞争

商标

商标或服务标识[1]是商家用来区分其商品或服务与其他人的商品或服务的品牌名称，可能是词语、标志或图案。以独特的手写体撰写的“可口可乐”是商标，“IBM”“Disney”以及用于识别商品或服务来源的成千上万的其他标识也是商标。在娱乐行业，一些电视剧和电影的片名可能成为商标。[2]

理论上，只要商标还被用于区分商品，就可以一直存在。它们可能因未使用而被放弃，或者如果它们成为某一商品的通用术语，则可能落入公共领域。例如，以前的商标“zipper”“thermos”“aspirin”“brassiere”现在被认为是所有此类商品的通用名称，而与它们的制造商无关。

与专利和版权不同，[3]商标保护并非完全基于联邦法。州法律可能提供重要的救济措施。另外，联邦商标只能在州际贸易中使用（即在多个州销售）的商品或服务上取得。

---

[1] 商标用在商品上，服务标识用于服务。除非另有说明，否则所有涉及商标持有人权利的内容均适用于服务标识持有人。

[2] 标识通常未经商标持有人许可而在电影中被描绘。有关商品化、产品植入交易以及未经许可在电影中展示带有商标的商品的合法性讨论，请参阅第2章。

[3] 1978年之前，未发表的作品受到州法律的保护。1978年后，联邦版权法很大程度上在该领域取代了州法律。

联邦商标法规定了一个由美国商标局管理的注册体系。你无须为取得使用该商标的权利而注册商标。仅仅是使用特定标识以将你的商品与他人制造的商品区分开来，就可以阻止第三方使用这个标识了。注册标识有几个好处，例如，商标所有者可以获得三倍损害赔偿并获赔律师费。

在联邦注册商标，必须提交申请。商标局的审查员会审查申请以核实：

1）该标识不具有欺骗性；

2）该标识与其他标识不存在混淆性相似；

3）该标识不是对商品的单纯描述或错误描述，不是地理上的单纯描述或错误描述，且其主体不能是一个姓氏。

一个商标是否对另一个商标构成侵权取决于使用这两个商标是否会导致消费者对产品来源产生误解或混淆。注册表格和信息可访问以下网站获取：www.uspto.gov（联邦）；www.ss.ca.gov/business-programs/ts（加利福尼亚州）；www.dos.ny.gov/corps/staterecordsfaq.html（纽约州）。你可以使用商标电子检索系统（Trademark Electronic Search System，简称为TESS）对联邦商标进行搜索。[1]也可以通过商标电子申请系统（Trademark Electronic Application System，简称为TEAS）下载表格。[2]商标电子申请系统可用于提交标识注册申请，回应审查办公室的行动，提供地址变更通知，提供为声明使用而做出的修正、使用声明，或要求延长提交使用声明的时间。表格也可通过商标援助中心［电话（800）786-9199或（571）272-1000］获得。

商标权利的产生

联邦商标权利来源于标识的使用，或对标识的善意使用意向，并且提交了对该标识进行联邦注册的申请。

因此，在商标所有人可以提交联邦注册申请之前，所有人必须在州际贸易（或美国与外国之间的贸易）中运输或出售的商品上或提供的服务上使用该标识，或者有在与特定商品或服务有关的上述贸易中使用该标识的善意意向。

---

[1] http：//tmsearch.uspto.gov/bin/gate.exe？ f=tess&state=4806：mz7j21.1.1.

[2] www.uspto.gov/teas/index.html.

联邦注册程序

申请提交后，专利商标局的审查员将审查申请并决定标识是否可以注册。专利商标局将在申请提交后3个月做出初步决定。申请人必须在6个月内回应任何异议，否则申请将被视为放弃。

一旦审查员批准了该标识，该标识就会在《商标公报》(*Trademark Official Gazette*)上公布。允许任何人在30天内对该注册提出异议。如果没有任何人提交反对意见，则对于已在贸易中使用的标识，注册将在12周后发布。对于基于使用意向的申请，批准通知将在公布后约12周发布。申请人有6个月的时间在贸易中使用该标识或者要求延长6个月来提交使用声明。

注册的好处

联邦注册的好处包括：

1）在联邦法院起诉商标侵权的权利；

2）从侵权人处获赔所得收益、损害赔偿和费用的权利，最多可达三倍的赔偿金和律师费；

3）给予其他人你的标识的推定告知；

4）允许将联邦注册符号®与标识一同使用；

5）允许向海关总署交存注册证的副本，以阻止带有侵权标识的货物进口；

6）允许起诉伪造标识的行为，提供民事和刑事处罚；

7）允许在许多国家提交相应的申请。

州注册额外提供了一个重要的好处——它可以防止其他人在本州注册相同的标识。

驳回联邦注册的理由

1）它（标识）是诽谤性的或贬损性的；

2）它是政府机构的标志；

3）未经同意，它指向一个在世的人，或在一位已故总统遗孀的有生之年指向这位已故总统；

4）它与在先注册的标识或其他人此前在美国使用且未被放弃的标识具有混淆性；

5）它是商品或服务的单纯描述或欺骗性的错误描述。或者它的主体是一个姓氏，并且不是这些商品或服务的特色。

标识的维持

为避免标识被放弃，必须持续使用该标识。联邦注册必须每10年更新一次。此外，在注册后的第五年和第六年之间，你必须提交一份宣誓书，声明该标识目前正在贸易中使用。如果没有提交宣誓书，注册将被取消。加州注册必须每10年更新一次。

《马德里议定书》[1]

《马德里议定书》是一个商标国际注册体系。它允许人们向他/她的国籍国商标局提交商标申请，该商标在申请人指定的各个《马德里协定》签署国均受到保护。目前，《马德里协定》的签署国有92个国家。一次申请便可以产生在每个指定国家分别提交申请的效果。这个程序使得商标的保护更有效率。此外，商标的管理（如记录后续变更和续展）也可以通过一次申请完成。[2]国际注册可以通过每10年支付所需费用来无限期地维持。

国际注册本身不赋予任何权利。每个国家都适用自己的法律，并且每个国家都有12个月的时间拒绝保护国际注册所涵盖的标识。如果注册未被拒绝，则保护会被自动授予。

---

[1] 《马德里协定》《马德里议定书》《共同条令》《行政规程》的全文可在www.wipo.int/treaties/en/registration/madrid查阅。

[2] 更多信息可在世界知识产权组织网站www.wipo.int/madrid/en找到。

不正当竞争

联邦《兰哈姆法》第43节（《美国法典》第15篇第1125节）规定：

（a）民事诉讼（1）任何人在商业中，在商品、服务、商品包装上或与之相关方面，使用任何词语、术语、名称、标志或图案，或其组合，或任何虚假产地，对事实的虚假或误导性描述或表述，（A）可能就该人与他人的附属、联合或联盟关系以及他人对其商品、服务、商业活动的来源、赞助或认可引起混淆、误认或造成欺骗的，或者（B）在商业广告或推广中错误表示了他/她或他人的商品、服务或商业活动的性质、特征、质量或产地的，在认为自己已经或可能受到这种行为损害的人提起的民事诉讼中，应承担责任。

根据不正当竞争法，一个人不能开一个汉堡店并将其命名为“麦当劳”，如果这个店并不附属于该知名连锁企业。竞争对手也将被禁止展示金拱门或使用任何误导消费者的图案，使其混淆，误将不是麦当劳汉堡的汉堡认作纯正的麦当劳汉堡。

在电影上使用误导性的片名可能被提起不正当竞争之诉。假设一个低俗电影的制片人决定在乔治·卢卡斯（George Lucas）发布他的《夺宝奇兵》（*Raiders of the Last Ark*）之后不久发布一部名为“夺宝奇兵”的低预算电影。由于公众已经开始将该片名与乔治·卢卡斯的作品联系起来，所以这些词语获得了第二含义。因此，消费者可能会对“夺宝奇兵”的来源产生混淆。

艾伦诉国家视频（1985）[1]

事实：国家视频（National Video）——一家录像出租连锁公司投放了一系列广告，其中包含一个面貌酷似伍迪·艾伦的顾客的照片。这个外貌酷似伍迪·艾伦的顾客在收银台旁，正在给《安妮霍尔》、《傻瓜大闹香蕉城》、《卡萨布兰卡》和《午夜巴黎》的录像带结账。他手里拿着国家视频的贵宾卡，柜台后面的女人正微笑着，并且在名人面前夸张且兴奋地气喘吁吁地推销。

---

[1] *Allen v. National Video, Inc.*, 610 F. Supp. 612（S.D.N.Y., 1985）.

广告上写着：“成为国家视频的贵宾，我们会让你看起来像一个明星”，以及“你无须一张名人面孔便可以获得优质的服务”。在广告中有一条很小的免责声明，称其使用了名人替身。艾伦起诉，声称在未经他许可的情况下使用了他的肖像，并且这些广告是误导性的，可能会让消费者产生混淆，导致消费者认为他代言了国家视频。

争议焦点：艾伦的诉因成立吗？

判决意见：是的。

判决理由：消费者很可能会混淆。即使有那则包含免责声明的广告，也可能会产生混淆。免责声明很小，并且仅表示使用了名人替身，这本身并不能消除艾伦可能与国家视频的商品或服务有涉的推断。免责声明必须是黑体加粗的，并明确表示艾伦未代言该服务。

艾伦还就侵犯隐私和其公开权起诉。法院说，由于被告没有使用艾伦的名字或肖像，因此侵犯隐私的诉因不成立。艾伦提出的是否构成侵犯其公开权的诉因是由陪审团决定的。他们需要决定这个外貌相似的人是否会造成伍迪·艾伦真的出现在广告中的错觉。

另一个有趣的案例是，华纳兄弟于2012年发布了由其子公司新线（New Line）制作的《霍比特人：意想不到的旅程》（*The Hobbit*：*An Unexpected Journey*）。该影视公司成功获得了限制一部小型独立电影《霍比特人的时代》（*The Age of Hobbits*）发行的命令，这部独立电影本计划在华纳的电影发行前三天由环球收容所（Global Asylum）发行。

新线的电影围绕着霍比特人角色，这些角色出现在约翰·罗纳德·瑞尔·托尔金（J.R.R. Tolkien）1937年的小说《霍比特人》以及《指环王》三部曲中，后来成为热门电影《指环王》三部曲的基础，三部曲电影的票房收入是30亿美元。新线的电影是三部系列电影中的第一部，全部在新西兰拍摄，据报道，成本为5亿美元。

而另一边，收容所的电影是一部低预算的独立电影，据报道，以200万美元制作完成。收容所声称，其电影中使用的“霍比特人”一词并非指托尔金虚构的生物，而是指2003年在印度尼西亚被发现骨骼的人类亚种。在印度尼西亚，考古学家发现这种被称之为佛罗瑞斯人（Homo floresiensis）的物种，因他们身材矮小故又被称为“霍比特人”。

环球收容所主张，根据《第一修正案》，它有权制作一部关于印度尼西亚古代人的电影，并在电影名称中引用一个描述他们的常用名称。华纳兄弟声称，环球收容所侵犯了其商标，并试图借由华纳的大规模宣传活动来诱骗电影观众购买环球收容所电影的门票，并使这些观众认为他们购买的是华纳电影的门票。

该诉状主张存在商标侵权、虚假原产地标记、商标淡化、虚假广告和不正当竞争。在环球收容所预定的电影上映时间之前三周，华纳提交了一份临时禁制令申请，要求阻止其上映。

正如大多数电影爱好者所知，长期以来，独立电影制作人都试图利用观众对几大制片公司创造的热门主题的兴趣来赚钱。例如，罗杰·科尔曼（Roger Corman）制作了模仿“蝙蝠侠”电影的《黑蝎子》（*Black Scorpion*）。《禁忌世界》（*Forbidden World*）是《异形》的山寨版，而《食人鱼》（*Piranba*）则大量借鉴《大白鲨》。

环球收容所制作了许多模仿几大制片公司电影的低预算电影。这家公司制作了赫伯特·乔治·威尔斯（H. G. Wells）的《世界之战》低预算版本，并与史蒂文·斯皮尔伯格改编自同一本1989年的公版书的电影于同年上映。据报道，环球收容所的这部电影百视达订购了10万件，远远超过了它之前的任何一部电影。看到这样的电影可以多赚钱，环球收容所又制作了几个低预算山寨版影片，有时被称为“山寨大片”（mock busters），包括《机器人战争》（*Transmorphers*）、《雷神前传》（*Almighty Thor*）、《林肯大战僵尸》（*Abraham Lincoln vs. Zombies*）、《毒蛇列车》（*Snakes on a Train*）和《黑夜灵异录像》（*Paranormal Entity*）。

几大制片公司不是很高兴，但是他们是否可以合法地阻止环球收容所的做法是个问题。二十世纪福克斯威胁要就与《地球停转之日》（*The Day the Earth Stood Still*）相似的电影《地球停止之日》（*The Day the Earth Stopped*）的发行而起诉环球收容所。环球影业就电影《美国战舰》（*American Battleship*）起诉了环球收容所，声称侵犯了其电影《超级战舰》（*Battleship*）的权利。环球收容所随后将电影名改为《美国军舰》（*American Warships*）。

环球收容所的另一个成功与电影《凶斋恶灵》（*Haunting of Winchester*

House）有关。温彻斯特神秘屋——圣何塞的一个热门旅游景点，包括一个拥有160间客房的维多利亚风格豪宅以及博物馆、礼品店和咖啡馆——的所有者起诉环球收容所，并指控其商标侵权、不正当竞争以及干涉合同和经济利益。[1]这个景点被票选为世界上最恐怖的房子。据传说，造枪人的继承人莎拉·温彻斯特建了这座豪宅以抵挡鬼魂。

温彻斯特神秘屋的所有者反对环球收容所制作和营销这个据称改编自“可怕的真实故事”的电影的计划。当环球收容所寻求在温彻斯特神秘屋进行拍摄的许可时，所有者告知环球收容所，他们与另一位制片人签署了关于“温彻斯特”故事独家权利的合同。

环球收容所的电影以一个维多利亚风格建筑的镜头开始，但不是真正的温彻斯特神秘屋。这部电影包括的幽灵角色有莎拉·温彻斯特、她的青春期女儿和她的聋哑兄弟。这些角色，以及被温彻斯特的枪所杀者的鬼魂，都萦绕着莎拉·温彻斯特的宅子。然而，真正的莎拉·温彻斯特并没有任何处在青春期的女儿或聋哑的兄弟。

初审法院在简易判决中驳回了针对环球收容所的案件。在上诉中，上诉法院同意上述驳回，指出在涉及《第一修正案》问题的商标侵权案件中，产生混淆的可能性必须特别显著，才能胜过电影制片人的《第一修正案》利益。商标所有人无权阻止他人在传播或表达观点时对其商标进行未经授权的使用。

在大多数情况下，环球收容所都成功发布了电影并应对了法律挑战。该公司声称其已经发行了150多部电影，并且仅因商标侵权被起诉两次。其中一个案件和解了，另一个案件中环球收容所胜诉了。

然而，在其霍比特人的电影上，环球收容所越界了。法院很少禁止一部电影的发行，特别是在电影拷贝已经装运的情况下。电影如报纸和书籍一样，是受《第一修正案》保护的表达。寻求预先禁令的一方必须表明它很可能胜诉，并且如果不给予该救济，将遭受无法弥补的损害。

电影片名一般不能注册为商标。只有系列书籍、期刊、报纸或电视节目的独特标题——如“伯南扎”（Bonanza）——才能注册。原因是商标是用于识别商品或服务的来源的。单独的一本书或一部电影是“一次性事物”，它的标题

---

[1] *Winchester Mystery House, LLC v. Global Asylum*, 210 Cal. App.4th 579 (Cal. Ct. App. 2012).

描述了该特定作品，而不是一系列的作品。但是，如果标题取得了第二含义，法院可以根据不正当竞争法保护标题免受引人混淆的相似使用。第二含义是，当标题充分为人所知时，消费者将其与特定作者的作品联系起来。

虽然法院非常倾向于保护电影制作人的《第一修正案》权利，但法律也关注保护消费者对商品的来源不受误导，这是不正当竞争法和商标法要解决的问题。

在许多案件中，法院都努力解决电影制作者的言论自由与商标和其他权利所有者之间的冲突。一个经常被引用的案例是收容所据以抗辩温彻斯特神秘屋的罗杰斯诉格里马尔迪[1]案，我们在第7章中讨论过。

但是，其他案件对电影制作者的《第一修正案》权利的重视程度较低。在美国冰雪皇后公司诉新线制片公司一案[2]中，被告制作并准备发行一部名为《冰雪皇后》（*Dairy Queens*）的电影，这部电影被描述为讽刺明尼苏达州选美比赛的伪纪录片。原告是冰淇淋连锁企业冰雪皇后（Dairy Queen），该连锁企业主张存在商标侵权和商标淡化。地区法院认为在混淆可能性因素上原告更占优势。然后，它考虑了被告的《第一修正案》利益是否足以胜过原告在其“冰雪皇后”商标上的商标利益。

最终，法院裁决，由于其他如“冰雪公主”（Dairy Princesses）或“牛奶女佣”（Milk Maids）的替代性名称均可用，“公众对言论自由的利益与避免消费者混淆和商标淡化的利益之间的天平倾向于避免混淆和淡化”。冰雪皇后公司之所以获胜，是因为法院将本案与罗杰斯诉格里马尔迪案区分开来，理由是罗杰斯案件涉及的名称直接指向电影的内容——表演者金格和弗雷德。反观本案，被告的电影是关于明尼苏达州的选美比赛，与原告的冰淇淋店没有任何联系。

但冰雪皇后案的判决受到广泛的批评。并且，许多案例支持了电影制作人可以在他们的电影中提及商标的原则，前提是他们没有误导电影观众认为商标所有人在某种程度上与该电影有关或为该电影代言。

在达拉斯牛仔啦啦队诉猫咪电影一案[3]中，被告发布了一部情色电影《达

---

[1] *Ginger Rogers v. Alberto Grimaldi*, et al., 875 F.2d 994（2d Cir. 1989）.

[2] *American Dairy Queen Corp. v. New Line Productions, Inc.*, 35 F. Supp. 2d 727（D. Minn. 1998）.

[3] *Dallas Cowboys Cheerleaders, Inc. v. Pussycat Cinema Ltd.*, 604 F.2d 200（2d Cir. 1979）.

拉斯新秀黛比》(*Debbie Does Dallas*),描绘了一位从事性行为的“德克萨斯牛仔女郎”。这个角色穿着与达拉斯牛仔啦啦队队员穿着明显相似的制服。电影的广告展示了身穿制服的这一角色,并附解说“前达拉斯牛仔女郎啦啦队队长斑比·伍兹主演”。事实上,斑比·伍兹从未担任达拉斯牛仔啦啦队队长。

达拉斯牛仔啦啦队提起诉讼,声称制服颜色和设计的特定组合中有他们的商标。他们穿着亮相、表演的制服包括一件蓝色短上衣、一件正面两侧各有三个蓝色五角星且底部有白穗的白色背心、紧身白色短裤配有蓝色星星装饰的腰带和白色靴子。该商标当时未注册,但原告主张该商标作为普通法商标受到保护。

被告辩称,这部电影是对女性啦啦队的戏仿或讽刺,并受到《第一修正案》的保护。此外,被告声称没有人会相信这部电影源自于实际的达拉斯牛仔啦啦队或与之有关。

法院反对被告意见,并发布了禁止电影进一步发行的禁令。法院认为,电影和广告中所体现的其与达拉斯牛仔啦啦队的关联,其唯一目的是利用达拉斯牛仔啦啦队的名气来吸引观众观看电影中的性行为。

不同法官根据不同的法律判决上述案件,这些法律随着时间的推移而发展。因此,很难从这些案例中总结出普遍原则。霍比特案中的法官似乎受到原告数据的极大影响,该数据显示,环球收容所的片名可能会使电影观众对其电影产生误解。原告提供了来自于尼尔森国家研究小组每周跟踪研究的证据,该研究中,30%~40%的受访者表示对《霍比特人的时代》的来源存在混淆。该调查包括1200名受访者,他们被分成两组。向测试组展示《霍比特人的时代》海报的图像,向对照组则展示相同的海报但换了一个片名。测试组中有30%(约200名受访者)对《霍比特人的时代》的来源有想法,说他们相信这部电影是由原告制作或发行的。另一方面,被展示电影海报“爪哇人的时代”的对照组中有6%~14%的受访者将这部电影与原告联系在一起。

法院还提到,环球收容所在华纳电影上映之前三天上映其电影的行为,表明其有意利用原告电影的宣传,相似的海报和对商标的突出使用均表明其欺骗的意图。鉴于这些原因,华纳兄弟和新线得以获胜并获得了法院禁止环球收容所电影发行的命令。

问与答

1.在剧本中使用真实的商业名称（例如麦当劳、耐克或史泰博）是否合法？

答：是否合法取决于具体情况。在许多情况下，你可以在未经许可的情况下提及人、医院或餐厅的真实姓名或名称。但是，如果你通过贬低的方式描述这些主体来诽谤它们，你可能要为诽谤承担责任。同样，如果你通过透露在世真人生活中的私密细节来侵犯他们的隐私，你可能会承担责任。此外，如果你使用名称或商标来表明不存在的关联，你可能会承担不正当竞争和/或商标侵权的责任。根据《第一修正案》，你可以在未经许可的情况下在书籍和电影中提及其他人。在投入制作之前，让经验丰富的娱乐法律师审核你的剧本以指出任何潜在的陷阱是可取的做法。当然，取得一份豁免书总是没有坏处的。为了保险起见，你应该让道具组准备仿制产品，这样就不会有责任风险了。发行商和保险公司往往能够接受的风险程度非常低，因此最好避免任何可能有问题的使用。

2.在电影发布、营销、推广和上映之前，电影片名是否可以注册为商标？

答：商标保护商品和服务名称以及公司名称。当某个名称与某个商品或服务相关联时，就产生了商标权利。其中一些权利仅仅来自对标识的使用。如果该标识已注册，则会产生额外的保护。著名商标有施乐（Xerox）、谷歌（Google）和梅赛德斯（Mercedes）。如果你从事计算机业务，则除非获得苹果公司的许可，否则你不能将你的计算机作为“苹果”计算机进行销售。同样，你不能在麦当劳的街对面开一个汉堡店，并称自己为“麦当劳”，搭起金色的拱门，也不能以任何方式试图将不是麦当劳汉堡的汉堡当作麦当劳汉堡销售出去。

但是，一本书或一部电影这样的单个产品的标题通常不符合商标保护的条件。只有来自单一来源的一系列产品可以受商标法保护，如续集或《白宫风云》（*The West Wing*）这样的电视连续剧。因此，像电影这样的“一次性”产品或其标题将不会受到保护，但是制作一系列电影的影视公司（例如派拉蒙影业）可以作为一个商标。

在某些情况下，一旦标题获得了第二含义，则该标题就会受到不正当竞争法的保护。电影片名在发布之前不能在公众中获得第二含义。因此，在乔治·卢卡斯制作并发行《星球大战》之后，另一位电影制作人就不能发行一部名为“星球大战2”的电影，也不能试图利用原作的商誉和知名度。这将构成不正当竞争，并违反多项联邦和州法律。

商标权通常限于某一地理区域或某一产品类型。例如，如果你在洛杉矶经营阿珂姆五金店，则不必阻止其他人在你不开展业务的布鲁克林开设阿珂姆五金店。同样，你在阿珂姆商标下经营五金店的事实不会阻碍某人开设阿珂姆超市，因为人们不会将五金和食物联系在一起。换句话说，几乎没有混淆的可能性。

另一种保护名称的方法是在美国电影协会登记。这是通过合同法，经由美国电影协会公司与任何选择签订用户订阅协议的独立制片人之间的安排所进行的保护。所有签约方都在这份合同中同意不侵犯其他签约方的片名。这个方法存在一些局限，因为协议仅对那些选择签约的人具有约束力。每年的订阅费用为300美元，还需另付200美元登记费用，可以登记最多10个片名。美国电影协会只登记院线电影的名称，不会登记直接通过家庭录像或电视播放的电影片名。你可以致电（818）995-6600联系美国电影协会片名登记局或访问其网站以获取更多信息。[1]虽然签署这个协议可能会为你提供一个保护途径，但如果你选用了可能与在先登记的片名产生混淆的片名，则可能面临此协议其他签约方提起的法律诉讼。

3.在动画短片发布之前，如何保护主要角色的名字和外形？角色是否受商标保护，或者是否受到角色形象的版权保护？

答：在剧本以及电影完成后，你都应该在版权局使用表演艺术表格或在线对其进行登记。有关详细信息，请访问版权局网站www.copyright.gov。在某种程度上，版权法可以保护被充分描绘的角色。但是，版权法并不阻止其他人创造具有相似人格特质的角色。你写了一个以侦探山姆·斯佩德为主线的侦探故

[1] www.mpaa.org.

事，并不意味着你可以仅凭此就在此后阻止其他人创作他们自己的以冷血侦探为主线的故事。视觉上呈现的角色，例如，卡通角色，由于其视觉呈现，可以在版权法下获得更多的保护。

角色也可能受到商标法的保护，例如，在它被用作识别商品或服务来源的标识的情况下。米老鼠是被用在各种玩具和其他商品上的商标。

4.商标和服务标识有什么区别？

答：商标表明商品的来源，如帽子或冰淇淋。服务标识表明服务的来源，如园林绿化或会计。但是，人们经常将两者都称为商标，注册规则基本相同。

5.商标与专利有何不同？

答：专利保护新的发明，如太阳能电池板。专利是由美国专利商标局颁发给发明人的政府授权。发明人有权排除其他人在美国制造、使用、提供销售、销售该发明或将该发明进口到美国。新的专利的保护期是自专利申请在美国提交之日起20年，或者在特殊情况下，是在支付维持费用的前提下从先前的相关申请提交之日起计算。

专利有三种类型：

1）发明专利：任何发明或发现任何新颖且实用的工艺流程、机器、产品或成分，或对上述内容有任何新颖且实用的改进的人，都可以被授予发明专利。

2）外观设计专利：任何发明了产品的新颖、独创且具装饰性的外观设计的人，都可以被授予外观设计专利。

3）植物专利：任何发明或发现且可无性繁殖培植任何独特且全新的植物品种的人，都可以获得植物新品种专利。

第17章

救济

如果你在与拟合作伙伴开展交易之前对其进行仔细调查，那么你可能永远都不需要用到本章的内容。与传统观念相反，电影界有体面人，亦有卑劣者。如果你做些调查，通常便可以知道是在与什么人打交道。

如果你发现自己在与骗子或好心眼儿的低能者做交易，你通常需要审阅合同以确定你的权利和救济措施。你可能会希望退出这个交易，要求另一方遵守协议条款和/或获得金钱赔偿以弥补你遭受的损失。

对于协会/工会成员，第一步可能是向协会/工会寻求帮助。虽然协会没有资源在每次其会员权利被侵犯时都提起诉讼，但他们可能会给顽抗的一方施加很大的压力。协会可以将制作公司或制片人列入打击名单上，这会使得其他协会成员不会再与这些行为不端者一起工作。此外，编剧署名分配等一些问题是由协会规则决定的，协会通过自己的仲裁程序解决争议。

协会的救济

“美国演员工会—美国电视与广播艺人联合会”联合工会（SAG-AFTRA）、美国导演协会（DGA）和美国编剧协会

（WGA）及其他主体之间达成的集体谈判协议要求涉及其成员的某些争议通过仲裁解决。一般而言，涉及违反协会规则的争议通过申诉听证和/或仲裁处理。

针对每个协会的仲裁规则和程序在集体谈判协议中均有规定。协会规则规定由一个或多个仲裁员主持听证。美国导演协会、美国编剧协会和联合工会规定，仲裁员是从根据集体谈判过程中商定的条款指定的小组中选出的。

对于哪些类型的争议可以通过诉讼解决，哪些必须通过仲裁解决，每个协会都有自己的规则。美国编剧协会和联合工会排除了仲裁对那些寻求禁令或大量金钱赔偿的争议的适用。另一方面，美国导演协会仲裁员拥有更大的权利，包括要求其会员公司纠正广告和电影片名的权利。在某些情况下，协会要求当事人在提出仲裁请求之前进行申诉程序。联系相应的协会，以便确定申诉程序是否是强制性的。

与大多数集体谈判协议一样，娱乐行业协会的仲裁决定是终局裁决且有约束力的。但是，协会规则并不禁止请求法院确认、撤销或修改仲裁裁决。例如，如果仲裁员裁决制片公司欠编剧钱，然后公司没有及时付款，则美国编剧协会可以去法院获得一个强制执行令。协会和工会的联系信息见附录。

仲裁

对于那些不是协会会员的人与不受协会仲裁的争议，你应考虑通过在合同中加入仲裁条款来约定仲裁。这样的条款要求通过仲裁而非诉讼解决争议。仲裁通常提供更快、更非正式、更便宜的解决纠纷的方法。冲突通常会在几个月内解决。双方在会议室会面，而不是去法院。通常的证据规则和法庭程序不适用。仲裁员通常是了解娱乐行业的律师或退休法官。仲裁的主要缺点是，如果你输了，即使仲裁员在查明事实或法律结论方面犯了错误，你能对仲裁员的裁决提出异议的根据非常有限。

仲裁和调解是非诉讼纠纷解决（Alternative Dispute Resolution，简称为ADR）的形式，非诉讼纠纷解决是“以传统民事诉讼以外的方式解决争议”的通用术语。在过去十年中，非诉讼纠纷解决有了很大的发展。在调解中，当事方向一个中立第三方提交争议，该第三方协助他们达成双方均可接受的解决方案。调解员尽力在双方之间协商出一个和解方案。但是，如果当事人无法达成一致，调解员（与仲裁员不同）不能强制执行和解方案或做出具有约束力的决定。

仲裁组织

美国仲裁协会（AMERICAN ARBITRATION ASSOCIATION，简称为AAA）

www.adr.org；

纽约地区办公室——纽约州，纽约，百老汇大街120号10层，10271，（212）716-5800，传真（212）307-4387；

洛杉矶地区办公室——加利福尼亚州，洛杉矶，菲格罗亚南街400号，迈克尔·R. 鲍威尔（Michael R. Powell），90017，（213）362-1900，powellm@adr.org；

国际争议解决中心（美国仲裁协会的国际部），www.icdr.org——纽约州，纽约，百老汇大街120号21层，10271，（212）484-4181。

加利福尼亚文艺律师组（CALIFORNIA LAWYERS FOR THE ARTS）

www.calawyersforthearts.org；

加利福尼亚州圣塔莫尼卡18大街1641号，90404，（310）998-5590，传真（310）998-5594（在南加州仲裁）。

独立电影电视联盟（INDEPENDENT FILM & TELEVISION ALLIANCE，简称为IFTA）

www.ifta-online.org；

仲裁代理，加利福尼亚州，洛杉矶，威尔夏大道10850号，90024-4311，（310）446-1000，传真（310）446-1600，瑞士达·斯达克（Richonda Starkey），rstarkey@ifta-online.org。

国际商会的国际仲裁法院（INTERNATIONAL COURT OF ARBITRATION OF THE INTERNATIONAL CHAMBER OF COMMERCE） www.iccwbo.org；

法国，巴黎，杜威尔逊总统大街33-43号，75116，国际商会国际仲裁法院的秘书处，011-33-1-49-53-29-05，传真011-33-1-49-53-29-33，arb@iccwbo.org。

美国司法仲裁调解服务股份有限公司（JUDICIAL ARBITRATION AND MEDIATION SERVICES，Inc，简称为JAMS）

www.jamsadr.com；

纽约办公室——纽约州，纽约，第8大道620号34层，10018，（212）751-2700，传真（212）751-4099，vcorvey@jamsadr.com；

洛杉矶办公室——加利福尼亚州，洛杉矶，第5西街555号32层，90013，（213）620-1133，传真（213）620-0100，gyulo@jamsadr.com。

非诉讼纠纷解决条款的示例[1]

美国仲裁协会[2]

仲裁：本协议应根据适用于在纽约州签署并完全履行的合同的纽约州法律理解和解释。当事人选择美国仲裁协会快速仲裁作为解决他们之间任何争议的唯一裁判方式，并选择一名无利害关系的娱乐法律师担任仲裁员。仲裁地点应为纽约市或加利福尼亚州的洛杉矶，由首先提出仲裁请求的一方确定。仲裁员在该程序中的裁定应是最终的、有约束力的，并且是不可上诉的。

仲裁：由本协议或对本协议的违反引起或与之相关的任何争议或索赔，均应根据美国仲裁协会的商业（或其他）仲裁规则通过仲裁解决。当事人选择快速仲裁作为解决他们之间任何争议的唯一裁判方式，并选择一

[1] 这些只是示例条款。条款应根据具体的州法律进行修订。请咨询律师，以获取有关非诉讼纠纷解决条款使用的更多信息。

[2] 请访问www.icdr.org以获取国际争议解决条款的示例。

名无利害关系的娱乐法律师担任仲裁员。仲裁地点为加利福尼亚州的洛杉矶。在仲裁员能够做出最终命令、决定、裁判或裁决前，仲裁员可以做出他认为保持现状所必要的任何临时的命令、决定、裁判或裁决。仲裁员在该程序中的裁定应是最终的、有约束力的，并且是不可上诉的。任何有管辖权的法院均可以对仲裁员做出的裁决做出法院判决。获胜方有权获得诉讼费和合理律师费的赔偿。

争议解决：如发生因本协议或对本协议的违反而引起或与之相关的任何争议、索赔、质疑或分歧，各方应尽最大努力解决。为此，他们应本着诚意进行磋商和谈判，并认识到他们的共同利益，努力达成双方都满意的公正合理的解决方案。如果他们未在60天内达成此类解决方案，则在任何一方向另一方发出通知后，所有争议、索赔、问题或分歧最终应由美国仲裁协会根据其商业仲裁规则解决。

争议解决：如果争议因本合同或对本合同的违反而引起或与之相关，并且无法通过协商解决，则在诉诸仲裁、诉讼或其他争议解决程序之前，各方同意首先通过美国仲裁协会（根据其商业调解程序）诚意调解解决争议。

美国仲裁协会与独立电影电视联盟

仲裁与管辖：本协议应根据适用于在加利福尼亚州签署并完全履行的合同的该州法律理解和解释。由本协议、本协议的有效性、本协议的解释、本协议的履行或对本协议的违反而产生或与之有关的任何争议或索赔，均应根据不时修订的独立电影电视联盟的规则和程序通过仲裁解决。这些规则和程序被纳入本协议并通过引用成为本协议的一部分。如果独立电影电视联盟拒绝接受此类争议的管辖权，则双方同意由美国仲裁协会在加利福尼亚州洛杉矶根据其规则仲裁，并由一名熟悉娱乐法的仲裁员对此类事项进行审理。

当事人有权进行与该仲裁程序有关的审前披露。双方同意，他们将遵守并履行根据本协议进行的任何仲裁所做出的任何裁决，任何具有司法管辖权的法院可根据该裁决做出判决，并且该仲裁和/或确认程序中的获胜方有权主张其合理的律师费和开支。仲裁将在洛杉矶举行，并且任何裁决均为最终的、具有约束力且不可上诉的。双方同意按照独立电影电视联盟或美国仲裁协会规则接受文书送达。双方进一步同意，如果仲裁裁决未支持发行方，并且发行方在法院确认后仍未支付赔偿金，则《国际电影电视联盟市场禁入规则》将适用于发行方的主席________。__________同意签署本协议的附文（见附件____）。

独立电影电视联盟

仲裁：本协议下产生的任何争议（包括关于在本协议终止或解除后仍然有效的任何权利或义务的争议）将根据本协议生效之日有效的《IFTA®国际仲裁规则》（以下简称为“《IFTA®规则》”）通过最终和具有约束力的仲裁进行管理和解决。各方放弃在任何其他法院或裁判机构裁定任何争议的权利，但当事人可以在仲裁开始前寻求《IFTA®规则》允许的临时救济。仲裁将在交易条款中指定的裁决地并依据交易条款中指定法律进行，如果没有指定，则由《IFTA®规则》确定。仲裁将根据相应适用法律裁决。另外，当事人将遵守仲裁中的任何决定，任何有管辖权的法院均可予以强制执行。当事人就临时救济、强制适用仲裁程序和确认裁决结果服从裁决地法院的管辖。各方同意按照《IFTA®规则》接受文书送达，并同意该等送达满足对各方的对人管辖权的所有要求。双方放弃适用《关于向国外送达民事或商事司法文书和司法外文书海牙公约》。双方均承认，对于由具有司法管辖权的法院确认后的未完全履行的仲裁裁决，获胜方可以仅根据《AFM®准则》禁止另一方出席美国电影市场（American Film Market®）。

加利福尼亚文艺律师组

争议解决：本协议产生的所有争议应按照文艺仲裁和调解服务（加利福尼亚文艺律师组的一个项目）规则提交调解。

争议解决：本协议产生的所有争议应按照艺术仲裁和调解服务（加利福尼亚文艺律师组的一个项目）规则提交调解。如果调解未能成功解决本协议引起的所有争议，则未解决的争议应提交最终且具有约束力的仲裁解决。仲裁员的选择应符合文艺仲裁和调解服务的规则。如果没有此类服务，则应根据加利福尼亚州法律将争议提交仲裁。仲裁员的裁决是最终的，任何有管辖权的法院可以对其做出判决。

仲裁：由本协议引起的所有争议应提交最终且具有约束力的仲裁解决。仲裁员的选择应根据文艺仲裁和调解服务（加利福尼亚文艺律师组的一个项目）规则进行。如果没有此类服务，则应根据加利福尼亚州法律将争议提交仲裁解决。仲裁员的裁决是最终的，任何具有管辖权的法院均可对其做出判决。

美国司法仲裁调解服务公司

仲裁和适用法律：本协议和本协议各方的权利应受加利福尼亚州法律规制并按其进行解释，不包括冲突规则或法律选择规则。由本协议或其违约、终止、执行、解释或有效性引起或与之相关的任何争议、索赔或争论（包括本协议仲裁的范围或适用性的确定），均应在[插入所需的仲裁地点]并由[一/三]名仲裁员通过仲裁解决。仲裁应由美国司法仲裁调解服务公司执行并根据其全面的仲裁规则和程序[并根据这些规则中的快速程序] [或根据美国司法仲裁调解服务公司的简化仲裁规则和程序]进行。任何有管辖权的法院均可对裁决做出判决。本条款不妨碍当事人向有适当司法管辖权的法院寻求临时救济以协助仲裁。

如果与你签约的一方比你更富有，那么约定非诉讼纠纷解决尤为重要；在这种情况下，对方可能仅仅因为他/她具有更强的持久力（即另一方更能够为长期的法庭争夺提供资金）而在诉讼中获胜。使用非诉讼纠纷解决条款，局面可能会更公平。

非诉讼纠纷解决条款可规定获胜方有权获得审理费用和律师费的补偿。反之，获胜方可能无法收回这些费用。

非诉讼纠纷解决可以由美国仲裁协会、加州文艺律师组、美国司法仲裁调解服务公司、独立电影电视联盟[1]或任何其他中立的组织或个人进行。[2][3]美国仲裁协会是一个拥有37个地区办公室的国家非营利组织。美国仲裁协会每年处理超过100000个案件，并有确定的程序规则。美国司法仲裁调解服务公司的仲裁员大多是前任法官。州和联邦法律规制仲裁。[4]正如后面将要解释的那样，仲裁裁决可由法院强制执行，当地郡长办公室可以帮助获胜方执行未完全履行的判决。

在仲裁程序中，当事人不需要由律师代理，尽管当事人经常认为聘请律师是有帮助的。律师可以起草仲裁申请书，提交书面的辩论意见，帮助选择仲裁员并准备证人和展示证据。在庭审过程中，律师可以发表开场陈述，询问和交叉询问证人，介绍证据，并做出最终陈述。

多年来，几大制片公司拒绝在他们的协议中约定仲裁条款。然而，现在有很多公司接受仲裁。他们选择仲裁是因为它是不向公众开放的私人程序，在庭审过程中可能出现的令人尴尬的信息会保密，不会被新闻媒体披露。仲裁的好处之一是它通常比诉讼便宜。然而，影视公司可能会觉得昂贵的诉讼程序有利于他们，因为他们可以比普通的演员或作家更有能力为持久的争议提供资金。为了保持这种优势，影视公司经常坚持在他们的仲裁条款规定，只有前任法官可以裁决争议，并且由仲裁组而不仅仅是一个仲裁员审理。他们会选择像美国司法仲裁调解服务公司这样更昂贵的裁决机构，并且各方遵循《联邦证据规则》。

美国仲裁协会仲裁的启动

仲裁开始于提交一份名为“仲裁请求”的文件。发起仲裁的一方是“申请人”(claimant)，另一方是“被申请人”(respondent)。

---

[1] 如果一方无法获得独立电影电视联盟的仲裁裁决的赔偿，则可以援引《国际电影和电视联盟市场禁入规则》禁止对方公司参与美国电影市场。但是，这一规则不适用于公司的高管。要使公司的高管禁入，你需要该高管签署一份规定了他们会被禁入的保证或附件。有关独立电影电视联盟仲裁的其他信息，请联系独立电影电视联盟，加利福尼亚州，洛杉矶，威尔夏大道10850号9层，90024，(310) 446-1051。

[2] 除非另有说明，否则以下描述是美国仲裁协会的仲裁程序和惯例。

[3] 为了充分披露，作者是独立电影电视联盟的仲裁员。

[4] 参见如《加利福尼亚民事诉讼法典》第1280节等 (加利福尼亚仲裁),《美国法典》第9编第1–15节 (《联邦仲裁法》)。

请求表格可从美国仲裁协会免费获得，并且可从美国仲裁协会网站（www.adr.org）下载。使用该表格不是强制性的，但请求必须包含表明纠纷性质的陈述、所有其他方的名称和地址、涉及的金额（如有）、所寻求的救济以及所要求的听审地点。

根据美国仲裁协会的规则，申请人必须在美国仲裁协会办公室提交两份请求的副本，并在每份附上含有仲裁条款的合同的副本，并交纳申请费。请求原件将发送给被申请人。有些州要求通过挂号信邮寄。

初始申请费的数额取决于申请人主张的金额，申请费从750美元（针对索赔额为0美元至75000美元的案件）到7000美元（针对索赔额为100万美元至1000万美元的案件）不等。此外，美国仲裁协会要求对进行第一次听审的所有案件支付案件服务费（也由索赔金额确定）。仲裁员的费用不包含在这些行政性费用中，并且每个仲裁员都会自行设定费用。

即使合同没有规定仲裁，当事人也可以自愿将争议提交仲裁。在这种情况下，双方必须通过签署提交协议同意将争议提交仲裁。

选择仲裁员

仲裁当事人选择自己的仲裁员。仲裁员通常是该领域的专家，并具有该行业的习惯和惯例的专业知识。位于洛杉矶的美国仲裁协会娱乐专家组由仲裁员/调解员组成，其中大多数是娱乐法律师。

如果仲裁员与任何一方存在可能会阻止他们保持完全中立的关系时，仲裁员必须自行取消其资格。仲裁员与当事人或其律师之间的任何关系都必须被披露。

仲裁审理

仲裁听审在非正式环境中进行。通常，当事人、他们的律师和仲裁员都坐在会议桌旁。当事人可以要求录音或要求速记员出席以生成书面记录。

申请人和被申请人将有机会以证物和证人的形式提出证据以证明其争议。律师可以使用传票要求那些不愿作证的人出具证人证言。通过一份文件出示传票，可以迫使证人将书籍和文件带到庭审中。

不适用证据规则和法院程序。然而，这并不意味着各方可以粗鲁无理，或在作证时互相打断。听审应该以庄严的方式进行，每一方都有充分的机会证明其案件、对另一方的证人进行交叉询问。

听审是不公开的——也就是说，他们不对公众开放，无利害关系的第三方不能旁听或查看任何记录。

根据加利福尼亚州法律，仲裁员必须在他/她的裁决中决定提交给仲裁员的所有问题。[1]美国仲裁协会规则允许仲裁员给予其认为恰当的任何救济措施，只要它在仲裁条款赋予仲裁员的权力范围内。仲裁员可以判给金钱赔偿以及衡平法的救济（即仲裁员可以命令当事人做某事）。在加利福尼亚州，仲裁员可以向胜诉方判予惩罚性赔偿、仲裁费用和律师费补偿（如果仲裁条款如此规定的话）。

裁决后

具有约束力的仲裁裁决难以被推翻。上诉的根据有限。如果败方不自愿遵守仲裁裁决，胜方可以在法院确认裁决。一旦确认，该裁决与法院判决没有区别，判决债权人可以让郡长扣押判决债务人的资产以执行裁决。

有关美国仲裁协会规则和程序的更多信息，请致电（800）778-7879联系美国仲裁协会客户服务部门，或访问其网站www.adr.org。

独立电影电视联盟仲裁[2]

为服务于娱乐业的需求，独立电影电视联盟（以前被称为“美国电影营销协会”或American Film Marketing Association，简称为AFMA）仲裁设立于1984年。独立电影电视联盟仲裁员都是娱乐法律师，因他们对于全球娱乐业的专业知识和技能而被选中。独立电影电视联盟在将仲裁员分配到特定案件之前

[1] 《加利福尼亚民事诉讼法典》第1283.4节。

[2] 有关更多详细信息，请访问独立电影电视联盟网站www.ifta-online.org。

对其进行利益冲突筛选，并要求他们披露可能造成利益冲突的任何信息。

与美国仲裁协会仲裁一样，这里不适用证据规则。任何一方均可要求仅根据部分提交的文件而非通过听审解决争议。仲裁适用于独立电影电视联盟成员和非成员因电影、电视和多媒体作品的制作、融资、许可以及国内和国际的展示而引起的争议。

如果当事人在合同、后续协议中或提交申请时明确选择独立电影电视联盟仲裁，则可以提交独立电影电视联盟仲裁请求。涉及非独立电影电视联盟会员的请求需要支付500美元的附加费。金钱赔偿主张的基本申请费为索赔额的1%，最低额为200美元，最高额为3500美元（非会员申请的最高额为4500美元）。[1]如果没有要求金钱赔偿，则申请费为200美元。请注意，根据其规则，独立电影电视联盟不允许做出惩罚性赔偿裁决。独立电影电视联盟仲裁费用往往比美国仲裁协会或美国司法仲裁调解服务公司的仲裁费用低，并且所有独立电影电视联盟仲裁员都是经验丰富的娱乐法律师。

独立电影电视联盟在www.ifta-online.org/recent-awards上公布了先前裁决的概要。每份概要都包括了当事人的名称、仲裁员的姓名、裁决做出的日期以及有关裁决性质的简短总结。虽然独立电影电视联盟负责管理仲裁，但做出这些决定完全是审理每项争议的仲裁员的权力。

对裁决概要的研究表明，某些公司被卷入多个争议。虽然这并不一定表明这些公司违反了协议或者应该避免与其交易，但它确实提供了对最近无法公开审查的争议的一些见解。法院记录一般向公众提供，但是，仲裁程序通常是非公开的，其他人无法审查。

例如，考虑与销售代理商签订协议的制片人可能想知道该代理商此前是否曾卷入争议。想要与一个地区买家签订合同的销售代理商可能会认为，有必要了解该买方是否有未履行合同义务的历史。

独立电影电视联盟仲裁的启动

仲裁通知：第一步是通过向另一方发送一份仲裁通知来提出请求。没有标

---

[1] 这些费率自2015年起生效，可能会有所变化。

准表格，但独立电影电视联盟网站（www.ifta-online.org/ifta-arbitration）提供了通知示例。根据独立电影电视联盟规则，载明以下信息的信函即可符合要求：

· 将争议提交独立电影电视联盟仲裁的请求；
· 各方及其律师的姓名、地址、电话和传真号码；
· 描述争议的性质和涉及的金额；
· 所寻求的救济或补救措施；
· 约定独立电影电视联盟仲裁的合同条款或协议的副本；
· 与争议有关的合同的完整副本。

提交申请：所有文件和申请费应送至加利福尼亚州，洛杉矶，威尔夏大道10850号9层，90024，独立电影电视联盟，仲裁代理转交仲裁庭。

申请人可以选择进入可选的仲裁前和解期（见下文讨论）或开始仲裁。独立电影电视联盟将通知双方仲裁正式启动。一旦得到通知，被申请人将有21天的时间来回应仲裁请求。

独立电影电视联盟仲裁前和解程序

独立电影电视联盟仲裁的一个优点是当事人可以选择使用可选的仲裁前和解程序。在此过程中，独立电影电视联盟将向另一方发送一封信，在正式启动仲裁之前提供10天的和解期。非独立电影电视联盟会员需要支付150美元才能使用此程序。对于独立电影电视联盟会员公司，这个程序是免费的。如果案件没有和解并进入仲裁，独立电影电视联盟将把这笔费用记入申请费总额。

国际发行协议的独立电影电视联盟附文

许可方：____________________

发行方：____________________

电影：____________________

地域：____________________

合同编号：____________________

日期：____________________

为促使许可方与发行方在上述日期就该电影在所述地域范围内达成协

议，以下签字人签署这份《发行协议》（下称“本协议”）的附文，并同意和确认如下内容：

1. 仲裁

签字人同意，在许可方根据本协议向发行方提起（包括由许可方自发提起或作为回应而提起）的任何仲裁和相关法庭程序中，签字人应为一方被申请人。签字人有权在此类程序中提出的抗辩仅限发行方可用的抗辩。许可方未能诉诸任何权利、救济或担保不会减少或免除签字人的义务。对本协议的任何修改、续签、延期、放弃或变更均不会减少或免除签字人的义务。签字人放弃所有保证性质的抗辩，包括但不限于承兑通知、拒付、拒付通知、退票、退票通知及免责。根据下文第（2）款的约定，针对发行方的仲裁或根据该等仲裁做出的任何判决，应视为对签字人做出的。如果许可方获得要求发行方赔偿的裁决，许可方应获得针对签字人的类似裁决。

2. 救济

不论本附文有任何其他规定，但如果有针对发行方做出裁决，则除了根据《国际电影电视联盟市场禁入规则》规定的救济外，许可方不得要求签字人提供任何其他救济。在这方面，签字人同意遵守市场禁入规则中有关本协议的规定，即便签字人是发行方。许可方确认，如果发行方违反本协议或根据针对发行方的赔偿金裁决，许可方对签字人要求的唯一救济应是适用市场禁入规则，适用程度与市场禁入规则可能适用于发行方的程度相当。许可方放弃其就签字人的促使和协议可能享有的各种形式和性质的任何和所有其他救济。

3. 转让

本附文将适用许可方及其继受人和受让人的利益并可由许可方及其继受人和受让人完全执行。

4. 适用法律

本附文将受本协议（包括但不限于其中阐明的仲裁条款、适用法律、裁判管辖条款）规制并根据其进行解释。

签字人确认，除非下文另有约定，否则仲裁通知、传票和其他文件的送达应根据本协议中发行方的地址进行。

因此，签字人与许可方在此于首部所列日期签署本附文。

签字人

名称：________________

仲裁员费用

作为对娱乐业的服务，参与的独立电影电视联盟仲裁员同意以低于其惯常费用的费率进行工作。一旦仲裁员被指定，通常需要各方支付1500美元的押金。如果一方未能提交押金，仲裁员可以自行决定要求另一方为双方提供押金。然后，仲裁员可以从押金中提取（即从中扣减）他/她的与其在仲裁中所做的工作量成正比例的小时费用。

独立电影电视联盟仲裁员处理涉及至少一名独立电影电视联盟成员的争议的费用为每小时300美元，对于各方都是非成员的争议，仲裁费为每小时350美元。如果押金不能覆盖所产生的费用，则仲裁员可能要求提供额外的押金。在做出仲裁裁决时，仲裁员的费用可以被纳入并从败诉方处获赔。押金的任何未使用部分将退还给各方。

诉讼

诉讼可能无法为受害的演员、编剧或电影制作人提供可行的救济。诉讼成本高，争议的金额可能不足以证明大笔法律费用的花费是合理的。此外，除非有规定赔偿律师费和诉讼费用的合同，否则胜方可能无权获赔这些费用。因此，被发行方欺骗的电影制作人可能面临着为获得30000美元的赔偿而花费50000美元的法律费用的局面。[1]

有时，律师会以风险代理费为基础受理案件。在这种情况下，律师不按小时收取费用，但如果他赢得案件，他会获得损害赔偿金的一定比例（例如，30%）。根据特定的“风险”安排，客户可能需要支付申请费和其他法院费用，这可能达到数千美元。除非案件可能会打赢并且获得很高的损害赔偿额

[1] 这就是为什么在你的所有合同中规定仲裁条款以及胜诉方有权获得律师费和审理费用赔偿是有利的。

（例如，100000美元以上），否则律师通常不会进行风险代理。

当然，电影制作人可以自行在小额索赔法院提起诉讼，但加利福尼亚州的企业可能获得的赔偿最高是5000美元，自然人可能获得的赔偿最高是10000美元。电影制作人可以在没有律师的情况下在市镇法院或高级法院提起诉讼，但他/她将需要投入大量时间和精力学习如何准备和陈述案件。此外，除非电影制作人受过法律教育或由律师指导，否则他/她可能会犯下致命错误并被完全拒绝赔偿。

司法管辖权

声称自己被伤害并提起诉讼的一方是原告，被起诉的一方是被告。

原告只能在适当的法院起诉被告。法院必须兼具对人管辖权和对事管辖权。对人管辖权要求提交诉讼所处的州与被告有某种联系。如果被告居住在该州或在该州开展业务，则该州法院将对该被告拥有对人管辖权。因此，电影制片人可起诉在加利福尼亚州设有办公室或在加利福尼亚州开展业务的制片人，但不能在加州起诉一个与加利福尼亚州没有联系的蒙大拿州制片人。[1]

对事管辖权涉及法院裁决（审判）所提起的特定类型诉讼的权限。提起的诉讼的类型和所寻求救济的金额或种类通常将决定法院是否具有管辖权。

每个州都可以根据其选择自由地命名其法院。在纽约，最高级别的法院称为上诉法院，审判级别的法院称为最高法院。在加利福尼亚州，最高级别的法院被称为最高法院，审判级别的法院被称为高等法院。以下讨论以加利福尼亚州的命名法为基础，其他州以类似的方式对他们的法院做出安排，尽管他们的法院名称可能不同。

索赔额未超过10000美元的诉讼可以在加利福尼亚小额索赔法院提交。在小额索赔法院，你不能请律师为你出庭，但你可以在庭审前咨询律师。但是，这些程序非常简单，并且可以随时获得有关如何送达文书和准备案件的信息。庭审是非正式的，当事人可以坐在普通房间里，将案件提交给自愿担任临时法官的律师。

[1] 加利福尼亚州的对人管辖权受《民事诉讼法典》第410.10节规制，该条款规定了宪法所允许的最大范围的管辖权。

加利福尼亚州高等法院拥有一般管辖权，这意味着他们拥有对所有事项的管辖权，但法律给予其他法院的管辖权除外。

加州法院有时与联邦法院共享管辖权，除非联邦法规定联邦管辖权是排他性的。根据美国宪法，为了在联邦法院提起诉讼，一个案件必须要么涉及“联邦问题”，要么涉及具有“州籍不同”的诉讼当事人，即当事人居住在不同的州，或者一方是美国公民、另一方是其他国家的公民。提出“联邦问题”的案件是指涉及美国政府、宪法或联邦法律的案件，或涉及州间或美国与另一个国家之间的争议的案件。联邦法院对“联邦问题”案件以及所有破产事项拥有专属管辖权。

为了根据州籍不同来提起联邦案件，原告必须提出涉及超过75000美元损害赔偿的主张。州籍不同案件不是联邦法院的专属管辖，因为此类案件也可以提交给适当的州法院。

法院信息

有关州（包括小额索赔）和联邦法院的更多信息，请访问这些网站：

- www.uscourts.gov（联邦司法部主页）
- www.findlaw.com/11stategov(有关全部50个州的法院、法律和政府信息）
- www.ncsc.org（州法院网站国家中心，链接到州法院网站）

加利福尼亚州的法院

普通州法院信息：

- www.courtinfo.ca.gov

加利福尼亚州小额索赔法院信息：

- www.courts.ca.gov/1017.htm

纽约州的法院

普通州法院信息：

- www.courts.state.ny.us/

纽约州小额索赔法院信息：

- www.nycourts.gov/courts/nyc/smallclaims/index.shtml

问与答

1.什么是仲裁代理人?

答：一名负责处理仲裁机构的程序事宜的行政人员。仲裁代理人不是仲裁员，也没有权力对争议做出决定。此类人也可被称为案件管理员或案件行政管理员。

2.当事人可以与仲裁员私下沟通吗?

答：一般来说，当事人或其律师都不能与仲裁员进行私下（仅一方当事人参加的）对话。在通过电话或听审与仲裁员协商时，所有当事人及其律师都应在场。这是为了确保所有各方始终知道仲裁员接收到了哪些信息，并且能够反驳或不同意任何此类陈述。但是，当事人经常可以就程序问题与案件管理员单方面沟通，例如询问听审地点在哪、确认已收到付款或处理其他行政事项。每个仲裁机构都有自己的规则，你应该在任何仲裁程序开始时仔细阅读。

第18章

聘用律师、经纪人和经理人

律师

加利福尼亚州要求律师在客户的总支出（包括律师费）可能超过1000美元时与客户签订书面费用协议（《业务与职业法典》第6148节）。[1]一份书面费用协议解释了律师如何收费，这样做可以保护客户。

这一协议必须披露律师的小时费率和其他收费、拟提供法律服务的一般性质以及律师和客户在协议项下的责任。

如果律师未能遵守上述要求，客户可以选择撤销该费用协议。在这种情况下，律师有权收取一笔“合理”的费用。

律师受许可其执业的一个或多个州的律师协会监管，并受其纪律约束。有一套精心制定的道德规则规制其行为。[2]例如，禁止律师同时代理有利益冲突的多个客户，除非该等客户明知这一利益冲突且做出书面同意。

律师对客户也负有信托义务。这意味着律师应把客户的利益置于首位，优先于那些使律师方便或有利可图的事情。

在聘请律师之前，你应该仔细审查聘用协议。律师的收

---

❶ 律师也要向客户、其监护人或代表提供一份律师与其签署的合同副本。

❷ 《业务与职业法典》副本可访问www.netlawlibraries.com，该法典提纲挈领地规定了加利福尼亚州律师的道德守则。

费标准通常可以协商，一些律师可能会对初出茅庐的电影制作人减价收费。然而，大型律所可能认为花时间在一位小客户身上是不值得的。

律师的小时费率并不总能很好地衡量客户最终将在法律费用上支出多少。这是因为每小时费率500美元的有经验的律师可以在一小时内草拟一份合同，他最终可能比每小时费率250美元但花费四个小时来完成同样任务（即便如此也可能没做正确）的新手律师更便宜。

当雇用娱乐法律师时，聘请专攻该领域的律师是明智之举。一名房地产律师可能认为涉足娱乐法是令人兴奋的事情，但他可能不具备该领域专家所具备的专业知识。只有深耕于这个行业的人才会知道服务的现行价格以及如何克服常见的障碍。一名优秀的娱乐法律师不仅可以起草合同，还可以为你推荐发行商和潜在的合作伙伴，并提供战略性的建议，这些建议可能同时基于行业知识和对法院判决的了解。

在娱乐法领域，专门化的程度很高。有的律师从事诉讼代理业务，有的则可能将业务限于事务性工作（撮合交易）。有些律师专攻音乐，而另一些则专注于电视、电影、图书出版或新媒体。

在加利福尼亚州，人们可以很容易地向州律师协会确认一个律师是否有执照，以及是否有过纪律处分记录。请访问 http：//members.calbar.ca.gov/fal/membersearch/quicksearch。

律师–客户费用合同

本《律师–客户费用合同》（以下称“合同”）由以下签字人_______（以下称“客户”）和__　　（以下称“律师”）签订。

1. 条件：本合同自客户归还本合同签字件并支付第3条项下要求的定金之时起生效，律师开始有义务提供法律服务。

2. 范围和职责：客户聘请律师提供与娱乐咨询、谈判和合同相关的法律服务。律师应提供代理客户所合理需要的法律服务，并应采取合理措施使客户及时了解进展情况并答复客户的询问。律师的服务不包括任何类型的诉讼，无论是在法庭上、行政听证中或是在政府机构或司法仲裁机构。该等服务必须另行达成协议。客户应对律师诚实，与律师合作，及时向律师通报进展情况，遵守本合同，按时支付律师账单，并向律师告知客户的地址、电话、行踪。

3. 定金：客户以____方式交存_____美元。这笔钱将存入信托账户，用于支付法律服务的费用、支出和律师费。客户特此授权律师从信托账户提取款项以支付客户发生的费用和/或律师费。客户承认，定金不是总费用的估算额。在律师服务结束时，任何未使用的定金将退还给客户。

4. 律师费：客户同意按照下列费率支付法律服务费用：律师每小时___美元；顾问律师每小时___美元；非合伙人律师每小时___美元；法律助理每小时___美元；秘书每小时____美元。小时费率每年上浮不超过3%，具体上浮比例另行通知。律师与非合伙人律师的收费最小单位为1/10小时。律师的可计费时间包括与客户之间的电话会议以及代表客户与第三方进行的电话会议。

5. 费用和支出：除支付律师费之外，客户还应报销律师发生的所有合理费用，包括长途电话、通信费用、邮费、复印费用、传真费用、停车费和里程费。律师在发生超出200美元的任何费用之前应取得客户的同意。

6. 对账单：律师应定期向客户发送已产生费用和支出的对账单。客户应在每份对账单日期后的10日内支付律师对账单。客户可以要求发出对账单的时间间隔不得少于30日。经客户要求，律师将在10日内提供一份对账单。对逾期未付超过30日的对账单，将收取法定利率的滞纳金。

7. 解聘与辞职：客户可以在任何时候解聘律师。经客户同意或出于正当理由，律师可以辞职。正当理由包括客户违反本合同、客户拒绝与律师合作或在重要事项上拒绝遵循律师的建议，或任何其他将使律师继续代理违反法律或道德的事实或情况。如果客户未根据本合同的规定向律师付款，律师有权中止工作。

8. 服务结束：在律师服务结束时，所有未支付的费用立即到期应付。在律师服务结束后，律师将应客户要求，向客户交付客户档案，以及其掌握的任何客户资金或财产。在服务结束一年之后，律师无义务保存客户档案。

9. 留置权：就构成本合同项下律师代理对象的任何及全部对客户的到期欠款、权利主张或诉因，客户特此授予律师留置权。律师的留置权是为律师服务结束时应付未付给律师的任何款项而存在的。该留置权将附加于客户可能获得的任何追偿，无论是通过仲裁裁决、判决、和解还是其他方式。上述赔偿应存入律师的信托基金账户，律师应随即扣除任何到期的律师费用，并将余额支付给客户。由于留置权可能影响客户的财产权，客户在同意该等留置权之前，可能希望寻求其选择的独立律师的意见。通过签署本协议，客户陈述并同意，客户已获得向另一名律师咨询的机会。

10. 利益冲突：当一名律师在同一事项中同时代表两个或两个以上的人时，该律师有义务告知这些人存在潜在的利益冲突。这样的冲突可能会发生，例如，律师代表一个电影制作人与同为其客户的联合制片人或发行商进行交易谈判。律师已向客户告知《加利福尼亚州律师职业行为准则》第3-310节的下列条款：

（a）如果会员跟（或曾经跟）与该代理利益相关的另一方有关系，或者对诉讼标的有利害关系，则未经所有受影响的客户之知情书面同意，该会员不得接受或继续该等代理。

（b）除非得到客户知情的书面同意，否则会员不得同时代理有利益冲突的客户。

律师已告知客户《加利福尼亚证据法典》第962节与律师–客户特权相关的下列规定：

如果两个或更多的客户就共同利益事项聘请或咨询同一个律师，则对于该等关系存续过程中于一个客户（或其利益继受人）和另一个客户（或其利益继受人）之间进行的民事诉讼中做出的谈话内容，上述客户（或其利益继承人）中的任何一人不得根据本条要求对该等谈话内容享有特权。

如果客户要求律师代理一方以上的当事人，即使存在任何实际或潜在的利益冲突，客户特此同意律师的同时代理。此外，客户确认并同意，律师的代理在任何时候均不得被解释、主张或视为违反信托关系、利益冲突或违反对客户承担的任何其他义务。客户同意，客户在任何时候均不得主张或辩称律师应当因任何相关或不相关的事项被取消代理任何客户的资格。

11. 保证/保险的免责声明：本合同及律师对客户的陈述中的任何内容均不应被解释为对客户事务之结果的承诺或保证。律师未做出任何该等承诺或保证。律师对客户事务结果的评论只是意见的表达。律师有职业责任保险。

12. 完整协议：本合同包含双方的完整合意。在本合同生效日当天或之前做出的任何其他协议、声明或承诺对双方均不具有约束力。如果本合同的任何规定由于任何原因被全部或部分认定为不可强制执行，整个合同的其余规定与该规定将是可分割的，其余规定保持有效。只有经双方签署书面文件，或在双方已经执行的范围内达成口头协议，双方的后续协议方可修改本合同。

13. 生效日：本合同将在客户履行了第1条所述的条件时生效，但其生效日将追溯至律师首次提供服务之日。本合同首部所列日期仅供参考。即使本合同未生效，客户有义务向律师支付其可能已经为客户提供的任何服务的合理价值。本合同中有关律师费、服务结束、退出和留置权的规定应在律师被解聘或辞职后继续有效。本合同于_____年_____月_____日在_____市_____郡签订。

双方已阅读并理解上述条款，并同意上述条款自律师首次提供服务之日起生效。如果有超过一个的客户在以下签字，每一客户均同意对本合同项下所有签字客户的所有义务承担连带责任。客户将收到一份经完全签署的本合同副本。本合同签署一式多份，所有文本共同构成同一份文件。

________________	________________
（客户）	（律师）
日期：__________	日期：__________

经纪人

经纪人和律师在几个重要方面有所不同。首先，经纪人是一名销售人员，他的主要职责是为他/她的客户找到工作。经纪人要花大量时间奔走，了解有哪些项目和潜在的艺人购买者（例如，影视公司、制片人）正在招募，然后设法从他/她的客户名单中满足这些需求。虽然律师可能会偶然地帮助客户找到工作，但律师的主要职责是谈判交易和保护客户的合法权利。律师并不像经纪人那样有条不紊地花大量时间奔走。

其次，经纪人以或有费用（contingency fee）为工作基础。在加利福尼亚州，经纪人收取10%的佣金。例如，如果一个经纪人以5万美元的价格出售客户的剧本，经纪人将获得5000美元的费用。而律师通常按小时工作，通常每小时收费350 ~ 500美元或更多。一些律师事务所收取艺人客户（如演员、编剧和导演）收入的一定百分比作为法律服务收费，通常为其收入的5%至10%。然而，这种类型的交易，通常只提供给已经得到认可的和以固定期限受聘的客户。

从客户的角度来看，或有费用的好处是，仅当并且直到一个交易终结，客户才会产生费用。因此，经纪人或律师有强大的动力去达成协议。但是，如果经纪人只花了几个小时在一项交易上，或有费用可能会比按小时计算的费用更多。

经纪人有时在没有律师协助的情况下为客户谈判常规交易。然而，对于复杂的问题，艺人应该咨询律师。客户可能希望经纪人和律师都能审查他们的交易。根据我的经验，律师在许多交易点上往往比经纪人更具进取性。作为销售人员，经纪人可能不愿意施加压力，因为他们需要在下周回到买方这里来推销另一个客户或剧本。

艺人需要理解经纪人和经理人之间的区别。经纪人试图为他们的客户寻找工作；经理人就职业问题为客户提供建议，并帮助管理他们的职业生涯。

根据一些州的法律，包括在加利福尼亚州，禁止经理人为他们的客户招揽工作，但他们还是经常这样做。在这种情况下，个人经理人处于弱势地位，因为根据法律规定，客户有权解除委托代理协议并不向经理人支付报酬。

加州和其他几个州颁发艺人经纪人执照。《加利福尼亚劳工法》第1700.5节规定，艺人经纪人必须首先从劳工标准执法处那里获得执照。[1]经纪人有不正当行为的，可能会失去其经纪人执照。[2]无执照经纪人与艺人之间的合同

---

[1] 网站leginfo.ca.gov/.html/lab_table_of_contents.html中也有规制艺人经纪人的《加利福尼亚劳工法》。

[2] 劳工标准执法处不能向提出申请前三年内曾被吊销执照的人再颁发执照。

无效。[1]

另一方面，个人经理人不需要执照。[2]经纪人可以与一个或多个艺人协会签订特许协议，并且这些特许协议优先于经纪人和协会成员之间的任何协议。在颁发经纪人执照的州所做出的要求之外，特许协议为艺术家提供了某些额外保护。比如，如果经纪人在一定时期内无法落实任何聘用机会，则艺人有权解除经纪协议。

自1937年以来，美国演员工会（2012年与其姊妹工会美国电视与广播艺人联合会合并，成为联合工会）和艺人经纪协会（Association of Talent Agents）及其东海岸对口机构全国艺人代表协会（National Association of Talent Representatives）[合称“艺人经纪协会（ATA）”][3]之间有一份特许协议，为演员和经纪人双方提供利益。该协议于2002年4月结束，当时美国演员工会成员在公投中否决了对特许协议的大规模修改。截至目前尚未达成任何替代协议，尽管姊妹工会美国电视与广播艺人联合会能够与经纪人签订一份特许协议。因此，艺人经纪协会经纪人不再受美国演员工会的特许，但仍受美国电视与广播艺人联合会特许。

公投之后，美国演员工会全国委员会暂停适用美国演员工会的章程中“规章制度”部分第16（a）条，其中规定，美国演员工会会员只能由特许经纪人代理；然而，这一暂停仅适用于曾经由美国演员工会特许的艺人经纪协会经纪人。因此，联合工会会员可继续由两类艺人经纪人代理：一类是根据美国演员工会传统规则（Legacy SAG rules）特许的经纪人，另一类是曾被正式特许并且现在隶属于艺人经纪协会的经纪人。后者所代表的表演者不受《美国演员工会经纪机构特许协议》第16（g）条（或《经纪机构条例》）的保护。因此，许多演员现在与他们经纪人签署经过州批准的协议，但允许经纪人分享比其根据

---

[1] *Waisbren v. Peppercorn Productions, Inc.*, 48 Cal. Rptr. 2d 437, 41 Cal. App. 4th 246,（Cal. Dist. Ct. App. 1995）（解释了《加利福尼亚劳工法》第1700.5节）。

[2] 同上。

[3] 艺人经纪协会是一个非营利性行业协会。艺人经纪协会的经纪机构与美国导演协会、美国编剧协会、美国电视与广播艺人联合会、美国电影市场和演员权益工会之间存在协议。尽管美国演员工会的协议在2002年过期了，但是艺人经纪协会的经纪机构仍继续代理演员。

先前的特许协议所能取得的更多的剩余收入。[1]

当经纪人希望重新谈判交易以使他们可以享有一些不受监管的经理人所保有的灵活性时，艺人经纪协会和美国演员工会之间的关系破裂了。经理人可以在他们的演员客户受雇的项目中充当制片人，这可能会在代表客户时造成潜在的利益冲突。经纪机构还希望能够将其部分业务出售给广告代理商或独立制片公司。

经纪人并不总是与他们的客户签订书面代理协议。他们可能握握手就开始工作了。这对客户来说或许是可以接受的，因为经纪人的行为受州和一个或多个协会规制。此外，签署书面协议并不能保证经纪人会为客户找到工作。从实际的角度来看，如果经纪人不能拿到工作，继续他们之间的关系可能对任何一方都没有什么意义。

经纪协议定义经纪人代理客户的领域。一个涉足多领域活动的客户可能需要多个经纪人。例如，客户可能会签约纽约的文学经纪人在出版领域代表他/她，签约一个好莱坞的艺人经纪人代理编剧事务，签约一个现场出席活动经纪人（personal- appearance agent）代理现场表演事务。有些经纪机构覆盖多个领域，而其他机构则聚焦于一个领域。一个经纪机构可能专门代理舞者，另一个机构可能只代理电视广告。虽然一个人可能有几个经纪人，经纪人通常会坚持在其业务范围内的排他性。如经纪机构与客户之间发生争议，包括费用支付责任的争议，当事人应将有关争议事项提请劳工标准执法处审理决定。[2]

可以在 https：//dir.ca.gov/databases/dlselr/talag.html上搜索数据库，检查经纪人是否在加利福尼亚州获得许可。众所周知，艺人经纪机构在激烈地争夺顶级艺人，而当艺人从一家经纪机构转到另一家时，棘手的问题就会出现。第一个经纪机构可能有权就其谈判达成的交易的续约获得佣金，即使续约发生在艺人不再由该机构代表之后。在联合艺人经纪公司诉巴里·桑尼菲尔德（*United Artist Agency, Inc. v. Barry Sonnenfeld*）一案中，争议因执导了几部“黑衣人”电影的导演巴里·桑尼菲尔德而起。1990年，桑尼菲尔德同意由联合艺人经纪

---

[1] 请访问联合工会的网站www.sagaftra.org/member-update-talent-agents，获取更多有关联合工会和特许艺人经纪人的最新信息。

[2] 根据《加利福尼亚劳工法》第1700.44节的规定，除非该等争议能够根据该法第1700.45节的条款得以解决。

公司代理，联合艺人经纪公司于1995年为他促成一笔交易，以325万美元的价格执导了第一部“黑衣人”电影。这笔交易让他获得了滚动优先谈判权，以同等或比第一部电影更高的薪酬来执导未来的续集。

后来，桑尼菲尔德离开了联合艺人经纪公司，与创新艺人经纪公司签约。2002年，在第一部电影大获成功后，创新艺人经纪公司使桑尼菲尔德以2000万美元来执导《黑衣人II》。创新艺人经纪公司同意补偿桑尼菲尔德，如果联合艺人经纪公司就其部分费用提出索赔。联合艺人确实向桑尼菲尔德提出了索赔，创新艺人经纪公司向联合艺人经纪公司支付了32.5万美元（即联合艺人经纪公司在最初交易中谈判争取到的续集底价325万美元的10%）。不过，到2009年，桑尼菲尔德已离开创新艺人经纪公司，转签威廉·莫里斯奋进公司。在与索尼进行了大量的谈判后，威廉·莫里斯奋进公司为他与索尼达成了一项协议，索尼将支付他700万美元外加奖金来执导该系列的第三部电影。随后，联合艺人经纪公司声称应向它同样支付和《黑衣人II》一样的32.5万美元，但桑尼菲尔德拒绝支付。[1]联合艺人经纪公司启动了美国导演协会仲裁程序，声称应从《黑衣人III》交易的收入中向它支付这笔钱，尽管多年前其已经与导演分道扬镳。

仲裁员认为，《黑衣人III》交易的发生是因为联合艺人经纪公司在第一份协议中获得的滚动优先谈判权。尽管联合艺人经纪公司与桑尼菲尔德只有口头协议，仲裁员还是做出了有利于联合艺人经纪公司的裁决。

仲裁员要求桑尼菲尔德向联合艺人经纪公司支付32.5万美元。

联合工会电影/电视经纪合同示例

本协议由艺人经纪人___（艺人经纪人，以下称为“该经纪人”）与___（演员姓名，社会保险号：________，以下称为“该演员”），在___（“协议地点”）签订。

特此证明：

1. 根据《演员工会经纪机构汇编条例》第16(g)条（下称“第16(g)条”）对相关领域的界定，该演员聘请该经纪人在以下领域担任其经纪人，该经纪人接受该等聘请：

[1] 第三部“黑衣人”电影上映并取得了6.216亿美元的全球票房。

[在适当的空白处做标记]

□院线电影

□电视电影

如果本合同的代理范围包括电视电影，且在本经纪合同的期限内该演员签署了一系列或一定期限的电视电影服务合同，且该演员根据该等服务合同同时提供节目广告或插播广告的服务，则视为本经纪合同包括对该演员与该等广告相关工作的代理，并且对该演员在该等广告中的代理不得被视为包含在任何该演员可能已经签署的覆盖广告领域的独立经纪合同中。

本合同仅限于上述指定领域的电影以该演员在该等电影中作为演员的合同，除非另有明确说明，本合同中提及的该演员据以提供服务的合同或聘用系指该等电影的合同或聘用。

2. 本合同的期限为________（合同期限），从_______（合同期限起算时间）起算。

3.（a）该演员同意向该经纪人支付相当于该演员在第2条规定的期限内签订的或本经纪合同签订时已存在的聘用合同（或与上述聘用合同项下的聘用相关的聘用合同）项下直接或间接收到的全部款项或其他对价的_____%的佣金（“经纪人佣金”），但在该演员可能有义务向另一名经纪人支付前述已存在的聘用合同佣金的范围内除外。当该演员或代表该演员的任何其他人收到该等款项或其他对价时，佣金应予支付。佣金的支付受第16（g）条的限制。

（b）因电视电影的国内重播、影院放映、国外放映或补充市场放映而向该演员支付的报酬的佣金，按第16（g）条的规定执行。

（c）本合同上述第1条中包含的商业广告佣金应遵循第16（g）条规定的商业广告规则。

（d）下列任何项目不产生佣金：

i. 并非作为报酬，而是为该演员的差旅和生活支出支付给该演员的单独款项。

ii. 并非作为报酬，而是支付给该演员的单独款项，作为对该演员实际发生的与聘用相关的必要支出的补偿，如戏服的损坏或丢失、特殊发型师费用等。

iii. 因制片人违反联合工会集体谈判合同的规定（如违反用餐时间、休息时间的规定，拖欠付款的罚金或利息），作为罚金支付给该演员的款项。

iv. 根据规定了该等付款的相应集体谈判协议的规定，为1960年1月31日后制作完成的院线电影的免费电视放映或补充市场放映而应当向该演员支付的款项。但是，如果该演员的个别电视电影聘用合同规定，在为院线放映制作的电影通过免费电视或在补充市场放映时，该演员能获得超过在签订聘用合同时有效的相应集体谈判协议项下应支付的最低报酬，则应就该报酬支付佣金。

v. 根据相应集体谈判协议的规定，为电视电影和商业广告的海外免费电视广播而应当向该演员支付的款项。但是，如果该演员的合同规定的报酬高于聘用时有效的相应集体谈判协议规定的最低数额，则应就该等款项支付佣金。

vi. 违反联合工会集体谈判协议的任何聘用合同。例如，规定"免费日""免费排练""免费配音""中断连续聘用"等的聘用合同不应被收取佣金。本条不受联合工会弃权的限制。

vii. 规定了相应联合工会集体谈判协议允许范围之外的国内外复播复映报酬、影院发行或补充市场费用的预付或买断的任何电视电影聘用合同，但个别聘用合同中的约定经联合工会明确批准的除外。

（e）该演员或代表该演员的任何人收到的与终止该经纪人本应有权获得佣金的该演员的任何合同相关的任何款项或其他对价，或与任何该等合同的和解相关的任何款项或其他对价，或因任何该等合同引起的任何诉讼所产生的款项，也应为该经纪人有权获得上述百分比的款项。不过，在该等情况下，该演员有权在计算该经纪人有权获得的上述百分比的基数之前扣除律师费、费用和诉讼费。该演员也应有权在计算该经纪人有权获得的上述百分比的基数之前扣除与收取因电影聘用合同而产生的应归于该演员的款项或其他对价相关的合理法律费用。

（f）在本合同有效期内以及之后，只有在本合同和条例有明确规定的情况下，该演员才应向该经纪人支付上述百分比。

（g）在第2条规定的期限届满后，该经纪人仍有权获得上述百分比，只要该演员根据或基于该演员在第2条规定的期限内签订的聘用合同继续获得钱款或其他对价，包括该演员在任何因行使该等聘用合同中的选择权而产生、将原合同期限延长的延长期内获得的钱款或其他对价，无论该等选择权是在第2条规定的期限届满之前还是之后行使，但须遵守条例中规定的相应限制。

（h）如果在该经纪人有权获得佣金的期间内，该演员的聘用合同因该演员和雇主的联合行动或其中任何一方的行动（基于天灾、疾病或类似原因的除外）而在上述规定的期限（包括通过行使合同约定的选择权而延长的期限）届满前终止，并且该演员在60日内与上述雇主签订了新的聘用合同，则该新合同应被视为取代前述终止的合同，但须遵守条例中规定的相应限制。在上述60日期限之后签订的任何合同不得被视为替代上述终止的合同。替代合同与被替代的合同具有同等的效力。但是，根据替代合同应支付给该演员的超出终止的聘用合同下应付金额的任何增加或额外的工资、奖金或其他报酬应被视为一次调整，除非该经纪人在调整时有一份有效的经纪合同，否则该经纪人无权就任何该等额外或增加的金额获得任何佣金。在任何情况下，与雇主订立的替代合同都不会将该经纪人有权获得佣金的期间延长超过该经纪人在未发生替代的情况下本应有权获得佣金的期间。雇主为规避本规定而进行的形式上的变更或者因重组或类似原因导致的雇主公司形式上的变更，不影响本规定的适用。

（i）只要该经纪人从该演员处获得佣金，该经纪人就有义务向该演员提供服务，并就佣金所基于的该演员的服务履行本经纪合同项下的义务，除非该经纪人根据条例的明确规定被免除该义务。

（j）仅在该演员或代表该演员的其他人已经收到相应钱款的情况下，该经纪人才有权收取相应钱款，且仅按上述比例收取。根据法律程序向该演员的债权人支付的款项，或根据该演员的委托或指令支付的款项，以及从该演员的报酬中依法扣除的从源扣缴税，例如，社会保险、养老金税、国家残疾税或所得税，应视为代表该演员或为该演员收取的酬金。

4. 如果该经纪人在第2款规定的期限内就该演员的聘用合同进行谈判，并为该演员获得一份善意的聘用要约，该经纪人将该要约以合理的细节、书面形式或其他确证的行动告知了该演员，而该演员拒绝该要约，且该演员在该经纪人向该演员提供该信息之日后的60日内以实质上相同的条款接受该聘用要约，则该演员应就该聘用合同向该经纪人支付佣金。如果根据先前的经纪合同聘用的经纪人有权在上述情况下收取佣金，则签署本合同的该经纪人在前经纪人有权获得的佣金范围内放弃其佣金。

5.（a）该经纪人可以代表在电影或娱乐业其他分支中提供服务的其他人士。

（b）除非并直至被该演员禁止，该经纪人可声称其是本合同所覆盖的电影领域中该演员的唯一独家代表。但是，双方明确理解，即使该经纪人并未违约，该演员可在任何时候书面通知该经纪人，禁止其为该演员提供进一步服务或声称自己为该演员的经纪人，不论该演员是否解除该经纪人的职务，也无论其是否有合法理由解除该经纪人的职务，并且该等行动并不给予该经纪人针对该演员的任何权利或救济。本条项下该经纪人的权利仅在该演员同意的情况下持续有效，但前提是，这不适用于该经纪人获得佣金的权利。在向该经纪人发出任何该等书面通知的情况下，本经纪合同第6条规定的91日期限中止，并延长与该经纪人被禁止为该演员提供服务的期间相同的期间。

6.（a）如果这是一份初始的经纪合同，并且如果该演员在本合同的最初151日内未被聘用或未获得/有权获得10日的聘用报酬，并且如果该演员在最初151日内的任何连续120日内未收到任何善意的聘用要约，或者如果在本条下文中提及的终止通知发出前的91日内，该演员未被聘用或未获得/有权获得10日的聘用报酬，无论该等聘用属于联合工会管辖的领域还是该经纪人根据书面合同可能被授权代表该演员的娱乐业的任何其他分支领域，则该演员或该经纪人均可以书面方式通知另一方终止本合同项下的经纪人聘用，但受限于本条下文所列的条件。该演员为电影提供服务或可能被要求为电影提供服务的每一日应计为1日的聘用时间。为确定在娱乐业的其他领域中一日聘用时间的标准，应适用以下规则：

i. 每一次单独的原始无线电广播（包括排练时间，且无论是现场直播还是录音）以及每一个转录的节目应视为一日的聘用。

ii. 每一次单独的电视直播应视为至少2日的聘用。不过，在2日（含电视广播日）之外的排练时间，每一日应被视为额外的半（1/2）日聘用。

iii. 无线电广播或无线电录制行业的重播（不论是录制的还是直播的，

或者离线录制的，或预先录制的），或花费在聘用上的排练时间，不视为该等聘用。现场直播电视节目和电视电影娱乐片、广告片的重播，也不视为该等聘用。

iv. 该演员录制的每一张唱片应为1日的聘用。

v. 除上述明确列出的以外，在娱乐业的所有其他分支领域中，该演员提供服务或可能被要求提供服务以获取酬金的每一日应计为1日的聘用时间。

（b）如果因该演员无法返回（处于远离其通常工作地点）、身体或精神上的无能力、其他不受其控制的原因、受聘于非该经纪人代表领域的工作，使该演员无法应承在娱乐业其他分支领域（该演员在该等领域是公认的表演者）且在其通常工作地点附近、来自与其声名相称的雇主、提供有薪服务的邀请，且该经纪人实际收到且以书面或其他确证的行动向该演员报告了该邀请，则作为终止依据的91日期限应根据该等聘用的工作量延长，但如果该演员正在该经纪人被授权代表的领域内的另一项聘用中提供服务，则该等工作中所花费的时间不加在91日的期限之上。无论该经纪人是否被授权在正统舞台剧领域代表该演员，如果该演员根据戏剧合同的履行接受了正统舞台剧领域的聘用，作为终止依据的91日期间应按该戏剧合同的期限延长，包括排练时间。如果该演员已宣布自己一定时间段内无法受聘，并已以书面或其他确证行动通知了该经纪人，或者已以书面或其他确证行动确认了来自该经纪人的通讯并达到同等效果，则作为终止依据的91日期限也应延长该等时间段。

（c）如果该经纪人已以书面形式或通过其他确证行动向该演员发出通知，向该演员提供来自与其声望相称的雇主、以与其声望相称的薪酬在其惯常工作地或附近的任何娱乐行业分支领域担任演员的工作要约（且事实上确有该等要约），该通知详细说明了拟议聘用的条款，该演员在收到该等通知后的合理时间内拒绝或未能接受该等聘用要约，则在计算与本条规定的该演员终止权相关的工作时间时，该等要约中保证聘用的期限应被视为该演员工作的时间。

（d）如果在该演员试图行使终止权时，该演员有该经纪人被书面合同授权代表该演员的任何或所有领域内的娱乐业服务合同在身，且该等合同整体上能保证该演员以下条件，则该演员不得行使终止权：

i. 70000美元或以上的服务报酬；

ii. 在91日和该91日后的273日内，50日或以上的聘用。

（e）所规定的91日和273日包括星期六、星期日和节假日。

（f）本合同项下的任何终止，均不得剥夺该经纪人就该演员在终止日之前赚得或收到的款项、该演员在该经纪人聘用终止日之后根据该等终止生效日之前签订的该演员服务合同赚得或收到的款项获得佣金或报酬的权利。

（g）解雇期、请假时间或该演员根据任何电影合同在其期限内未表演且被禁止为电影领域的其他方提供服务的期间，不应被视为本合同中的无聘用期间。本条中的“任何电影聘用合同的期限”不包括任何未行使的选择权。

（h）该演员并未实际提供其被聘用的服务，但仍获得了相应的报酬，视为构成本合同中的“聘用”。这一规定不适用于根据本条（a）（ii）项所列方式计算聘用时间的电视直播节目聘用。

（i）如果在经纪合同期限内的任何时间，电影的制作大规模（有别于仅一个或多个影视公司的制作）中止，则本协议所述的91日期间应按该中止期间延长。

（j）如果该演员的聘用合同规定该演员的保证报酬的任何部分应延期支付，或者如果该酬金在该演员在该聘用合同项下的实际演出时间之前或之后的一段期间内分期支付，则为确定该演员根据本条（d）款的规定享有的终止权之目的，该保证报酬应被视为已在该演员在该聘用合同项下的实际演出期间支付给该演员。

（k）不论本协议有任何相反规定，如果该经纪人在第6（c）条项下的终止权产生后但该演员尚未终止经纪合同时以书面形式或第6（c）条中定义的其他确证行动向该演员提交了善意聘用要约，并且如果该演员随后根据第6条终止经纪合同，并在该经纪人向该演员提交要约之日后的60日内接受该要约，则该演员应就其根据该要约获得的报酬向该经纪人支付佣金。

（l）除了在受限于第6（a）条规定的151日条款的初始经纪合同的情况

下，在本第6 条的91日终止条款规定的终止权利之外，该演员还有权自该91日期限的第82日起，在该经纪人明显无法于该91日期限内取得第6条规定的聘用的情形下，终止本合同。在判断是否足够明显时，不考虑该经纪人在该演员行使终止权后根据本条第（b）、（c）或（d）款的规定排除该权利行使的可能性。举例说明：如果该演员已无聘用满82日，该演员可在第82日终止合同，因为只有9日的剩余时间，该经纪人不可能在这段时间里为该演员获得10日的工作。如果该演员在83日内获得一日的聘用，该演员可在第83日终止合同，因为剩余的时间只有8日，该经纪人无法在该期间为该演员获得10日的聘用。

（m）为本第6条之目的，联合工会最低报酬聘用应被视为“聘用”和/或“工作”。

7.《演员工会经纪机构汇编条例》第16（g）条包含了管理其成员与艺人经纪人关系的规定，特此援引并纳入本合同，并成为本合同的一部分。第16（g）条的规定在本合同中有时称为“条例”，美国演员工会股份有限公司（Screen Actors Guild，Inc.）在本合同中有时被称作“联合工会”。

[以下斜体显示的段落是联合工会对该演员/经纪人的提示，不属于本合同的一部分；此外，第8条有四种可选形式。在使用本合同之前，你应删除所有斜体显示的文字，以及不适用的第8条替代内容。]

【本提示仅用于指示经纪人，不应包括在经纪合同标准规章附件 E的标准范本中。下面是第8条的四种可选形式。每一位经纪人应在经纪合同中载明，他仅使用适用于其所属经纪人类别的第8条备选方案中的特定一条。例如，如果他是典型的CM 1经纪人，则应当使用适用于CM 1经纪人的第（8）条。】

就CM 1经纪人而言，第（8）条内容应为：

（8）该经纪人同意，在本合同期限内，下列人员仅有责任亲自监督该演员的业务、为该演员提供服务和帮助。人员姓名由该演员亲自手写填入。*（如果该演员是基于某特定人士与该经纪人有关联这一事实而签订本合同的，则该演员应在下列空白处仅填写该特定人士的姓名；如果该演员并非基于该事实而签订本合同，则该演员应填写一个名字。）*

______________________ ______________________

______________________ ______________________

应该演员的要求并经合理通知，该经纪人应指派该人员在该城市或其周边地区为其谈判，该人员应当这样做；双方了解，该经纪人聘用的非本合同指定人员的分经纪人可以为该演员办理经纪事务，也可以协助上述指定人员为该演员办理经纪事务。如果上述人员由于死亡、伤残、退休或任何其他原因而停止从事经纪人的事务，该演员有权经书面通知该经纪人而终止本合同。在这种情况下，双方的权利受条例第11节和第12节规制。

就CM 2经纪人而言，第（8）条内容应为：

（8）该经纪人同意，在本合同期限内，下列人员仅有责任亲自监督该演员的业务、为该演员提供服务和帮助。人员之一的姓名由该演员亲自手写填入。*（如果该演员是基于某特定人士与该经纪人有关联这一事实而签订本合同的，则该演员应在下列空白处仅填写该特定人士的姓名；如果该演员并非基于该事实而签订本合同，则该经纪人应填写不超过一个姓名，该演员应填写一个姓名。）*

______________________ ______________________

______________________ ______________________

应该演员的要求，该经纪人应指派上述人员中可提供服务的（且一经该演员合理通知，应始终有至少一个可提供服务）、该演员可能选定的一位在该城市或其周边地区为其谈判，该人员应当这样做；双方了解，该经纪人聘用的非本合同指定人员的分经纪人可以为该演员办理经纪事务，也可协助任何一名指定人员为该演员办理经纪事务。如果上述两名指定人员由于死亡、伤残、退休或任何其他原因而停止从事经纪人的事务，该演员有权经书面通知该经纪人而终止本合同。在这种情况下，双方的权利受条例第11节和第12节规制。

如果CM 2经纪人根据第12节B小节第（2）条的规定放弃权利，第（8）条的内容应为：

（8）该经纪人同意，在本合同期限内，下列人员均有责任亲自监督该演员的业务，并为该演员提供服务和帮助。人员之一的姓名由该演员亲自手写填入。*（如果该演员是基于某特定人士与该经纪人有关联这一事实而签订本合同的，则该演员应在下列空白处仅填写该特定人士的姓名；如果该演员并非基于该事实而签订本合同，则该经纪人应填写不超过两个姓名，该演员应填写一个姓名。）*

____________________ ____________________

____________________ ____________________

应该演员的要求，该经纪人应指派上述人员中可提供服务的（且一经该演员合理通知，应始终有至少一个可提供服务）、该演员可能选定的一位在该城市或其周边地区为其工作或进行谈判，该人员应当这样做；双方了解，该经纪人聘用的非本合同指定人员的分经纪人可以为该演员办理经纪事务，也可协助任何一名指定人员为该演员办理经纪事务。如果上述所有指定人员（或在剩余人员不是条例第12节D小节第（2）条定义的所有者的情况下，仅需为其中两人）由于死亡、伤残、退休或任何其他原因而停止从事经纪人的事务，该演员有权经书面通知该经纪人而终止本合同。在这种情况下，双方的权利受条例第11节和第12节规制。

就 CM 3经纪人而言，第（8）条内容应为：

（8）该经纪人同意，在本合同期限内，下列人员仅有责任亲自监督该演员的业务、为该演员提供服务和帮助。其中两名人员的姓名由该演员亲自手写填入。*（如果该演员是基于某特定人士与该经纪人有关联这一事实而签订本合同的，则该演员应在下列空白处仅填写该特定人士的姓名；如果该演员并非基于该事实而签订本合同，则该经纪人可填写不超过两个姓名，该演员应填写两个姓名。）*

____________________ ____________________

____________________ ____________________

应该演员的要求，该经纪人应指派上述人员中可提供服务的（且一经该演员合理通知，应始终有至少一个可提供服务）、该演员可能选定的一位在该城市或其周边地区为其谈判，该人员应当这样做；双方了解，该经纪人聘用的非本合同指定人员的分经纪人可以为该演员办理经纪事务，也可协助任何一名指定人员为该演员办理经纪事务。如果四名指定人员中的任何三人，或三名或以下指定人员中的全部，由于任何原因（无论是由于死亡、伤残、退休还是任何其他原因）停止活跃于经纪人事务，则该演员有权经书面通知该经纪人而终止本合同。在这种情况下，双方的权利受条例第11节和第12节规制。

9. 该经纪人同意，在本协议期间在所有合理营业时间内于_______市（“经纪城市”）或其周边地区保持电话服务和办公室开门营业（突发疾病或死亡等紧急情况除外），并同意该经纪人的代表将在该营业时间内出现在该办公室。如果本条中的空白没有填写该经纪人设立向演员提供服务的办公室所在城市的名称，则本合同无效。

10. 如果该演员根据一系列或一定期限的合同受聘，该演员有权在届时有效的该系列或定期合同的任何周年日后的30日期限内，通过提前30日书面通知该经纪人其终止本合同的意图，终止本合同。本终止权的行使不得影响该演员在本合同项下的佣金义务。

11. 本合同、因本合同的续期或延长而签署的合同、本合同的替代合同、声称依此签署的合同项下的争议，与上述合同的成立、签署、效力有关的争议，与任意一方以任何理由撤销上述合同的权利有关的争议，与上述合同的解释、履行、不履行、效力、违约、延期、终止有关的争议，应根据条例的仲裁规定提交仲裁，无论任何一方是否已终止或意图终止上述相应合同。根据本合同，该经纪人承诺尽力为该演员取得聘用。本条款是根据联合工会的一项规则加入本合同的，联合工会是一个善意的劳工工会，该规则规范了会员与艺人经纪人的关系。本合同项下的任何仲裁听审的时间和地点应以合理方式书面通知加利福尼亚州劳工标准执法处。加利福尼亚州劳工标准执法处或其授权的代表有权出席所有仲裁听审。与加利福尼亚州劳工标准执法处有关的条款不适用于不属于《加利福尼亚劳工法》第1700.45节规定的情形。

12. 本合同双方声明并同意，他们受条例的约束，包括此前或此后根据《联合工会基础合同》、根据联合工会依据《联合工会基础合同》或条例做出的弃权，而对条例进行的修改。

13.（a）不论本合同有任何相反规定，如果条例应被认定为无效，本合同中所有对条例的援引都应予以取消；条例对本合同任何条款的所有限制应予以解除，本合同中依赖条例援引的部分应予删除，而本合同其他条款仍应有效并可强制执行。

（b）同样，如果条例的任何部分应被认定为无效，这种认定不应影响条例的其余部分或本合同的有效性；如果被认定为无效的条例的部分是本合同中具体援引的部分，则对该部分的援引应按本合同规定条例被认定为无效时的相同方式和同等效力从本合同中取消；其他情况下，本合同的规定应持续有效并可强制执行。

无论该经纪人在本合同签订时是否为该演员的经纪人，双方理解，就本合同的签订，每一方均可独立查阅条例，并完全依赖其自身对条例的了解。

本协议双方已于20__年__月__日签署本协议，以资证明。

____

演员

____

经纪人

签字：____________________

此艺人经纪人是由加利福尼亚州劳工标准执法处颁发执照的。

此艺人经纪人是由美国演员工会股份有限公司特许的。

本合同形式已于1991年1月11日获得加利福尼亚州劳工标准执法处的批准。

本合同形式已由美国演员工会批准。

前述提及加利福尼亚州的内容可被删除或在其他州进行适当替换。

美国电视与广播艺人联合会独家经纪合同范本(12–C规则)

本协议由________(以下称为“该经纪人”)与_______(以下称为“该艺人”)于_______签订。

特此证明:

1. 在美国电视与广播艺人联合会的条例(“12-C规则”)范围内,该艺人聘请该经纪人作为其在电视和广播行业(下称“广播行业”)的唯一独家经纪人,并同意在本合同期限内不雇用任何其他主体代其以相同身份行事,且该经纪人接受该等聘用。本合同仅限于广播行业及该艺人作为该领域艺人所订立的合同,除本合同另有规定外,本合同以下提及的该艺人提供其服务的合同或聘用系指广播行业的合同或聘用。

2. 本合同的有效期为______,自20__年__月__日起算。

注意——初始期限最长不超过18个月。在代理一年后可签署期限最长为三年的合同。

3.(a)该艺人同意根据条例的规定向该经纪人支付等于该艺人在本合同明确的期限内根据聘用合同直接或间接获得的所有款项或其他对价的_____%(不超过10%)的金额。佣金应于该艺人或代表该艺人的任何其他人收到相应款项或其他对价时支付。附加条款“G”必须附上,该艺人同意据其支付在该艺人签署经纪合同之前存在的聘用合同的佣金。

(b)就该经纪人有权获得佣金的任何合同,该艺人或代表该艺人的任何人收到的与终止该等合同相关的任何款项或其他对价,或与任何该等合同的和解相关的任何款项或其他对价,或由该等合同引发的任何诉讼,也应是该经纪人有权获得上述佣金的相关款项;但在此情况下,该艺人有权在计算该经纪人有权获得的佣金的基数之前扣除仲裁费、律师费、费用和诉讼费。

(c)上述佣金应由该艺人在本合同期限内依前述规则支付给该经纪人,并在本合同期限之后仅在本合同明确规定的情况下支付给该经纪人。

(d)在本合同规定的期限届满后,该经纪人有权获得上述佣金,只要该艺人继续根据其在本合同规定的期限内签订的聘用合同获得款项或其他对价,包括该艺人在因雇主行使该等聘用合同中的选择权而产生的、将原合同期限延长的延长期内获得的款项或其他对价，无论该等选择权是在本合同规定的期限届满前行使还是在期限届满后行使。

（e）如果在本合同期满后，且在该经纪人有权获得佣金的期间内，该艺人的聘用合同在其期限（包括通过行使合同约定的选择权而延长的期限）届满前通过该艺人和雇主的联合行动或他们中的任何一方的行动（天灾、疾病或类似原因除外）被终止，而该艺人在60日内与上述雇主签订了新的聘用合同，则该新合同应被视为取代上述已终止的合同。替代合同与被替代合同具有同等效力；但是，根据该替代合同或其他合同应支付给该艺人的超出终止的聘用合同下应付金额的任何增加或额外的工资、奖金或其他报酬应被视为一次调整，除非该经纪人在调整时有一份有效的经纪合同，否则该经纪人无权就任何该等调整获得任何佣金。在任何情况下，与雇主在本协议期满后订立的替代合同都不会将该经纪人有权获得佣金的期限延长至该经纪人在未发生替代的情况下本应有权获得佣金的期限之后，除非（如有必要）该经纪人收到的佣金总额与在未发生上述替代的情况下本应收到的佣金总额相同；但在任何情况下，该经纪人就该艺人的调整后报酬所获得的佣金不得超过上述比例。雇主为规避本规定而进行的形式上的变更或者因重组或类似原因导致的雇主公司形式上的变更，不影响本规定的适用。

（f）只要该经纪人从该艺人处获得佣金，该经纪人就有义务根据《美国电视与广播艺人联合会经纪人管理条例》就佣金所基于的该艺人的服务向该艺人提供服务并履行本合同项下的义务。

（g）仅在该艺人或代表该艺人的其他人已经收到相应钱款的情况下，该经纪人才有权收取相应钱款，且仅按上述比例根据艺人实际收款的时间和数量收取。根据法律程序向该艺人的债权人支付的款项，或根据该艺人的委托或指令支付的款项，以及从该艺人的报酬中依法扣除的从源扣缴税，例如，社会保险、养老金税、国家残疾税或源头扣缴所得税，应视为代表该艺人或为该艺人收取的酬金。

4. 如果该经纪人在本合同规定的期限内就该艺人的聘用合同进行谈判，并为该艺人获得一份善意的聘用要约，该经纪人将该要约以合理的细节、书面形式告知了该艺人，而该艺人拒绝该要约，且该艺人在本协议期限届满后、该经纪人向该艺人提供该信息之日后的90日内以实质上相同的条款接受该聘用要约，则该艺人应就该聘用合同向该经纪人支付佣金。如果根据先前的经纪合同聘用的经纪人有权在上述情况下收取佣金，则签署本合同的该经纪人在前经纪人有权获得的佣金范围内放弃其佣金。如果事实上已向该艺人传达了一项要约，并且该艺人承认他/她事实上收到了该要约，则该要约未被书面化这一事实不得被用来逃避本条款规定的义务。

5.（a）如果在本条下文中提及的终止通知发出前的91日内，该艺人未被聘用或未获得/有权获得10日的聘用报酬，无论该等聘用属于联合工会管辖的领域还是该经纪人根据书面合同可能被授权代表该艺人的娱乐业的任何其他分支领域，则该艺人或该经纪人均可以书面方式通知另一方终止本合同项下的经纪人聘用。（1）为计算本合同项下要求的10日聘用时间之目的，每一次单独的原始无线电或电视广播（无论是现场直播还是录音）应视为一日的聘用，但广播或电视行业的重播（不论是录制的还是直播的，或者离线录制的，或预先录制的），或为聘用花费的排练时间，不视为该等聘用。（2）为计算本合同项下要求的10日聘用时间之目的，该艺人录制的每一张唱片应为一日聘用：为计算本合同项下要求的10日聘用时间之目的，圣诞节至新年之间的一周不计入91日期间内。

（b）如果该艺人已宣布自己一定时间段内无法受聘，或已以书面形式通知了该经纪人，或已以书面形式确认了来自该经纪人的书面沟通并达到同等效果，作为终止依据的91日期限应在该等时间段内中止计算。（1）在艺人由于身体或精神上的无能力而不能响应对其服务的需求的期间内，或（2）在艺人可能受聘于非该经纪人代理的领域内的期间内，作为终止依据的91日期限亦中止计算。

（c）如果该经纪人以书面形式向该艺人发出善意聘用要约的通知，该要约邀请其作为艺人在娱乐行业、于其通常工作的地域范围或附近以与其名声相称的薪酬受聘于与其名声相称的雇主（并且确有此要约），该通知详细说明了拟议聘用的条款，并且该艺人拒绝或因疏忽未能接受该等聘用要约，则在为确定该艺人在本条中的终止权利而进行计算时，该要约中规定的保证聘用期限以及在该等期间内本应获得的报酬应被视为该艺人的工作时间或收到的报酬。

（d）第5条项下的终止不得剥夺该经纪人就该艺人在终止日之前赚得或收到的款项、该艺人根据其在该经纪人的聘用终止生效日之前且在本合同规定的期限内签署的服务合同于终止日之后赚得或收到的款项获得佣金或报酬的权利，不得剥夺该经纪人获得其根据第3（e）款、第4条有权获得的佣金或报酬的权利。

（e）该艺人在试图行使终止权时，有下列情形之一的，不得行使终止权：

（i）该艺人正实际根据书面合同进行工作，该等合同保证该艺人在至少连续13周的时间段里在广播行业每周至少一期节目的聘用。为本款之目的，“节目”应为（a）长度为半（1/2）小时或以上的区域网节目；（b）长度为1/4小时或以上的全国网节目；或（c）每周报酬总额等于或超过该艺人通常就（a）或（b）获得的报酬的节目；

（ii）该艺人有上文第（i）项或下文第（v）项所述的书面合同在身，且该等合同在该艺人试图行使终止权后的45日内开始；

（iii）如果该艺人试图在8月或9月行使终止权，并且该艺人有上述第（i）项或下文第（v）项所述的书面合同在身，并且该合同不迟于同年10月15日开始；

（iv）如果在本合同中提及的终止通知发送前91日的任何期限内，该艺人已获得或有权获得不少于其以往半（1/2）小时全国网节目惯常报酬的13倍的报酬，无论该等聘用或报酬是来自广播行业还是该经纪人可能通过书面合同被授权代表该艺人的娱乐行业的任何其他分支领域；

（v）该艺人正实际根据书面合同进行工作，该等合同保证该艺人（1）在连续13周的一个周期中，每两周至少受聘于电视广播领域的一期节目，且节目隔周播出一期，或（2）在连续39周的一个周期中，至少受聘于8期节目，且节目每月播出一期或每4周播出一期。

在上文第（i）项、第（ii）项、第（iii）和第（iv）项所述的情况下，91日的期限自该项所述合同的终止之日起开始；为上述项之目的，根据任何适用的美国电视与广播艺人联合会的集体谈判协议而与区域网或全国网节目同等对待的当地节目，应根据具体情况被视为区域网或全国网节目。

（f）如果在91日期满后的182日内，该艺人享有在身的该经纪人被授权代表其行事领域内的娱乐行业服务合同保证了25000美元或以上的服务报酬；或如果在上述182日内，该艺人享有在身的广播、录音或电视领域内的服务合同保证了20000美元或以上的服务报酬，则该艺人不得行使终止权。

（g）定期合同项下的解雇或请假不应视为本合同项下的无聘用期，除非该艺人在该等合同项下有权在广播或电视领域或在该经纪人被书面合同授权代表该艺人的娱乐行业的任何其他分支领域开展其他工作。本合同所提及的“定期合同”系指保证该艺人在连续不少于13周的期间内每周在广播行业至少受聘于一期节目，也包括该艺人进行工作所依据的《美国演员工会条例》中定义的任何电影行业的“定期合同”。此外，在本合同中使用的与电视领域相关的“定期合同”系指保证该艺人根据上文第（e）（v）项的规定受聘于电视领域的合同。

（h）如果该艺人在广播行业有聘用合同，并且该聘用合同或合同项下的任何聘用被雇主根据该合同的任何约定取消，且合同的该等约定不违反美国电视与广播艺人联合会的任何规则或规定，则为第5（a）款之目的，就上述被取消的广播，该艺人应被视为已被聘用并已获得报酬，但受限于下列限制：如果一份约定超过一个节目的合同被取消，则对于该等合同取消的生效日及之后的一个或以上的节目，该艺人不得被视为已被雇用或已获得该等合同项下的报酬。

（i）为本第5条之目的，如果该艺人并未实际进行其被聘用提供的广播，但仍获得了相应的报酬，视为构成本合同中的“聘用”。

（ii）如果在本合同的初始期限或延长期内的任何时候，广播电台和电视台的多数广播被中止，则本第5条中提及的91日期限应根据该等中止期间予以延长。

6. 该经纪人可以代表其他人。不应要求该经纪人将其全部时间和精力用于该艺人的业务上。该经纪人可以声称，他是该艺人在广播行业的唯一和独家的代表。如果本合同终止，即使是因该艺人的过错，该经纪人不根据前句而享有任何权利或赔偿。

7. 该经纪人同意，在本合同期限内，下述人士（此处填写不超过四个姓名）应亲自监督该艺人的业务。在所有合理的时间内，该等人员中应有一人可以于本合同指定的城市向该艺人提供咨询服务。应该艺人的要求，该经纪人应指派该等人员中可提供服务的（且一经该艺人合理通知，应始终有至少一个可提供服务）一位在该城市或其周边地区为其工作或进行谈判，该人员应当这样做。

8. 为保持管理的连续性，与该经纪人有关联的最多四名人士的姓名必须填写在下列空白处，除非填写完成，否则本合同无效：

（在此填写不超过四个名字）

如果填写了三或四名人员，其中至少有两名人员必须在本合同期限内继续活跃于经纪工作。如果仅填写了一名或两名人员，则至少有一名该等人员必须在本合同期限内继续活跃于经纪工作。如果所要求的人数不再活跃于经纪工作，该艺人可根据《美国电视与广播艺人联合会经纪人管理条例》第21节终止本合同。

9. 该艺人特此授予该经纪人使用该艺人的姓名、肖像和照片的权利，就经纪人在本合同项下对该艺人的代表对其进行广告宣传。

10. 该经纪人同意：

（a）不从美国电视与广播艺人联合会在任何集体谈判协议项下确定的任何可适用的最低限额中做出任何扣除。

（b）应该艺人的要求，就广播行业中与该艺人专业利益有关的事项向其提供咨询和意见。

（c）对该艺人的陈述是真实的。

（d）未经该艺人批准，或在未实现告知该艺人该等聘用的条款和条件（包括报酬）的情况下，该经纪人不得代表该艺人订立任何有约束力的协议或做出任何有约束力的其他承诺。

（e）该经纪人是该艺人的受托人。如该艺人书面指示不得公布关于其事务的信息，该经纪人不会披露该等信息。

（f）该经纪人有能力并将保持能力在本合同期限内于广播行业以干练而勤奋的方式代表该艺人的利益，并且将以该等方式代表该艺人。

（g）尽一切合理的努力，帮助该艺人获得对其在广播行业的服务的聘用。

（h）在本合同期限内，该经纪人——________同意在所有合理营业时间内于该市——______或其周边地区保持办公室开门营业和电话服务（突发疾病或死亡除外），并且该经纪人的某些代表将在该等营业时间内出现在该等办公室。如果本条中的空白没有填写该经纪人提供广播与电视经纪业务的办公室所在城市的名称，则本合同无效。

（i）如该艺人向该经纪人提出频次不高于每四周一次的书面请求，则经纪人应给予该艺人书面信息，说明在提出请求之日前一段合理时间内，该经纪人为该艺人所做的努力。

（j）在美国电视与广播艺人联合会的条例第6节禁止的情况下，该经纪人不得就该艺人在与该经纪人有利害关系的一揽子节目获得的服务报酬收取或接受任何佣金。

11. 本合同受《美国电视与广播艺人联合会经纪人管理条例》（12-C规则）的约束。本合同、因本合同的续期或延长而签署的合同、本合同的替代合同、声称依此签署的合同项下的争议，与上述合同的成立、签署、效力有关的争议，与任意一方以任何理由撤销上述合同的权利有关的争议，与上述合同的解释、履行、不履行、效力、违约、延期、终止有关的争议，应根据条例的仲裁规定提交仲裁，无论任何一方是否已终止或意图终止上述相应合同。

根据本合同，该经纪人承诺尽力为该艺人取得聘用。

12. 本合同的任何规定不得与法律或经各州或美国的法律授权的任何法规相抵触。如果本合同或条例的任何规定发生上述冲突，不影响本合同或条例的其余部分的有效性和合法性。

（仅用于加利福尼亚州）

本条款是根据美国电视与广播艺人联合会的一项规则加入本合同的，该联合会是一个善意的劳工工会，该规则规范了会员与艺人的经纪人的关系。本合同项下的任何仲裁听审的时间和地点应以合理方式书面通知加利福尼亚州劳工标准执法处。加利福尼亚州劳工标准执法处或其授权的代表有权出席所有仲裁听审。

本合同及《美国电视与广播艺人联合会经纪人管理条例》（12-C规则）中的任何规定均不得解释为对加利福尼亚州劳工标准执法处的任何权利、

权力或职责的删减或限制。

无论该经纪人在本合同签订时是否为该艺人的经纪人，双方理解，就本合同的签订，每一方均可独立查阅条例，并完全依赖其自身对条例的了解。

本合同双方已于20__年__月__日签署本合同，以资证明。

________________________　　________________

艺人经纪人

____

社会保险号码

____

会员号——适用于美国电视与广播艺人联合会成员

注：本合同至少签署一式三份。该经纪人必须立即向美国电视与广播艺人联合会交付一份，立即向该艺人交付一份，并且该经纪人必须保留一份。如果美国电视与广播艺人联合会在签署合同的城市设有办事处，则合同必须在签署后的15日内送交该办事处，或该经纪人也可以选择在签署后的30日内送交美国电视与广播艺人联合会在纽约市的总办事处。

此经纪机构是由加利福尼亚州劳工标准执法处颁发执照的。

此经纪机构是美国电视与广播艺人联合会特许的。

本合同形式已经得到加利福尼亚州劳工标准执法处和美国电视与广播艺人联合会的批准。

（前述提及加利福尼亚州的内容可被删除或在其他州进行适当替换。）

个人经理人

如前文所述，州或联邦政府不向个人经理人颁发执照。虽然个人经理人没有执照，但如果他们寻求聘用，他们就像经纪人一样，要遵守同样的经纪人管理规则。

在娱乐业，录音和表演的艺术家往往聘用经理人。一名个人经理人能比一名艺人经纪人给予客户更多的个人关注。经理人通常会与客户一起出行，处理职业发展中的细节，并充当顾问。像经纪人一样，个人经理人也从客户的总收入中收取佣金。然而，由于经理人不受监管，他们可以收取比经纪人更多的费用。他们也可以为他们的客户制作项目。

个人经理人应与商业经理人区别开来。后者负责管理个人的投资和资产。个人经理人也应与公关人员区别开来。公关人员要么帮助客户获得知名度，要么在客户已经是名人的情况下，通过决定准许哪些采访请求以及如何最大限度地减少负面曝光来管理宣传。

如前所述，根据一些州的法律，经理人们被禁止为客户招揽工作，但他们经常这样做。在这种情况下，客户可以解除管理协议而无须向经理人支付报酬，或要求经理人返还已向其支付的佣金。

纽约州与加利福尼亚州法律对比

纽约州对只承担附带经纪人责任的个人经理人给予例外待遇。

加州豁免录音合同

根据第1700.44（d）节的“避风港”条款，加利福尼亚州允许经理人与一名持有执照的艺人经纪人共同谈判聘用事宜。

以下是一份个人经理人和新人演员之间的协议样本。明星可用其谈判达成一份对其更有利的协议。

管理协议示例

（日期）

通过美国邮件和传真：

____

____

____

____

关于：管理协议

尊敬的_______：

经双方签字，本文件确认你（“该艺人”）与作为你在娱乐行业管理代表的___________（“该代表”）之间的条款。本协议的条款如下：

1. 期限：本协议的期限应自本协议所载日期开始，并自该代表从你处收到一套新的“头像照”和一份表演情景专业录像带开始持续两年。除非有任何一方不迟于相应期限结束前60日书面通知另一方其希望终止本协议，否则期限应自动连续延长一年。

2. 排他性：在上述期限内，该代表拥有唯一且独家的权利在除模特以外的所有形式的娱乐和传媒领域开展上述管理服务，但如果该代表为该艺人聘请了模特经纪人，在这种情况下，本协议也适用于模特领域。该艺人理解并承认，该代表可以在娱乐和传媒业务中代表与该艺人可能存在竞争的其他艺人。

3. 服务：该代表同意尽其合理努力为你提供以下一项或多项服务：

（a）就有关聘用、宣传、文学和艺术和音乐材料的选择、服装、公共关系和广告、艺人和/或艺人经纪人的选择以及与该艺人的专业活动和职业生涯有关的所有其他事项向该艺人提供意见和咨询；

（b）与为你雇用的任何电影、电视或文学经纪人合作并管理你与这些经纪人的关系；在选择帮助、随同或提升你的艺术呈现的第三方时为你提供建议和咨询，并使其或其工作人员在合理的时间内能够合理地与你商讨有关你职业领域的一切事宜；

（c）提供娱乐行业个人经理人通常提供的其他合理服务；

（d）提升并加强该艺人的专业声誉和地位；

（e）能够在任何合理的时间内向该艺人提供咨询和服务；

（f）提供娱乐行业个人经理人通常提供的其他合理服务。

4. 报酬：作为该代表所提供服务的对价，该艺人同意其有权获得相当于该艺人在娱乐和传媒业务中提供的服务或授予的权利而获得或应得的报酬总额的10%的佣金，并应在该艺人收到该等报酬时予以支付相应数额。即使本协议因任何原因提前终止，在本协议期限内提供的服务和/或授予的权利相关的报酬应持续永久有效。该艺人还同意，在本协议期限届满后，就该艺人在本协议期限届满后获得的总报酬向该代表支付佣金，但该等报酬的范围仅限：来自于、有关于在本协议期限内谈判、达成、开始或履行的任何和所有聘用、雇用、合同、协议和活动，基于该等雇用、聘用、合同、协议和活动的任何和所有延期、续签和替代，以及基于可能在本协议期限内中断且在其后一年内恢复的该等雇用、聘用、合同、协议和活动。如果在期限届满后就该等聘用、合同和协议达成了改进条款，则该代表不得收取该艺人从该等改进条款中赚取或获得的任何额外报酬。“总报酬”包括但不限于该艺人或其继承人、执行人、管理人、受让人或代表该艺人的任何个人、公司或法人直接或间接赚取或获得的工资、收入、费用、版税、礼品、奖金、利润份额、股份、合伙权益、比例以及为电视或广播节目（直播或录制）、电影或其他娱乐产品或服务支付的总金额。

5. 该报酬的收取：特此授权该代表代表该艺人收取所有“总报酬及其他对价”，并将所有该等资金存入银行或储蓄贷款协会的一个独立信托账户。该代表有权从该等账户中提取本协议项下该代表有权获得的所有费用和佣金，并应将余额汇给该艺人或该艺人指示的其他收款方。尽管有前述规定，该艺人可随时要求所有“总报酬或其他对价”向第三方支付，但前提是，应当以书面形式不可撤销地指示该方向该代表支付本协议项下的所有到期费用和佣金。

6. 经理人的权限：特此委任该代表为该艺人的独家、真实和合法的委托代理人，在本协议期限内代表该艺人从事任何或所有下列行为：

（a）批准并授权任何及所有宣传和广告，但须获得该艺人的事先批准；

（b）批准并授权为宣传任何及所有产品、服务之目的使用该艺人的姓名、照片、肖像、声音、音效、漫画以及文学、艺术和音乐材料，但须获得该艺人的事先批准；

（c）以该艺人的名义签署该艺人授予权利和提供服务的合同，前提是该艺人事先同意该合同的实质性条款；

（d）在支票或其他可转让票据上签署该艺人的名字，以便根据本协议条款将其存入该代表的客户信托账户并支付给该艺人和该代表；

（e）在不以任何方式限制上述规定的情况下，一般性地采取、签署并履行应由个人经理人代表该艺人采取的任何其他行动、契约、事项或事务。

7. 制作：如果该代表选择作为制片人与该艺人创作的和/或为之提供服务和/或授予权利的项目“绑定”并实际受聘于该项目，则该艺人和该代表应善意地直接协商该代表的制片报酬，或者该代表应直接与投资人协商上述报酬，在上述任何一种情况下，该代表均不得就该艺人与该项目有关的服务或授权收取佣金。

8. 转让：未经另一方事先书面同意，任何一方不得转让本协议或其在本协议项下的任何权利和/或义务，但任何一方均可将其获得款项的权利转让给第三方。

9. 免责声明；弃权：本协议中的任何内容以及该代表向该艺人做出的陈述中的任何内容均不得被解释为对该代表在本协议项下提供的服务的结果或成果的承诺或保证。该艺人理解并承认，娱乐影片业务具有风险性和不可预测性，受文化潮流和娱乐产品及服务购买者个人喜好的影响。该艺人承认，该代表不对本协议项下的服务成果做出任何承诺或保证。该艺人还了解、承认并同意，娱乐业务的性质以及从娱乐产品和服务的制作、融资和发行中发展起来的个人关系可能导致或埋下利益冲突。该艺人在此放弃任何针对该代表的有关利益冲突的索赔。

10. 广告：在本协议期限内，针对该艺人，该代表享有作为其在娱乐行业的个人经理人和代表的独家广告权和宣传权。

11. 预付款：该艺人应为对促进其职业发展有合理必要的所有照片、视频及其他材料直接付款。该代表无义务但可以为该艺人的利益向该艺人提供贷款或预付款，并为该艺人的职业发展代表该艺人产生一些费用，数额由该代表根据其最佳商业判断自行决定。该艺人特此授权该代表从其可能代表该艺人收到的任何款项中扣除并保留任何该等贷款、预付款和/或费用，包括但不限于差旅费、宣传费及所有其他合理和必要的费用。该艺人应报销该代表为其所发生的任何合理的实付费用，包括但不限于长途电话、传真、快递费用和差旅费用，但是，未经该艺人事先批准，该代表不得发生任何单项超过100美元的费用。该代表应按月向该艺人提供所有根据本协议产生的费用的明细报表，该艺人应在收到该明细报表后的30日内予以报销。对每月的未付余额按法定利率计收利息。

12. 加利福尼亚州法律：本协议项下的任何争议将根据在本协议生效日有效的《独立电影电视联盟国际仲裁规则》（以下简称为“《独立电影电视联盟规则》”）通过具有约束力的终局仲裁解决。每一方放弃在任何其他法院或裁决机构裁定任何争议的任何权利，但一方可在仲裁开始之前寻求《独立电影电视联盟规则》允许的临时救济的情况除外。仲裁将在本协议指定的仲裁庭进行，如未指定，则根据《独立电影电视联盟规则》确定。各方将遵守仲裁中的任何决定，有管辖权的任何法院可强制执行该等决定。双方服从裁决地法院对强制适用仲裁及确认仲裁裁决的管辖权。双方同意根据《独立电影电视联盟规则》接受法律文件的送达。胜方有权获得其合理的律师费用和审理费用的补偿。

13. 完整协议：本协议构成双方之间的完整协议。若非通过书面协议并经被寻求实施变更、修改或终止的一方签署，本协议不得变更、修改或终止。本协议签署一式多份，所有文件共同构成同一份文件。

你可自由选择一名独立代表或律师与你共同审阅本协议的条款和条件。如果上述内容准确地反映了你同意的内容，请在下文空白处签署本协议以示确认。

特此修函，

__________________（“该代表”）

签字：____________

同意并接受：

__________________（“该艺人”）

问与答

1. 如果我与任何经纪人或其他业内人士均无关系，那么推销我的一系列构思的最好方式是什么？会有一些经纪机构考虑构思，然后将它们与艺人打包，并推销给电视网吗？

答：很不幸，人们不仅根据作家的写作能力来评判作家。很多时候，经纪机构甚至不会考虑新人的构思或脚本，除非它是由现有客户、业内人士、经纪机构所尊重的人推荐的。假设你能进门，见了一家经纪机构，但你可能会发现经纪人对来自无可溯记录的新人的推销并不是特别感兴趣。他们可能更乐于审看已创作完成的剧本，特别是在有受人尊敬的导演、制片人或演员对其表达过兴趣的情况下。对于新手编剧来说，这些东西更容易卖出去。电视网和影视公司通常不会雇用初出茅庐的编剧来写剧本，直到新手证明了自己的写作能力。

2. 我自主创作了剧本，但我发现，制片公司只接受通过经纪人或娱乐法律师提交的剧本。我怎样才能找到代理人？

答：你可以写信给娱乐法律师，看看他们是否愿意做你的代理人。许多律师不喜欢被客户聘请只为剧本提交而服务，因为这不是真正的法律工作。销售剧本更多的是经纪人的角色。要求通过经纪人或律师提交剧本的公司可能正在利用“没有代理人”这一点来筛除新手。他们认为，如果一个人能够聘用一名律师或经纪人，那他/她大概就不只是一名业余爱好者。

术语释义表

Above-the-Line Costs（线上成本） 指涵盖主创人员（编剧、导演、演员和制片人）的预算部分，包括剧本和故事开发费用。另见“线下成本”。

Access（访问） 指在互联网或无线系统上提供一部电影的拷贝，使用户能够复制、浏览、传输、下载或使用电影拷贝，或获取有关电影拷贝或其所包含的具体的影片有关的数据或信息。

Adaptations（改编） 即演绎作品。指当一部电影以一本书为蓝本时，这部电影则是从这本书改编而来的。

Additional Photography（附加拍摄） 指在主要拍摄完成后进行的电影摄制，包括重拍和补拍镜头（小部分的附加拍摄）。

Adjusted Gross Participation（调整后毛额分成） 指毛收入额分成减去某些成本，如广告和拷贝制作成本，也称为“浮动的毛收入”。如果允许有许多扣除项，那么该分红方实质上是获得了“净利润”交易。

Administrator（遗产管理人） 指由法院指定管理死者财产的人。

Advance（预付款） 指预先支付的可用于支付未来某个时间可能支付的款项。不可抵扣的预付款是不退还的款项，即使未来的款项永不到期。

Advertiser-Supported（广告支持软件） 指通过以下任一方式使电影拷贝可在互联网或无线系统上供访问、下载或流媒体传播的网络软件：（i）在电影拷贝中将预告片、商业广告或其他广告放在电影播放之前、之后或之中；（ii）将一个产品或服务或该等产品或服务提供者的一家供应商的横幅、标识、图标、文本、超文本、元标记、符号或其他识别信息与电影拷贝或其任何元素或识别信息显示在同一网页或同一屏幕上。也可称为广告软件（adware）。

Affiliate（关联） 形容受控于或控制另一主体或与其共同受控于第三方的人（包括高管、董事、雇员或组织）。

Aforesaid（前述的） 指此前所说的。

Airline Rights（航空权利） 指一种在飞机上直接展示电影的利用类型，

该等飞机须由悬挂许可航空利用的地域内的国家的国旗的航空公司运营，不包括通常从许可地域外的地点获得许可的航空公司与在许可地域内只提供服务但不悬挂该国国旗的航空公司。

Ancillary Rights【配套（市场）权利】 电影的航空、船舶和酒店利用权利。

Answer Print【标准（校正）拷贝】 指来自洗印厂的完成了剪辑、配乐、混录的第一份电影合成（声音和图像）拷贝。通常，在制作发行拷贝前，需要调校色值。

App（应用程序） 即一种供移动设备和计算机使用的小型专门软件应用程序。

Art House Theater（艺术剧院） 指放映（一般都是独家合作）专业艺术电影而非大众电影的电影场地。

Aspect Ratio（**A.R.**)(纵横比） 指影片宽度与高度的比例。

Assign（让与） 指转让。

Assignee（受让人） 指通过让与而获得财产的自然人或企业实体。

Assignor（让与人） 指给予或转让财产给他人的自然人或企业实体。

Assigns（受让人） 指财产已经或可能被让与的那些人。

Assumption Agreement（债务承担协议） 指某一实体承担他人义务、利益和/或权利的合同。工会通常要求制片方让他们的发行方签署债务承担协议，该协议规定发行方将承担制片方支付复播复映报酬的义务，并直接向工会支付。

Attorney-in-Fact（委托代理人） 指在一份书面授权书文件中被指定去代表该文件签署者（即委托人）行事的人。委托代理人的权力和责任取决于授权书文件中授予的具体权力。委托代理人是委托人的代理人。

Auteur（作者）【见Auteur Theory（电影导演作者论）】

Auteur Theory（电影导演作者论） 指一种起源于法国的理论，认为导演是一部电影的真正创造者或作者（“auteur”在法语中就是“作者”的意思）。导演将剧本、演员、摄影师和剪辑师汇集在一起，并用一种聚合性的视角把一切塑造在一起成为一部电影艺术作品。任何参与过电影项目的人都知道这并不准确。电影制作是一个协同合作的过程，而导演只是其中的贡献者之一。

Author（作者） 指创作者、原创者。根据美国版权法，作者可能是实际创作作品的人的雇主。【见Work-For-Hire（雇佣作品）】

Back End（后端） 形容发行和/或制作成本收回后的电影利润分成。

Background Instrumental（背景器乐） 指在音乐提示表【见Cue sheet（提示表）】上

使用的一个电影音乐术语，标示乐器配乐或者像从汽车收音机里听到的、在某一场的背景中播放的一类镜头外（即不展现音乐表演）的纯音乐。

Background Vocal（背景人声） 指在音乐提示表【见Cue sheet（提示表）】上使用的一个电影音乐术语，以标示被用作一部电影配乐一部分的人声音乐，或者从镜头外（即不展现音乐表演）来源传来的人声音乐，如在某一场景的背景播放的点唱机。

Basic TV（基础电视） 指通过任何传输方式以任何技术向电视机或其他观看设备传送的电影、电视节目或其他娱乐产品，这些技术可以是广告支持的或者可能向消费者按月或以其他周期收取订阅费以提供第一/最低档（即“基础”档）的服务，这些费用是为了订阅者接收免费电视信号【见Free Tv（免费电视）】而对其收取的强制性费用或收费以外的收费。

Below-the-Line Costs（线下成本） 指一部电影的技术和人力开支，其中包括置景、剧组、摄影器材、胶片、开发和洗印。【另见Above-the-line Costs（线上成本）】。

Blind Bidding（投盲标） 指剧院所有者在没有看过电影的情况下出价购买一部电影。一些州和地区要求对每一部新发行的电影进行公开的交易审片。担保和预付款也可能被禁止。

Blockbuster（大片） 指一部在经济上取得巨大成功的电影。通常是指北美上映后，票房总收入达到1亿美元或以上的电影。

Blow-Up（放大） 指经光学放大了的电影拷贝，通常从16毫米放大到35毫米。

Blu-ray（蓝光） 指一种用于存储大量高清视频、声音和/或其他数据的光盘技术。尽管蓝光光盘具有与DVD或CD相同的物理尺寸和一般外观，但它的存储容量是DVD的五倍。

Box-Office Gross（票房毛收入） 指在扣除任何费用或百分比之前，影院售票处获得的总收入。与Gross Box Office（总票房）同义。

Box-Office Receipts（票房收入） 指剧院所有者在售票处向顾客销售电影票取得的收入。其中，一部分收入以租金的形式汇给了制片方/发行方。

Break 指同时在几家或多家影院上映一部电影。

Breakout 指在独家或有限合作的初始期结束后扩大预订。

Broadcast（电视播映） 指通过有线、电缆、无线传播或（店面或卫星的）无线电波向公众传播电影，使电影能在电视屏幕上被观看到。电视播映与电视广播或传播同义。

Cable Free TV（有线免费电视） 指为私人生活场所的电视接收，通过同轴或光纤电缆对电影进行原始传输，观众无须为享有观看电影的特权而付费，但政府电视评估或税收以及订阅用户向有线电视系统支付的常规定期服务费（不包括按次付费或付费电视的收费）除外。

Cable Pay TV（有线付费电视） 指为电视接收，通过有线编码信号进行的电影的原始传输，并在以下情况收费：（i）生活在私人场所的观众使用解码设备观看传输电影与其他节目的频道；（ii）距离广播信号源较远的旅馆或类似临时生活场所的经营者使用解码设备接收播映电影和其他节目的频道，并为在私人房间内观看而在整个临时生活场所转播。

Cameo（客串角色） 指由著名演员扮演的小角色。

Captions（解说字幕） 指在电视或电影屏幕上显示的文字，体现节目中的言语并描述重要的声音（例如，吱吱作响的地板声或爆炸声），被用来帮助听障观众。

Catch-Up Television（回看电视） 指仅在最初播出时间后的一段有限时间内（通常为七天），可以从点播服务（如有线电视公司或其他视频流媒体）获得的电视节目。

CD-i（交互式CD）【见Compact Disc Interactive（交互式光盘）】

Cel（赛璐珞片） 指含醋酸纤维素的一种透明薄片，用作绘画或书法的覆盖层。被用于动画和题字作品。

Character Payment（角色付费） 指如果一位美国编剧协会的编剧在剧本（试播剧集除外）中创造了一个角色，并且该角色在后续剧集中再次出现，则每当角色出现在一个新剧集中时，该作者均有权获得额外付款。

Cinematic（电影利用） 指电影的影院、非影院和公共录像厅利用。

Color Correction（色彩校正） 指校正或增强图像颜色的过程。

Commercial Video（商业视频） 指对一部电影的视听录像文件向观众直接线性地进行展示，该等展示在非主要从事电影展示业务的机构（如教育组织、教堂、饭店、酒吧、俱乐部、火车、图书馆、红十字会设施、石油钻井平台和油田）或政府机构（如大使馆、军事基地、军用船舶和其他悬挂许可地域旗帜的政府设施）进行，但此类利用只限于未在许可地域内构成某种形式的非影院利用的限度内。商业视频不包括非影院、公共录像、航空公司、船舶或酒店的利用，也不包括以任何形式在互联网上提供影片。

Compact Disc Interactive（**CD-i**）【交互式光盘（交互式CD）】 交互式CD指为特定类型的交互式多媒体作品（通常是游戏或教育作品）存储软件的播放器或媒体。当在法律文件中使用交互式CD时，是指以这种特殊的交互式多媒体格式准备和发表作品所涉及的权利。

Completion Bond（完片担保） 指在制片人超出预算的情况下保证电影完片的一种保

险形式。银行和投资者有时要求完片担保，以确保电影项目中贷款和投资的安全。如果担保被启动，则完片担保人可以控制电影的制作，并处于优于所有投资者的回款地位。

Computer（计算机） 在电影和视频放映的大背景下，计算机是接收数字形式的电影拷贝的电子设备，并允许对其查看或操作，以响应一系列的指令，此处指令的类型和顺序可以由计算机的用户定义、选择和输入。计算机包括台式机、笔记本电脑和便携式电脑，但不包括录像机、数字录像机、DVD、机顶盒播放器或录音机以及手持设备。

Consecutive Employment（连续聘用） 指连续的、日复一日的聘用。在某些情况下，作为联合工会签约方的制片人可能不得不支付演员其未工作那几天的报酬。例如，如果一位演员在周一和周三工作了，但周二没有，那么制片人必须为“连续日”周二付费。演员不大可能发现或接受周二的单日工作，所以周二的付费实质上是一笔持有费。但是，在低预算协议下，并不要求连续聘用，所以如果演员只在周一和周三工作，制片人只需向他或她支付周一和周三的报酬，而中间的一天则不需付费。然而，如果一位演员在外地工作并过夜，则制片人也许要为他在外地的所有天数付费。

Consideration（对价） 指合同一方与另一方签订合同的原因或诱因。通常是金钱，但它可以是任何有价的东西：一方的权利、权益或利益，或是另一方的损失或容忍。合同要想具有约束力，对价的存在是必要的。

Contingent Compensation（或有报酬） 指扣除所有制作成本和支出、债务和递延费用后的项目收入的一份，也称为利润分成、净利润、净收益和修正的调整后毛额（modified adjusted gross receipts，简称为MAGR）。不同制片公司有不同的定义，一些定义比其他定义要更好。这是一种最不可能导致向股东或利润分成方支付钱款的报酬形式，因为在任何钱款有可能被付出去之前，项目必须成功发行并产生足够的收入以支付所有营销、发行和制作费用。

Contrast（对比度） 指一个镜头、整个电影负片或拷贝、任何视频节目素材中，从最亮元素到最暗元素的范围。即拍摄场景中的照明亮度范围。

Convey（转移） 指转让或交付给另一个人。

Copyright Notice（版权声明） 指向电影或视频节目的观众、书籍的读者或录音制品的购买者（即任何享受版权资料的人）提供的说明，表明作品受版权法保护。包括©符号、作品创作年份以及版权所有者的姓名。例如：©2016，Mark Litwak。

Covenant（合同） 指一个做某事或不做某事的协议或承诺。

Cross-Collateralization（交叉担保） 指发行方用其他媒体或市场的收入抵消一个媒体

或市场的亏损的做法。例如，从法国获得的电影租金与意大利的电影租金加在一起，扣除两者的费用后，其余部分（如有）就是净收入。电影制片人不喜欢对收入和支出进行交叉担保（合并），因为这可能会减少他们能收到的钱款数额。

Crossover Film（跨界影片） 指最初针对一小群特定观众市场而制作的电影，但在更广泛的市场获得了认可。

Cue Sheet（提示表） 指列出电影/电视/视频音轨上所有单独音乐提示的文件，还有它们出现的时间、谁创作和发表了每首音乐、谁拥有多少比例的作曲和出版权、音乐如何在音轨上被使用（例如作为片头曲、背景器乐、特别出现的人声等），以及作曲家和音乐出版商的表演权利组织机构（如广播音乐联合会以及美国作曲家、作家与出版商协会等）。表演权组织使用这些信息来确定因使用每个音乐提示而应付给其会员（作曲家或出版商）的报酬。

Dailies（**Rushes**）【样片（毛片）】 通常指一份快速且粗略制作的拷贝，用来检查特定制作日拍摄的镜头并从中选取最佳镜头。

Day and Date（同步首映） 指在一个或多个城市的两个或两个以上电影院同时首映一部电影。

Day Player（日聘演员） 指按日计酬的演员，而不是按周计酬或按整部作品的固定费用计酬的演员。通常小角色的演员都是按日聘用的。

Deal Memo（协议备忘录） 指信件或简短的合同。

Decedent（逝者） 指过世的人。

Defamation（诽谤） 指损害他人在社会上的名誉的虚假陈述。

Default（违约） 指未能履行。

Deferred Payment（递延付款） 指为了减少项目的前期成本，编剧、导演、演员和其他人可能会同意以项目制作完成并发行后所可能（也可能不会）产生的收入，来支付他们的部分报酬。这种付款被称为“递延付款”，通常只有在投资者收回投资本金后才能支付。

Demand View（点播观看） 指为了家庭和类似的永久居住地的电视的接收，通过编码信号对电影拷贝进行传输，观众每次观看都需要付费以获取使用解码设备在其选定的时间观看电影的权利。

Depth of Field（景深） 指在照片或电影镜头中出现在清晰焦点上的最近和最远的物体之间的距离范围。景深的处理与电影的整体“面貌”和风格有很大关系。

Development（剧本开发） 指最初的电影构思转变为完成剧本的过程。它包括对基础文学财产的选择，以及委托编剧创作故事梗概、初稿、二稿、改写和润色。

Digital Rights Management（DRM）（数字权利管理） 指数字硬件制造商、出版商和版权所有者为了防止未经授权的使用或为了限制数字媒体和/或设备的使用，而使用的访问控制技术。数字权利管理被用于控制或管理对数字化电影内容或元素的复制、观看、修改或访问。

Direct Advertising（直接广告） 指直接向消费者进行的推广活动，如邮寄传单。通常针对特定的兴趣群体。

Direct Broadcast Satellite（DBS）（直播卫星） 指设计得具有足够性能以便使用便宜的家庭卫星天线也能接收信号的一种卫星广播系统。

Display Advertising（展示广告） 指在报纸、杂志和互联网上发布的，针对某一特定电影的海报或影片名的广告。

Dissolve（叠化） 指一个场景逐渐淡出、另一个场景同时淡入的一种光学或摄像效果。

Distribution Expenses（发行费用） 指发行方在宣传和发行电影时所产生的费用。包括税费、复播复映报酬、行业协会会费、转换/传输费、收款费、审核费用、广告和宣传费、重新剪辑费、拷贝制作费、外文版本费、交通和运输费以及保险。

Distributor（发行方） 指向影院和公众发行电影的公司，这些公司将电影投放到影院和任何媒体（DVD、有线电视等），然后为其做广告和宣传。如今的主要电影公司大多从事电影融资和发行业务，把制片工作留给规模较小的独立公司。

Domestic Rights（国内权利） 行使特定发行权、展览权和著作权的地理区域。对于美国电影制作人来说，国内区域通常定义为美国和加拿大英语区。

Double Distribution Fees（双重发行佣金） 指当发行方使用次级发行方推广电影时所产生的费用，且二者均会扣除其全部佣金。结果就是电影制作人不太可能见到任何钱。

Double-System Recording（双系统录音） 指使用不同的机器同时录制一个场景的声音和图像，如录音机和摄影机。这两个元素将在剪辑时同步并合成在一起。

Downbeat Ending（悲剧结尾） 指不愉快或令人沮丧的故事结局。

Download（下载） 指通过互联网或无线传输系统接收电影或其他节目材料的数字化拷贝，使计算机或数字手持设备能够访问这些材料。在最初的传输期完成之后，这种拷贝可以在瞬态时段之外保持可使用的状态。

Droit Moral（精神权利） 指道德权利的法语术语。保护艺术完整性、防止他人改变艺术家的作品或在未经艺术家许可的情况下拿掉艺术家的名字的一种法律规则。例如，该规则可能会阻止购买画作的买家改变该画作，即使画作的实物和版权都归该买家所有。

DRM 【Digital Rights Management（数字权利管理）】

Dubbing（混录/配音） 指一个给可视图像添加音乐和/或对白以创建可被转录至可视图像并与可视图像同步的音轨的录制过程。这个过程也可以用来创建电影的一个版本，在这个版本中，原音轨上的演员的声音被说其他语言对白的其他演员的声音所取代。

Dupe（翻制片） 指“复制品（duplication）”一词的缩写，通常指的是负片的复制副本，或翻拍负片。

Edge Numbers（片边码） 指沿一卷电影胶片的边缘周期性印刷（35毫米胶片每16帧一印，16毫米胶片每20帧一印）的数字序列。通过参考这些数字，可以对电影拷贝进行剪辑，使其每一帧都精确地与剪辑后的负片一致。片边码也体现胶片的类型、生产日期和批号。

Exclusive Opening（独家上映） 指电影在某一地区中仅于一个影院上映的一种发行方式，发行方有权根据电影的表现选择保持长期独家放映或者使其在更多影院放映。

Execute（实施/执行/履行/签署/完成） 指完成、签署、履行。

Executor（遗嘱执行人） 指遗嘱中被指定执行遗嘱要求的人。

Extra（群众演员） 指在电影、视频或新媒体节目中出现、扮演无台词角色的人。也被称为“背景演员”。

Favored Nations Clause（最惠国待遇条款）【见Most Favored Nations（最惠国）】

Feature Film（电影长片） 指完整时长的虚构电影（非纪录片或短片），通常用于院线发行。

Film Rental（电影租金） 指影院所有者付给发行方以放映电影的费用。一般来讲，该费用通常相当于票房总收入的一半左右。

Final Cut（终剪版） 指电影的最终剪辑版本。这是上映给公众观看的版本。制作终剪版的权利就是确定最终影片版本的权利。通常，影视公司或影片的投资人保留终剪权。

First-Dollar Gross（先期总票房） 指对分成方最有利的毛收入分成方式。只有几个扣除项被扣除，比如审核费用、税金和行业协会会费。

First Monies（首笔回款） 指从制片人的角度来看，从电影发行中获得的第一笔收入。第一笔回款不要与利润混淆，这笔款项一般分配给投资方直到收回投资成本，但也可能部分或全部用于支付应付艺人的递延工资或应付洗印厂的递延费用。

First Run（首轮） 指一部新电影的首轮院线放映。

Floors（最低分成比例） 指在发行方/放映方协议中，不论影院的运营费用如何，发行方有权获得的票房收入的最低百分比。一般来说，在合同期内，最低分成比例会逐周下降，通常占收入的70%到25%不等。

Force Majeure（不可抗力） 从字面上看，是指一种超强的或不可抗拒的力量。如果因火灾、罢工、地震、战争或天灾等签约方无法控制的原因导致项目制作中断，则合同中的不可抗力条款可以中止某些义务。

Foreign Sales（海外销售） 指在美国和加拿大以外的地域和媒体许可电影。虽然加拿大是外国，但美国发行方通常在获得美国权利许可时，亦取得加拿大英语区的权利。

Four-Walling（影院包租） 指以固定费用租用影院和工作人员，购买广告，并获得所有的票房收入。根据影院包租协议，不管电影的票房如何，放映方都将收取固定费用，而不分享票房收入。

FPM（每分钟英尺） 指每分钟的英尺数，表示胶片通过机械装置的速度。

FPS（每秒帧数） 指每秒的帧数，表示每秒生成的图像数。用来指称胶片和数字电影设备。

Free TV（免费电视） 指地面（广播）免费电视、有线免费电视和卫星免费电视。对电影的免费电视开发不包括任何形式的按次付费，也不包括以任何形式在互联网上提供电影。

Free Video-on-Demand（"FVOD"）（免费视频点播） 指免费提供给观众的节目。在Hulu和YouTube这样的网站上，免费视频点播通常由广告支持。

Front Office（决策人） 指影视公司或制片公司的最高层管理人员——控制资金的人。

Gap Financing（差额融资） 指银行贷给制片公司超过抵押价值的资金。针对缺口融资，银行根据对预售协议的预测以及对其认为可信的海外销售代理商的善意评估而发放贷款。这样的贷款要收取额外利息，因为相比于被预售承诺完全覆盖的贷款，银行要承担更高风险。

General Partners（普通合伙人） 指有限合伙企业的管理层（通常由电影制作人担任），负责组织电影投资并从投资者那里筹集资金，投资者成为有限合伙人。普通合伙人对合伙企业做出商业决策。

Grant（授予） 指给予、允许、赠予或授予。

Grantor（授予人） 指做出授予行为的人，即财产的转让人。

Grassroots Campaign（地推活动） 指通过使用传单、海报、贴纸和其他便宜的物料来建立当地兴趣，并通过为当地社区的特别放映来建立口碑的电影宣传活动。

Gross After Break-Even（盈亏平衡后毛收入） 指在达到盈亏平衡点后，分成方分享毛收入。盈亏平衡点可以是一个固定的金额，也可以由公式来确定。

Gross Box Office（总票房）【见Box-office Gross（票房毛收入）】

Gross Participation（毛额分成） 指未经任何发行佣金、发行费用或制作成本扣减的毛收入的一部分。然而，审核和收款费用、复播复映报酬和税费通常可以从毛收入分成中扣除。从分成方的角度来看，“毛收入的一部分”是最有利的分红类型。在审计中，它是最容易核实的分成形式。

Gross Receipts（毛收入） 指来自所有媒介的影视公司/发行商收入，包括电影租金、电视、家庭录像许可、商品化和辅助市场销售。

Handheld Device（手持设备） 指用于电话或文本通信的移动电子设备。它通常适合人手的大小，并含有允许观看电影的功能。手持设备包括手机、智能手机、数字平板电脑、个人数字助理和其他类似设备，但不含传统的台式或笔记本电脑。

HD（高清） 指高清晰度。

Head Sheet（头像集） 指由经纪人代理的模特或演员的头像照选集，并发送给客户、制片人等。

Home Video（家庭录像） 指电影的家庭录像出租利用和家庭录像零售利用。

Home Video Rental（家庭录像出租） 指对载有电影的视听录像制品的利用，将其出租给观众，仅供在不收取门票的私人居住场所内非公开观看。

Home Video Sell-Through（家庭录像零售） 指对载有电影的视听录像制品的利用，将其销售给观众，仅供在不收取门票的私人居住场所内非公开观看。

House Nut（影院经常费用） 指电影院每周的营运费用。

Hyphenate（兼任多个职务的人） 指担任两个或两个以上主要角色的人，如制片人兼导演、编剧兼导演或演员兼导演。

Incapacity（无能力） 指能力的缺乏，缺乏法律上、身体上或智力上的能力。例如，未成年人或被送入精神病院的人可能在法律上没有能力与他人订立合同。

Indemnify（赔偿） 指补偿。通过付款、补救或更换来弥补某人的损失。

Independent Film（独立电影） 指非主要影视公司制作的电影。

In Perpetuity（永久） 指永远的。

Interactive Multimedia（交互式多媒体） 指通过计算设备对交互式多媒体作品进行利

用，该等计算设备能使其用户直接感知和操作交互式多媒体作品，并且在用户的计算设备上存储交互式多媒体作品，或者通过电子方式从另一个与该用户的计算设备互联且紧邻的计算设备上访问交互式多媒体作品的拷贝。

Interlock（同步） 指通过控制电影放映机和扬声器的驱动器的机械或电子同步，与音轨同步的电影工作样片（分别在不同的卷带上）的第一次音画同步呈现。

International Film and Television Alliance（**IFTA**）（独立电影电视联盟） 指独立电影制片人和销售代理商的行业组织。过去被称为"美国电影营销协会"（AFMA）。

Internegative（中间负片） 指由彩色正片制作而来的彩色负片。一个被适当地颜色校正正片的中间负片将用来制作电影的发行拷贝。

Internet（互联网） 指允许计算设备的用户通过其进行双向传输的公共通信系统互联设施，用户通过公共通信系统访问以数字化形式存储于远离其计算设备所在地的电影拷贝。

Internet Downloading（互联网下载） 指对数字电影拷贝的一种利用，使其可以在互联网上以显著线性的方式被获取，这种方式允许其传输到计算机上以制作电影拷贝的另一个精准的数字拷贝，并在最初的连续传输期完成后的瞬态时段之外保留新的数字拷贝以供使用。互联网下载不包括任何形式的互联网流媒体传播。

Internet Streaming（互联网流媒体传播） 指数字电影拷贝的一种利用，使其在互联网上以如下方式可用，即允许在计算机上以显著线性的形式连续观看电影拷贝，该等观看与相应电影拷贝的互联网传输是同步的，但不允许制作另一个数字拷贝（为了实现该等观看所必需的瞬间而存在的数字拷贝除外）。互联网流媒体传播不包括任何形式的互联网下载。

Internet Streaming/Downloading（互联网流媒体传播/下载） 指数字电影拷贝的一种利用，使其可在互联网上同时可以进行互联网下载和互联网流媒体传播。

Internet Rights（互联网权） 指与互联网下载和/或互联网流媒体传播利用电影有关的权利。互联网权不包括电影的无线权利，或任何形式的按次付费、视频、付费电视或免费电视利用。

Interpositives（中间正片） 指用于进一步洗印的电影正片副本。中间正片制作是电影从原始负片到发行拷贝这一流程中的一个中间步骤。

Invasionof Privacy（侵犯隐私权） 指一种侵权行为，包括各种不法行为，如对他人姓名、形象或肖像的不正当盗用；在没有正当理由的情况下，公开他人生活的隐秘细节；或者在某人有合理隐私逾期的范围内通过窃听或监视而侵犯他人的隐私。

Irrevocable（不可撤销的） 指不能被撤销或取消的。

Key Art（主视觉海报） 指用在电影海报和广告中的美术图。

Letterbox【信箱（显示）模式】 指通过在银幕的顶部和底部填充黑条的方式，来保留原片长宽比的胶转磁（或转盘）过程。标准电视的长宽比为1.33：1（4：3），而当代院线电影的长宽比为1.66：1、1.83：1、1.85：1、2.33：1和2.35：1。直到最近，更常见的从宽屏幕到4：3的转换过程被称为平移扫描（Pan & Scan）。

Libel（书面诽谤） 指诽谤的书面形式，区别于诽谤的口头形式——口头诽谤。

Licensee（被许可人） 指被许可或允许去做某事的人。

Licensor（许可人）指给予或授予许可的人。

Limited Partnership（有限合伙） 指电影投融资常用的企业形式。普通合伙人发起和控制合伙企业；有限合伙人是投资人，对合伙企业的经营没有控制权，并且除已投资的金额外，不承担任何法律或财务责任。

Limited Use（有限使用） 指授权用户在互联网或无线系统上访问、流媒体传播或下载（如适用）电影的拷贝，该用户需要单独支付费用来取得一个有限的权利，即以显著线性方式使用一个可被访问和观看但不能被进一步复制的全新的电影数字拷贝，但在访问或观看的次数、访问或观看的时间、前述二者上受到明确的限制（例如，若干天无限观看，或者最多观看若干次，或者在若干天内观看若干次）。

Litigation（民事诉讼） 指法庭上的一种诉讼程序。

Loan-Out Company（租借公司） 指为向雇主出借艺术家的服务而为艺术家设立的作为独立法律实体的公司，例如，股份有限公司或有限责任公司。经由租借公司提供服务，艺术家可以保护其资产，并可能获得一定的税收优惠。

M&E Track（音乐和音效音轨） 指音乐和音效的音轨。

Magnetic Track（磁性音轨） 在涂有磁性录音介质的胶片或带子上录制的音频。

Major Studio（主流制片公司） 目前指派拉蒙、二十世纪福克斯、迪士尼、环球影城、索尼影业和华纳兄弟。

Master（母带） 指最终剪辑并完成的胶片或录像带，是制作后续复本的基础。

Master License（母带许可） 指歌曲或其他音乐的特定录音的使用许可。

Master/Sync（Synchronization）License【母带/（影音）同步许可】 指包含音乐作品的使用许可（同步许可）、音乐作品特定录音的使用许可（母带许可）的许可。

Master Use Rights（母带使用权利） 指在电影音轨上使用某一录音（例如，一首歌曲）的权利。可能有几个不同的艺术家录制了某首歌的不同版本，拥有电影制作人想要使用的录音版本的人会授予这个使用许可。

Mechanical License（机械许可） 指通过纯音频产品（例如，激光唱片、黑胶密纹唱片、磁带等）复制和发行音乐的许可。

Merchandising Rights（商品化权利） 指许可、制造、发行以电影中角色、名称或事件为基础的商品的权利。

Mini-Major Studio（主流小制片公司） 目前包括狮门影业、温斯坦公司、开路影业、哥伦比亚电影公司、梦工厂电影公司、梦工厂动画、高蒙电影公司、米高梅电影公司。

Mini-Multiple（小规模多重上映） 指介于独家上映和广泛上映之间的上映类型，包括在战略地理位置的高质量影院上映，通常是更广泛上映的前奏。

Mini-Series（迷你连续剧） 指通过预先确定且有限的集数讲述一个故事的电视节目。

Mobile Device（移动设备） 指无线便携计算设备，例如，智能手机、个人数字助理或平板电脑。

Moral Rights（精神权利）【见Droit Monal（精神权利）】

Most Favored Nations（**MFN**）（最惠国） 形容一类合同条款，规定某一实体给予某一顾客或客户的条件不劣于向其他顾客或客户提供的条件。在电影艺人合同中，它规定某一艺人的待遇不低于其他艺人。如果一个明星拥有关于报酬的最惠国条款，那么如果另一个演员谈判得到了更高的费用，则该明星的报酬也随之提升到相同水平。

Multi-Plexing（多路复用） 指通过同一广播公司或同一收费服务提供的相关广播渠道传输电影。

Multi-Tiered Audience（多层次观众） 指不同类型的观众，他们认为某一特定电影具有吸引力的原因各不相同，必须通过不同的宣传、推广或广告来吸引他们。

Near-Demand View（准点播观看） 指以在家中和与之类似的长期居住场所进行电视接收为目的，在短时间内通过编码的信号对电影拷贝进行的多次定时传输，并对观众每次在其选定的某一定时传输时间使用解码设备观看电影进行收费。

Negative Cost（负片成本） 指制作电影的实际成本，包括制作一个完整的负片的成本（不包括印刷品或广告的成本）。包括管理费用、利息和其他费用，这些费用可能会大大超过实际用于制作电影的花费。

Negative Pickup（负片提交） 发行方保证，一旦电影的完整负片在特定日期之前交付，立即为发行权利支付一定数额的款项。如果电影没有及时或依照协议条款交付，则发行方没有义务取得电影的许可。负片提交保证可以被用来当作为取得制作资金而从银行贷款的担保。

Net Profit（净利润） 指在所有可扣除项扣除之后剩下的款项（如有）。大多数电影不产生任何可供分红方分配的净利润。一般被表达为100%净利润中的一部分，例如，100%中的5%。

New Media（新媒体） 形容一般通过因特网在电子设备（如计算机、智能手机、数字电视、平板电脑和游戏系统）上显示的数字内容（包括数据、图像、文本、声音和视频）。

Non-Residental Pay-Per-View（非住宅场所按次付费） 指以在旅馆和类似的临时居住场所进行电视接收为目的，通过编码的信号对电影拷贝进行广播，并对观众每次在播放者选定的时间使用解码设备观看电影广播进行收费。

Non-Theatrical（非院线） 指仅为在观众面前直接展示而对电影拷贝进行的利用，由/在非主要经营电影放映业务的组织（例如，教育组织、教堂、餐馆、酒吧、俱乐部、火车、图书馆、红十字机构、石油钻塔、油田）或政府机关（大使馆、军事基地、军事管道、其他飘扬被许可地域旗帜的政府机构）进行。

Novelization（电影小说） 指一本改编自电影的书。

NVOD（准点播观看） 是在有线电视网络双向网系统未完成之前的一种互动点播方案。

NTSC【美国国家电视系统委员会（制式）】 指国家电视系统委员会。亦指适用于北美、日本和其他几个国家的制式标准，每秒525行、60个字段/30帧。对比逐行倒相制式（PAL）。

Off-Hollywood（非好莱坞制作） 指在大制片公司体系之外制作的美国独立电影。

Officer（高级职员） 指在公司或机构中拥有信托职位或权威的人。

On Spec（有风险） 形容没有确定报酬，仅凭对可能产生的报酬的希望和猜测进行工作。

Optical Soundtrack（光学音轨） 指以感光图像的密度变化形式记录声音的音轨，也称为感光音轨。

Original（原创作品） 指非由其他作品改编而来的作品。

Original Language（原始语言） 指在原始语言版本电影的对白中主要使用的语言。

Original Material（原创素材） 指非由其他作品演绎或改变而来的素材。

Overexposure（过度曝光） 指过多的光接触胶片而产生不透明负片或褪色反转片的情况。

PAL（逐行倒相） 指欧盟和其他国家采用的标准，即每秒625行、50字段/25帧。对比

NTSC制式。

Pan（平移） 指摄影机的水平移动。

Pan & Scan（平扫） 指一种用来将宽屏电影转换为匹配电视屏幕纵横比（4∶3）的视频/广播格式的方法。平扫尝试确定宽图像中最重要的区域（有最多的活动或中心角色所处的区域），并在电影播放过程中围绕宽画面进行平移，以聚焦并展示尽可能多的重要区域。对比“信箱模式”。

Pari Passu（同等权益，同一比例） 指公平地，没有偏向地。

Pay-Cable TV（付费有线电视）【见Cable Pay TV（有线付费电视）】

Pay-Per-View（按次付费） 指电影的非住宅场所按次付费、住宅场所按次付费和点播观看。按次付费不包括任何形式的付费电视或免费电视，也不包括任何形式的互联网电影提供。

Pay TV（付费电视） 指地面付费电视、有线付费电视和卫星付费电视的电影利用。付费电视不包括任何形式的按次付费，也不包括任何形式的互联网电影提供。

Performer（表演者） 指被美国的演员工会和广播电视艺人联合会定义为专业歌手、特技演员、飞机和直升机特效飞行员、舞蹈演员、特技协调员、木偶戏演员和替身演员。根据这个定义，临时演员不被认为是“表演者”。

Performing Rights Organization（PRO）（表演权利组织） 指为其联盟会员（包括词曲作者、曲作者和音乐出版商）创作和/或拥有的受版权保护的音乐的公开表演收取并支付版权使用费的机构（如广播音乐联合会以及美国作曲家、作家与出版商协会等）。除了现场音乐表演外，这些公开表演还包括：广播剧，电影、电视和互联网广播，餐厅和商店播放的背景音乐，在外国电影院放映的电影等。

Permanent Use（永久使用） 指对以显著线性的方式在互联网或无线系统下载电影拷贝的授权，用户需要为获取电影拷贝的新数字拷贝另行付费，新拷贝可以被使用和观看，对使用和观看的次数、时间不存在明确限制，但不能被再拷贝。

Platforming（限定发行） 指电影先在一个影院或某一地区的一小部分影院上映，然后再扩大到更多的影院上映的发行方式。

Playdate（上映期） 在24小时内通过一个授权的电视广播公司的非重叠广播设备对电影进行的一次或多次电视广播，这样在这段时间内该电影只能在该电视广播公司的接收区域的电视上被接收。

Player（演员）

Playoff（季后发行） 指关键首轮放映期之后的发行。

Positive Film（正片胶片） 指主要用于制作原底翻正片和发行拷贝的胶片。

Post-Production（后期制作） 指在电影或类似作品的主要拍摄完成后，传统上对其进行的工作。后期制作阶段通常包括剪辑、色彩校正、混音、画外音、视觉效果和配音。同时参考“前期制作”。

Power Coupled with an Interest（附带权益的权力） 指采取某一行动的权利，连同对标物的利益（利害关系）。

Power of Attorney（授权书/代理权）【见“委托代理人”】

Pre-Production（前期制作） 指在电影或类似作品的主要拍摄开始前，传统上对其进行的工作。前期制作阶段通常包括剧本编辑、场景搭建、勘景和选角。同时参考“后期制作”。

Principal Photography（主要拍摄） 指电影的实际拍摄，不包括第二摄制组拍摄或特效拍摄，需要导演的参与和主演中的主要成员出镜。

Print（拷贝） 指一般由负片制作而来的电影正片。

Prints and Advertising（P&A）（拷贝和广告） 为电影的院线放映而支出的制作拷贝和购买广告的钱款。

Processing(冲印） 指冲洗、固定已曝光的摄影胶片或纸，以产生负像或正像的过程。

Pro Rata（按比例） 指成比例地。

Public Video（公共录像） 指在迷你影院、MTV影院或类似的场所，仅为在观众面前的直接放映而对视听录像制品上的电影进行的利用，该等场所收取观影设备使用费或视听录像文件观看费，但在观看发生地并非作为传统电影院被许可。

Quality Control Report（品质控制报告） 指由专业的电影或声音实验室提供的一份报告，确认报告中所述的电影实体物料在技术质量上能满足惯常的商业利用。

Quitclaim（放弃权利，放弃请求） 指放弃或让渡权利或请求、签署一份权利转让或放弃契据。

Raw Stock（生胶片） 指尚未曝光或冲印的电影胶片。

Regional Release（分地区上映） 指一种与全国同时上映不同的发行模式，电影每次只在一个或数个地理区域上映。

Release Print（发行拷贝） 指在最终校正拷贝通过后，为广泛发行和放映制作的合成正片。

Remise【放弃（权利或要求等）】 指交出或放弃。

Rescind（**Rescission**)(撤销，解除，宣告无效） 指撤销、解除合同或宣告合同无效。

Residential Pay-Per-View（住宅场所按次付费） 指以在家中和类似的长期居住场所进行电视接收为目的，通过编码的信号对电影拷贝进行的广播，并对观众每次在播放者选定的时间使用解码设备观看电影广播进行收费。

Residuals（复播复映报酬） 也被称为追加付款。复播复映报酬是协会要求的为电影或电视节目在首次使用之后的开发利用而向演员、编剧、导演支付的报酬。例如，联合工会规定，如果演员在一个预备在院线发行的电影中表演，而该电影后来又在电视或家庭录像中放映，则该演员有权获得额外的付款。协会在其集体谈判协议中写入了支付复播复映报酬的时间安排。复播复映报酬的产生是因为协会认为影视公司重新在新媒体中利用内容而不与创作内容的艺人分享额外收入是不公平的。

Right of Privacy（隐私权） 指独处的权利，防止对姓名、形象、肖像的不正当利用等各种侵入性行为，防止无正当理由公开个人的隐秘生活细节，防止非法窃听、监视。

Right of Publicity（公开权） 指对一个人姓名、肖像和形象的商业价值和使用的控制权。

Rights Management Information（权利管理信息） 指包含于、附于、关于、出现于电影拷贝的信息，可能包含版权声明或其他表明版权所有者、制片人、作者、编剧、导演、演员或其他对电影制作有贡献的人的标识符，或者描述电影或电影拷贝的任何经认可的许可或使用条款或条件。

Rollout（首度发行） 指电影在中心城市或单一城市首映之后的全国范围发行。

Rough Cut（粗剪） 指电影镜头的初步合成。

Run（时长） 指电影长片在影院或某一地区上映的时间长度。

Run Time（片长） 指电影或电视节目从开始到结束的完整持续时间。

Sanction　指（1）同意，一致，认可；（2）谴责。

Satellite Free TV（卫星免费电视） 指为在观看者接收器附近的私人居住地进行电视观看，将电影拷贝上行广播至卫星并下行广播至地面卫星接收器，不为观看电影的特权向观看者收取费用，但政府卫星天线、电视评估或税收（但不是对按次计费或付费电视的收费）除外。

Satellite Pay TV（卫星付费电视） 指为在接收器附近进行电视观看，将电影拷贝以编码信号上行广播至卫星并下行广播至地面卫星接收器，（1）对在私人居住地点的观众，收取使用解码设备观看广播电影和其他节目的频道的费用;(2)对远离广播信号发源地的旅馆或类似临时居住地点的经营者，收取使用解码设备接收广播电影和其他节目的频道并将其转送至整个临时居住场所以便在私人房间观看的费用。

Scale(限额) 指协会允许的最低工资。

Score(配乐) 指伴随电影的音乐。

Sequel(续作) 指讲述原著故事之后发生的相关故事的书或电影。是在先故事的延续，通常与其有相同的角色。

Shooting Script(分镜剧本) 指剧本的最终版本，其中每一个单独的镜头都有编号，并标明摄像机机位。虽然在拍摄过程中剧本可能会发生很多变化，但是从理论上讲，拍摄脚本是在实际制作/拍摄过程中使用的脚本。

Short(电影短片) 指比电影长片短的电影。电影艺术与科学学院将电影短片定义为一部时长不超过40分钟的电影。

Simulcast(同时联播) 指同步广播。通过一种以上的广播媒介对一个节目进行广播或提供访问渠道。包括同时进行无线电视或电视互联网广播。

Single Use(一次性使用) 授权用户以显著线性的方式在互联网或无线系统访问、流媒体播放或下载电影拷贝，用户需要为访问、流媒体播放或下载部分或全部电影拷贝的单次行为分别支付费用。

Sleeper【(出人意外地成功的)冷门电影】 指一个意想不到的成功。一部让观众爱上并取得成功的电影。

Slicks(平面广告) 指印刷在光面纸上的标准化平面广告。包括特定电影的各种尺寸的展示广告，其设计使其可以根据需要插入当地影院信息。

Soundtrack (1)音轨指包含一部电影所有音频元素(对白、音效和音乐)的合成音频轨道;(2)配乐指一部电影的配乐;(3)声带指为记录或存储声音而预留的那部分胶片。

Specialized Distribution(专门发行) 指有别于商业发行，是在少数的影院针对有限的观众的发行，广告预算有限，严重依赖宣传、评论和观众口碑来为电影培养观众群。

Step Deal(分步骤交易) 指交易各方按照一系列步骤推进交易的安排。雇主有权在每一步之后决定是否继续下一步。分步骤交易通常在雇主雇用新手编剧或能力不确定的编剧时使用。雇主分一系列步骤——比如(1)故事梗概;(2)第一稿;(3)第二稿和润色稿——推进交易来代替直接承诺雇用编剧完成最终作品，以此降低财务风险。

Stills(剧照) 指在制作过程中为后续广告和/或宣传使用而拍摄的照片。剧照应该采用水平格式，应该在照片下面列出片名、制片人、导演、演员阵容等信息。

Stock（胶片） 指电影胶片的通用术语，特别是指曝光前的。

Story Analyst or Reader（故事分析师或阅读员） 指影视公司或制片人雇用的负责阅读提交的剧本和内容，并对其进行提炼和评估的人员。这个岗位通常由对电影制作知之甚少的年轻的文学研究生或电影学院研究生担任。（但是，有时他们的老板知道的更少。）

Story Conference（故事会议） 指向编剧建议如何改进剧本的会议。

Stream（流媒体播放） 指在互联网或无线系统上提供一个电影拷贝，允许通过互联网或无线系统传输的同时以实质线性形式在电脑或手持设备上连续观看，但不允许制作其他的数字拷贝，除非是为了便于该等观看而只在极短暂的瞬间存在。

Street Date（发售日期） 指DVD、蓝光光碟、CD或其他包装媒体产品在商店向公众发售的日期。

Stripe【（电影胶片上的）磁性声迹】 指为录制音频或进行信息的音画同步而涂在电影胶片上的一窄条磁性涂层或显影液。

Sub-Distributor（次级发行商） 指在院线发行中，负责特定地理区域的发行方。负责整体发行活动和营销的主发行方和他们签订合同。

Subscription Pay TV（付费订阅电视） 指通过向电视机或其他设备进行传输而交付和/或播出电影、电视节目或者其他娱乐节目，消费者需要在基本电视访问订阅费之外为接受特定档位的节目另行支付经常性费用和/或定期访问费。

Subscription Use（订阅使用） 指对以显著线性的方式在互联网或无线系统上访问、流媒体播放或下载电影拷贝的授权，用户需要为在特定时间段内访问、流媒体播放、下载该网站或无线系统上呈现的电影以及通过相同方式可在同一网站或无线系统上获得的其他电影支付一笔固定费用。

Subscription Video-on-Demand（SVOD）（订阅视频点播） 指根据订阅者的要求向其交付多个节目，为此：（1）向订阅者收取一笔该等节目接收权利的经常性/周期性费用而非对每个节目逐一收费；（2）节目什么时候开始由订阅者自行决定；（3）这些节目可能有广告支持，也可能没有广告支持。最著名的例子可能就是网飞。

Subtitled（字幕版） 形容原始对白的翻译显示在屏幕底部的电影版本。

Successor-in-Interest（利益继受者） 指在某人之后继而享有所有权或财产控制权的人。

Successors（继受者） 指根据遗嘱或作为继承人有权享有死者的财产的人。

Synchronization（影音同步） 指把音轨置于与电影的图像部分协调一致、速度同步的位置。

Synchronization License（**Sync License**）【影音同步许可（同步许可）】 指与电影/电视/视频/新媒体节目同步使用某一音乐作品（包括用于视频游戏或网站的音乐）的许可。

Sync Rights（同步权利） 指使用特定音乐作品与图像（电影、视频等）同步的权利。当制片人想要获得在电影配乐中使用音乐的许可时，制片人需要取得使用作品的同步许可，如果制片人想要使用该作品/歌曲即有录音，还需要取得歌曲特定录音的母带使用许可。

Syndication【离网（发行）】 指按地域将电影发行给独立商业电视台。

Taft-Hartley Act（《塔夫特-哈特莱法》） 指《1947年劳动管理关系法》（《美国法典》第29编第401—531节）的缩写，这是一部限制劳动工会活动和权力的联邦法案。通常来讲，制片人需要在雇用非工会成员之前先雇用工会成员。但是，如果一个非工会表演者拥有角色所必需而工会成员都不能够满足的特质或技能，那么就允许制片人雇用他。这种情况下，制片人可以通过向工会提交报告解释雇用非工会演员的原因，以雇用或"塔夫脱哈特莱"这个演员。如果没有雇用非工会演员的合法理由，制片人可能会被罚款。

Talent（艺人） 指涉入电影艺术层面的人（例如，编剧、演员、导演），与业务人员相对。

Target Market（目标市场） 指发行方试图通过其宣传和推广活动触及的特定观众群体，比如青少年、30岁以上女性、雅痞等。

Telecast（电视节目） 指为了电视观看而以任何方式广播的节目。

Television Spin-Off（衍生电视剧） 指以电影中的角色或其他元素为基础的电视连续剧或迷你连续剧。

Terrestrial Free TV（地面免费电视） 指为在观看者的私人居住地进行电视接收，不借助卫星对电影拷贝进行空中广播，不向观看者收取观看电影的特权的费用，但政府电视评估或税收（但并非对按次计费和付费电视的收费）除外。

Terrestrial Pay TV（地面付费电视） 指为进行电视观看，不借助卫星对电影拷贝进行空中广播，（1）对在私人居住地点的观众，收取使用解码设备观看广播电影和其他节目的频道的费用；（2）对远离广播信号发源地的旅馆或类似临时居住地点的经营者，收取使用解码设备接收广播电影和其他节目的频道并将其转送至整个临时居住场所以便在私人房间观看的费用。

Test Marketing（试营销） 指在实行一个宣传计划之前，在一个或几个代表性市场预发行一部电影。这样可以在全面发行之前评估、修正营销计划的有效性。

Theatrical（院线的） 形容仅以在传统或沉浸式影院直接放映为目的而对电影拷贝进行的利用，被许可在放映发生的、定期向公众开放的、收取观影入场费的地点放映。

Theatrical Distribution Fees（院线发行佣金） 通常是电影总租金的30%～40%，在国内发行方为其发行的电影预付印刷品和广告费用时由其收取。

Trades（行业评论） 指为某一特定行业出版的期刊。就美国电影业而言，标准日刊和周刊是《综艺》和《好莱坞记者报》。

Trailer（预告片） 指宣传一部电影或电视或新媒体节目的短电影或视频。预告片通常由其所宣传节目的片段组成，但是预告片本身也可能独立于其所宣传的节目单独享有版权。

Transaction Video-on-Demand（**TVOD**）（交互视频点播） 指向观众提供的每一电视、视频或新媒体节目都单独收费。一个著名的例子就是许多有线电视系统提供的按次计费选项。

Treatment（故事梗概） 指对电影故事线的松散描述。故事梗概写在大纲之后、第一稿剧本之前，长度通常在20页到50页。

Turnaround（回转） 指影视公司或电视网决定放弃一个项目、权利所有者从影视公司或电视网重新取得在其他影视公司或电视网开发或制作该项目的权利的情形。

Underlying Material（基础素材） 指作为电影衍生或改编基础的文字或其他素材。包括所有版本的剧本、笔记、备忘录、指导、评论、创意、舞台设计和其他被纳入电影所有版本的素材；还包括对于作为电影任何版本的演绎或改编基础的所有既有小说、故事、戏剧、歌曲、事件、角色、创意或作品，在必要限度内正当取得的权利和许可。

Underscore（背景配乐） 指为电影场景的动作和活动伴奏的电影音乐，用以建立其情绪或解释其动作、对白和/或视觉元素。这与电影中突出的音乐形成对比，例如，在电影中显示被演奏的音乐或者作为电影/场景的重点被播放或演奏的音乐。

Video（视频） 指电影的家庭录像和商业视频利用，但不包括以任何形式在互联网上提供电影。

Videocassette（盒式录像带） 指与专业盒式录像带播放器一同用于在电视屏幕上观看视频节目的一种家用录像系统（Video Home System，简称为VHS）或Beta盒式磁带或类似的模拟磁存储设备（这些或多或少都是过时的技术，已被DVD或其他媒体上的数字存储所取代）。

Videodisc（视频光盘） 指被设计与专业视频光盘播放器一同用于在电视屏幕上观看视频节目的激光或触针碟片或类似的模拟光学或机械存储设备（这些或多或少都是过时的技术，已被DVD或其他媒体上的数字存储所取代）。

Videogram（视听录像制品） 指任何类型的盒式录影带、视频光盘、录像磁带、DVD、高清DVD（High-Definition DVDs，简称为HD-DVD）、通用媒体光盘（Universal MediaDisc，简称为UMD）、只读CD、只读DVD，以及其他所有现在已知或以后发明和设计的与使视觉影像（无论是否有声音同步）在屏幕、显示器和设备上显示（如电视显示器、电脑显示器、手持设备）的个人复制、播放或观看设备配合、主要用于家庭使用的硬件载体设备。

Video-on-Demand（**VOD**）（视频点播） 指一种按次计费服务，内容通过流媒体传输到或被下载到电视屏幕或计算机屏幕以实现点播观看（由观看者自主决定的观看）。

Warranty（保证） 指一个承诺。一方对另一方可能依赖的一项事实的存在做出的保证。

Wide Release（大规模上映） 指在美国和加拿大的众多影院（通常是800 ~ 4000家）上映一部电影。

Window（窗口） 电影发行相关的一个术语，指电影在只于特定媒体上提供的那一段时间。有一些窗口是开放的（比如影院和家庭录像）或者限定的（比如付费电视或离网发行）。

Wireless Downloading（无线下载） 指对数字电影拷贝的一种利用，使其能够在无线系统上以实质线性方式获取，允许将其传输至手持设备，以制作电影数字拷贝的另一份精确数字拷贝，并允许在首次传输的持续期间完成后，为超过瞬时时间的使用而在设备上留存该数字拷贝。无线下载不包括任何形式的无线流媒体播放。

Wireless Streaming（无线流媒体播放） 指对数字电影拷贝的一种利用，使其能够在无线系统上以实质线性方式获取，允许在手持设备上持续观看电影，而不允许制作其他数字拷贝，但为实现上述观看而必须于瞬时存在的拷贝除外。无线流媒体播放不包括任何形式的无线下载。

Wireless Rights（无线权利） 电影的无线下载或无线流媒体利用。不包括电影的互联网权利或任何形式的按次付费观看、视频、付费电视或免费电视利用。

Wireless System（无线系统） 指综合电信设施系统，允许系统用户在手持设备上访问电影拷贝的空中数字信号。

Work-for-Hire（or Work Made for Hire）（雇佣作品） 指版权法下的（1）雇员在受雇范围内所完成的作品，或（2）双方在工作开始前以书面形式明确约定为雇佣作品的、特别订制或委托的特定类型作品（比如一部电影或集体作品中的一部分）。

Workprint（工作样片） 指图像或声带的拷贝，通常是正片，仅用于编辑，以免原始要素受到磨损。

附　　录

图书和出版物

Adventures in the Screen Trade（《银幕春秋》）. William Goldman（威廉·戈德曼）（New York: Grand Central Publishing, 2012）.一位编剧对行业的看法。

American Film Now: The People, the Power, the Money, the Movies（《当今美国电影：人、权、钱与电影》）. James Monaco（詹姆斯·默纳克）（New York: Zoetrope, 1984）.前几章描述了这个行业的工作模式，后几章回顾了顶级电影制片人的工作。

Anatomy of the Movies（《电影解剖》）. David Pirie（大卫·皮里）, ed.（New York: Macmillan Publishing Co., Inc. 1984）.不同记者写作的关于该行业的文章集合。

The Biz: The Basic Business, Legal and Financial Aspects of the Film Industry, 4th Edition（《商业：电影业的商业、法律和金融基本面》，第四版）. Schuyler M. Moore（斯凯勒·M. 摩尔）（Los Angeles: Silman-James Press, 2011）. 这本书提供了对电影行业中商业、法律和金融基本面的概览，同时包括一些示例表格和协议。

Filmmakers on Filmmaking: The American Film Institute Seminars on Motion Pictures and Television, Volumes I & II（《电影制作人与电影制作：美国电影学院电影和电视研讨会》，第一、二卷）. Joseph McBride（约瑟夫·麦克布莱德）, ed.（Los Angeles: AFI/J. P. Tarcher, Inc., 1983）.根据业内有声望人士参加的美国电影学院研讨会编辑而成的文本。

Final Cut: Art, Money, and Ego in the Making of Heaven's Gate, the Film that Sank United Artists, 2nd Edition（《终剪权：使联美电影公司倒下的电影——《天堂之门》制作中的艺术、金钱与尊严》，第二版）. Steven Bach（史蒂文·巴赫）（New York: Newmarket Press, 1999）.关于《天堂之门》

之溃的一切。对影视公司如何做出决策的良好洞察。

Hollywood, the Dream Factory: An Anthropologist Looks at the Movie-Makers.（《好莱坞——梦工厂：对电影制作者的人类学观察》）Hortense Powdermaker（霍顿斯·鲍德梅克尔）（Eastford, CT: Martino Publishing, 2013）.鲍德梅克尔是一个立志研究好莱坞及其习俗的人类学家，她的书首次出版于1950年，从社会学的角度对业内人士和实践进行了研究，这在今天具有重要的意义。读到她将好莱坞土著居民的行为与那些“原始”文化进行比较的评论是很有趣的。

Indecent Exposure: A True Story of Hollywood and Wall Street（《不雅曝光:好莱坞和华尔街的真实故事》）. David McClintock（大卫·麦克林托克）（New York: Harper Collins, 2002）. 探讨贝格曼丑闻，揭示影视公司董事会的政治学和极度复杂的交易。

Independent Feature Film Production: A Complete Guide from Concept Through Distribution（《独立院线电影制作:从概念到发行的完整指南》）. Gregory Goodell（格里格雷·古德尔）(New York: Macmillan, 2003）.

Kirsch's Guide to the Book Contract: For Authors, Publishers, Editors, and Agents（《基尔希的图书合同指南：给作者、出版商、编辑和代理商》）. Jonathan Kirsch（乔纳森·基尔希）(Acrobat Books,1998）.

Off-Hollywood: The Making and Marketing of American Specialty Films（《好莱坞之外:美国特色电影的制作和营销》）. David Rosen with Peter Hamilton（大卫·罗森和彼得·汉密尔顿）(New York: Grove/Weidenfeld, 1990）.由圣丹斯学院（Sundance Institute）和独立电影制片协会（Independent Feature Project）委托的对美国独立电影的研究。制作和营销九部叙事片和两部纪录片的历史资料，包括《格雷戈里奥·科尔特斯的民谣》(*The Ballad of Gregorio Cortez*)、《食用雷欧》(*Eating Raoul*)、《北方》(*El Norte*)、《与安德烈晚餐》(*My Dinner with Andre*)、《伴我闯天涯》(*Wild Style*）和《西卡柯七个人的归来》(*The Return of the Secaucus Seven*)。

Reel Power: The Struggle for Influence and Success in the New Hollywood（《新好莱坞的影响力和成功之争》）. Mark Litwak（马克·利特瓦克）(New York: William Morrow & Co., 1986; reprinted in paperback, Los Angeles: Silman-James Press, 1994）.对好莱坞工作模式的综合观察——谁拥有权力以及如何达成交易。可以在www.marklitwak.com查看。

Rolling Breaks and Other Movie Business（《跌宕起伏与其他的电影业务》）. Aljean Harmetz（阿尔让·哈梅兹）(New York: Alfred A. Knopf, 1983）.这位《纽约时报》通讯记者

关于该产业的文章集合。

The Studio（《大制片厂》）. John Gregory Dunne（约翰·格雷戈里·邓恩）（New York: Knopf Doubleday Publishing Group, 2012）.在二十世纪福克斯工作的故事。

What a Producer Does: The Art of Moviemaking（**Not the Business**）（《制片人都做什么：电影制作的艺术（非商业方面）》）. Buck Houghton（巴克·霍顿）(Los Angeles: Silman-James Press,1992）.

历史

City of Nets: A Portrait of Hollywood in the 1940's（《网之城：1940年代好莱坞的写照》）. Otto Friedrich（奥托·弗里德里克）（New York: Harper Perennial, Reissue Edition 2014）.关于好莱坞的故事。

Film: An International History of the Medium, 2nd Edition（《电影：媒体的国际史》，第二版）. Robert Sklar（罗伯特·斯科拉）(New York: Pearson, 2001）.

A History of the American Film Industry from Its Beginnings to 1931（《美国电影业的历史——从开始到1931》）. Benjamin B. Hampton（本杰明·B. 汉普顿）（New York: Dover Publications, Inc., 1970）.给读者一个对这个行业的很好的历史视角。注意到某些模式是如何不断重复出现的是很有趣的。

编剧

The Art of Adaptation: Turning Fact into Film（《改编的艺术：从事实到电影》）. Linda Seger（琳达·西格）(New York: Holt Paperbacks, 2011）.

The Craft of the Screenwriter（《编剧的手艺》）. John Brady（约翰·布雷迪）（New York: Touchstone Reprint Edition, 2013）.与顶级编剧的访谈。

Creating Unforgettable Characters(《创造令人难忘的角色》). Linda Seger(琳达·西格）（New York: Henry Holt, 1990）.

Making a Good Script Great, 3rd Edition（《让“好”剧本变“妙”》，第三版）. Linda Seger（琳达·西格）(Los Angeles: Silman-James Press, 2010）.

The New Screenwriter Looks at the New Screenwriter（《新编剧看新编剧》）. William

Froug（威廉姆·弗洛格）（Los Angeles: Silman-James Press, 1992）. 弗洛格的第二本访谈集选，对象以1980和1990年代的顶级编剧为主。

The Screenwriter Looks at the Screenwriter（《编剧看编剧》）. William Froug（Los Angeles: Silman-James Press, 1992）.十二位顶级编剧谈论他们的技艺。（最初发表于1972年。）

Screenwriting Tricks of the Trade（《剧本写作的窍门》）. William Froug（威廉姆·弗洛格）（Los Angeles: Silman-James Press, 1992）.

Screenwriting Updated: New（and Conventional）Ways of Writing for the Screen（《现代化剧本创作：为银幕写作的新颖（和传统）方式》）. Linda Aronson（琳达·阿伦森）（Los Angeles: Silman-James Press, 2001）.

Writing Screenplays that Sell, New Twentieth Century Edition（《创作有销路的剧本》，新二十世纪版本）. Michael Hauge（迈克尔·豪格）（New York: Harper Collins, 2013）.

导演

Directing the Film: Film Directors on Their Art(《执导电影：电影导演与他们的艺术》). Eric Sherman（埃里克·舍曼）（Los Angeles: Acrobat Books, 1988）.

Film Directing Shot by Shot: Visualizing from Concept to Screen（《逐镜执导电影：从概念到银幕的可视化》）. Steven D. Katz（史蒂芬·D. 卡茨）（Studio City: Michael Wiese Productions,1991）.

Grammar of the Film Language(《电影语言的语法》). Daniel Arijon（丹尼尔·阿里洪）（Los Angeles: Silman-James Press, 1991）.

商业

The Big Picture: Money and Power in Hollywood（《宏观：好莱坞的金钱与权力》）. Edward Jay Epstein（爱德华·杰·爱普斯坦）（New York: Random House Trade Paperbacks, 2006）.

Contracts for the Film and Television Industry, 3rd Edition（《电影电视行业合同》，第三版）. Mark Litwak（马克·利特瓦克）（Los Angeles: Silman-James Press, 2012）.娱乐合同示例汇集，以及对其中所包含的术语和观点的讨论。

Dictionary of Film Finance and Distribution: A Guide for Independent Filmmakers(《电影金融及发行词典：给独立电影制作者的指南》). John W. Cones（约翰·W. 科内斯）(New York: Algora Publishing, 2013）.

From Reel to Deal: Everything You Need to Create a Successful Independent Film（《从始至终：创作一部成功独立电影所需要的一切》). Dov S-S Simens（多夫·S-S·西门子）（New York: Grand Central Publishing, 2014）.

The Independent Film Producer's Survival Guide: A Business and Legal Sourcebook, 3rd Edition（《独立电影制片人的生存指南：商业和法律原始资料》，第三版）. Gunnar Erickson（贡纳·埃里克森）, Mark Halloran, and Harris Tulchin（New York: Schirmer Trade Books, 2010）.

The Movie Business Book, International 3rd Edition（《电影商业书》，国际第三版）. Jason E. Squire（London: McGraw-Hill Education [UK], 2006）.商业各方面相关文章的汇集。

Movie Money: Understanding Hollywood's（Creative）Accounting Practices, 2nd Edition（《电影资金：理解好莱坞（自创）的会计操作》，第二版）. Bill Daniels（比尔·丹尼尔斯）, David Leedy and Steven D. Sills（Los Angeles: Silman-James Press, 2006）.

Producing, Financing and Distributing Film: A Comprehensive Legal and Business Guide, 2nd Edition（《制作、融资、发行电影：法律与商业综合指南》，第二版）. Paul A. Baumgarten（保罗·A. 鲍姆加滕）, Donald C. Farber, and Mark Fleischer（New York: Limelight Editions, 2004）.

Producing Theatre: A Comprehensive Legal and Business Guide, 3rd Revised Edition（《制造电影院：法律与商业综合指南》，第三修订版）. Donald C. Farber（唐纳德·C. 法伯）（New York: Limelight Editions, 2006）.

Risky Business: Financing and Distributing Independent Films, 2nd Edition（《高风险业务:独立电影的融资与发行》，第二版）. Mark Litwak（马克·利特瓦克）(可在www.marklitwak.com查看）.

参考

The Complete Film Production Handbook, 4th Edition(《电影制作完全手册》，第四版). Eve Light Honthaner（伊芙·莱特·汉塞娜）(New York: Focal Press, 2013）. 书和只读光盘。

The Creative Handbook（创意手册）. www.creativehandbook.com.（818）752-3200.

Players Directory（演员名录）. www.playersdirectory.com.（310）247-3058.

The Pocket Lawyer for Filmmakers: A Legal Toolkit for Independent Producers, 2nd Edition（《电影制作者的口袋律师：给独立制片人的法律工具箱》，第二版）. Thomas A. Crowell（托马斯 · A. 克罗威尔）(New York: Focal Press, 2012）.

Variety 411. www.variety411.com.你在洛杉矶制作商业广告片、电影、视频所需要的一切的联系信息。

杂志和网站

Backstage（幕后）. www.backstage.com.

Broadcasting & Cable（广播与有线电视）. 28 E. 28th St., 12th Floor, New York, NY 10016. www.broadcastingcable.com.

Cinando. www.cinando.com.电影市场的数据库，包含有市场参加者、放映者、放映和时间表的清单。

Emmy（《艾美》）杂志.（双月刊）. 5220 Lankershim Blvd., N. Hollywood, CA 91601-3109,（818）754-2800. www.emmys.com/emmy-magazine.

Filmmaker（《电影制作者》）杂志（季刊）. 30 John St., Brooklyn, NY

11201,（212）465-8200x206. www.filmmakermagazine.com.

FilmFreeway(电影高速路), 500-666 Burrard St., Vancouver, BC, Canada V6C 3P6,(604) 229-0600. www.filmfreeway.com. 用于向电影节提交电影。

Hollywood Reporter（《好莱坞报道》）（电子日报和印刷周刊）, 5700 Wilshire Blvd., Suite 500, Los Angeles, CA 90036,（323）525-2000. www.hollywoodreporter.com.

The Independent（独立电影）. PO Box 391620, Cambridge, MA 02139,（877）-513-7400. www.independent-magazine.org.

Indiewire, www.indiewire.com.

Moviemaker（《电影制作者》）杂志. 2525 Michigan Ave., Building i, Santa Monica, CA 90404,（310）828-8388. www.moviemaker.com.

Variety（《综艺》）（印刷和电子周刊）. 11175 Santa Monica Blvd., Los Angeles, CA 90025,（323）617-9100. www.variety.com.

SydneysBuzz, www.sydneysbuzz.com

Television Academy（电视学院）. 5220 Lankershim Blvd., North Hollywood, CA 91601,（818）754-2800. www.emmys.com.

Withoutabox. www.withoutabox.com. 用于向电影节提交电影。

书店

Drama Book Shop（戏剧书店）. 250 W. 40th St., New York, NY 10018,（800）322-0595,（212）944-0595, www.dramabookshop.com.

Larry Edmunds Bookshop（拉里·埃德蒙兹书店）, 6644 Hollywood Blvd., Hollywood, CA, 90028,（323）463-3273, www.larryedmunds.com.

Samuel French Film & Theatre Bookshop（萨缪尔·弗伦奇电影戏剧书店）, 7623 Sunset Blvd., Hollywood, CA 90046,（866）598-8449, www.samuelfrench.com/bookstore.

The Writers Store（编剧书店）, 3510 West Magnolia Blvd., Burbank CA, 91505,（800）272-8927 or（310）441-5151, www.writersstore.com.

图书馆

Academy of Motion Picture Arts & Sciences, Margaret Herrick Library（电影艺术与科学学院，玛格丽特·赫里克图书馆）, 333 S. La Cienega Blvd., Beverly Hills, CA 90211,（310）247-3036x2200, www.oscars.org/library.

The American Film Institute（美国电影学院）, 2021 N. Western Ave., Los Angeles, CA 90027,（323）856-7600, www.afi.com.

University of Southern California, Edward L. Doheny Jr. Memorial Library（南加州大学，小爱德华·多希尼纪念图书馆）, 3550 Trousdale Pkwy, University Park Campus, Los Angeles, CA 90089-0185,（213）740-2924, https://libraries.usc.edu/locations/doheny-memorial-library.

行会、协会、工会

Actors' Equity Association（AEA，演员权益协会）, 5636 Tujunga Ave., North Hollywood,

CA 91601,（323）978-8080, www.actorsequity.org.

American Federation of Musicians（AFM，美国音乐家联合会）, West Coast Office: 817 Vine St., Hollywood, CA 90038,（323）461-5401, www.afm.org.

Directors Guild of America（DGA，美国导演协会）, 7920 Sunset Blvd., Los Angeles, CA 90046,（310）289-2000, www.dga.org.

Producers Guild of America（PGA，美国制片人协会）, 8530 Wilshire Blvd., Suite 400, Beverly Hills, CA 90211,（310）358-9020, www.producersguild. org.

SAGindie（美国独立演员协会）, 5757 Wilshire Blvd., 7th Floor, Los Angeles, CA 90036,（323）549-6064, www.sagindie.org.

Screen Actors Guild–American Federation of TV and Radio Artists（SAG-AFTRA，"美国演员工会——美国电视与广播艺人联合会"联合工会）, 5757 Wilshire Blvd., 7th Floor, Los Angeles, CA 90036-3600,（323）954-1600 /（855）SAG-AFTRA（855-724- 2387）, www.sagaftra.org.

Writers Guild of America（WGA，美国编剧协会）, West Office: 7000 W. Third St., Los Angeles, CA 90048,（323）951-4000 /（800）548-4532, www.wga.org.

片名保护

非会员和会员权利注册：Mitchell Schwartz（米切尔·施瓦茨），权利注册负责人, Motion Picture Association of America（MPAA，美国电影协会）, Los Angeles Office: 15301 Ventura Blvd. Bldg. E., Sherman Oaks, CA 91403,（818）995-6600, Mitch_Schwartz@mpaa.org.

电影制作者组织

Film Independent（独立电影协会）（Los Angeles）, 9911 West Pico Blvd., 11th Floor, Los Angeles, CA 90035,（310）432-1200, www.filmindependent.org.

Independent Feature Project（IFP，独立电影制片协会）, New York Office: 30 John St., Brooklyn, NY 11201,（212）465-8200, www.ifp.org.

International Documentary Association（国际纪录片协会）, 3470 Wilshire Blvd., Suite 980, Los Angeles, CA 90010,（213）232-1660, www.documentary. org. 出版杂志《纪录片》

（*Documentary*）。

Sundance Institute（圣丹斯学院），5900 Wilshire Blvd., Suite 800, Los Angeles, CA 90036,（310）360-1981, www.sundance.org.圣丹斯学院由罗伯特·雷德福（Robert Redford）创立，旨在帮助独立电影制作人。圣丹斯每年为其剧本开发项目挑选一定数量的剧本，并指派资深编剧与项目参与者合作。该学院还提供各种研讨会和日间研究室。

Tribeca Film Institute（翠贝卡电影学院），32 Ave. of the Americas, 27th Floor, New York, NY 10013,（212）274-8080, www.tribecafilminstitute.org. 该学院为电影制作人和多媒体艺术家提供资金和资源来实现他们的故事，并提供有实践训练的教育项目。

教育机构

The American Film Institute（AFI，美国电影学院），2021 N. Western Ave., Los Angeles, CA 90027,（323）856-7600, www.afi.com.

Boston Center for Adult Education（波士顿成人教育中心），122 Arlington St., Boston, MA 02116,（617）267-4430, www.bcae.org.

California Institute of the Arts（Cal Arts，加利福尼亚艺术学院），School of Film and Video（电影和录像学院），24700 McBean Pkwy, Valencia, CA 91355,（661）255-1050, https://filmvideo.calarts.edu.

Columbia University, Film Division, School of the Arts（哥伦比亚大学艺术学院电影系），513 Dodge Hall MC 1805, 2960 Broadway, New York, NY 10027,（212）854-2815, www.arts.columbia.edu/film.

Florida State University, College of Motion Picture, Television & Recording Arts（佛罗里达州立大学电影电视和录音艺术学院），282 Champions Way, Tallahassee, FL 32306,（888）644-7728, www.film.fsu.edu.

Hollywood Film Institute’s Web Film School（好莱坞电影学院网络电影学校），14860 Valley Vista Blvd., Sherman Oaks, CA 91403（818）752-3456,www.webfilmschool.com.

New School for Social Research（社会研究新学院），66 West 12th St., New York, NY 10011,（212）229-5600, www.newschool.edu/nssr.

New York University（NYU），Tisch School of Arts, Kanbar Institute of Film & TV（纽约大学蒂施艺术学院康贝尔电影和电视学院），721 Broadway, New York, NY 10003,（212）

998-1700, www.tisch.nyu.edu/kanbar-institute.

Northwest Film Center, School of Film（西北电影中心电影学院）, 1219 S.W. Park Ave., Portland, OR 97205,（503）221-1156x10, www.nwfilm.org.

San Francisco State University, Cinema Dept.（旧金山州立大学电影系）, 1600 Holloway Ave., Fine Arts Bldg. Room 245, San Francisco, CA 94132,（415）338-1629, www.cinema.sfsu.edu.

San Francisco State University, College of Extended Learning（旧金山州立大学继续教育学院）, Downtown Center, 835 Market St., 6th Floor, San Francisco, CA 94103,（415）405-7700, www.cel.sfsu.edu.

University of California, Los Angeles（UCLA）, School of Theater, Film & Television（加州大学洛杉矶分校戏剧电影电视学院）, 102 E. Melnitz Hall, Box 951622, Los Angeles, CA 90095,（310）206-2736, www.tft.ucla.edu.

UCLA Extension（加州大学洛杉矶分校继续教育学院）, 10995 Le Conte Ave., Los Angeles, CA 90024,（310）825-9971, https://www.uclaextension.edu/Pages/default.aspx.

University of Southern California（USC）, School of Cinema Television（南加州大学电影电视学院）, University Park, SCA 434, Los Angeles, CA 90089,（213)740-3317, https://cinema.usc.edu/index.cfm.

索　引

A

B

C

D

E

F

G

H

I

J

K

L

N

O

P

Q

R

[1] 原文如此。——译者注

S

T

U

V

W

X

Y

Z

关于作者

马克·利特瓦克（Mark Litwak）是美国加利福尼亚州洛杉矶的一名娱乐法律师。其执业领域包括版权、商标、合同、多媒体法律、知识产权和图书出版方面的工作。作为制片人的代表人，他协助制片人安排电影的融资、营销和发行，还在娱乐行业纠纷中担任专家证人。

利特瓦克著有以下六本书：《新好莱坞的影响力和成功之争》（*Reel Power: The Struggle for Influence and Success in the New Hollywood*），威廉·摩洛出版社（William Morrow），1986；《法庭十字军》（*Courtroom Crusaders*），威廉·摩洛出版社，1989；《电影与电视产业内的交易》（*Dealmaking in the Film &Television Industry*），西尔曼·詹姆斯出版社（Silman-James），1994—1995年"克拉斯诺·克劳斯（Kraszna-krausz）基金会动态影像图书奖"电影产业领域最佳商业图书奖；《电影和电视行业合同》（*Contractsfor the Film & Television Industry*），西尔曼·詹姆斯出版社，第二版，1999；《利特瓦克的多媒体制作人手记》（*Litwak's Multimedia Producer's Handbook*），西尔曼·詹姆斯出版社，1998；《高风险业务：独立电影的融资与发行》（*Risky Business: Financing and Distributing Independent Film*），西尔曼·詹姆斯出版社，2004。

利特瓦克自1977年以来一直是一名律师，拥有马丁代尔·哈贝尔（Martindale-Hubbell）的AV同行审查评级，并多次被评为南加州超级律师。曾担任电影行业纠纷的专家证人，也是一名仲裁员。

他是南加州大学古尔德法学院的兼职教授，教授娱乐法；还曾在洛约拉法学院、普吉特湾大学法学院任教，并在加州大学洛杉矶分校继续教育学院任教20多年。他经常参加演讲，曾为美国、加州和德克萨斯州的律师协会做过演讲，在美国、英国、澳大利亚、南非和加拿大举办过研讨会。

他曾为200多部电影长片提供法律服务或担任代表；曾担任许多电视和新媒体节目的制作顾问，包括网飞的《哈啦夏令营》（*Wet Hot American Summer*）、雅虎的《困在太空》（*Other Space*）和华纳兄弟/卡通电视网获得艾美奖的《儿童医院》（*Childrens Hospital*）；曾为二十世纪福克斯、家庭影院（HBO）、独立电影频道（IFC）、迪士尼、Hulu、派拉蒙、国家广播公司/环球和音乐电视网（MTV）等制作的节目提供法律服务。

利特瓦克已经接受了100多个电视和广播节目的采访，包括美国广播公司、金脱口秀、国家公共广播电台的节目《面面俱到》（*All Things Considered*）和有线新闻网。在《加利福尼亚法律行业》《澳大利亚律师》《洛杉矶周刊》上有关于他的专题文章。他是娱乐法律资源网站www.marklitwak.com的创建者。（该网站的访客可免费订阅有关娱乐法的新闻通讯。）

合同电子版的获取

获取《电影与电视产业内的交易》第四版中全部合同的“Word”文件：

包括：

产品授权协议

真人真事授权协议（有归复权条款的直接授权版本）同意与豁免

真人真事授权协议（购买权利之选择权的版本）

真人真事授权书（纪录片　短版）电影和电视的授权

外景拍摄场地协议

素材/摄影/美术品授权书示例

选择权与文学作品购买协议

选购协议

编剧聘用协议示例（工会，租借）

导演聘用协议示例（工会，直接聘用）

演员聘用协议示例（联合工会院线发行）

低预算、非工会、按日聘用演员协议示例

按日聘用演员协议附件示例　比格迪尔娱乐公司

临时演员协议示例

附件　临时演员授权书

执行制片人聘用协议示例

平面艺术家聘用协议示例

合作协议示例

提交豁免协议示例

电视影音同步与录音许可协议示例

低预算电影长片曲作者协议

家庭录像发行协议示例
国际购买/发行协议示例
律师–客户费用合同
联合工会电影/电视经纪合同示例
美国电视与广播艺人联合会独家经纪合同范本（12-C规则）
管理协议示例